财经管理类"十三五"专业建设项目规划教材

# 管 理 学

主　编　姜向阳　李　雷
副主编　陈元进　廖哲智
　　　　李昌宝

中国商业出版社

图书在版编目(CIP)数据

管理学/ 姜向阳，李雷主编. —北京：中国商业出版社，2016.4

ISBN 978－7－5044－6086－8

Ⅰ.管… Ⅱ.①姜…②李… Ⅲ.管理学－高等学校:技术学校－教材 Ⅳ.C93

中国版本图书馆 CIP 数据核字(2008)第 019906 号

责任编辑：刘毕林

中国商业出版社出版发行
(北京广安门内报国寺 1 号　邮编:100053)
新华书店总店北京发行所经销
北京航天伟业印刷有限公司印刷
787×1092 毫米　开本:1/16　印张:21.75　字数:420 千字
2016 年 4 日第 2 版　2016 年 4 月第 1 次印刷

定价:48.00 元

\* \*

(如有印装质量问题可更换)

# 前　言

　　管理学是一门系统研究管理过程普遍规律、基本原理和一般方法的科学。普及管理学知识，对提高一个国家的整体管理水平有着重要的作用。正如德鲁克所说的，一个理解管理学而并不具备各种管理技巧和管理工具的最低能力的管理人员，仍不失为一个有效管理者甚至可能是第一流的管理者，而只知道管理技巧和管理手段但并不理解管理基本原理的人却不是一个管理者，最多只能算是一个技术员。在推进现代化建设的进程中，管理学课程已被许多学校纳入主干必修课教学计划。为适应市场经济发展的需要，充分反映管理学科的成果，适应培养目标模式的转变，我们在总结多年教学和研究经验的基础上，编写了这本《管理学》。在结构上，我们仍然秉承管理过程学派的体系进行编写，但在章节的体例上，和国内大多数教科书相比，我们作了较大改变，每章包括学习目标、开篇实例、重点概念、问题与思考和案例分析等内容，使学生在进行理论学习过程中，能够通过案例分析把握重点、掌握重要概念，懂得如何用管理理论分析现实问题。每节设有相关链接，极具可读性，为学生消化相关难点提供了便利。我们也相信这种安排为教师在备课过程中省去了不少找资料的时间。

　　该书可作为各类院校经济管理类专业主干课教材，也可供各级管理干部培训和自学使用。

　　本书共分五篇十三章，由湖南商学院姜向阳、阜阳师范学院经济与商业学院李昌宝、湖南工业职业技术学院廖哲智、北京武警指挥学院教研部李雷和乐山职业技术学院陈元进共同编写，其中李昌宝编写第一、二章，姜向阳编写第三、四、五、十一章，李雷编写第八、九章，廖哲智编写第六、七章，陈元进编写第十、十二、十三章。姜向阳、李雷担任主编，陈元进、廖哲智、李昌宝任副主编。

　　本书在编写过程中借鉴了一些国内外相关文献资料，由于数目众多，不便一一列举，在此一并致谢。尽管我们力求完美，但限于编者水平，缺点和不足在所难免，欢迎同行、同学与读者提出宝贵意见和建议。

编者

2016.4

# 目 录

## 第一篇 总论

### 第一章 管理概述 (1)
- 第一节 管理的概念和性质 (2)
- 第二节 管理者与管理对象 (7)
- 第三节 管理环境 (11)

### 第二章 管理理论的形成与发展 (18)
- 第一节 古典管理理论 (19)
- 第二节 行为科学理论 (25)
- 第三节 现当代管理理论 (30)

## 第二篇 计划

### 第三章 目标设立与战略安排 (45)
- 第一节 目标和目标管理 (49)
- 第二节 战略概述 (53)
- 第三节 战略选择 (56)

### 第四章 计划工作 (68)
- 第一节 计划工作概述 (69)
- 第二节 计划的类型和制定过程 (73)
- 第三节 计划制定的方法 (78)

### 第五章 决策 (84)
- 第一节 决策与决策过程 (85)
- 第二节 西蒙的决策理论 (89)
- 第三节 决策类别 (96)
- 第四节 决策方法 (100)

## 第三篇 组织

### 第六章 组织设计 (109)
- 第一节 组织概述 (110)
- 第二节 组织设计 (118)
- 第三节 组织结构 (132)

### 第七章 员工的配备 (142)
- 第一节 人员配备的任务、程序和原则 (144)
- 第二节 管理人员的选聘 (147)
- 第三节 管理人员的考评 (152)
- 第四节 管理人员的培训 (157)

## 第八章　组织变革与发展 ……………………………………………… (163)
### 第一节　组织变革的必要性 ………………………………………… (167)
### 第二节　组织变革的动力与阻力 …………………………………… (172)
### 第三节　变革的过程与实施 ………………………………………… (178)
### 第四节　变革的类型和方法 ………………………………………… (185)
### 第五节　组织发展 …………………………………………………… (187)

# 第四篇　领　导

## 第九章　激励 ……………………………………………………………… (199)
### 第一节　激励概述 …………………………………………………… (200)
### 第二节　激励理论 …………………………………………………… (203)
### 第三节　激励的原则与艺术 ………………………………………… (215)

## 第十章　领导 ……………………………………………………………… (225)
### 第一节　领导与权力 ………………………………………………… (226)
### 第二节　领导特性理论 ……………………………………………… (233)
### 第三节　领导风格理论 ……………………………………………… (236)
### 第四节　领导权变理论 ……………………………………………… (241)
### 第五节　领导理论研究的新进展 …………………………………… (248)

## 第十一章　沟　通 ………………………………………………………… 256)
### 第一节　沟通概述 …………………………………………………… (258)
### 第二节　人际沟通和组织沟通 ……………………………………… (263)
### 第三节　有效沟通的障碍及其克服 ………………………………… (269)
### 第四节　冲突与谈判 ………………………………………………… (276)

# 第五篇　控　制

## 第十二章　一般控制 ……………………………………………………… (287)
### 第一节　控制概述 …………………………………………………… (288)
### 第二节　控制的类型 ………………………………………………… (294)
### 第三节　控制方法 …………………………………………………… (298)

## 第十三章　管理客体的分类控制 ………………………………………… (302)
### 第一节　人力资源控制 ……………………………………………… (303)
### 第二节　资金控制 …………………………………………………… (307)
### 第三节　实物资产控制 ……………………………………………… (313)
### 第四节　产权控制 …………………………………………………… (318)
### 第五节　作业过程控制 ……………………………………………… (321)
### 第六节　营销控制 …………………………………………………… (325)

## 参考文献 …………………………………………………………………… (332)

# 第一篇 总论

# 第二篇 总论

# 第一章　管理概述

**学习目标**

★ 通过本章学习，你应该能够：
★ 了解管理学的研究内容、研究方法和特征；
★ 理解管理的含义、职能；
★ 理解管理者的角色理论；
★ 掌握管理的性质、特征；
★ 掌握管理者的分类及各项技能；
★ 描述管理的外部环境。

**开篇实例：**

### 微软公司和比尔·盖茨

比尔·盖茨，世界上最有影响的企业家，于1975年创建微软公司，20年来，微软几乎垄断了微机上的操作系统，著名的DOS、Windows都出自微软公司。他本人连续三年处于全球亿万富豪排行榜榜首，拥有个人资产360亿美元，是当今世界上最富有的人。

然而，这个微软公司（Microsoft）总裁看上去一点也不像人们想像中的亿万富翁。

比尔·盖茨出生于美国华盛顿州的西雅图市，排行老二，父亲是当地有名的律师，母亲是华盛顿大学的评议委员。盖茨上中学时就迷上了电脑，14岁那年，他就拥有自己的电脑公司，并开始为学校的计算机编程序。18岁考入哈佛大学时，他对电脑的迷恋已到了如痴如狂的地步。在大学二年级时，他毅然放弃了众人羡慕的法律专业的学习，与他的同伴保罗·艾伦一起创建了后来名扬四海的微软公司。

在公司创建之初，盖茨就表现出他具有非凡商业头脑和电脑专家的智慧，他当时就看到了未来软件发展的良好前景，尤其是软件有成本低、可以避开设厂的风险等优点，而且硬件发展速度始终超前于软件，运算速度越来越快，存贮容量越来越大，而软件却不尽人意。因此，盖茨决定在软件上下功夫、做文章。1980年，当IBM公司酝酿推出新型个人电脑时，苦无一套相适应的操作系统，于是IBM找上了微软，希望为他们设计一套这样的系统，盖茨欣然答应，结果相当成功，几经完善后，微软推出了微机磁盘操作系统MS-DOS，很快遍及全球，从此，微软公司名声大振。几年后，当苹果电脑公司推出新型系列机时，却因没有文字处理程序和应用程序而无法拥有市场，所以他们也找到了微软。人们这才发现，盖茨所擅长的就是为这些已经存在的技术开拓市场，创造更大的价值。在一次接受《纽约时报》采访时盖茨讲："我一向很注意市场变化，我知道什么时候该在哪个方向上稍等一等，在哪个方向上加快些速度，最关键的是做好预测并及时调整。"

根据他的这一原则，当苹果公司找他设计应用程序时，他毫不犹豫抓住这个机会，结果又为微软打了一次漂亮仗。但对"微机数据库"的开发，他决定暂缓两年。他认为市场上已有这类软件，且销售速度很慢，足以让后来者免费坐享前人的研究成果。后来的事实证明，他当初的预测和决断是完全正确的。根据这一原则,他把微软公司搞得红红火火,越来越壮大,最终变成微机软件的霸主。

资料来源:www.microsoft.com

无疑,微软公司是成功的,比尔·盖茨也是一个成功的管理者。成功的管理者没有固定的模式。管理者可以是不满18岁的未成年人,也可以是年逾8旬的老人,如今女性管理者已屡见不鲜。可以看到,世界各国的管理者都在做着他们的管理工作。那么,究竟什么是管理?管理的本质是什么?如何才能成为一个成功的管理者?本章试图对这些问题给出一个答案。

# 第一节 管理的概念和性质

## 一、什么是管理?

管理活动自古有之,古代中国人建长城,古埃及人建金字塔,它们既是规模巨大的建筑工程,也是纷繁复杂的管理工程:几十万人共同劳动,谁来吩咐每一个人干什么?谁来保证在工地上有足够的石料和工具……长期以来,人们在不断的实践中认识到管理的重要性。20世纪以来的管理运动和管理热潮取得了令人瞩目的成果,其中之一是形成了较完整的管理理论体系。但对管理的含义,从不同的角度和背景,可以有不同的理解。

1.管理的概念

按照《世界百科全书》的解释,"管理就是对工商企业、政府机关、人民团体以及其他各种组织的一切活动的指导。它的目的是要使每一行为或决策有助于实现既定的目标"。这就是说,管理的概念,涉及广泛的领域,政府机关、企事业单位、科研机构、学校、军队等,凡是人群共同活动的单位,都需要管理,以指导人们完成和达到共同的目的。

西方各个管理学派,按照其各自的管理理论,对管理的概念有不同的解释:

管理是一种程序,通过计划、组织、控制、指挥等职能完成既定目标。

管理就是决策。决策程序就是全部的管理过程,组织则是由作为决策者的个人所组成的系统。

"管理就是领导",强调管理者个人的影响力和感召力对管理工作的重要意义。

管理就是做人的工作,它的主要内容是以研究人的心理、生理、社会环境影响为中心,激励职工的行为动机,调动人的积极性。

罗宾斯认为,管理(Management)是指同别人一起,或通过别人使活动完成得更有效的过程。

这里,过程的含义表示管理者发挥的职能或从事的主要活动。这些职能可以概括地称为计划、组织、领导和控制。

德鲁克指出:"管理是一门学科,这首先就意味着,管理人员付诸实践的是管理学而不是经济学,不是计量方法,不是行为科学。无论是经济学、计量方法还是行为科学都只是管理人员的工具。但是，管理人员付诸实践的并不是经济学，正好像一个医生付诸实践的并不是验血那样。管理人员付诸实践的并不是行为科学，正好像一位生物学家付诸实践的并不是显微镜那样。管理人员付诸实践的并不是计量方法，正好像一位律师付诸实践的并不是判例那样。管理人员付诸实践的是管理学。"

管理是一种工作，所以它有自己的技巧、自己的工具、自己的方法。在本书中将对这些技巧、工具、方法加以探讨，并对其中某些略加详述。但是，本书的重点不是探讨这些技巧、工具和方法，甚至也不是探讨管理的工作。本书的重点是探讨管理的任务。

我国许多学者也有不同的观点：

管理是经由他人努力而把事情做好。

管理是寻求系统最满意的统一。

管理是一种安排，它是将一个组织拥有的各种要素在一定时空范围内进行合理配置的活动。对一个组织所拥有的资源——人力资源、金融资源、物质资源和信息情报资源进行有效的计划、组织、领导、指挥和控制，用最有效的方法去实现组织目标。

综合各种观点，一种被普遍接受的观点认为，管理是一个过程，是让别人与自己一道去实现既定的目标，是一切有组织的集体活动所不可缺少的要素。因此，我们认为对管理比较系统的理解应该是：管理是管理者或管理机构，在一定范围内，通过计划、组织、控制、领导等工作，对组织所拥有的资源（包括人、财、物、科技信息）进行有效的计划、组织、领导、指挥和控制，用最有效的方法去实现组织目标的过程。

2. 管理的内涵

上述定义有八层含义：第一，管理是有范围的，管理存在于两个或两个以上的人所组成的组织系统内。第二，管理是一个过程，在一个组织系统的各个层次上都存在着管理过程，每个层次职能的实现，都必须根据其所处层次的条件与环境的具体情况而灵活地运用数学方法和行为方法来保证，通过这一过程，来保证职能的实现，最后达到目标。第三，管理的核心是达到目标，管理的目的就是要通过组织系统内所有要素的努力去实现预期的组织目标。第四，管理达到目标的手段是运用组织拥有的各种资源，管理就是要通过运用现代数学方法、行为科学的方法理论以及经验和专门的技术来调配组织内所有要素。第五，管理的本质是协调。协调，就是使组织内各要素成比例。管理要实现组织预期目标，要求在协调的基础上进行，要按比例将这些要素在时空上进行合理安排，如人员、物资、资金等要不的时间、地点进行有效的配置和结合。第六，管理是一种有方向性的活动，管理要求组织系统内的每个成员的意识（意识流）和行为所有的资源（物质流）都要服从目标的要求，朝着一个方向运动，不允许有与实现目标的方向背道而驰的事发生。第七，管理的适宜性，管理是一门随机性很大的不确定的科学，在一定条件下，对于同一管理任务总是有不同的解决方案，其结果也会不同，这样就要去寻求解决这项任务的最优方案，以便以最小的消耗（或投入）获得最大的收益（或产出）。第八，现代管理的中心是人。在任何组织中都同时存在人与人、人与物的关系，说到底人与物的关系表现为人与人之间的关系，任何资源的分配也都是以人与人为中心的。由于人有物质和精神两方面的需要，因而社会文化背景、历史传统、社会制度、人的价值观、人的物质利益、人的精神状态、人的素质、人的信仰都会对组织活动产生影响。

## 二、管理的基本职能

"职能"一词在这里具有"活动"、"行为"的含义。管理是由一系列相互关联、连续进行的活动构成,通过它们以帮助组织充分利用其资源进而实现组织的目标。管理的基本职能包括:计划、组织、领导和控制。

1. 计划(Planning)

这是管理的首要职能,它对未来事件作出预测,以制定出行动方案。计划工作是为事物未来的发展规定方向和进程,重点要解决好两个基本问题:一是目标的确定问题。如果目标选择不对,计划再周密具体也枉费心机,这是计划的关键;二是进程的时序,即先做什么,后做什么,可以同时做什么,均不能错位,这是计划的准则。在管理科学中,研究的是计划的动态过程,也就是说,要研究计划是如何产生的这一过程,从而探索制定计划的一系列科学程序和方法,为管理提供科学的计划决策。管理的计划职能就是要选择组织的整体目标和各部门的目标,决定实现这种目标的行动方案,从而为管理活动提供基本依据。因此,计划职能是管理的首要职能,是从现在通向未来的桥梁。

2. 组织(organizing)

为了达成企业目标和完成企业计划,对人们的活动进行合理的分工和协作,合理配备和使用企业的资源,正确处理人们相互关系的管理活动。组织的目的是把企业生产经营的各个要素,各个部门,从劳动的分工和协作上,从上下左右的相互关系上,从时间和空间的联系上,都合理地组织起来,使劳动者之间以及劳动者和劳动工具劳动对象之间,在一定的环境下,形成最佳的结合。从而使企业的生产经营活动协调地、有秩序地进行,不断提高生产经营活动的效益。组织职能的主要内容:确定合理的管理体制,建立合理的组织结构,正确划分管理层次,设置职能机构;按照业务性质,确定各部门的职责范围,并按所负责任务给予各部门、各管理人员相应的权力;明确上下级之间的领导关系和相互之间的协作关系,建立沟通渠道;正确挑选和配备各类人员;加强考核培训,实行合理的奖罚制度等。组织包括对物(财力、物力)和对人(机构、职责、协作关系、人员的选择和配备、待遇、升级、考核、教育等)两方面的组织。

3. 领导(leading)

带领和指挥组织的所有人同心协力去执行组织的计划,完全组织目标的活动。领导职能包括:调动职工的积极性、激励他们奋发努力;指导人们的行为,增强人们之间的交往与沟通增强相互的理解;统一人们的思想和行为。领导要具有权威性;领导是一门艺术。

4. 控制(controlling)

按照既定的目标和计划标准,对组织活动各方面的实际情况进行检查和考察,发现差距、分析原因、采取措施、予以纠正,以使工作能按原定计划进行,或根据客观情况的变化,对计划作适当的调整,使其更符合于实际。作为控制必须具备如下四要素:标准、信息、比较分析、纠正措施;控制的实质就是实践符合于计划;控制的标准是计划;控制的目的在于保证组织实际的活动及其成果同预定的目标相一致。控制职能与计划职能密不可分。计划是控制的前提,为控制提供目标和标准,没有计划就不存在控制;控制是实现计划的手段,没有控制工作,事先拟定的计划是不会自动实现的。控制活动为计划的实现提供保证。

管理的上述职能是相互关联、不可分割的一个整体。通过计划职能,明确组织的目标与方向;通过组织职能,建立实现目标的手段;通过指挥协调职能,把个人的工作与所要达到的集体目标协调一致;通过控制职能,检查计划的实施情况,保证计划的实现,管理的这几个职能的综合运用,归根结底是为了实现组织的目标。

### 三、管理的性质

管理的性质是指管理的二重性和管理的科学性与艺术性。

(一)管理的二重性

1. 管理的二重性的概念

管理二重性是指管理是由许多人进行协作劳动而产生的,是有效组织共同劳动所必需的,具有同生产力和社会化大生产相联系的自然属性;另一方面,管理又体现着生产资料所有者指挥劳动、监督劳动的意志,因此,它又有同生产关系和社会制度相联系的社会属性。管理的二重性是马克思主义关于管理问题的基本观点。它反映出管理的必要性和目的性。

管理是由于协作劳动引起的,是执行生产总体运动所产生的各种职能,以协调组织系统内部个人的活动,实现生产总体运动的目标。因此,管理是一种生产活动,具有两重属性,即自然生产力属性和社会(生产关系)属性。管理具有二重性是马克思在研究资本主义社会资本家的协作和利润时指示来的。

首先,管理是生产劳动,是现实的生产条件,具有生产力属性。这种属性是共同劳动的协作所引起的,是生产力诸要素得以结合形成生产力的必要条件,并可以创造新的生产力,管理也是人类由社会分工所产生的社会劳动过程的一种特殊职能;管理也是生产力。

管理具有生产力属性是不以任何人的意志为转移的,也不因社会制度的意识形态的不同而有所改变,是任何阶级社会所共有的属性,是没有阶级性的,是任何社会结合的生产力方式都固有的共性。

管理不仅具有生产力属性,而且可以创造新的生产力。协作可以创造新的生产力,管理是由协作引起并促成协作化;新的科技可以创造新的生产力,管理促成新的科技的应用;在其他因素不变的情况下,科学组织与计划等可以创造新的生产力。

其次,管理是维护和调节生产关系的手段,具有生产关系属性。管理维护生产关系的性质,具有阶级性。因为它一开始是由于阶级对立产生的。

管理的二重性是由生产过程的二重性决定的。

2. 掌握管理二重性的重要意义

掌握管理的二重性,对于我们学习管理学和从事管理工作具有重要意义:

(1)在很长一段时期内受"左"的错误思潮的影响,在管理上表现为重社会属性轻自然属性、重生产关系轻生产力,曾严重地阻碍了我国经济的健康发展,影响了社会主义制度优越性的发挥。我们应当引以为鉴,总结历史的经验教训,形成具有我国特色的管理学,更好地指导我国的管理实践。

(2)注意学习、引进国外对我们有益的管理理论、技术和方法。要建设具有中国特色的社会主义,发展和完善社会主义市场经济,就必须充分利用国内和国外两种资源,开拓国内外市场,学会组织国内建设和发展对外关系两套本领。这是对管理者的要求。掌握管理的二重性,就能使我们正确地评价资本主义的管理理论、技术和方法,取其精华、去其糟粕,洋为中用,博采众长,使其成为我国管理理论体系的有机组成部分。

（3）注意揭露资本主义管理的剥削本质。资本主义管理极力掩盖和抹杀阶级矛盾和剥削的本质。我们要科学地鉴别管理的社会属性，对于资本主义国家的管理理论、技术和方法，要分清它们的哪些内容与他们的社会制度有关，哪些是纯粹的科学技术和方法问题，不能笼统地把某一管理理论划分为资本主义的或社会主义的。

（4）要结合实际，随机制宜地学习与运用。任何管理理论、技术与方法的出现，都有其时代背景，是与当时的生产力及社会条件相适应的。因此，我们在应用某些理论、技术与方法时，必须结合本部门、本单位的实际情况，随机制宜，这样才能取得良好的效果。

（二）管理的科学性和艺术性

管理的科学性是指管理作为一个活动过程，其间存在着一系列基本客观规律。人们经过无数次的失败和成功，通过从实践中收集、归纳、检测数据，提出假设，验证假设，从中抽象总结出一系列反映管理活动过程中客观规律的管理理论和管理方法，人们利用这些理论和方法来指导自己的管理实践，又以管理活动结果来衡量管理过程中所使用的理论和方法是否正确，是否行之有效，从而使管理的科学理论和方法在实践中得到不断的验证和丰富。因此说，管理是一门科学，是指它以反映管理客观规律的管理理论和方法为指导，有一套分析问题、解决问题的科学的方法论。但是，我们还必须看到，管理的科学性是相对的，不是绝对的。

首先，尽管人们对于管理理论的研究已经历了上百年的时间，并且到了今天，管理学已经成为一门独立的学科，但是人们对于管理规律的研究可以说刚刚起步，还有广泛的未知领域需要人们去探索和研究。

其次，在今天人们所掌握的理论中，还有许多，其正确性有待于管理实践的检验。

再次，就是那些已经被实践证明是正确的理论，其正确性也是有条件的，是在一定的条件下才是正确的，离开了这种条件，可能就是错误的（例如多种经营战略）。

管理的艺术性（Artistry）则来源于管理的相对科学性和组织的复杂性。在任何组织内部，一般包括五个要素，即人、物和技术、机构、信息和目的。另外组织作为社会系统的一个子系统，其活动必然要受到周围环境的影响，因此组织还包括九个外部要素：行业、原材料供应基地、人力资源、资金资源、市场、技术、政治经济形势、政府、社会文化等。这样一个组织实际上是由极为复杂的内外部环境构成的，要受到来自各个方面因素的制约，每个方面都有可能对组织的运行结果，也就是对管理的效果产生影响。

除此以外，管理者本身的知识、经验、能力、态度以及管理的方法和技能都对管理的效果产生重要的影响。管理人员必须在管理实践中发挥积极性、主动性和创造性，因地制宜地将管理理论与具体的管理活动相结合，才能进行有效的管理活动。

所以管理的艺术性，强调管理活动除了要掌握一定的理论和方法外，还要有灵活运用这些知识和技能的技巧和诀窍。就是强调管理活动必须将理论与实践结合起来。

**相关链接　　怎样让猫吃辣椒——毛主席的管理智慧**

五十年代，在上海流传着毛主席怎样使猫吃辣椒的故事。一天，毛主席向刘少奇和周恩来提了一个问题："你们怎样才能使猫吃辣椒？"刘少奇首先说："那还不容易，你让人抓住猫，把辣椒塞进猫嘴里，然后用筷子捅下去。"对于这种解决方法，毛主席摆了摆手说："每件事应当自觉自愿的。"周恩来回答说:"我首先让猫饿三天,然后,把辣椒裹在一片肉里,如果猫非常饿的话,它会囫囵吞枣般地全吞下去。"毛主席不赞成这种手法。

那么,毛主席的策略是什么呢?毛主席笑着说:"这很容易,你可以把辣椒擦在猫屁股上,当它感到火辣辣的时候,它就会自己去舔掉辣椒,并为能这样做而感到兴奋不已。"让猫吃辣椒,如果按照常规的做法,包括使用强硬的手段和欺骗的方法,都是行不通的。但是,身为一个管理者,想要服众,又得需要用巧妙的办法来解决这种"让猫吃辣椒"的难题,确实是需要花费一点精力,一份心思的!在非自愿的情况下,采取强硬的手段来强迫别人(或者员工)来试图达到自己(亦或管理者)的目的,并不是十分理想的方法和举措。从以上的小故事中可以看到,最佳的方法就是要"猫"做了他不愿意做的事情,更妙地是,会让他兴奋不已。这就需要管理者的智慧和策略了。

资料来源:www.52mkt.com

## 第二节　管理者与管理对象

### 一、管理者的含义及分类

**1. 管理者的含义**

任何组织都是由一群人所组成的,根据其在组织中的地位和作用的不同,组织成员可以简单地划分成两类:操作者和管理者。

所谓操作者(Operator/Manipulator)是指在组织中直接从事具体业务,且不承担对他人工作监督职责的人。如工厂里的工人,饭店里的厨师,商店的营业员等等。他们的任务或职责就是做好组织所分派的具体的操作性事务。

管理者(Manager)则相反,他们是那些在组织中指挥他人完成具体任务的人,是对全部或部分从事管理活动的人的总称,即管理者是负责对组织资源进行计划、组织、领导、控制的人员。如企业厂长、学校里的系主任、院长、校长,机关中的科长、处长、局长,公司的经理等。他们虽然有时也做一些具体的事务性工作,但其主要职责是指挥下属工作。因此,管理者区别于操作者的一个显著特点就是管理者有下属向其汇报工作。

**2. 管理者的分类**

(1)按管理人员所处的组织层次分为:

高层管理者。组织中的高级领导人,对管理负有全面责任,主要任务:制定战略目标、把握发展方向、拥有资源分配权等。如:学校的正副校长、企业的董事会成员、城市的正副市长等。

中层管理者。介于高层和一线管理人员之间。主要职责:执行重大决策和管理意图、监督和协调基层管理人员的工作活动、具体工作的规划和参谋。如系主任、处长、企业中计划、生产、财务等部门的负责人、政府中的主任、局长等。中层管理者一般可分为三类:行政管理人员、技术性管理人员、支持性管理人员。

基层管理者。最直接的一线管理人员。是直接监察实际作业人员的管理者。主要职责：直接给下属人员分派任务、直接指挥和监督现场作业活动、保证上级下达的各项计划和指令的完成。如工长、领班、小组长等。

上述三个不同层次的管理人员，其工作内容和性质存在很大的差别。一般来说，第一线管理人员所关心的主要是具体的战术性工作，而最高管理人员所关心的则主要是抽象的战略性工作。

（2）按管理人员所从事的工作领域分为：

综合管理人员。是指负责管理整个组织或组织中某个事业部的全部活动的管理人员。

专业管理人员。是指负责管理组织中某一类活动（或职能）的管理人员。如生产部门管理人员、营销部门管理人员、人事部门管理人员、财务部门管理人员、研究部门管理人员等。

## 二、管理者的角色与技能要求

### 1. 管理者的角色

20世纪60年代末，亨利·明兹伯格在对5位总经理的工作进行了一项仔细研究的基础上，提出了他的管理者角色理论。他提出了10种具体的管理者角色，并将其分为人际角色、信息角色和决策角色三大类型。

（1）人际角色

管理者在处理与组织成员和其他利益相关者的关系时，他们就扮演人际角色。他们又分为：

①挂名首脑。作为所在单位的领导，管理者必须行使一些具有礼仪性质的职责。如出席集会、宴请重要客户等。

②领导者角色。由于管理者对所在单位的成败负重要责任，他们必须在工作小组内扮演领导者角色。

③联络者角色。管理者无论对内对外都起着联络者的角色。

（2）信息角色

管理者确保和他一起工作的人具有足够的信息，从而能够顺利完成工作，这时他们就扮演信息角色。他们又分为：

①监督者角色。作为监督者，管理者持续关注组织内外环境的变化以获取对组织有用的信息。

②传播人角色。作为传播者，管理者把重要的信息传递给工作小组成员，管理者有时也向工作小组隐藏特定的信息，更重要的，管理者必须保证员工具有必要的信息以便切实有效地完成工作。

③发言人角色。管理者把信息传递给单位或组织以外的个人。

（3）决策角色

管理者在处理信息并得出结论的过程中即扮演决策角色。包括：

①企业家角色。管理者对所发现的机会进行投资以利用这种机会。如开发新产品、提供新服务、发明新工艺。

②故障排除者角色。管理者必须善于处理冲突或解决问题。如平息客户的怒气、同不合作的供应商进行谈判或者对员工之间的争端进行调解等。

③资源分配者角色。管理者决定资源用于哪些项目。

④谈判者角色。研究表明,管理者把大量的时间花费在谈判上。谈判对象包括员工、供应商、客户、其他工作小组等。

管理者的上述十种角色是一个互相连结的整体,不能割裂开来。

**相关链接　　　　　　知识经济对校长的角色要求**

知识经济时代的到来给传统的社会和经济生活带来了巨大的冲击。学校管理作为社会管理系统的一个子系统,无疑将随之发生变化,校长在学校管理中的角色需要重新审视和定位。为适应经济形态的变化,校长的角色应更加趋于多样化,以达到最佳的管理效果。

1. 管理者角色。管理者是校长的基本角色。传统的管理主要是对人、财、物的管理,往往忽视对"人"的主动性的重视而使其沦为物或事的附庸。知识经济时代,管理要以人为本,充分发挥被管理者的积极性、主动性和创造性。学校要实行教职员工的民主管理,并把这种民主管理与校长的集中领导、统一指挥结合起来,构建校长统一领导和全员参与并重的新型管理模式。

2. 服务者角色。管理也是服务。校长要为教职员工、为学生、为培养人才服务,这是校长工作的出发点和宗旨。传统管理理论实际上把管理视为"控制",即控制教职员工的行为,以便完全按照管理者的意志完成工作,但由于教师是一个自由的创造性角色,过多的控制只能限制其教学技能的发挥,从而影响教学效果。相反,校长应努力为教师提供工作所需的环境和条件,尊重其人格,关心其生活,了解其困难,为其排忧解难。

3. 沟通者角色。有效的沟通与交流是学校管理的必需。为更好地实现学校的目标,寻求和建立内、外部的伙伴关系非常重要,如促进教师和员工团体之间的合作、与兄弟学校之间创设伙伴关系;与企业、社区及社会服务组织建立合作关系等。校长必须做好沟通"内"与"外"的工作,对内应积极倡导并实践社会的主流价值观念,以引导全体组织成员朝着社会发展的总体目标迈进;对外要成为学校的"形象"代言人,以寻求广泛的社会支持,为学校的发展创建和谐的外部环境。

4. 控制者角色。随着知识经济的到来,教育的"信息化"、"网络化"的趋势也不可避免,计算机及网络的普及,为学生的学习提供了大量信息,极大地开阔了学生的视野,增进了他们对周围世界的了解,但也会随之带来一系列负面影响。作为校长,一方面要加强对学生思想的指导,另一方面,在学校能力所及的范围内,对各种信息做出前瞻性的预见和科学的选择,积极采纳有利于学生身心健康和本校发展的内容,使其最大限度地为学校服务,并对不利于学生发展的各种信息予以抵制。

5. 创新者角色。创新的行为始于创新的观念。学校的校长应善于打破常规,以独特的视角和思维考虑问题,并创设出创新的机制用以激励教职员工,使他们具有创新的动机与观念,能有自我实现、自我超越的激情和愿望,使整个学校充满创新的气息。管理追求的目标最终只能在具体的、对象性和情境性的管理中实现,校长应在这一理念的指导下,把教职员工的观念变成实际行动,使学校管理朝着持续的、综合的和全员的创新方向发展。

校长负责制是一种有效的管理模式,是民主与集中的和谐统一。知识经济时代的到来给这一模式带来了新的挑战,校长只有适应时代的发展,不断充实和变换自己的角色,才能充分发挥其管理的效能,使学校以及学校培养的人才接受新时代、新经济的挑战。

资料来源:张新桥.知识经济对校长的角色要求[J].集团经济研究,2006,11.P35.

### 2. 管理者的技能

管理者需要某些技能以便履行他作为管理者的职责。20世纪70年代初期，Robert L. Katz的研究发现，管理者需要三种基本的技能：概念技能、人际关系技能、技术技能，这些技能在不同管理层级的重要性不同。

**（1）技术技能**

指与特定工作岗位有关的专业知识和技能。如生产技能、财务技能、营销技能等。管理者不必成为精通某一领域的技能专家，但需要了解并初步掌握与其管理的专业相关的基本技能，否则很难与他所主管的组织内的专业技术人员进行有效的沟通，从而无法对所辖业务范围内的各项工作进行具体的指导。

**（2）人际技能**

指与处理人际关系有关的技能，即理解、激励他人并与他人共事的能力，包括领导能力。但其内涵远比领导能力广泛。因为管理者除了领导下属外，还要与上级领导和同级同事打交道，还得学会说服上级领导，领会领导意图，学会与同事合作等。

**（3）概念技能**

指综观全局、认清为什么要做某事的能力。即管理者在任何混乱、复杂的环境中，敏锐地辨清各种要素之间的相互关系，准确的抓住问题的实质，果断地做出正确决策的能力。具体包括：①感知和发现环境中机会与威胁的能力；②理解事物的相互关联性并找出关键影响因素的能力；③权衡不同方案的优劣和内在风险的能力。

在实际中，越是高层的管理者，越要经常面临复杂而混乱的环境，所作的决策也越无先例可循，因此更需要具备概念技能。

卡茨（Katz）认为，尽管有效的经营管理都必须具备这些技能，但在不同的管理层次上，这些技能的相对重要程度是不一样的。这可通过图1-1来说明。在基层管理中，技术技能是最重要的并且其重要程度随管理层次的上升而下降，概念技能的重要程度随管理层次的升高而增大。在全部管理层次上，人际技能都是很重要的。

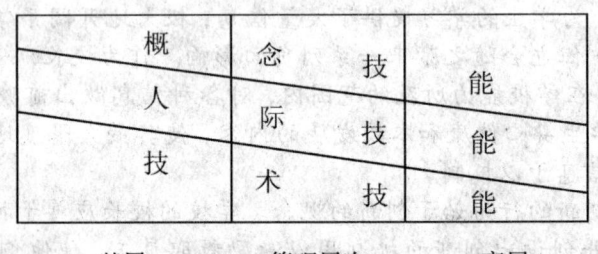

图1-1 管理层次与管理技能要求

### 三、管理对象

管理对象也称为管理的客体，是指管理者实施管理活动的对象。在一个组织中，管理对象主要是指人、财、物、信息、技术、时间、社会信用等一切资源，其中最重要的是对人的管理。对人的管理主要涉及人员分配、工作评价、人力开发等。对资金的管理主要涉及财务管理、预算控制、成本控制、资金使用、效益分析等。对物的管理主要涉及资源利用、物料的采购、存储与使用，设备的保养与更新、办公条件和办公设施等。对信息的管理主要涉及组织外部、内部信息的快速收集、传递、反馈、处理与利用、发展趋势的准确预测等。对技术的管理主要涉及新技术新方法的研发、引进与使用,各种技术标准和工作,方法的制定与执行等。对时间的管理主要是如何合理安排工作时间并提高工作效率,在最短的时间内达到组织目标等。对信用的管理,如通过组织的实践活动、媒体宣传和从事公益事业等手段,树立本组织良好的社会声誉和社会地位,为组织目标的实现创造良好的环境。

## 第三节 管理环境

任何组织都存在于一定的环境之中,环境对组织的管理活动会产生各种影响,而组织的管理实践也会作用于环境。

### 一、管理环境的构成

管理环境,也叫组织环境,是指存在于一个组织外部的影响组织业绩的各种力量和条件因素的总和。根据各种因素对组织业绩影响程度的不同,组织环境可分为一般环境因素和任务环境因素。

一般环境因素是指可能对这个组织的活动产生影响但其影响的相关性却不清楚的各种因素,一般包括经济、文化、政治法律和科学技术等因素。一般环境因素对某一组织的影响虽不是直接的,但这些因素都有可能对组织产生某种重大的影响,因此管理者都必须认真分析和研究自己的组织所处的一般环境。

相对于一般环境而言,管理者一般更注重于对任务环境的研究与分析。所谓任务(具体)环境是指对某一具体组织的组织目标的实现有直接影响的那些外部因素。比较典型地,一个组织的任务环境包括资源供应者、竞争者、服务对象(顾客)、政府管理部门及社会上的各种利益代表组织。对每一个组织而言,任务环境随着构成因素的变化而变化,它将直接增加或减少组织的效益。

### 二、一般环境因素的构成

一般环境(General Environment)因素主要包括政治、经济、技术、社会等因素。

1. 经济因素(Economic Conditions)。经济因素是指社会整体的经济发展形势和景气状况,它一般从资金来源、人员供给、市场需求等方面影响着组织的投入和产出,从而制约着管理活动的进行。例如,当经济形势处于萧条期时,企业组织便会面临各种困难。这时,采取有效的管理措施,拓展市场、节约开支,对于维持组织生存和发展,便成为当务之急;当经济发展进入复苏和上升期时,社会需求旺盛,各业发展活跃,机会显著增多。这时的企业管理者就要把管理的重点放在寻找外部机会和动员各种力量上,力求把握机遇,降低风险,获得腾飞。经济因素对任何组织都产生影响作用,对企业组织的影响尤其明显。

2. 政治因素(Political Conditions)。政治因素是指社会政治形势和各种政治事件所构成的对组织系统的环境影响因素。国际政治风云变幻、战争与和平力量的消长、国内外重大政治事件和社会政治热点问题的发生和发展等等,都会影响到组织及其成员的行为,从而不断向管理工作提出新的问题。政治因素不仅对学校、机关和政治团体等社会组织产生重要影响,同时对企业组织也会产生显著的影响。例如,跨国公司在海外投资时,就要对政治因素给予足够的重视,因为该地区和国家的内部形势和政权的稳定性问题,其在国际冲突中的地位和波及程度,执政党及大众的政治态度等等,都会对投资效果产生重要的、甚至是决定性的影响。管理者的首要任务就是要对上述各方面进行预测,权衡经济利益与政治风险造成的经济风险的大小,作出及时而正确的投资决策。

3. 技术因素(Technological Conditions)。技术因素是指科学技术水平的提高、新工艺和新技术的出现和推广应用等构成的组织环境因素,它是影响组织及管理活动的另一个十分重要的因素,有时甚至会决定一个企业组织的前途和命运。

技术环境对组织及其管理产生的全面而深刻的影响,具体表现在如下几个方面。

(1)技术环境从劳动力、劳动资料和劳动对象三个方面影响着企业组织的劳动生产力,而劳动生产力的高低则直接决定着企业组织的经济发展速度和效益。有时候,一项关键技术的引进,就可能救活一个濒临倒闭的工厂。

(2)技术的变化和新发展会影响和改变组织的运行方式和管理方式。例如电教技术的发展和推广,正促使现代教育的管理和教学方式发生着根本性的变化;电子计算机的推广应用也正在使许多传统工业部门和企业组织发生着深刻的变革。

(3)在技术的大变革环境中,管理者随时会面临着各种新的问题,随时要准备迎接各种挑战。例如自动化新技术的应用可能会造成大量剩余的劳动力和中、基层管理者;电脑和机器人技术的出现和推广应用会对人的心理造成某种压力;生物工程和信息技术等的发展和应用还会产生许多法律、伦理等方面的社会问题(如克隆人)。这些问题都是管理者在进行管理工作时应当重视和考虑的问题。

(4)新技术的频繁问世对企业组织决策能力提出了更高的要求,采用最新技术是企业组织的重要竞争手段。在这方面,如果决策及时正确,可以在竞争中占据有利地位,但若决策迟缓或失误,也会使组织失掉良好机遇或造成重大损失。例如,在历史上占有重要地位的美国爱迪生通用电器公司,由于在19世纪末及时开发和应用爱迪生发明的电灯技术,在短短几年内,就彻底战胜了煤气灯、电弧灯,取得了极大成功,很快就形成为电力、电讯方面的庞大垄断性企业集团,而德国西门子公司因为没有及时采用这项新技术而一度受挫。可是爱迪生的电灯技术是以直流输电技术为中心展开的,由于他坚决反对交流电技术,看不到交流电技术的巨大潜力和发展前景,没有及时转向采用交流电技术系统,导致了他晚年在交直流之战中的惨败。结果美国爱迪生通用电器公司中的"爱迪生"三字不见了,被合并改组为美国通用电器公司,其名称一直沿用到今天。这还使美国在世纪之交的电技术竞争中,一度失去了原有的优势。与此同时,德国西门子等公司在这场交直流技术竞争中却转而获得了重大胜利。

新技术的采用虽然可能带来极大的收益,但是风险也很大。因为其发展前景往往具有很大的不确定性,开发管理缺乏现成经验,技术和人员方面也有一系列新的要求,所以决定采用新技术并非易事。它要求管理者具有胆识和远见,善于洞察机遇,并能正确估计风险,及时正确地做出决策。

4. 社会因素(Sociocultural Conditions)。社会因素主要由社会中人们的处事态度、价值取向、教育程度、风俗习惯等组成。任何组织都是由人员组成的,组织及其人员都是处在一定的社会文化环境之中,都要受到当地社会文化环境的影响和渗透,都要遵守本国本地区的社会秩序,受到一定的社会规范的制约。组织管理工作不能不考虑到这些方面对组织及其管理活动的影响。不同的国家，不同的地区，社会制度和文化观念都有不同，管理者应当根据社会环境的不同特点，采取不同的管理手段，制定不同的管理目标。

---

**相关链接**　　　　　　　　**洋品牌的翻译**

1. 麦当劳的英文名称是"McDonald's"，它是店主人名字的所有格形式。西方人习惯以姓氏给公司命名，像爱迪生公司、沃尔特·迪斯尼公司、福特公司等。但是中国人通常喜欢以喜庆、兴隆、吉祥、新颖的词汇给店铺命名，如"百盛"、"天润发"、"好来顺"、"全聚德"、"喜来登"等。McDonald 是个小人物。他比不上爱迪生先生，人家是当今世界闻名的大科学家；也不如迪斯尼先生，因为迪斯尼成了"卡通世界"的代名词，所以如果老老实实地把"McDonald's"译成"麦克唐纳的店"，就显得过于平淡。而"麦当劳"就非常成功：(1) 大致保留了原发音；(2) 体现了食品店的性质；(3) 蕴涵着"要吃麦就应当劳动"的教育意义；(4) 风格既"中"又"洋"，符合中国人的口味。

2. "可口可乐"就是"CocaCola"，但是却很少有人追问一句："CocaCola"是什么意思？原来 Coca 和 Cola 是两种植物的名字，音译为古柯树和可乐树，古柯树的叶子和可乐树的籽是该饮品的原材料，古柯叶里面含有古柯碱，也叫可卡因（有时用做局部麻醉药，尤其用于眼睛、鼻子或喉咙。还因其兴奋性和刺激性而广泛用做非法毒品）这样枯燥乏味甚至有点可怕的名字居然被翻译成"可口可乐"，真是化腐朽为神奇！"可口可乐"的成功之处在于：(1) 保留了原文押头韵的响亮发音；(2) 完全抛弃了原文的意思，而是从喝饮料的感受和好处上打攻心战，手段高明；(3) 这种饮品的味道并非人人喜欢，很多人甚至觉得它像中药，但它却自称"可口"，而且喝了以后还让人开心！善于进行自我表扬，讨好大众。

如果意译为"古柯叶饮料"，其在中国的骄人业绩一定会大打折扣；同样，"Pesi‐cola"如果翻译为"皮斯克勒"或"屁事可乐"，"百事可乐"在中国也不会如此畅销。

还有如德国慕尼黑的一家汽车厂，德文全称是 Bayerische Motoren Werke（拜耶里奇飞机引擎生产厂），简称为 BMW，后来它不仅生产飞机发动机，还扩展到越野车、摩托车、高级轿车，现在没人关心 BMW 到底是什么意思，BMW 三个字母围绕的蓝色徽标，已成为成功和信誉的标志。其中文"宝马"是多么浪漫、简洁、贴切！还有如"Benz"是驰名世界的德国名车，以前曾译作"苯茨"，有音无义，如同化工产品；改译为"奔驰"，音义俱在，汽车奔驰之状跃然欲出。如译作"本次"，效果就更差了。

最有趣的是"席梦思"的移译。现在大家都知道"席梦思"指弹簧床，但"席梦思"本是美国一家专门生产钢、铜弹簧床及床上用品的"Simmons"公司的译名。该公司以前曾在上海设有办事处，初译为"雪门斯公司"，译名平平，与公司产品无任何关联。大约在 20 世纪 30 年代，该公司改译为"席梦思公司"，"席梦思"确实令人对该公司的产品产生了浪漫联想。生意兴隆再加译名漂亮，"席梦思"就成了中文弹簧床的代名词。

资料来源：www.qbaobao.com

---

### 三、具体（任务）环境因素的构成

不同的组织有不同的任务环境，与一般环境相比，任务环境对组织的影响更为直接和具体。对大多数组织而言，其具体环境（Special Environment）因素主要包括资源供应者、服务对象、竞争对手、政府管理部门和社会特殊利益代表组织等。

1. 供应者（Suppliers）。供应者即向组织提供原材料、设备、资金等资源的供应户。任何组织在经营活动中,必须拥有一定的人力、物力、财力等资源。例如学校需要教学设施、师资、资金和学生等;工厂企业需要有生产设备、人员、资金和原材料等。这些资源的提供和满足都需要通过一定的供应渠道。如果这方面得不到充分保证,组织的目标和任务将无法完成,所以供应者对该组织的运行和发展具有直接的制约作用。就生产企业而言,其投资资金需要金融信贷部门提供;职工、技术人才和管理人才需要人才市场或劳动人事部门以及大中专学校提供;机器设备和生产原材料需要物资部门或供应商及其他生产资料部门供给。组织在制定战略和确定目标、任务时,必须考虑供应者这一环境因素,要拥有自己可靠的供应渠道,保证资源的及时供给。

2. 顾客(Customers)。顾客就是该组织满足其某种需求的服务对象。对一个企业组织来说,顾客就是该企业生产或经营产品的购买者和消费者。一个组织是否有效率,归根结底取决于它是否能很好地满足顾客的需要。所以,组织战略和目标的确定,要依据市场的需求状况,要树立满足顾客需求就是该组织的最高宗旨和根本目标的观念。管理工作的一个重要的任务就是要正确分析市场需求及其变化趋势,及时开发出满足顾客需要的产品,努力形成广泛而稳定的顾客群体。

3. 竞争者(Competitors)。在一般情况下,生产、经营某种产品的不止一个组织,而是可以有许多同类的组织,这些同类组织,相互成为竞争对手。当同行业竞争者大量出现并发展成熟之后,组织就处于一种高度竞争的环境之中。竞争首先是市场的竞争,这方面的竞争往往是十分激烈的。为了在市场竞争中占据优势地位,除了推行有效的市场战略,在广告宣传和经营方式上竞争之外,还需要在产品质量和技术力量等方面展开竞争。其次是资源方面的竞争,它具体表现为资金、人才和原材料等方面的争夺。当然,资源方面的竞争不仅限于同行业的竞争。例如能源对各类企业组织来讲都是必不可少的;粮食资源不仅对民用食品业至关重要,对许多工业企业也是不可缺少的。

由于竞争对组织的市场条件和资源条件会造成直接影响,这就迫使组织要正确估计自身和竞争对手的竞争实力,根据竞争环境特点,制定有效的组织发展战略,包括市场战略、品牌战略、新产品发展战略等等,以期在激烈的竞争条件下立于不败之地。

凡是忽略竞争者行为的组织无一例外都要付出惨重的代价。国内国外不乏其例。

20世纪60年代初,美国汽车在北美市场占有绝大部分市场份额。日本汽车在美国市场的占有率不足4%。美国汽车公司根本没有将其视为竞争威胁。1967年,日本汽车在美国市场占有率接近10%,但仍然没有受到美国汽车公司的重视。1973年世界石油危机爆发后,日本汽车以其省油的特点大受美国用户的欢迎,在美国的市场占有率很快上升,美国人这才开始着急,但悔之晚矣。1989年,在美国市场上占有率已接近30%,美国汽车只剩60%。

4. 政府机构(Government Organizations)。政府机构作为行政管理部门,其制定的各种政策和法规在很大程度上制约着组织能做什么和不能做什么,因而对组织目标的实现具有直接的影响。一切组织都应该在政府政策的指导下,在法律允许的范围内进行活动;而一旦政府的政策和法规发生了变化,组织的战略也要随之进行调整。

5. 利益集团(Public Pressure Groups)。社会特殊利益代表组织是指代表着社会上某一部分人的特殊利益的群众组织,如妇联、工会、消费者协会、环境保护组织等。他们虽然没有像政府部门那么大的权力,但却同样可以对各类组织施加相当大的影响。他们可以通过直接向政府主管部门反映情况,通过各种宣传工具制造舆论以引起人们的广泛注意,从而对各类组织的经营管理活动施加影响。事实上，有些政府法规的颁发，部分地是对某些社会特殊利益代表组织所提出的要求的回应。

### 四、环境与管理之间的作用

1. 环境对管理职能的发挥具有重要影响。管理具有计划、组织、领导、控制四大基本职能，每一种基本职能作用的发挥，都要受到环境因素的影响和制约。例如，在激烈的市场竞争的条件下，计划工作的预见性和灵活性就显得格外重要，计划要适应市场的变化。在科学技术条件发生重大变化时，组织工作在管理中的地位和作用以及组织结构形式等也会发生某种改变。在不同的社会文化背景条件下，对领导的模式、领导的风格，也提出了不同的要求，不存在固定不变、普遍适用的领导模式和激励方法。此外，对环境及其变化的分析，还为控制措施的确定提供了依据。成功的管理者，善于根据不同的环境条件及其变化，灵活变换其管理手段，以求最大限度地发挥管理职能的作用，使组织处于最佳的运行状态。

2. 环境对管理者具有选择作用。任何组织都是一个开放性的系统，随时受到环境因素的影响，管理工作的成效高低在很大程度上取决于对环境的掌握程度。管理的根本目的就是合理协调组织要素，使其保持最佳的运行状态，最快最好地实现组织的整体目标，那么，管理者在进行管理时，就要对外部环境因素进行分析了解，并作出及时而正确的反应。但是，环境影响因素往往是十分复杂的，有政治方面的因素，有经济方面的因素，还有技术、法律和社会文化等方面的因素，它们对不同的组织各有其不同的影响，且常常交织在一起，要弄清各个环境因素的特点和影响程度，并非易事。环境的复杂程度不同，对管理者的素质和能力的要求也不同。例如，在社会大变革的环境中，就需要有魄力、有胆识的人出来充当管理者和领导者，所谓"时势造英雄"，就说明了环境对管理者具有某种选择的作用。

3. 环境对管理活动具有反馈作用。管理活动对环境也有反作用，即管理活动的结果会导致环境条件发生变化，这种变化了的环境又作用于组织系统及其管理过程。所以，通过对管理结果对环境的反作用进行分析，可以制定和评价管理活动的有效性以及对组织自身的影响，有利于对管理活动进行必要的调整。

### 本章概念

管理　　　计划　　　组织　　　领导　　　控制
管理者　　管理二重性　技术技能　　概念技能　　人际技能

### 问题与思考

1. 怎样完整理解管理的内涵？
2. 实践中的管理者具体表现为怎样的角色？
3. 如何理解管理的二重性？
4. 外部环境包括哪些内容？
5. 管理者履行的四种共同职能是什么？请简要回答。

## 案例分析　　　　　　海尔集团管理的特色

海尔集团从一个亏损147万元濒临倒闭的小厂发展到今天成为中国家电行业名列前茅的国家特大型企业集团,其间除改革开放给企业创造的发展机遇,以及其创造了一整套缜密的经营管理方式之外,更重要的也许是海尔管理的特色。

### 一、高科技高质量占据市场制高点

海尔的高质量有着丰富的内涵,它不是仅仅符合工厂或国家规定的标准即可,而是适应市场的需求,利用高科技创造高质量。有了技术上的高起点,才有质量的高起点。自1996年以来,海尔集团加大以科技为核心的技术创新工作的力度,明确技术创新三原则,即技术创新目标国际化、技术创新课题市场化和技术创新成果商品化。于是,海尔人的技术创新支撑起海尔集团13个门类、600多个规格品种的产品质量大厦,让产品站在了高新技术开发与应用的肩膀上。

### 二、以无形盘有形,专吃"休克鱼"

海尔盘活企业有三招:一是投入资金,全盘改造;二是投入资金,输入管理,扩大规模,提高水平;三是以无形资产盘活有形资产,以海尔名牌及海尔的OEC管理模式转变观念、转变机制,实现精神变物质。这第三招是一个奇招。在兼并原青岛红星电器公司时,海尔首先派企业文化、资产管理、规划发展、资金调度和咨询认证五大中心的人员开赴红星,开始贯彻和实施"企业文化"先行的战略。随后,张瑞敏总裁亲自到红星解释"80/20"管理原则,灌输"关键的少数决定非关键多数"这个"人和责任"的理念。进而,他们从分析企业亏损引伸出OEC管理方式,简称:日事日毕,日清日高,即今天的工作必须今天完成,今天完成的事情必须比昨天有质的提高,明天的目标必须比今天更高一点。员工每人都有一张"三E卡",每天按要求填写,收入以这张卡为依据。全新的海尔观念,使原红星员工受到强烈震撼。集团还组织员工参观海尔冰箱公司,使他们亲眼目睹了海尔科学有序的管理现场,领略到其精髓"责任到人"的涵义。还是原来红星厂那些人,还是那些设备,海尔也没注入资金,只是派来几位领导,红星厂在被兼并后三个月开始扭亏为盈。

### 三、国际星级一条龙服务

海尔集团于1996年向社会推出"国际星级一条龙服务"。其核心内容是从产品的设计、制造到购买,从上门设计服务到上门安装,从产品使用到回访服务,不断满足用户新的要求,并通过具体措施使开发、制造、售前、售中、售后、回访6个环节的服务制度化、规范化。这种"国际星级服务"细致到上门服务时先套上一副脚套,干活时先在地上铺一块垫布,以免弄脏地面,服务完毕后,再用抹布把电器擦干净。由于海尔在提供"化用户烦恼为零"的星级服务方面达到国际先进水平,1996年海尔集团通过"不满意率为零",获得了美国优质服务科学协会颁发的五星钻石奖。

### 四、"三分天下",两分在外

张瑞敏从宏观角度,把世界经济格局分为十大经济协作区,由此确定"三分天下"的市场全球化战略布局,即国内市场销售1/3,海外市场销售1/3,境外建厂辐射1/3。这里的1/3不是指销售量,而是三种不同的经营方式。

在出口及市场国际化方面,海尔一反常规,先在发达国家创出名牌,将自己置身于与强手的竞争中，获得迅猛发展，再占领发展中国家。目前海尔已分别在北美、欧共体、中东等重点市场发展了 30 多家海尔专营点、5500 多个经营点，并通过这些专营商使海尔在国际市场上的市场份额及声誉不断提高，取得良好的市场效果。同时，海尔以设备与技术作为投资在印尼建立起拥有 51% 股份的合资厂，这将对海尔产品打入印尼及马来西亚等东南亚周边国家起到很好的促进作用。

问题：
1. 海尔的企业管理有何特色？
2. 海尔吃"休克鱼"说明了什么问题？

# 第二章 管理理论的形成与发展

**学习目标**
★ 通过本章学习，你应该能够：
★ 理解科学管理的实质；
★ 清楚古典组织理论与科学管理理论的区别；
★ 了解梅奥人际关系研究的主要结论；
★ 对管理理论"丛林式"发展阶段有基本认识；
★ 把握近20年管理理论的发展动态。

---

**开篇实例**

## 汽车生产方式的改变

多年以来，管理人员通过应用不同的管理哲学，使汽车的生产方式发生了巨大的变化。在1900年以前，工人组成生产小组相互协作，把各种零部件用手工的方式组装成汽车。这种小批量生产是非常昂贵的：

组装一辆汽车需要花费大量的时间和精力；工人们一天只能够生产很少量的汽车。为了降低成本、提高销量，早期汽车厂的管理者需要具有较高的提高生产效率的技能。

1913年，亨利·福特（Henry Ford）使整个汽车行业发生了革命性变化。他在底特律开办了"高地公园汽车厂"，生产T型车。

福特与他的生产管理团队开创了大批量生产系统，使得小批量生产系统在一夜之间变得陈旧过时。在大批量生产系统下，传送带将汽车传送到工人面前，流水线旁的每个工人负责完成一项特定的工作任务。

通用汽车公司和克莱斯勒公司的CEO——艾尔弗雷德·斯隆（Alfred Sloan）、沃尔特·克莱斯勒（Walter Chrysler）没有简单地模仿福特的方法，而是采取了一种新的战略：为消费者提供一个范围广泛的选择空间。

汽车生产的第二次革命发生在日本，而不是美国。20世纪60年代，大野耐一——一位丰田汽车公司的生产工程师——在参观了美国三家汽车生产厂家后，开创了准时制生产（Just-In-Time）方式，成为管理思想的一大变革。

准时制生产背后的管理哲学，是通过在生产过程中连续地寻找、发现能够提高效率的方法来降低成本、提高质量、减少汽车装配时间。

到20世纪70年代，日本管理者已成功高效地应用了这种新的生产系统，与美国竞争对手相比，他们生产的汽车质量更高、成本更低。到20世纪80年代，日本汽车企业已称雄世界汽车市场。

为了与日本同行竞争，美国三大汽车公司的管理者访问了日本以学习准时制生产方法。福特公司和克莱斯勒公司成为学习应用这一新的生产哲学以提高质量、降低成本的最为成功者。

事实上，到1995年，它们的生产成本已经与日本汽车企业基本持平。尤其是福特公司，还极大地提高了其汽车质量。但是，尽管取得了进步，美国企业在质量方面还是不能与丰田汽车公司相比。

资料来源：孙剑峰，张伟. 评述全球500强. 中国对外翻译出版公司1999, P206~207

全球汽车生产发展简史表明，管理实践的发展变化是在人们探寻提高组织效率和效益方法的过程中产生的。管理理论发展演化背后的动力在于如何更好的利用组织资源的方式的探索。

在管理者和研究人员找到了管理组织资源的更好方法时，管理理论就进一步得到了发展。

本章我们拟从管理史的角度给出一个西方管理思想演进的大致轮廓，为全书后面各章管理思想的讨论提供一个背景。通常我们将西方管理思想演变分为四个阶段：第一阶段，19世纪末到20世纪20年代的古典管理理论阶段；第二阶段，20世纪20年代到20世纪50年代初的以人际关系研究为重点的时代；第三阶段，20世纪50年代以后的管理理论"丛林式"阶段；第四阶段，最近20多年以来西方管理思想发展阶段。经过这一章的学习，你将了解管理理论发展演进的方式和过程。

# 第一节　古典管理理论

古典管理理论形成于19世纪末20世纪初。经过产业革命后，科学技术有了较大的发展，许多新发明开始出现，但是管理仍处于师傅带徒弟的方式，经验和主观臆断盛行，缺乏科学的依据。传统的经验管理越来越不适应管理实践的需要。为了适应生产力发展的需要，改善管理的粗放和低水平，当时在美、法、德等国家都产生了科学管理运动，从而形成了各有特点的管理理论。尽管这些管理理论的表现形式各不相同，但其实质都是采用当时所掌握的科学方法和科学手段对管理过程、职能和方法进行探讨和试验，奠定了古典管理理论的基础，形成了一些以科学方法为依据的原理和方法。

## 一、泰罗的科学管理理论

泰罗被称为"科学管理之父"。泰罗在工作中发现，许多工人往往表现出故意偷懒，磨洋工，工作效率很低；即使实行计件工资制，由于雇主在工人提高生产后就降低计件单价，也造成工人不愿多做工作，实行有组织的偷懒，生产效率仍难以进一步提高。根据自己的经验，泰罗认为，谋求提高生产率，生产出较多的产品是完全可能实现的，关键在于要确定一个工作日的合理工作量。从这点出发，他在其代表作《计件工资制》、《车间管理》、《科学管理原理》等书中，系统地提出了科学管理思想。

**科学管理理论的主要观点**

1. 工作定额。泰罗把每一个工作都分成尽可能多的简单的基本动作，把其中没用的动作去掉，同时，选择最适用的工具、机器，然后通过对最熟练工人每一个操作动作的观察，选择出每一个基本动作的最快和最好的方法,把时间记录下来。再加上必要的休息时间和其他延误的时间,得到完成这些操作的标准时间。这就是"合理的日工作量",它构成了每个工作日标准定额的基础。标准定额是对工作进行管理的依据。

2. 差别计件工资制。泰罗认为,工人磨洋工的一个重要原因是报酬制度不合理。计时工资不能完全体现劳动的数量。所谓"差别计件工资制",是指计件工资率随完成定额的程度而上下浮动。如果工人完成或超额完成定额,则定额内的部分连同超额部分都按比正常单价高25%计酬;如果工人完不成定额,则按比正常单价低20%计酬。工资支付的对象是工人而不是职位,即根据工人的实际工作表现而不是根据工作类别来支付工资。它意味着同一岗位甚至同一级别的工人,都将得到不同的工资。泰罗认为,实行差别计件工资制会大大提高工人的积极性,从而大大提高劳动生产率。

3. 职能工长制。泰罗认为,为了提高劳动生产率,每一个职位都要安排第一流的工人。其标准是:在不损害健康的情况下,他完全胜任该职务的工作;他有工作积极性并愿意从事该项工作;具有坚强的意志力。管理部门的任务就是要为每个雇员寻找最合适的工作,使之成为第一流的工人。

4. 计划职能与执行职能相分离。泰罗主张改变原来的经验工作法,代之以科学的方法。所谓的经验工作方法,是指导每个工人采用什么操作方法,使用什么工具,都根据个人经验来决定。所谓科学工作方法,是指每个工人采用什么操作方法、事业什么工具等,都根据试验和研究来决定。他认为应把计划职能和执行职能分开。提出管理部门要按科学的规律来制定计划,从事计划职能的人称为管理者,负责执行计划职能的人称为劳动者。

5. 例外原则。所谓例外原则,就是指高级管理人员为了减轻处理纷乱繁琐事务的负担,把处理各项文书、报告等一般日常事务的权力下放给下级管理人员,高级管理人员只保留对例外事项的决策权和监督权。

上述这些措施虽然在现在已成为管理常识,但当时却是重大的变革。随后,美国企业的生产率有了大幅度的提高,出现了高效率、低成本、高工资、高利润的新局面。

科学管理不仅仅是将科学化、标准化引入管理,更重要的是泰勒所倡导的精神革命,这是实施科学管理的核心问题。许多人认为雇主和雇员的根本利益是对立的,而泰勒所提的科学管理却恰恰相反,它相信双方的利益是一致的。对于雇主而言,追求的不仅是利润,更重要的是事业的发展。而正是这事业使雇主和雇员相联系在一起,事业的发展不仅会给雇员带来较丰厚的工资,而且更意味着充分发挥其个人潜质,满足自我实现的需要。只有雇主和雇员双方互相协作,才会达到较高的绩效水平,这种合作观念是非常重要的。"科学管理的实质是一切企业或机构中的工人们的一次完全的思想革命——也就是这些工人,在对待他们的工作责任,对待他们的同事,对待他们的雇主态度的一次完全的思想革命。同时,也是管理方面的工长、厂长、雇主、董事会,在对他们的同事、他们的工人和对所有的日常工作问题责任上的一次完全的思想革命。没有工人与管理人员双方在思想上的一次完全的革命,科学管理就不会存在。"

泰罗认为科学管理的根本目的是谋求最高劳动生产率,最高的工作效率是雇主和雇员达到共同富裕的基础,要达到最高的工作效率的重要手段是用科学化的、标准化的管理方法代替经验管理。

泰罗的科学管理理论,使人们认识到了管理学是一门建立在明确的法规、条文和原则之上的科学，它适用于人类的各种活动，从最简单的个人行为到经过充分组织安排的大公司的业务活动。科学管理理论对管理学理论和管理实践的影响是深远的，直到今天，科学管理的许多思想和做法至今仍被许多国家参照采用。

泰罗的科学管理主要有两大贡献：一是管理要走向科学；二是劳资双方的精神革命。这个伟大的思想革命就是科学管理的实质。

## 二、法约尔的一般管理

法约尔和泰罗是同一时代的人，是古典管理理论在法国的最杰出的代表。他长期担任公司的总经理。由于所处地位的关系，他研究的对象和泰罗的有所不同，泰罗着重于车间、工场的生产管理研究，而法约尔着重于企业全面经营的研究。法约尔认为经营和管理是两个不同的概念，经营并不等于管理。经营是引导一个组织趋向某一既定目标，它的内涵中包括了管理。他的代表作是《一般管理与工业管理》。

法约尔一般管理理论的主要思想
1. 企业经营活动的类别分为六大类：
技术活动——指生产、制造、加工等；
商业活动——指购买、销售、交换等；
财务活动——指资金的筹集、运用和控制等；
会计活动——指盘点、制作财务报表、成本核算、统计等；
安全活动——指维护设备和保护职工的安全等；
管理活动——指计划、组织、指挥、协调和控制。

企业内无论是高层领导，还是普通工人，每个人或多或少都要从事这六项活动，只不过是随着职务的高低和企业的大小不同而各有侧重。高层人员工作中管理活动所占比重较大，而在直接的生产工作和事务性活动中管理活动较少。法约尔认为，人的管理能力可以通过教育来获得，所以他很强调管理教育的必要性和可能性。

2. 管理的五个基本职能
法约尔首次把管理活动划分为计划、组织、指挥、协调与控制五项职能，揭示了管理的本质，并对这五大职能进行了详细的分析。计划就是探索未来和制定行动方案；组织就是建立企业的物质和社会双重结构；协调就是连接、联合、调和所有的活动及力量；控制就是注意一切是否按已制定的规章和下达的命令进行。

3. 管理十四项原则
（1）分工。分工可以提高劳动效率。它不仅适用于技术工作，也适用于管理工作。但要有一定的限度，不能分得过粗或过细，否则效果不好。

（2）权力与责任。权力和责任是互为因果的，有权力必定有责任，权利和责任应相一致。不能出现有权无责或有责无权的现象。

（3）纪律。纪律的实质是遵守公司各方达成的协议。没有纪律，企业就难以发展。而建立和维持纪律的最好方法，一是要有好领导；二是企业与职工之间的协议要尽可能明确和公正；三是制裁要公正。

（4）统一指挥。组织内的每一个成员都只应接受一个上级的命令。违背这个原则，就会使权力和纪律受到严重的破坏。

(5)统一领导。凡是具有同一目标的活动,只应有一个领导人和一套计划。不要把统一指挥与统一领导相混淆。人们通过建立完善的组织来实现一个社会团体的统一领导,而统一指挥取决于人员如何发挥作用。

(6)个人利益服从集体利益。集体利益大于个人利益的总和。集体目标中应包含员工个人的目标,使企业目标实现的同时满足个人的合理需求。当个人利益与集体利益发生冲突时,优先考虑集体利益。

(7)公平报酬。报酬必须公平合理。尽可能使员工和公司双方满意。对贡献大,活动方向正确的员工要给予奖励,但奖励应以能激起员工的工作热情为限,否则将会起副作用。

(8)集权。集权就是降低下级的作用,本身无所谓好坏。企业集权的程度应视管理人员的个性、道德品质、下级人员的可靠性以及企业的规模、条件等情况而定。

(9)等级链与跳板。这是由企业的最高领导到最基层之间各级领导人所组成的等级系列,它是一条权力线,用以贯彻执行统一的命令和保证信息传递的秩序。但是为了克服由于指挥的统一性原则而产生的信息传递的延误,法约尔设计了一种跳板。利用这种跳板可以进行横向的信息交流,但只有在各方面都同意而上级又始终知情的情况下才能这样做。

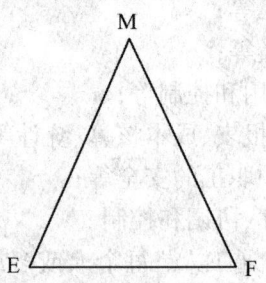

图 2-1 跳板原理

(10)秩序。秩序即人和物必须各尽所能。管理人员首先要了解每一工作岗位的性质和内容,使每个工作岗位都有称职的职工,每个职工都有合适的岗位。二是要有条不紊地精心安排物资、设备的合适位置。

(11)平等。即以亲切、友好、公正的态度严格执行规章制度。员工们受到平等的对待后,会以忠诚和献身的精神去完成他们的任务。

(12)保持人员稳定。把一个人培养成熟练、有效的员工往往需要很长的时间,因此人员的频繁调动将使工作不能很好得进行。任何组织都要保持稳定的员工队伍,鼓励员工长期为组织服务。

(13)首创精神。发挥个人的聪明才智,提出具有创造性的想法,既会给员工带来极大的快乐,也是刺激员工努力工作的最大动力之一。企业的领导者不仅自己要有首创精神,而且还要鼓励全体成员发挥首创精神。

(14)集体精神。职工的融洽、团结可以使企业产生巨大的力量。实现集体精神最有效的手段是统一命令。在安排工作、实行奖励时不要引起嫉妒,以避免破坏融洽的关系。此外,还应坚强企业内部的交流。

法约尔提出的这些原则,经过历史的检验,总的来说是正确的。它们过去曾经给管理人员以巨大的帮助,现在也仍然为人们所推崇。但这些原则是灵活的,要真正用好它们,还需要在实践中积累经验,掌握好尺度。

### 三、马克斯·韦伯的行政组织理论

被誉为组织理论之父的德国社会学家马克斯·韦伯生于德国,曾担任过教授、政府顾问、编辑,对社会学、宗教学、经济学与政治学都有相当的造诣。韦伯对组织管理理论的伟大贡献在于明确而系统地指出理想的组织应以合理合法权力为基础,没有某种形式的权力,任何组织都不能达到自己的目标。为此,韦伯首推官僚组织,官僚制在19世纪已盛行于欧洲。韦伯提出的官僚组织理论为社会发展提供了一种高效率、合乎理性的管理体制。

#### (一)法定权力——官僚组织体系的基础

韦伯把人类行为规律性地服从于一套规则作为社会学分析的基础。他认为一套支配行为的特殊规则的存在,是组织概念的本质所在。韦伯认为,任何组织都必须以某种形式的权力作为基础,韦伯将社会所接受的权力分为三种:法定权力、传统权力和神授权力。它们应该建立在以下基础上:①合理基础——它是以一种对正规规则形式的"法律性",以及对那些升上掌权地位者根据这些条例发布命令的权利的信任作为基础的(法定权力)。②传统基础——它是以一种对古老传统的神圣不可侵犯性及对根据这些传统行使权力者的地位合法性的既定信念作为基础的(传统权力)。③神授基础——它是以对某一个人的特殊的、超凡的神圣性、英雄行为或典范品格的信仰,以及对这个人所启示或发布的规范榜样或命令的信仰作为基础的(神授权力)。韦伯认为人们对传统权力的服从是在习惯义务领域内的个人忠诚。领导人的作用似乎只为了维护传统,因而效率较低,不宜作为官僚组织体系的基础。超凡权力的合法性,完全依靠人们对于领袖人物的信仰,是非理性的,所以,超凡的权力形式也不宜作为官僚组织体系的基础。只有提供了慎重的公正的法定权力才能作为官僚组织体系的基础。

#### (二)理想的官僚组织模式特征

有了适合于官僚组织体系的权力基础,韦伯勾画出理想的官僚组织模式,具有下列特征:①组织中的成员应有固定和正式的职责并依法行使职权。组织是根据合法程序确定的,应有其明确目标,并靠着这一套完整的法规制度,组织与规范成员的行为,以期有效地追求与达到组织的目标。②组织的结构是由上而下逐层控制的体系。在组织内,按照地位的高低规定成员间命令与服从的关系。③强调人与工作的关系,成员间只有对事的关系而无对人的关系。④成员的选用与保障:每一职位均根据其资格限制(资历或学历),按自由契约原则,经公开考试合格予以使用,务求人尽其才。⑤专业分工与技术训练:对成员进行合理分工并明确每人的工作范围及权责,并不断通过技术培训来提高工作效率。⑥成员的工资及升迁:按职位支付薪金,并建立奖惩与升迁制度,使成员安心工作,培养其事业心。韦伯认为,具有上述六项特征的组织可使组织表现出高度的理性化,其成员的工作行为也能达到预期的效果,组织目标也能顺利的达成。韦伯对理想的官僚组织模式的描绘,为官僚组织指明了一条制度化的组织准则,这是他在管理思想上的最大贡献。

#### (三)理想的行政组织体系的内容

韦伯的行政组织理论,主要反映在他的《社会组织与经济组织理论》一书中。韦伯认为,理想的行政组织体系是所谓官僚制,亦叫"科层制"。这种行政组织体系包括6个内容:(1)为了实现一个组织的目标,要把组织中的全部活动划分为各种基本的作业,作为公务分配组织中的各个成员。(2)各种公务和职位是按照职权的等级原则组织起来的,每一职位有明文规定的权利和义务,形成一个指挥系统或层次体系。(3)组织中人员的任用,完全根据职务上的要求,通过正式考试或教育训练来实行。(4)管理人员有固定的薪金和明文规定的升迁制度,是一种"职业的"管理人员。(5)管理人员必须严格遵守组织规定的规则和纪律,使之不受任何人的感情因素的影响,保证在一切情况下都能贯彻执行。(6)组织中的各级官员必须完全以理性为指导,他们全没有个人目标,没有仇视、偏爱、怜悯、同情,然而却有理性,尽管这种理性带有机械性。韦伯的行政组织理论,实际上是把管理非人格化,依靠单纯的责任感和无个性的工作原则,客观合理的处理各项事务。韦伯认为,这种理想的行政组织体系能提高工作效率,在精确性、稳定性、纪律性和可靠性等方面优于其他组织体系。但同时它也认为,由于这种管理体制排斥感情因素,导致了整个社会感情的匮乏,扼杀了个人的积极性和创造性。在韦伯看来,现代社会中有教养的文明人减少了,而只知忠于职守和懂专业知识的人增加了,这种由官僚制的刻板条例造就的人,目光短浅、安于现状、缺少英雄主义和批判精神,没有创造发明。尽管如此,韦伯仍然十分醉心于按这种行政组织体系进行企业管理,嘲笑那种靠个人非凡魅力来管理的领导,因为他认为只有以规章制度做动作,抛弃一切人事关系的感情色彩,公事公办,企业才有可能生存下去。韦伯的古典管理理论为企业管理奠定了理论基础,也可视为一种企业文化理论的萌芽。

总的来说,韦伯提出的理想的行政组织体系代表了组织非人性化管理的最后阶段。这种组织整体上就像一部由精密部件和零件组成的机器,可以准确、迅速、有效地进行工作。担任相当于部件及零件的职能的人,必须由适合此项职能的人来担任,并要求不折不扣地履行自己的职责。在这里绝不允许搀杂人所特有的个人感情和私心,并严格要求公私分明。实际上,理想的行政组织即是以制度为中心运转的、等级化、专业化的金字塔型的组织。

**相关链接**　　　　　　　古典管理理论的评价

在20世纪初,由泰罗发起的科学管理革命导致了古典管理理论的产生。其代表人物泰罗、法约尔、韦伯从三个不同角度,即车间工人、办公室总经理和组织来解决企业和社会组织的管理问题,为当时的社会解决企业组织中的劳资关系、管理原理和原则、生产效率等方面的问题,提供了管理思想的指导和科学理论方法。

1.古典管理理论的伟大意义在于:①古典管理理论确立了管理学是一门科学。通过科学研究的方法能发现管理学的普遍规律,古典管理理论建立使得管理者开始摆脱了传统的经验和凭感觉来进行管理。②古典的管理理论建立了一套有关管理理论的原理、原则、方法等理论。古典管理理论提出了一些管理的原则、管理职能和管理方法,并且主张这些原则和职能是管理工作的基础,对企业管理有着很大的指导意义,也为总结管理思想史提供了极为重要的参考价值。③古典管理学家同时也建立了有关的组织理论。韦伯提出的官僚组织理论是组织理论的基石,因此,他被人们称为组织理论之父。韦伯提出了一种官僚管理体制的设想,而且,他们还就应当建立组织的结构,以及维护这种组织结构的正常运行,提出了一系列的原则。今天企业管理的组织结构虽然变得更加复杂,但是,古典组织理论设计的基本框架仍未失去其存在的意义。④古典管理理论为后来的行为科学和现代管理学派奠定了管理学理论的基础,当代许多管理技术与管理方法皆来源于古典的管理理论。古典的管理学派所研究的问题有一些仍然是当今管理上所要研究的问题。古典的管理理论是人类历史上首次用科学的方法来探讨管理问题,实质上反映了当时社会的生产力发展到一定的阶段对管理上的要求,要求管理适应生产力的发展。反过来管理思想的发展,管理技术和方法的进步,又进一步地促进了生产力的发展。

2.古典管理理论存在的问题表现在以下几个方面:①首先是古典管理理论基于当时的社会环境,对人性的研究没有深入进行,对人性的探索仅仅停留在"经济人"的范畴之内。泰罗对工人的假设是"磨洋工",而韦伯把职员比作"机器上的一个齿牙"。在古典管理理论中没有把人作为管理的中心,没有把对人的管理和对其他事物的管理完全区别开来;而在现代管理理论中,人是管理研究的中心课题,而正是因为对人性的深入探索,才使得现代管理理论显得丰富多彩。②古典管理理论对组织的理解是静态的,没有认识到组织的本质。韦伯认为纯粹的官僚体制应当是精确的、稳定的、具有严格的纪律的组织。当代的组织理论家们普遍认为,韦伯所倡导的官僚组织体制只适合于以生产率为主要目标的常规的组织活动,而不适合于从事以创造和革新为重点的非常规的非常灵活的组织活动。法约尔认为:"组织一个企业,就是为企业的经营提供所必要的原料、设备、资本、人员。大体上说,可以分为两大部分:物质组织与社会组织。"当时人们认为,组织就是人的集合体。例如,一个企业组织,就认为是经营管理者与职工的集合体;一个医院,就是医生与病人的集合体等。由此可见,法约尔的组织概念还停留在对组织的表象和功能的表述上,并没有抓住组织的本质进行深入的研究。而后来的巴纳德不是从组织结构的角度,而是从行为的角度对组织下定义。他反对把组织看成是人的集团,他说:"组织不是集团,而是相互协作的关系,是人相互作用的系统。"③古典管理理论的着重点是组织系统的内部,而对企业外部环境对组织系统的影响考虑得就非常少。古典管理理论研究的着重点是企业的内部,把如何提高企业的生产率作为管理的目标,这对企业提高生产率是有相当大的指导意义的。然而任何一个组织系统都是在一定的环境下生存发展,社会环境在不断变化,企业的生存发展是在不断地和环境变化进行相互作用下前进的,企业的经营管理必须要研究外部环境的因素和企业的之间相互适应关系,使管理行为和手段都随着社会环境的变化而变化。这些都是古典管理理论没有进行研究的,由于古典管理理论对组织环境以及环境的变化的考虑较少,因此对管理的动态性未予以充分的认识和关注。

资料来源:www.manage9.com

## 第二节 行为科学理论

20世纪初,资本主义世界经济进入了一个新的时期,生产规模扩大,社会化大生产程度提高,新技术成就广泛应用于生产部门,新兴工业不断出现。同时,社会经济中劳资矛盾进一步加剧,工人不满和对抗的情绪日益严重。在这种情况下,古典管理理论重物轻人,强调严格管理的思想,已不能适应新的形势要求。一些管理学者从进一步提高劳动生产率的角度,把人类学、社会学、心理学等运用到企业管理中去,从20世纪20年代开始逐渐形成了行为科学理论。所谓行为科学,就是对工人在生产中的行为及行为产生的动机进行分析,以便调节人际关系,提高劳动生产率。行为科学理论研究的内容早期被称为人际关系学说,以后发展成行为科学,即组织行为理论。

## 一、福利特的工作

玛丽·帕克·福利特(Marry Parker Fullett,1868 – 1933)被称为管理理论之母,她关于管理和管理者对员工应如何行为的著作,很多是针对泰勒对人性的忽视。她指出,管理者经常忽视员工在工作中的参与和主动性,忽视这种参与和主动性对组织贡献的重要性。

福利特认为,工人最了解自己的工作,应该允许他们参与工作分析,管理者应该让他们参与到工作开发过程中来。这即是说,工人拥有相关的知识,应由工人而不是管理者来控制相关工作的过程,管理者应承担教练和助手的角色,而不是监督和控制的角色。福利特的这一观点,是对当前自我管理团队理论和授权理论的预见。

她还认识到不同职能部门的管理者直接沟通以加速决策过程的重要性。她倡导"跨部门职能":不同部门的员工以跨部门的团队形式一起工作,来完成项目任务,这一方法今天得到了越来越广泛的应用。

福利特的工作在当时具有激进的性质,直到近些年来才被管理者所接受。当时人们还是信奉泰勒的科学管理理论。

## 二、霍桑实验(Hawthorne studies)与人际关系运动

埃尔顿·梅奥(Elton Mayo,1880 – 1949),原籍澳大利亚,后移居美国。1926年被哈佛大学聘为教授,是人际关系理论及行为科学的代表人物,从事心理学和行为科学研究,他的代表作为《工业文明中人的问题》,本书总结了他亲身参与和指导的霍桑试验及其他几个试验的研究成果,详细地论述了人群关系理论的主要思想。梅奥是继泰罗和法约尔之后,对近代管理思想和理论的发展做出重大贡献的学者之一。

### (一)霍桑试验

该试验是美国国家研究委员会从1924年到1932年在美国芝加哥西方电器公司的霍桑工厂进行的。曾学过逻辑学、哲学和医学的梅奥(Elton Mayo)参加并指导了这项试验。该试验的目的是为了解释出现在西方电器公司管理实践中的一系列矛盾和问题,主要研究外界因素与工人劳动生产率之间的关系。但试验结果大大出乎人们的意料,影响工人劳动生产率的因素并非物质的,而是在工作中发展起来的人群关系,这个结果极大地推动了管理理论发展。

1. 霍桑试验的四个阶段

第一阶段是工场照明实验(1924.11 ~ 1927.4),研究照明强度对工作效率的影响。

第二阶段是继电器装配测试室实验(1927 – 1932),研究工作条件、休息时间以及工资报酬等因素对生产的率的影响。

第三阶段是访谈实验,在全厂范围内开展征询职工意见、与职工进行交谈的实验。访谈的目的主要是为了找出工人对公司领导、管理人员、工作条件、保险计划等各方面问题的意见和看法,以及这些意见和看法怎样影响生产效率。

第四阶段是接线板小组观察实验,其目的是观测社会因素对工人行为的影响。

## 第二章 管理理论的形成与发展

**2. 霍桑试验的理论性总结**

以霍桑试验为基础，梅奥吉其合作者撰写了多部著作，提出了若干理论。

第一，不应把职工看成单纯的"经济人"，而应把其看作是"社会人"。影响工人生产积极性的因素，除了物质方面的因素外，还有社会和心理方面的因素。梅奥提出了13条具体的原则以调动员工的积极性：(1)让员工体会到成功的喜悦。(2)对员工进行精神及物质奖励。梅奥认为刺激员工的最好办法就是对他们进行表扬并且提高他们的生活水平。(3)让员工感到自己重要。梅奥从霍桑试验得出一个结论，即员工最不喜欢的事情就是被看成机器。真正卓越的领导人都是待人周到的。(4)要乐于捍卫部属的利益。企业高层管理者必须真心实意地关心员工的福利。(5)鼓励一定要真诚。梅奥认为鼓励应该真诚而且频繁。优秀的领导者总是会积极地鼓励他的员工。(6)关心别人。梅奥强调指出，如果你希望别人喜欢并帮助你，你就要主动地付出真心去关心别人。(7)关心员工的成长。梅奥认为只要洞悉员工的心理，用员工乐于接受的方法教育员工，就可以使双方都获益。(8)同员工交朋友。一般而言，经理级的人物，总是对经理层的意见和想法听得多，而对基层员工的想法了解得少。(9)不当不受欢迎的老板。(10)激发员工的积极性。梅奥指出，为使员工在创新方面互相给予最大的支持，管理者要主动探索新的组织形式，鼓励员工开放思想，鼓励有计划的冒险行动。管理者要用言行表明自己是员工的朋友，而不是敌人。(11)协调与下属的关系。梅奥指出，要有效地提高生产效率和管理效率，使下属尽力完成下达的命令，管理者就必须与下属建立良好的人际关系。否则，他们不会真正努力工作，有时甚至故意把事情弄坏。梅奥同时指出，良好人际关系决不是靠对下属的迁就而建立起来的。(12)了解下属之间的矛盾。公司中常会有冲突，而管理者的责任是营造良好的工作氛围。在出现冲突时，管理者要避免火上浇油的正面冲突，私下单独倾听双方的陈词，寻求解决矛盾的最佳途径。(13)让部下尽心供职。梅奥认为，作为管理者，让部下尽心工作至为重要。要做到这一点，管理者必须了解部属的工作、生活、爱好、理想等情况。

第二，工资报酬、工作条件等不是影响生产率的第一因素。生产率的高低主要取决于士气和工作态度，而士气又取决于人际关系。梅奥认为提高生产效率的主要途径是提高工人的满足感。梅奥指出了决定工作满意度的六个主要因素：(1)报酬。薪金在决定工作满意中确实起到很重要的作用，这对白领阶层和蓝领阶层员工同样重要。不仅人们衣食住行等各方面的需求，报酬还是成就和地位的象征，员工常常把报酬看成是管理者对他们为组织所做贡献的认可程度。(2)工作本身。一般说来，员工喜欢富有挑战性的工作，而不愿意日复一日地重复简单而且乏味的工作。(3)提升。工作中的提升机会对工作满意度有一定程度的影响。提升会带来权力的增强、报酬的增加以及更富挑战性的工作。(4)管理。与提升一样，管理是工作满意的一个重要原因。让员工参与决策可以调动员工的积极性，促进生产率的提高。(5)工作组织。友好的人际关系是影响工作满意度的一项因素。在复杂和矛盾重重的人际关系中，员工很容易感到压力过大从而产生离职的想法。(6)工作条件。工作地点的气温、湿度、通风情况、光线和噪音、工具和设施的好坏等环境因素都影响到工作的满意程度。

第三，不能只关注正式组织，还要看到工人中间还存在非正式组织。梅奥认为任何一个机构里，在正式的法定关系掩盖下都存在着大量非正式群体。企业管理者必须了解非正式群体中的关键领导人物。非正式组织能够维系和增强成员间的文化交流，满足人们社会交往的需要。但是，非正式组织容易产生阻碍变革、角色冲突、谣传等不利作用，因而管理当局必须采取正确的态度对待非正式组织:首先要正视和重视非正式组织的存在;其次应对非正式组织及其成员的行为进行引导,使之有利于正式组织目标的实现。

第四,企业领导要善于正确处理人际关系,善于听取员工的意见,能够通过提高员工的满意度来提高士气,从而提高生产率。梅奥对霍桑试验的分析揭示出工业生产中个体的社会属性,并指出生产率不仅同物质条件有关,而且同工人的心理、态度以及群体中的人际关系有关。梅奥创立的人际关系学说,使西方的管理思想进入到行为科学管理理论阶段,对企业管理的发展有着重要的影响。

以霍桑实验为基础形成的这种新的管理思想,后人称之为"人际关系学说",是行为科学的早期理论。

**相关链接** 　　　　　　如何理解早期行为科学?

西方有句谚语:"阳光下面没有新鲜事。"在梳理科学管理和早期行为科学研究群体的脉络中,这句话会不时在我们的脑海里浮现出来。在20世纪早期的管理学发展史上,我们可以看到,有那么多研究成果曾似相识,有那么多思想观点仿佛面熟。这些使人赞叹不已的探索和发现,从另一角度向我们发出提示:没有一种伟大的思想是突然冒出来的,没有一个杰出的发明是凭空做出来的。埃菲尔铁塔临空傲视,立足于地下看不见的基石;万里长城绵延不绝,建造在厚重的黄土之上;当代管理学家诸多建树,受惠于无数先驱们的不懈努力。

早期行为科学在管理学史上开启了"社会人时代"的先声,他们的贡献无疑是管理学发展中的重大事件,但对他们的质疑也一直未曾间断。有的学者甚至怀疑霍桑实验的"真实性",以挑剔的眼光对霍桑的资料进行反复核对和重新阐释,以批判的姿态对梅奥的理论进行逻辑证伪和系统反驳。这些,实际上都在从另一个角度推动着管理学的发展。正如雷恩所言:霍桑就像科学管理一样,会被人们不断地重访和回顾——揭示过去是为了更好地理解现在。

对早期行为科学的细节和逻辑进行清理,只能交给管理学家进行"考据"式的探究。"学术"和"思想"是两个概念,我们可以暂时不陷入学术,但我们不能须臾离开思想。早期行为科学究竟能给予我们什么样的思想启示,值得认真思考。

早期行为科学的一个重要来源是社会福音论。社会福音论的优势,在于给管理学注入了伦理生命。经过社会福音论的矫正,在美国的进步运动中,理性的但又冷冰冰的算计,遭到社会人倡导者的唾弃,人类的情感和温馨,又回到了管理者必须正视的因素之中。管理学理论由纯粹理性化的快速演进过程,被人际关系学派拉回到人性化轨道。这一矫正的意义,无论怎样估计都不过分。但是,矫枉过正,物极必反。早期行为科学来自社会福音论的伦理观和责任感,给自己带来了道德优越地位。而一旦从道德优越性的角度指责他人,就不可避免地会离开科学,甚至会否定理性。道德优越感越强,理性成分就会越弱。梅奥本来是个学者,一旦把他推到圣人的位置上,他的理论也就失去了科学意义。从早期行为科学的部分学者对泰罗制的批评、以及对亚当?斯密和李嘉图的批评中,我们不难看出这种道德责难的二律背反。

幸运地是,早期行为科学的大师们,相当一部分都自觉或不自觉地把他们的研究与泰罗制的推行结合为一体,使二者形成一种互相嵌入的制约结构。而中国的管理学书籍,在涉及行为科学理论时,往往有意无意地放大行为科学的道德呼吁,缩小其中的科学追求,人为割裂二者。许多书籍把科学管理和行为科学对立起来，就反映了这种倾向。国内有些文章把行为科学同"学雷锋运动"和"思想工作"相联系，实际上是出于把行为科学道德运动化的思路。中国学者的这种理解，可能会得到格拉顿和威廉斯的赞扬，但不一定能得到梅奥的默许；到罗特利斯伯格那里，则肯定会对此提出批评；如果遇上朗特里和谢尔登，恐怕就要下狠劲反驳了。至于来自工业心理学领域的早期行为科学家，本身就在强化着人类行为研究的科学性一面，压根儿不会被道德光环耀花了双眼。

从心理学和社会学的结合出发，早期行为科学以社会人假设著称。这一假设，使管理学的逻辑前提发生了重大变化。人性假设在社会科学中的地位，有如公理假设在自然科学中的地位。但是，在早期行为科学那里，社会人假设和经济人假设的关系并未得到十分合理的配置，尽管梅奥和罗特利斯伯格在这一问题上都很注意分寸，尤其是罗氏，通过对理性的有限承认，给经济人假设留下了足够的空间。不过，从梅奥到罗氏，充其量只是注意到了两种人性假设的互补性，而没有解决二者的协同性。所以，这一领域成为后来不断探究的范畴之一。在这一意义上，我们可以把沙因（Edgar. H. Schein）的四种人性假设，看作是罗特利斯伯格之后的进一步努力。也正是因为早期行为科学在人性假设上留有漏洞，才使得本来在逻辑上不大通顺的沙因风光一时。严格来说，沙因的四种人性假设，既不平行，又不互斥，逻辑上是不能并列的。但他总比早期行为科学在人性假设的协同性上前进了一步，所以才能在理论界占有一席之地。这个问题，我们将在今后论及沙因时继续深入探讨。

早期行为科学的重大贡献之一就是非正式组织理论。毫无疑问，仅仅提出这一概念，无论是在管理学理论上还是在企业经营实践中，都具有非凡的意义。它甚至影响到此后的组织理论整体走向。现在管理学界都承认，正式组织是一种技术-经济系统，而非正式组织是一种社会系统；正式组织的关系是工作关系，而非正式组织的关系是社会关系；正式组织讲求效率的逻辑，而非正式组织推崇感情的逻辑。所以，正式组织的管理一般都采用"经济-技术"手段，偏于技术科学，而非正式组织的管理一般都采用"社会-心理"手段，偏于社会科学。这些思想，都得益于早期行为科学的努力。

但是，在这一重大贡献的后面，也存在着重大缺陷。早期行为科学，尚未实现非正式组织与正式组织的有效对接，更谈不上二者的有机融合。所以，在早期行为科学那里，非正式组织和正式组织在一定程度上是对立的。梅奥和罗特利斯伯格，都是从这种对立中寻求解决方案。他们所提出的新型领导方式、管理方法变化等等，都存在着一个不足，就是牺牲正式组织的某些内涵，来适应非正式组织的愿望和需求。比如，以规章制度的柔性来"换取"非正式组织的情感支持，以领导者的"人情味"来"赢得"职工的信赖等等。这些固然没错，却都是以正式组织的非正式化为代价的。后来有些学者明确指出，非正式组织和正式组织，只是研究上的区分，"事实上存在的只有一个组织"。就好像自然科学中物理学研究水的物理形态，化学研究水的分子结构，虽然研究的方法和理论不同，但并不会产生两种不同的"水"。早期行为科学对非正式组织的研究，有意无意地割裂了它与正式组织的统一性。所以，在非正式组织理论上，早期行为科学的成就和漏洞一样多。到了巴纳德的组织平衡论，才开辟了组织研究一体化的新途径，从理论上对早期行为科学的漏洞做出弥补。

尽管早期行为科学存在这样那样的不足或缺陷，但是，只揪小辫子，既不厚道，也不公正。没有这些先驱者的努力，管理学园林肯定不会这么绚丽。人们总希望清除自己园林里的杂草，只保留自己喜爱的植物。不过，杂草清除后，物种的单一化，势必会大大增加病虫害发生的几率。早期行为科学的贡献，在一定意义上，不仅形成和推动了管理学的多样化，而且也增加了学派之间的"杂交"和新品种培育的基地。推陈出新的后来者们之所以能够"居上"，多多少少都得益于这些先驱的铺垫。

资料来源：刘文瑞.如何理解早期行为科学[J]管理学家，2006.11.

### 三、行为科学的创建

梅奥等人的开创性研究之后，西方从事人际关系——行为科学研究的专家学者大量涌现。1949 年在美国芝加哥大学召开的组织中人类行为的理论研讨会上，"行为科学"正式定名。1950 年代以后，行为科学才真正发展起来，成为研究人的行为的一门综合性科学，1960 年代以后被称之为组织行为学，其研究对象可分为三个层次：

（1）个体行为理论。主要包括两方面的内容：有关人的需要、动机和激励理论；有关企业中的人性理论。

（2）团体行为理论。它主要是研究团体发展动向的各种因素以及这些因素的相互作用和相互依存的关系。

（3）组织行为理论。主要包括有关领导理论和组织变革、组织发展理论。

## 第三节　现、当代管理理论

西方现代管理理论的形成标志着西方管理理论进入了第三个发展阶段。它是在第二次世界大战后，随着社会生产力的发展以及社会学、系统科学、电子计算机技术在管理领域中日益广泛的应用而逐渐形成的。人们通常所说的西方现代管理理论不是一种管理理论，而是对各种不同管理学派理论的统称。

### 一、现代管理理论的丛林

1. 管理过程学派

管理过程学派又称管理职能学派，是美国加利福尼亚大学的教授哈罗德·孔茨和西里尔·奥唐奈里奇提出的。这一理论是在法约尔的一般管理理论的基础上发展而来的。

管理过程学派的鼻祖是法约尔。

在法约尔之后，孔茨和奥唐奈里奇在仔细研究这些管理职能的基础上，将管理职能分为计划、组织、人事、领导、和控制五项，而把协调作为管理的本质。孔茨利用这些管理职能对管理理论进行分析、研究和阐述，最终得以建立起管理过程学派。孔茨是管理过程学派的集大成者，他继承了法约尔的理论，并把法约尔的理论更加系统化、条理化，使管理过程学派成为管理各学派中最具有影响力的学派。

管理过程学派的主要特点是将管理理论同管理人员所执行的管理职能，也就是将管理人员所从事的工作联系起来。他们认为，无论组织的性质多么不同（如经济组织、政府组织、宗教组织和军事组织等），组织所处的环境有多么不同，但管理人员所从事的管理职能却是相同的，管理活动的过程就是管理的职能逐步展开和实现的过程。因此，管理过程学派把管理的职能作为研究的对象，他们先把管理的工作划分为若干职能，然后对这些职能进行研究，阐明每项职能的性质、特点和重要性，论述实现这些职能的原则和方法。管理过程学派认为，应用这种方法就可以把管理工作的主要方面加以理论概括并有助于建立起系统的管理理论，用以指导管理的实践。

管理过程学派的主要贡献是：①相对于其他学派而言，它是最为系统的学派。他们首先从确定管理人员的管理职能入手，并将此作为他们理论的核心结构。孔茨认为管理学这样分类具有内容广泛、能划分足够多的篇章、有利于进行逻辑性分析等优点。该学派对后世影响很大，许多管理学原理教科书都是按照管理的职能写的。②管理过程学派确定的管理职能和管理原则，为训练管理人员提供了基础。把管理的任务和非管理的任务（如财务、生产以及市场交易）加以明显地区分，能使经理集中于经理人员的基本工作上。管理过程学派认为，管理存在着一些普通运用的原则，这些原则是可以运用科学方法发现的。

管理过程学派存在以下缺陷：①管理过程学派所归纳出的管理职能不能适用所有的组织。所归纳出的管理职能通用性有限，对静态的、稳定的生产环境较为合适，而对动态多变的生产环境难以应用。②管理过程学派所归纳的职能并不包括所有的管理行为。③在管理者日常管理中，一定是先有了目标和组织，然后进行管理，而不是先有一套典型的职能，能够到处运用到不同的组织中去。对此，德鲁克是这样评论的："要知道达到企业的目标需要进行什么活动的问题太显而易见的，似乎用不着特别去提。但是分析这些活动在传统理论中却不曾有过。大多数传统的理论认为，企业有一套典型的职能，它们可以到处运用，对一切事物来运用，用不着先作一番分析。制造、销售、工程、会计、采购和人事——这些就是制造业的典型职能。"

2. 社会系统学派

切斯特·巴纳德，1886年出生于美国马萨诸塞州马尔登地区的一个贫穷的家庭。他曾在波士顿的埃默森钢琴公司做一名调音师，后就学于蒙特赫蒙学院，1906~1909年期间在哈佛大学攻读经济学。由于拿不到一项实验学科的学分，1909年未拿到学位的巴纳德离开哈佛大学，进入美国电话电报公司工作。起初巴纳德的职位是办事员，后来因工作突出，被提升为技术顾问、商业工程师。1927年，巴纳德成为新泽西贝尔电话公司总裁。在1927~1948年期间，他一直担任这一职务，直到退休。巴纳德不仅是一位优秀的企业管理者，他还是一位出色的钢琴演奏家和社会活动家。他曾经担任过巴赫音乐学会的主席；帮助美国原子能委员会制定政策；在20世纪30年代大萧条时期担任新泽西减灾委员会总监；1942年巴纳德创立了联合服务组织公司并出任总裁；1948~1952年担任美国洛克菲勒基金会董事长。

巴纳德在漫长的工作实践中，不仅积累了丰富的经营管理经验，而且还广泛地学习了社会科学的各个分支。除此之外，他还结识了哈佛商业管理研究生院院长多纳母、管理学家梅奥·福莱特等人。1938年，巴纳德出版了著名的《经理人员的职能》一书，此书被誉为美国现代管理科学的经典之作。1948年，巴纳德又出版了另一重要的管理学著作《组织与管理》。巴纳德的这些著作为建立和发展现代管理学做出了重要贡献，也使巴纳德成为社会系统学派的创始人。除了以上两本经典著作外，巴纳德还写过许多论文和报告，如《经理人员能力的培养》、《人事关系中的某些原则和基本考察》、《工业关系中高层经理人员的责任》、《集体协作》、《领导和法律》等等。

巴纳德将社会学的概念用到了管理学的研究上，并把其研究重点放在组织结构的逻辑分析上。在《经理人员的职能》一书中，他提出了系统组织理论。巴纳德独创性地提出了组织的概念，认为组织是一个有意识地对人的活动或力量进行协调的体系，其中最关键的因素是经理人员。在此基础上，巴纳德又阐述了正式组织的定义、正式组织的基本要素以及正式组织与非正式组织的关系。巴纳德认为正式组织是有意识地协调两个以上的人的活动的一个体系。正式组织的基本要素有：协作的意愿、共同的目标和信息的交流。协作的意愿是所有各种组织不可缺少的普遍要素。任何一个组织都是由许多具有社会和心理需求的个人组成的协作系统。个体在加入协作系统后必须使个人行为非个人化。例如，作为工厂的一名工人，就必须按时上班，严格按照工厂机器运转的规律进行操作，遵守工厂的各项制度，使个人行为非个人化。但是，个人并不能自发地产生协作意愿。个人之所以愿意为组织目标的实现做出个人的牺牲，是因为个人认为通过自己的努力和牺牲，使组织目标得到实现，从而会有利于个人目标的实现。如果个人认为自己所做的努力和牺牲不会有利于个人目标的实现，他就可能不愿意做出努力和牺牲。在此基础上，巴纳德提出了一个著名的关系式：诱因≥贡献。所谓诱因是指组织给成员个人的报酬，这种报酬可以是物质的，也可以是精神的。所谓贡献是指个人为组织目标的实现而做出的贡献和牺牲。巴纳德认为只有当组织给个人的报酬大于或等于个人为组织做出的贡献时，个人才可能愿意为组织目标的实现做出个人的努力和贡献。这种在管理中把组织目标与个人目标结合起来的思想，被认为是管理思想发展史上具有里程碑意义的思想。在讨论组织目标时，巴纳德强调个人目标与组织共同目标之间相互协调的问题，并指出管理人员必须能够协调个人目标与组织目标之间的矛盾。巴纳德强调指出，组织的共同目标不是一成不变的，它应当随着组织的发展和环境的改变而随时调整。组织目标是整个组织存在的灵魂，也是组织奋斗的方向。所以，组织目标对组织的活动和成员都有着重要的影响和作用。巴纳德认为组织的目标应具备综合性、总体性、清晰性、可分性和层次性等特点。确定组织目标时应遵循关键性与全面性结合的原则、灵活性与一致性结合的原则、可行性与挑战性结合的原则。信息沟通和交流是巴纳德提出的组织生存和发展的第三个基本要素。他认为个人协作意愿和组织共同目标只有通过信息沟通才能联系和统一起来，内部信息交流是实现组织目标的基础。信息交流有正式和非正式两种渠道。信息传递有书面与口头两种主要方式。信息往往要经过若干环节才能到达信息最终需要者手中，在此过程中可能会产生信息的失真和误导。这种信息的失真可能是有意的，也可能是无意的。管理者必须采用各种手段纠正信息失真，譬如缩短信息传递路线、采用先进的通信设备和电子媒介等等。在《经理人员的职能》的第四部分，巴纳德提出了经理人员的职能，即建立和维持一个信息交流的系统、促成必要的个人努力、提出和制定目标。巴纳德反复强调使个人参加协作的重要性，认为只有在符合以下四项条件时个人才会认为上级的命令是有权威并可以接受的：第一，个人能够正确理解命令；第二，个人认为命令同组织目标没有矛盾；第三，命令总体上与个人利益一致；第四，命令能够得以执行。

巴纳德的《组织与管理》也是一本重要著作。在《组织与管理》中他再次强调了经理人员在组织与管理中的重要作用，并精辟地阐述了领导的性质。巴纳德认为，领导者的领导行为包括四项内容：第一，制定行动目标，即依据组织的宗旨或任务制定自己的行动目标。在制定目标以前，应集思广益，善于听取各个方面的意见。一旦目标被制定之后，就应坚决贯彻执行。第二，发挥组织领导能力。对于领导者，发挥组织领导和人际关系方面的能力，比技术和专业知识更为重要。第三，善于应用组织机构。领导者要善于应用组织机构协调各个部门、各个方面的工作。第四，充分发挥全体成员的积极性。巴纳德认为领导者的业绩不在于个人干了多少，而在于能否把全体成员积极性调动起来。领导者除以身作则外，还要多做说服教育工作，采用物质和非物质的激励手段，必要时也要采取强制措施。巴纳德认为领导者应具备以下基本品质：(1)体力。特别是精神方面的活力和坚持力。领导者有了高度的活力和坚持力，才能承担和坚持繁重的领导工作，取得丰富的知识和经验，并表现出吸引群众的个人魅力，带领大家实现组织目标。(2)决断力。作决策是领导者的主要职能。作决策应看准时机，当机立断，不能犹豫不决。(3)处理人际关系的能力。领导者首先要理解被领导者的思想、心理、欲望和需求，才能做好说服工作，使人愿意参加组织并发挥积极性。(4)高度的责任心。(5)高度的智力。关于领导者的心理素质，巴纳德强调要有平衡的心理素质，平时要冷静、谨慎，而在关键时刻要有勇气和决断力，能够灵活应变。

巴纳德是西方现代管理学派的创始人。他对组织理论和领导进行的有深远历史影响的开拓性研究，尤其是在人群组织这一复杂问题上的贡献和影响，可能比管理思想发展过程中的任何人都更为重要。后来的许多学者，如杜拉克、孔茨、明茨伯格、西蒙、利克特等人都极大地受益于巴纳德。他不仅提出了组织的定义、组织的目标、经理人员的主要职能，还特别强调了领导能力的重要性。除此以外，巴纳德还阐述了正式组织、非正式组织的有关理论以及正式组织与非正式组织的关系。巴纳德的组织理论解释了古典的组织理论和经济理论不能解释的现象，并对经验主义学派的研究产生了重要的影响。

**3. 决策理论学派**

西蒙是美国管理学家和社会科学家，在管理学、经济学、组织行为学、心理学、政治学、社会学、计算机科学等方面都有较深厚的造诣。由于他"对经济组织内的决策程序所进行的开创性研究"而获得1978年诺贝尔经济学奖。西蒙于1916年出生在明尼苏达州的米尔沃基。1936年他从芝加哥大学获得了文学学士学位，1943年获得了芝加哥大学的哲学博士学位。然后，他成为国际城市管理者协会的职员和《公共管理与市政年鉴》的助理编辑。1939～1942年间，他担任加利福尼亚大学公共行政局的行政管理措施研究指导之职。1942年，他加入了伊利诺斯理工学院的教师行列，并在1947年成为一名政治科学教授。1949年，他前往卡内基—梅隆大学，担任行政学和心理学教授，后来担任计算机与心理学教授至今。他还担任过国际城市管理者协会的顾问、美国预算局顾问、美国统计局顾问、考尔斯经济学研究委员会的顾问及其他商业和政府组织的顾问。西蒙的主要著作有：《管理行为》(1945年)、《公共管理》(1950年，与史密斯伯格等合写)、《人的模型》(1957年)、《组织》(1958年，与马奇合写)、《经济学和行为科学中的决策理论》(1959年)、《管理决策新科学》(1960年)、《自动化的形成》(1960年)、《人工的科学》(1969年)、《人们的解决问题》(1972年，与纳斯维尔合写)、《发现的模型》(1977年)、《思维的模型》(1979年)等。他在《管理行为》(1976年第三版，副标题为《管理性组织决策过程研究》)、《组织》和《管理决策新科学》等书中对决策过程进行了深入的讨论，形成了系统的决策过程理论。

西蒙在管理学方面所研究的主要是生产者的行为，特别是当代公司中的组织基础和心理依据。20世纪50年代西蒙的公司行为理论对微观经济学中简单追求利润最大化假设的经济人模型提出挑战，强调了大公司中复杂的内部结构，其目标和子目标的多重性，提出了理性人——具有"有限理性"的人——即基于"令人满意"而不是"最优"方案决策模型。西蒙认为，绝大多数的人类决策，不管是个人的还是组织机构的决策，都是属于寻找和选择合乎要求的措施的过程，这是因为寻找最大化措施的过程比寻找前一个过程要复杂得多。后者首要的条件是存在完全的理性，而现实中的人或组织都只是具有有限度的理性。西蒙的管理理论所关注的焦点是人的社会行为的理性与非理性方面的界线。他的管理理论是关于意向理性和有限理性的一种独特理论，是关于那些因缺乏寻求最优的才智而转向寻求满意的人类行为的理论。西蒙最主要的学术贡献就是他的决策理论。决策理论学派的理论基础是经济理论，特别是消费者抉择理论，即在一定的"合理性"前提下，通过对各种行为的比较和选择，使总效用或边际效用达到最大。决策理论学派很重视对决策者本身的行为和品质的研究。

西蒙和马奇在《组织》一书中，将"决策人"作为一种独立的管理模式，即认为组织成员都是为实现一定目的而合理地选择手段的决策者。西蒙指出组织中经理人员的重要职能就是作决策。决策的制定包括四个主要阶段：①找出制定决策的根据，即收集情报；②找到可能的行动方案；③在诸行动方案中进行抉择，即根据当时的情况和对未来发展的预测，从各个备选方案中选定一个方案；④对已选择的方案及其实施进行评价。决策过程中的最后一步，对于保证所选定方案的可行性和顺利实施而言，又是关键的一步。经过综合概括，发现在这四个阶段中，公司经理及其职员们用很大部分工作时间来调查经济、技术、政治和社会形势，来判别需要采取新行动的新情况。决策分为程序化决策和非程序化决策。所谓程序化决策，就是那些带有常规性、反复性的例行决策，可以制定出一套例行程序来处理的决策。比如，为普通顾客的订货单标价、办公用品的订购、生病职工的工资安排等等。所谓非程序化决策，则是指对那些过去尚未发生过，或其确切的性质和结构尚捉摸不定或很复杂，或其作用十分重要而需要用"现裁现做"的方式加以处理的决策。比如，某公司决定在以前没有经营过的国家里建立盈利组织的决策、新产品的研制与发展决策等等。但是这两类决策很难绝对分清楚，它们之间没有明显的分界线，只是像光谱一样的连续统一体。

西蒙的组织设计思想认为，一个组织可分为三个层次：最下层是基本工作过程，在生产性组织中，指取得原材料、生产产品、储存和运输的过程；中间一层是程序化决策制定过程，指控制日常生产操作和分配系统；最上一层是非程序化决策制定过程，指对整个系统进行设计和再设计，为系统提供基础的目标，并监控其活动。不同类型的决策需要不同的决策技术。决策技术又分为传统技术和现代技术。传统技术是一种古典技术，是从有记载的历史到目前这一代一直为某些经理和组织所使用的工具箱。现代技术则是二战后发展起来的一系列新技术。决策理论学派所倡导的现代决策技术，随着计算机技术的迅猛发展而得到了广泛的应用。尤其在进行结构化决策时所运用的计算机技术已经在企业中得到了令人满意的结果，例如 AOS 系统（自动办公系统）、KWS（知识管理系统）等等，都是如此。决策理论学派的决策理论在企业中的另一个重要应用就是为管理者的决策提供了一个衡量标准：满意准则。过去的管理者经常为衡量决策好坏的标准而感到困惑。那么，究竟什么样的决策是一个好决策呢？决策理论学派提供的答案满意的决策为管理者制定决策提供了一个现实的依据。这在管理实践中具有非常重要的指导意义，使管理者不必也不应该再为寻找最优决策而浪费宝贵的时间和精力。

西蒙对于决策过程的理论研究工作是开创性的。西蒙也是管理方面惟一获得诺贝尔经济学奖的人。他的理论目前已经渗透到管理学的不同分支，成为现代管理理论的基石之一。但由于现代企业和现代技术的发展，组织的特征已经发生了根本性变革。在最现代的组织中，西蒙的三层次理论已经不太适用，结构正在崩溃。另一方面，非程序性工作日益成为基层工作的特征，因此决策的重心正在由高层向低层转移。尽管如此，西蒙的决策理论仍然是我们理解人类行为的钥匙。

4. 系统管理理论学派

第二次世界大战之后，企业组织规模日益扩大，企业内部的组织结构也更加复杂，从而提出了一个重要的管理课题，即如何从企业整体的要求出发，处理好企业组织内部各个单位或部门之间的相互关系，保证组织整体的有效运转。以往的管理理论都只侧重于管理的某一个方面，它们或者侧重于生产技术过程的管理，或者侧重于人际关系，或者侧重一般的组织结构问题，为了解决组织整体的效率问题，系统理论学派于是产生了。

在企业管理中，系统理论学派亦称系统学派，是指将企业作为一个有机整体，把各项管理业务看成相互联系的网络的一种管理学派。该学派重视对组织结构和模式的分析，应用系统理论的范畴、原理，全面分析和研究企业和其他组织的管理活动和管理过程，并建立起系统模型以便于分析。这一理论是弗理蒙特·卡斯特（F·E·Kast）、罗森茨威克（J·E·R·O·senzing）和约翰逊（R·A·Johnson）等美国管理学家在一般系统论的基础上建立起来的。弗理蒙特·卡斯特是美国管理学家、美国华盛顿大学的教授，他于1963年与约翰逊和罗森茨威克三人合写了《系统理论和管理》，1970年与罗森茨威克两人合写了《组织与管理——一种系统学说》，这两本书比较全面地论述了系统管理理论。该理论的主要观点是：①组织是一个由许多子系统组成的，组织作为一个开放的社会技术系统，是由五个不同的分系统构成的整体，这五个分系统包括：目标与价值分系统；技术分系统；社会心理分系统；组织结构分系统；管理分系统。这五个分系统之间既相互独立，又相互作用，不可分割，从而构成一个整体。这些系统还可以继续分为更小的子系统。②企业是由人、物资、机器和其他资源在一定的目标下组成的一体化系统，它的成长和发展同时受到这些组成要素的影响，在这些要素的相互关系中，人是主体，其他要素则是被动的。管理人员需力求保持各部分之间的动态平衡、相对稳定、一定的连续性，以便适应情况的变化，达到预期目标。同时，企业还是社会这个大系统中的一个子系统，企业预定目标的实现，不仅取决于内部条件，还取决于企业外部条件，如资源、市场、社会技术水平、法律制度等，它只有在与外部条件的相互影响中才能达到动态平衡。③如果运用系统观点来考察管理的基本职能，可以把企业看成是一个投入——产出系统，投入的是物资、劳动力和各种信息，产出的是各种产品（或服务）。运用系统观点使管理人员不至于只重视某些与自己有关的特殊职能而忽视了大目标，也不至于忽视自己在组织中的地位与作用，可以提高组织的整体效率。

对系统学派的评价：首先，系统理论通过对组织的研究来分析管理行为，体现了管理哲学的改变。它使人们从整体的观点出发，对组织的各个子系统的地位和作用，以及它们之间的相互关系，得到了更清楚的了解。同时，它也使人们注意到任何社会组织都具有开放系统的性质，从而要求管理者不仅要分析组织的内部因素，解决组织内部因素的相互关系问题，还必须了解组织的外部环境因素，注意解决组织与外部环境的相互关系问题，为人们处理和解决各种复杂组织的管理问题提供了一种十分有用的思路和方法。其次，从系统的观点来考察和管理企业，有助于提高企业的整体效率。企业领导人有了系统观点，就更易于在企业各部门的需要和企业整体的需要之间保持适当的平衡，使得企业的管理人员不至于因为只注意一些专门领域的特殊职能而忽略了企业的总目标。但是，也有不少学者指出，现代组织和管理面临着十分复杂的条件，系统管理理论企图用系统的一般原理和模式来解决如此复杂的现实问题是难以奏效的。他们认为，系统方法过于抽象，实用价值不大。结果，使曾经风行一时的"系统热"渐渐地冷落下去。就连系统管理理论的主要代表人物卡斯特和罗森茨韦克，在他们的后期著作《组织与管理——系统方法和权变方法》中，也把系统管理理论同权变管理理论结合起来。

系统理论研究的对象是组织，系统理论是通过对组织的研究来分析管理行为，虽然在理论上是正确的，但系统理论对组织的构成因素的分析存在一定的问题，导致其理论并未能提出具体的管理行为和管理职能，只是笼统的提出一些原理和观点。因此，与其他管理理论相比较，它在解决具体的管理问题上的研究显得不足，许多人只是把它看作解决管理理论的一种崭新的方法，而不是一种新的管理理论。

5. 经验主义学派

经验主义学派又称为经理主义学派，以向大企业的经理提供管理企业当代的经验和科学方法为目标，主要代表人物是彼得·德鲁克（Peter F·Drucker）。主要作品有《管理实践》、《管理——任务、责任、实践》等。另一个代表人物是欧内斯特·戴尔（Dale），代表作是《伟大的组织者》。经验主义学派认为管理学就是研究管理经验，认为通过对管理人员在个别情况下成功的和失败的经验教训的研究，会使人们懂得在将来相应的情况下如何运用有效的方法解决管理问题。因此，这个学派的学者把对管理理论的研究放在对实际管理工作者的管理经验教训的研究上，强调从企业管理的实际经验而不是从一般原理出发来进行研究，强调用比较的方法来研究和概括管理经验。

经验主义学派理论的研究内容主要涉及到了以下几方面的管理问题：①管理应侧重于实际应用，而不是纯粹理论的研究。管理学如同医学、法律学和工程学一样，是一种应用学科，而不是纯知识的学科。②管理者的任务是了解本机构的特殊目的和使命；使工作富有活力并使职工有成就；处理本机构相对社会的责任。③实行目标管理的管理方法。德鲁克理论给管理学的最大贡献是他提出任务（或目标）决定管理，并据此提出目标管理法。德鲁克认为传统管理学派偏于以工作为中心，忽视人的一面，而行为科学又偏于以人为中心，忽视了同工作相结合。目标管理则结合以工作为中心和以人为中心的管理方法，使职工发现工作的兴趣和价值，从工作中满足其自我实现的需要，同时，企业的目标也因职工的自我实现而实现，这样就把工作和人性二者统一起来了。目标管理在当今仍是运用最多的管理方法。

传统管理理论是以管理技巧为中心、以原则为中心或者以职能为中心的，它带来的结果仿佛是先天存在一整套管理职能能够运用到各种组织中。德鲁克首先意识到任务对管理行为的影响，首先有任务才有管理，任务决定管理。他在书中说："工商企业——以及公共服务机构--都是社会的器官。它们并不是为着自身的目的，而是为着实现某种特别的社会目的并满足社会、社区或个人的某种特别需要而存在的。它们本身并不是目的，而是手段。对它们提出的正确的问题不应该是它们是什么？而应该是它们应该做些什么以及它们的任务是什么？"

管理转而又是机构的器官。就管理本身而言，无所谓什么职能而且也无所谓什么存在。管理如果脱离了它所服务的机构就不是管理了。

经验主义学派的方法可以说在管理理论丛林中较具特色，但他们受到了许多管理学家的批评。经验主义学派由于强调经验而无法形成有效的原理和原则，无法形成统一完整的管理理论，管理者可以依靠自己的经验，而无经验的初学者则无所适从。

6. 管理科学学派

管理学界中形成的所谓管理科学学派，又称作管理中的数量学派，也称之为运筹学。这个学派认为，解决复杂系统的管理决策问题，可以用电子计算机作为工具，寻求最佳计划方案，以达到企业的目标。管理科学其实就是管理中的一种数量分析方法。它主要用于解决能以数量表现的管理问题。其作用在于通过管理科学的方法，减少决策中的风险，提高决策的质量，保证投入的资源发挥最大的经济效益。

从管理科学的名称看来，似乎它是关于管理的科学。其实，它主要不是探求有关管理的原理和原则，而是依据科学的方法和客观的事实来解决管理问题，并且要求按照最优化的标准为管理者提供决策方案，设法把科学的原理、方法和工具应用于管理过程，侧重于追求经济和技术上的合理性。

就管理科学的实质而言，它是泰罗的科学管理的继续与发展，因为他们都力图抛弃凭经验、凭主观判断来进行管理，而提倡采用科学的方法，探求最有效的工作方法或最优方案，以达到最高的工作效率，以最短的时间、最小的支出，得到最大的效果。不同的是，管理科学的研究，已经突破了操作方法、作业研究的范围，而向整个组织的所有活动方面扩展，要求进行整体性的管理。由于现代科学技术的发展，一系列的科学理论和方法被引进到管理领域。因此，管理科学可以说是现代的科学管理。其基本特征是：以系统的观点，运用数学、统计学的方法和电子计算机技术，为现代管理决策提供科学的依据，解决各项生产、经营问题。基于管理科学的特征，大多数管理学家认为管理科学只是一种有效的管理方法，而不是一种管理学派，它仅适用于解决特定的管理问题。

该学派有以下三个优点：第一，使复杂的、大型的问题有可能分解为较小的部分，更便于诊断、处理；第二，制作与分析模式必须重视细节并遵循逻辑程序，这样就把决策置于系统研究的基础上，增进决策的科学性；第三，有助于管理人员估价不同的可能选择，如果明确各种方案包含的风险与机会，便更有可能做出正确的选择。

但是，也必须指出，管理科学方法的应用也有它的局限性：首先，管理科学学派的适用范围有限，并不是所有管理问题都是能够定量的，这就影响了它的使用范围。例如，有些管理问题往往涉及许多复杂的社会因素，这些因素大都比较微妙，难以定量，当然就难以采用管理科学的方法去解决。其次，实际解决问题中存在许多困难。管理人员与管理科学专家之间容易产生隔阂。实际的管理人员可能对复杂、精密的数学方法很少理解，无法做出正确评价。而另一方面，管理科学专家一般又不了解企业经营的实际工作情况，因而提供的方案不能切中要害，解决问题。这样，双方就难以进行合作。此外，采用此种方法大都需要相当数量的费用和时间。由于人们考虑到费用问题，也使它往往只是用于那些大规模的复杂项目。这一点，也使它的应用范围受到限制。

因此。管理科学不是万能的。我们要充分认识到它是一种重要的管理技术和方法，而起决定作用的还是人。所以，要求管理人员要尽快地掌握管理科学，使之与各种管理技术、管理方法相符合，以便发挥更大的作用。

7. 权变理论学派

进入70年代以来，权变理论在美国兴起，受到广泛的重视。权变理论的兴起有其深刻的历史背景，70年代的美国，社会不安，经济动荡，政治骚动，达到空前的程度，石油危机对西方社会产生了深远的影响，企业所处的环境很不确定。但以往的管理理论，如科学管理理论、行为科学理论等，主要侧重于研究加强企业内部组织的管理，而且以往的管理理论大多都在追求普遍适用的、最合理的模式与原则，而这些管理理论在解决企业面临瞬息万变的外部环境时又显得无能为力。正是在这种情况下，人们不再相信管理会有一种最好的行事方式，而是必须随机制宜地处理管理问题，于是形成一种管理取决于所处环境状况的理论，即权变理论，"权变"的意思就是权宜应变。

权变理论认为，在企业管理中要根据企业所处的内外条件随机应变，没有什么一成不变、普遍适用的"最好的"管理理论和方法。该学派是从系统观点来考察问题的，它的理论核心就是通过组织的各子系统内部和各子系统之间的相互联系，以及组织和它所处的环境之间的联系，来确定各种变数的关系类型和结构类型。它强调在管理中要根据组织所处的内外部条件随机应变，针对不同的具体条件寻求不同的最合适的管理模式、方案或方法。其代表人物有卢桑斯、菲德勒、豪斯等人。

美国学者卢桑斯（F. Luthans）在1976年出版的《管理导论：一种权变学》一书中系统地概括了权变管理理论。他认为：①权变理论就是要把环境对管理的作用具体化，并使管理理论与管理实践紧密地联系起来。②环境是自变量，而管理的观念和技术是因变量。这就是说，如果存在某种环境条件下，对于更快的达到目标来说，就要采用某种管理原理、方法和技术。比如，如果在经济衰退时期，企业在供过于求的市场中经营，采用集权的组织结构，就更适于达到组织目标；如果在经济繁荣时期，在供不应求的市场中经营，那么采用分权的组织结构可能会更好一些。③权变管理理论的核心内容是环境变量与管理变量之间的函数关系就是权变关系。

应当肯定地说，权变理论为人们分析和处理各种管理问题提供了一种十分有用的方法。它要求管理者根据组织的具体条件，及其面临的外部环境，采取相应的组织结构、领导方式和管理方法，灵活地处理各项具体管理业务。这样，就使管理者把精力转移到对现实情况的研究上来，并根据对于具体情况的具体分析，提出相应的管理对策，从而有可能使其管理活动更加符合实际情况，更加有效。所以，管理理论中的权变的或随机制宜的观点无疑是应当肯定的。同时，权变学派首先提出管理的动态性，人们开始意识到管理的职能并不是一成不变的，以往人们对管理的行为的认识大多从静态的角度来认识，权变学派使人们对管理的动态性有了新的认识。

但权变学派存在一个带有根本性的缺陷，即没有统一的概念和标准。虽然权变学派的管理学者采取案例研究的方法，通过对大量案例的分析，从中概括出若干基本类型，试图为各种类型确认一种理想的管理模式，但却始终提不出统一的概念和标准。权变理论强调变化，却既否定管理的一般原理、原则对管理实践的指导作用，又始终无法提出统一的概念和标准，每个管理学者都根据自己的标准来确定自己的理想模式，未能形成普遍的管理职能，权变理论使实际从事管理的人员感到缺乏解决管理问题的能力，初学者也无法适从。

8. 经理角色学派

经理角色学派是70年代才出现的一个管理学派，代表人物是亨利·明茨伯格（Henry Mintzbery）。它之所以被人们叫做经理角色学派，是由于它以对经理所担任角色的分析为中心来考虑经理的职务和工作，以求提高管理效率。该学派所指的"经理"是指一个正式组织或组织单位的主要负责人，拥有正式的权力和职位，而"角色"这一概念是从舞台的术语中借用的，是指属于一定职责或地位的一套有条理的行为。

该学派对经理工作的特点、所担任的角色、工作目标及经理职务类型的划分，影响经理工作的因素以及提高经理工作效率等重点问题进行了考察与研究。他们采用日记的方法对经理的工作活动进行系统的观察和记载，在观察的过程之中及观察结束以后对经理的工作内容进行分类。

他们将经理所担任的角色分为互相联系、不可分割的三类十种，即：①人际关系方面，有挂名首脑、领导者、联络者三种。②信息方面，有信息收受者、传播者、发言人三种。③决策方面，有企业家、故障排除者、资源分配者、谈判者四种。

明茨伯格从以上十个角色中提炼出经理工作的六项目标。即：经理的主要目标是保证他的组织实现其基本目标——有效率地生产出某些产品或服务；经理必须设计和维持他的组织的业务稳定性；经理必须负责他的组织的战略决策系统，并使他的组织以一种可控制的方式适应于其变动的环境；经理必须保证组织为控制它的那些人的目的服务；经理必须在他的组织同其环境之间建立起关键的信息联系；作为正式的权威，经理负责他的组织的等级制度的运行。

但是，经理角色学派对管理职能的归纳仍然是有问题的。首先，经理角色学派其得出的管理十种角色靠归纳得出，对管理者的调查由于数量较少而受到怀疑；其次，明茨伯格所得出的管理行为是否包含了所有的管理行为很值得怀疑。

## 二、当代管理理论的进展

1. 企业再造

所谓企业再造，是指为了获取诸如成本、质量、服务和速度等方面的显著绩效，对企业的经营过程进行根本性的再思考和关键性的再设计。这一定义揭示了企业流程再造的核心。

企业再造的原则与方法：

(1) 紧密配合市场需求确定企业的业务流程；

(2) 根据企业的业务流程确定企业的组织结构；

(3) 以新的、柔性的、扁平化的和以团队为基础的企业组织结构取代传统的企业组织结构；

(4) 强调信息技术与信息的及时获取，加强企业与顾客、企业内部经营部门与职能部门的沟通与联系。

企业再造是围绕业务流程展开的。业务流程再造的关键是重新设计业务流程。再造不是对现有的东西稍作改良。要治本，重新做，要脱胎换骨。要做到脱胎换骨，就要求从根本上改变思路。

2. 学习型组织

学习型组织是指通过营造整个组织的学习气氛充分发挥员工的创造性思维能力而建立起来的一种有机的、高度柔性的、横向网络式的、符合人性的、能持续发展的组织。美国彼得·圣吉于1990年出版了《第五项修炼——学习型组织的艺术与实践》一书，指出未来组织所应具备的最根本性的品质是学习。试图推动人们刻苦修炼，学习和掌握新的系统思维方法。要使组织变成一个学习型组织，必须具有以下五项修炼的扎实基础：

(1) 系统思考。系统思考是五项修炼的核心，强调把各个独立、片断的实践联系起来看，以发现其内在的互动关系。

（2）自我超越。自我超越是五项修炼的基础，强调要认识真实世界并关注于创造自己最理想境界，并由这两者之间的差距产生不断学习的意愿，不断地自我创造和自我超越。

（3）改善心智模式。人们要学习如何改变自己多年来养成的思维习惯，摒弃陋习，下力气强制和约束自己进入新的心智模式，破旧立新。

（4）建立共同愿景。所谓共同愿景，是指能鼓舞组织成员共同努力的愿望和远景，或者说是共同的目标和理想。共同愿景主要包括三个要素：共同的目标、价值观与使命感。"愿景"强调的是大家共同愿意去做的远景。因此组织需要建立共同的理想、共同的文化、共同的使命，能使员工看到组织近期、中期和远期的发展目标和方向，从而使员工心往一处想，劲往一处使，使每个人的聪明才智得以充分发挥，使组织形成一种合力。

（5）团队学习。团队学习就是组织化的学习或交互式的学习。团队学习是适应环境突变的最佳方式。惟有大家一起学习、成长、超越和进步，才能让组织免遭冲击，创造持续佳绩。

学习型组织突破了原有方法论的模式，以系统思考代替机械思考，以整体思考代替片断思考，以动态思考代替静止思考。该理论试图通过一套修炼方法提升人类组织整体动作的"群体智力"。现代企业和其他许多组织面临复杂多变的环境，只有增强学习能力，才能适应种种变化，未来真正出色的组织将是能够设法使组织各阶层人员全心投入，并有能力不断学习的组织，也就是"学习型组织"。

**相关链接　　　系统方法论：第五项修炼的哲理**

圣吉的理论基础，来源于他的导师佛里斯特提出的系统动力学（System Dynamics）。所谓系统动力学，就是对整体运作本质的思考方式，把结构的方法、功能的方法和历史的方法融为一个整体，其目的在于提升人类组织的"群体智力"。它与混沌理论（Chaos Theory）和复杂性科学（Science of Complexity）所探讨的内容相同。

作为佛里斯特的弟子，圣吉的"第五项修炼"采取了系统动力学的哲学理念，但大大简化了系统的模型结构（圣吉的著作中，所谓模型，往往是一个非常简单的环状反馈示意图），而且把直觉、感悟和意念引入思考方式。这样，他把艰深的系统动力学转变为人人易懂的系统思考，并在企业组织中实践和推广。

圣吉的"组织学习实验室"，实际上就是一个简化并压缩了的系统动力模拟实验，他称之为"微世界"（Microworld）。在这里，进行"修炼"的经理可以尝试各种可能的构想、策略所发生的情景变化，以及其中可能出现的各种搭配。圣吉将这里视为组织创造与学习的演练场。在这种实验室中，可以把长期的演变发展过程加以"压缩"观察，进而寻求解决之道，也可以用于许多与人有关的变数研究。其最终目的，正如圣吉自己比喻的那样，类似于孩子游戏，通过跷跷板学习杠杆原理，通过荡秋千学习钟摆原理，通过"过家家"掌握社会系统。

20世纪涌现出了许多新的管理思想，圣吉提出的第五项修炼是比较特别的一种。其特别之处就在于它专注于复杂现象背后的整体和本质，并寻求问题的"真解"。圣吉的五项修炼是一个系统思考的整体。所谓"修炼"，不仅仅是一种技术训练，更是一种理念培养。系统思考有助于将五项修炼更好地结合起来，探究各项修炼之间的互动关系，并不断探究如何使整体价值的真正实现。

圣吉的组织修炼思想与方法，一方面在许多企业中得到推广运用，另一方面也受到了许多管理学家的质疑。其中,最重要的就是罗伯特·路易斯·佛勒德(Robert Louis Flood)的《反思第五项修炼》(有中信出版社和广西师大出版社两个汉译版本)。佛勒德也是从系统思维出发,但他认为圣吉的思考过于狭隘。佛勒德对圣吉的挑战是从下列观点展开的:在貌似难以捉摸的复杂性之下,存在着一种潜在的秩序,这种秩序毋宁说隐含着简单性。运用开放系统理论,完全可以了解这种秩序。由此,他对圣吉的观点进行了修正,以求提高人类应对复杂世界的能力,这种修正的最终目标是,对不可管理的事物实施管理,对不可组织的事物进行组织,对不可了解的事物加以了解。当然,这种批评是对圣吉的延伸和矫正,而不是对圣吉的否定。掌握这种批评,有助于人们更好地认识圣吉的思想。

资料来源:张亚男.系统方法论:-第五项修炼的哲理[J].管理学家,2007,4.

**3. 知识管理**

知识管理的研究最早始于美国。20世纪90年代中期,知识管理蓬勃发展。目前,知识管理已经不仅仅局限于理论上的探讨,开始进入实用化阶段。

(1) 知识管理的内容

知识管理可分为人力资源管理和信息管理两个方面。人力资源管理是知识管理的核心内容,人力资源管理就是一种以"人"为中心,将人看做是最重要资源的现代管理思想。

知识经济时代决定企业成败的不仅仅是企业掌握了多少显知识和物化了的知识,而更重要的是能够使那些隐知识转换为显知识。隐知识集中储存在人的脑海里,是个人所获得的经验和技能的体现、结合与创造性转化和发挥。知识管理就是要有效地实现这两类知识的转换并在转换中创新,它使企业能够明智地运用内部资源并预测外部市场的发展方向及其变化,对外部需求作出快速反应。

(2) 知识管理的特点

①知识管理重视对组织成员进行精神激励。组织成员拥有不断创新和创造新的有用知识的能力,他们是组织知识创新的主体。因此,采取恰当的激励机制就显得尤其重要,它不仅注重物质激励,更注重精神激励——一种新型的精神激励,即赋予组织成员更大的权力和责任,使其更好地发挥自觉性、能动性和创造性。

②知识管理重视知识的共享和创新。未来组织间的竞争取决于其整体创新能力,有效的知识管理要求把集体知识共享和创新视为赢得竞争优势的支柱,创造一种组织知识资源能够得到共享和创新的环境。其目的是通过知识的更有效利用来提高个人或组织创造价值的能力。

③知识管理强调运用知识进行管理。传统管理是经验管理,而经验只是知识中的一个层次。管理科学产生后,管理的知识也是不完整、有失偏颇的。在知识管理中,管理的知识应当是完整的、全面的、有机统一的,它要求管理者能够掌握并在管理过程中综合地运用各种相关知识,使得管理活动卓有成效。将知识视为组织最重要的战略资源,把最大限度地掌握和利用知识作为提高竞争力的关键。

(3) 知识管理的实施

①设立知识总监。设立知识总监或主管的目的是要在没有先例可循的情况下能够熟练地丰富、支配和管理不断发展的知识体系,以便有效地运用集体的智慧提高应变和创新能力。

如可口可乐、通用电器等公司都设立了知识主管。知识主管的主要职责为:了解公司的环境和状况,理解公司内的信息需求;建立和造就一个能够促进学习、积累知识和信息共享的环境,每个人都要认识到知识共享的好处,并为公司知识库的丰富做出贡献;监督保证知识库内容的质量、深度、风格并与公司的发展相一致;保证知识库设施的正常运行与信息更新;加强知识的集成和新知识的产生,促进知识共享与生成的不断循环。

②从市场和客户那里获得信息和知识。从市场和客户那里获得信息和知识,是实施知识管理的重要途径。通过给客户提供超越业务范围相关知识的服务是企业获得信息和知识的重要手段。

③建立知识与信息的共享网络和知识联盟。知识与信息共享网络主要有两种:一是内部网,二是虚拟网。二者都具有众多的功能。例如:美国的波音公司通过建立虚拟网络,实现了空军地勤的"无纸"开发。波音公司的员工无论在世界哪个角落都能使用相同的数据库。知识联盟有助于组织之间的学习和知识共享,使组织能够开展系统思考。知识联盟将比产品联盟更紧密和具有更大的战略潜能,它可以帮助组织扩展和改善自己的基本能力,从战略上创造新的核心能力。

④ 以知识创新为基础设立职位。这体现了知识时代独特的管理理念。发达国家的许多公司都开始实施知识创新管理规则,即根据职员知识创新的表现发放奖金和晋升职位;此外,美国的 IBM 公司、日本各大公司等,还鼓励专业技术人员与管理人员进行岗位交换,目的是使职员获得更多的有关公司的整体化知识。

⑤ 建立学习型组织。破除旧有的管理观念与思维模式的束缚,强调学习和"知识能力"的重要性,知识将成为创造财富及其附加价值的主体;获取和应用知识的能力,也将成为企业核心竞争力的关键。知识社会的来临使得企业再造和学习型组织成为时代的热潮。

## 本章概念

科学管理　　　管理例外原则　　理想官僚组织　　非正式组织　　管理过程学派
霍桑实验　　　权变理论学派　　管理科学学派　　学习型组织　　企业再造

## 问题与思考

1. 泰罗科学管理理论的主要内容有哪些?
2. 法约尔提出了哪些管理职能和哪 14 条管理法则?
3. 人际关系学说的主要观点有哪些?
4. 列表说明现当代管理理论的主要观点。
5. 你认为古典管理理论在现代社会中还具有实践价值吗?

## 案例分析　　　联合邮包服务公司(UPS)的科学管理

联合邮包服务公司(UPS)雇用了 15 万名员工,平均每天将 900 万个包裹发送到美国各地和世界 180 多个国家和地区。他们的宗旨是:在邮运业中办理最快捷的运送。UPS 的管理者系统地培训他们的员工,使他们以尽可能高的效率从事工作。让我们看一下他们的工作情况。UPS 的工业工程师们对每一位司机的行驶路线进行了时间研究,对每种送货、取货和暂停活动设立了工作标准。这些工程师们记录了红灯、通行、按门铃、穿过院子、上楼梯、中间休息喝咖啡的时间，甚至上厕所的时间，将这些数据输入计算机中，从而给出每一位司机每天工作中的详细时间标准。为了完成每天取送130件包裹的目标，司机们必须严格遵守工程师们设定的程序。当他们接近发送站时，他们松开安全带、按喇叭、关发动机、拉起紧急制动，把变速器推倒一挡上，为送货完毕后的启动离开做好准备，这一系列动作极为严格。然后司机从驾驶室出溜到地面上，右臂夹着文件夹，左手拿着包裹，右手拿着车钥匙。他们看一眼包裹上的地址，把它记在脑子里，然后以每秒钟3英尺的速度快步走到顾客的门前，先敲一下门以免浪费时间找门铃。送货完毕，他们在回到卡车上的路途中完成登录工作。UPS是世界上效率最高的公司之一。联邦捷运公司每人每天取运80件包裹，而UPS公司却是130件。高的效率为UPS公司带来了丰厚的利润。

问题：1. 你如何认识UPS公司的工作程序？
　　　2. 科学管理距今已百余年，你认为在今天的企业中仍然有效吗？
　　　3. UPS公司这种刻板的工作时间表为什么能带来效率呢？

# 第二篇 计划

第二篇 おい

# 第三章　目标设立与战略安排

## 学习目标

★ 通过本章学习，你应该能够：
★ 理解目标的作用；
★ 描述目标结构；
★ 说明目标与战略的关系；
★ 描述战略的层次及其相互关系；
★ 解释各种战略类型。

---

**开篇实例**　　　　　　　　通用电器公司的战略计划

通用电器公司是美国最大的电器公司。该公司拥有职工近40万人，制造、销售和维修的产品约13万种，其中包括飞机引擎、核子反应堆、医疗器械、塑料和家用电器等，业务范围遍及144个国家和地区。1978年，公司的销售额约达200亿美元，利润超过了10亿美元，其中40%来自国际市场。

一、战略计划的由来

由于通用电器公司的规模越来越大，产品的种类越来越多样化，公司在经营管理上，面临着以下几个关键问题：一是冒一定的风险使利润迅速增长，还是使利润持续不断低速增长？二是需要一个分权式的组织机构以保持组织上的灵活性，还是建立一个集权式的组织机构以加强对整个公司的控制？三是如何对付环境、技术和国际等方面的新挑战？经过研究，公司选择了利润高速增长的经营战略。但是，怎样管理这样一个机构，并对付来自环境、政治、经济、技术和国际上的各种挑战？通用电器公司的答案是需要制定战略性计划。

通用电器公司管理制度的演变大体经过了三个阶段：

(1)20世纪60－70年代的分权时期，促进了该公司的增长和经营的多样化。

(2)70年代的战略计划的制定，使公司扩大了规模，增加了产品的种类并使利润持续不断地增长。而战略计划的重点就是建立战略计划经营单位，以及把各个下属单位的战略需要和整个公司的财源分配战略结合起来。

(3)80年代公司进入了第三个时期，即战略经营管理时期。在80年代，通用电器公司有一个高度分权的利润中心结构。这种结构共分4层，最下层是事业部，共有175个，每个事业部都有一个利润中心。这些事业部由45个部管辖，45个部又由10个大组管辖，这10个大组形成最高管理层，它们向公司最高办公室报告工作。最下层的部分的销售额，一般不超过5000万～6000万美元，如果超过这个限度，这个事业部就分为两个事业部。当时，通用电器公司占统治地位的管理哲学是控制幅度，这个幅度要"小到一个人足以管理得起来的程度"。这套高度分权的利润中心结构，在60年代曾大大促进了公司的发展。

随后通用电器公司碰到了一个新问题，即公司的销售额大幅度增长了，但每股的红利并没有随着增长，与此同时，公司的投资报酬率也下降了。

出现这种情况的原因是：①由于事业部数目的猛增，事业部之间在竞相使用各种资源时发生了重复努力。②在繁荣时期，没有对公司各下属企业的前途进行充分的比较就进行投资，而实际上并非所有下属企业都需要投资。有些企业应该尽力使其利润不断增长。但由于这些企业可能在将来被淘汰，因此，不需要大量投资；而另一些企业因为很有发展前途，则应为其今后的发展大量投资。

鉴于上述情况，通用电器公司开始革故鼎新。从 70 年代初期开始，公司制定战略性计划，并建立了一套制定战略性计划的机构、程序和原则。

二、制定战略计划的机构、程序和原则

从组织机构上说，通用电器公司在传统的事业部和大组的机构上，又建立了一种制定计划的结构——战略（计划）经营单位。这些经营单位的规模不一，大组、部、部门都可成为战略经营单位，全公司共建立了 43 个战略（计划）经营单位。从定义上来说，一个战略（计划）经营单位，必须有一致的业务、相同的竞争对象，有市场重点以及所有的主要业务职能（制造、设计、财务和经销），所有这些都由战略（计划）经营单位的经理负责。在建立了战略（计划）经营单位之后，通用电器公司就形成了双重结构和双重任务，即建立的战略（计划）经营单位是计划机构，其职责是制定战略，原有的组织机构的任务是执行战略。

例如，公司的大型蒸汽轮机部是一个庞大的组织，其年销售额近 10 亿美元，此外，公司还有一个燃气轮机部，其规模为前者的一半。虽然这两个都很庞大，但都不是计划部门或战略（计划）经营单位。计划的制定工作是在统辖这两个部（以及其他部）的轮机业务大组一级进行，也就是说，这个轮机业务大组是个战略（计划）单位。这个大组的战略思想，是向全世界的工业和公用事业用户供发电设备。大型蒸气轮机的功率高，而燃气轮机的特点是灵，将两者包括在一个战略（计划）经营单位之内，就可使它们相辅相成，而不是相互竞争。

又如，通用电器公司用两种牌子（通用电器和"热点"）。销售包括电冰箱、洗衣机设备在内的全套家用电器设备。为了有效地进行生产，这些家用电器被分别组织在一些不同的部门之内。这个大组便成为一个战略（计划）经营单位。这既可使公司对顾客有一个内外一致的战略，又可使公司具有业务上的敏感性。

建立了制定战略的机构之后，下一步就是采用一种制定计划的程序。制定战略计划的程序，主要是靠一步一步地进行分析，例如，当观察外界环境时，通用电器公司考虑到社会、经济、政治和技术发展趋势，在过去和将来如何影响到市场、顾客、竞争对手和供应厂商，并由此可找出发展机会和对公司的威胁。当分析到本公司的资源时，应考虑到本公司酝酿、设计、生产、销售、资金和管理等方面的能力，由此可以找出本公司的强点和弱点。当分析到企业目标时，应考虑到公司股东、贷方、顾客、雇员、供应商、政府和社会的期望，并辨别出每一个因素如何指导或限制着企业的发展。总之，这个过程所强调的是进行全面的分析，在分析时将一切因素考虑进去。公司认为，经过这种分析，就会出现非常有效的战略。

例如，在 60 年代，通用电器公司的机件维修业务部的任务，仅限于修理本公司在美国卖出超过保修期的电动机、变压器和断路。在制定了战略计划之后，这个部将业务扩大到非通用电器公司产品——电器产品和外国产品的修理方面。这样做的结果，就使这个部的业务扩大到了全世界，在过去的几年中，年销售额和利润都长了 20% 以上。

又如，在 60 年代的无线电业务方面，通用电器公司的竞争对手有美国无线电公司、飞歌公司、齐尼思和爱默森公司。这些竞争手今天都从市场上消失了，因为这些公司认为他们的任务是生产和制造无线电。与此相比,通用电器公司认为自己的任务是供应无线电。该公司将无线电业务扩大到国外,从远东的供应厂商里得到无线电。由于生产和供应的这两种战略上的差别,就使得通用电器公司在今天的无线电工业中,处于遥遥领先的地位。

再如,通用电器公司现在在向市场供应喷气式飞机的引擎方面取得了很大的成功,这是由于公司生产了对路的产品;而能够生产对路的产品,又是由于进行了周密的环境分析的结果。经过分析,公司认识到飞机引擎的发展周期是5年多,还认识到今天对噪音水平、化学污染、燃料节约、第一生产成本、服务能力等方面的全部要求,已大大不同于70年代初期了。通用电器公司认为:他们对这些问题的综合考虑,应归功于战略计划的制定。

制定战略计划过程中的各个分析步骤,也使通用电器公司找到了发展业务和进行多样化生产的机会。通用电器公司下属的战略计划经营单位下决心兼并了考克斯广播公司,这使得通用电器公司在广播和可视电报方面有了新的市场。公司之所以如此快地进行这次兼并,是由于通过战略性的分析,预计到在这方面有发展机会。同样,对其他国际公司的兼并,也是出自战略上的考虑。这次兼并使得通用电器公司加强了自己在能源和工业原料供应方面的地位。

在采用了上述制定战略计划的程序之后,还需要规定一些共同遵守的原则,以保证计划的制定。这些原则可以从以下几个方面加以说明:

(1) 所有管理人员都要参加战略计划的制定和学习。通用电器公司的320名高级管理人员,要集中4天时间研究和制定战略计划。428名未来的计划人员,要集中用2周时间全部完成战略计划的制定工作。在全公司1万名各级经理人员,要接受1天了解战略计划的视听训练。公司认为,这种时间代价虽然大,但却是成功的关键。

(2) 制定计划时间表,以便对各种战略计划进行检查,并通过预算对不同的发展机会分配公司的资源。对战略计划的审查是为了使其付诸实施,通过预算对不同的发展机会分配资源,是为了从物质上保证战略性计划的实施。

(3) 用投资矩阵图(又称业务屏幕)来表明投资的轻重缓急。每年通用电器公司都用矩阵安排自己的投资。战略计划经营单位用横轴估价工业的吸引力,用纵轴来估价自己的企业在该行业中的竞争力量。对投资增长类的企业在投资时予优先照顾,对选择增长类的企业(即还有一定发展前途的企业)投资时排在第二位。而对选择盈利类则要求它们在投资同利润间保持平衡。对业务萎缩类的企业,则逐渐撤回投资。公司认为,关键的问题是如何衡量工业的吸引力和企业本身的力量。为了解决这个问题,公司应用了多种因素估计表。对与外界各种因素和本企业本身的力量有了精确的估价,战略计划经营单位的经理就有了做出决策的信心。

(4) 对战略计划经营单位的经理人员实行奖励制度。对于战略计划经营单位经理人员的考核,主要是看这些经理人员对通用公司的全面贡献。对投资增长类的企业经理人员来说,当他们的行动和计划能为全公司带来长远利益时,他们会得更多的奖励。另一方面,对于业务萎缩类企业的经理人员来说,奖励的多少主要是看这些经理人员能否在短期内为公司赚到更多的利润,把奖励与战略性的任务联系起来,有助于克服那种不顾企业本身的实际潜力而使业务盲目增长的倾向。

### 三、80年代的战略管理

为了应付迅速变化的外界环境,公司将保留计划机构和生产组织这两重结构。为了应付日益扩大的规模,公司建立了一个新的管理层——大部。这个管理层介于公司执行办公室和每个单独的战略计划经营单位之间。全公司共分6个大部,即:消费品和服务大部、产品和零件大部、动力系统大部、国际部、技术系统和材料大部和其他国际公司。其中规模最小的犹他国际公司,年销售额为10亿美元;其他大部有些年销售额超过40亿美元。大部的战略不仅包括向各战略计划经营单位的分配资源,而且还要在各战略计划经营单位所主管的业务范围之外制定业务发展计划。为了处理更加复杂的业务,公司已将原在一个管理层制定战略性计划的做法,扩大到若干管理层制定战略性计划,甚至在不同的业务之间制定战略性计划。现在公司有40~50个战略(计划)经营单位的计划之外,还有6个大部的战略性计划和1个全公司的战略性计划。这些上层的计划不是下层计划简单的综合。每个管理层的计划都有不同的范围。例如,如果整个公司的增长指标要快于国民生产总值,那么消费品和服务大部的增长指标,就应该快于国民生产总值中的消费品部门,生产电视机的战略计划经营单位的增长指标,就应该快于整个电视业。公司用以下例子来说明,在不同的范围内如何增添价值:在业务发展战略中,生产电视机的企业可以考虑将业务伸入邻近的视听设备领域。消费品和服务大部可考虑将业务伸入旅游服务领,而整个公司可以考虑把多样化的经营发展到农业领域。总之,公司认为,不同范围、新增添的价值和统一的指标,这三者是制定层次战略性计划的中心思想,也是在统一的指标下进行分权管理的中心思想。

处理复杂业务的第二个办法,是在多种业务之间制定战略性计划,其形式之一是制定资源计划。在公司和大部一级,公司对各不同业务部门的职能——财务、人事、技术、生产和销售等进行考察,以求找出节省资源的方法。例如,公司的工业产品和零件大部准备帮助其下属的战略计划经营单位雇佣和训练电子工程师。因该大部认为,整个大部总比每个下属的战略(计划)经营单位有更多的搜罗人才的机会。又如,在主要家用电器大组里,建立了1个"超级采购队伍",这个队伍负有为整个消费品和服务大部中各战略计划经营单位采购的责任。再如,工业销售部是一支重要的销售力量,30个产品事业部可通过这个部的销售网将自己的产品销往5000个地方。总之,根据具体情况,组织大规模的销售力量,分享实验室以及进行大规模的采购,都可节省资源。

在各种业务之间统一计划的第三种形式是进行国际协调。通用电器公司正试图将世界范围的计划协调起来,并采用一种正式的程序去进行协调。

通用电器公司认为,从20世纪60年代的分权管理发展到70年代的战略性计划的制定,又发展到80年代的战略性经营管理,这种管理制度的演变,适应了公司规模和经营多样化的发展,因而给公司带来了巨大利益。为了管理像通用电器公司这样规模巨大的多样化的企业,公司还在继续研究新的管理方法。但公司认为,管理程序,管理的结构和管理制度固然重要,但同样重要的是,还需要有一批经理人员,这些处于各阶层的经理人员能够从战略上去思考问题。

资料来源:col.njtu.edu.cn

任何一个组织都有自己的奋斗目标,为此要选择实现目标的战略。通用电器公司的成功就在于有效地选择了实现目标的战略。目标是组织力争所要达到的预期成果,为管理决策和行动指明了方向,是衡量工作绩效的依据。战略是实现组织目标的整体谋划,战略选择是否恰当，直接影响能否实现组织目标。本章主要介绍组织目标的设立以及为了实现目标所作的战略安排。

# 第一节 目标和目标管理

## 一、目标的概念及性质

（一）目标的概念

目标是目的或宗旨的具体化，是指个人或组织根据自身的需求而提出的在一定时期内经过努力要达到的预期成果。它为组织活动或个体活动提供了方向，因而它是计划职能的一个重要组成部分。

（二）目标的性质

1.目标的多样性。乍看上去，似乎所有组织的目标都是单一的——对于工商企业是创造利润，对非营利组织是提供高效率的服务。但是，更深入的分析表明，所有组织的目标都是多重的。工商企业除了追求利润，还追求增加市场份额和满足雇员福利。高校不仅要培养高素质的学生，还要出更多的高水平的科研成果。

目标的多样性对我们有以下三点启示：

第一，一个管理人员的目标不是越多越好，也不是越少越好，而是有一个最佳的数量。

第二，任何组织要想有效地实现其目标，组织内的管理人员所追求的目标数必须适当。

第三，当所追求的目标数较多时，应对各个目标的相对重要性进行排序，从而分清目标的主次，给主要目标以更多的注意。

2.目标的层次性。从组织结构的角度看，目标形成一个有层次的体系。实际上，组织目标可划分为三个基本层次：

第一层次为社会层，即组织满足于社会发展和市场需要的目标。如企业要以合理的成本为社会提供所需要的产品和服务，创造更多的价值。

第二层次为组织层，即企业组织和专业系统自身发展的目标和策略。例如，某生产汽车的企业为进一步扩大市场占有率，确定设计、生产和销售可靠的、成本低及节能型的各种汽车的目标，并将包括关键成果领域在内的目标更加具体化，如一定时期内的投资收益率、产品生产率等，这些目标还需进一步转化为分公司、部或小组的目标。

第三层次为个人层，组织最低层即成员个人的目标。例如，收入分配、专业技术水平、业绩成就等。

3.目标的网络性。一个组织的目标通常是通过各种互为联系的活动的相互影响、相互促进来实现的。如果各种目标互不连结、互不支持，则执行的结果必然会给整个组织或企业带来不利甚至严重的负面影响。

目标和计划很少是线性的，不是这个目标实现后紧跟着再去实现下一个目标。有效的计划方案，其具体目标共同形成一个左右关联，上下衔接，互相呼应着的一个有机网络。

目标和计划是按一定的网络方式互相连接的，彼此协调，互相支援，目标网络才具有效果。只有使得各个目标互相连接，彼此协调，目标网络才具有效果。

## 二、目标管理

### (一)目标管理的概念和特点

尽管目标管理是由美国著名的管理学家德鲁克在1954年提出的,但实际生活中,我们每一个人都在自觉不自觉地运用着目标管理。

目标管理(Management by Objectives,MBO)是一种程序和过程,它是采用行为科学理论及人性的参与管理的方法,使各级主管和部属相互协商,制定共同目标,确定彼此的成果责任,并由自我控制、自我考核,借以激励组织成员的责任心和荣誉感,发挥工作潜能。实际上目标管理也是一种管理思想和法则,它强调了组织中各单位和个人确立目标的重要作用,强调以成果为目标的管理,充分肯定人的潜力,注重自我控制,其特点可概括为以下四个方面:

1. 明确目标。明确的目标要比只要求人们尽力去做有更高的业绩,而且高水平的业绩是和高的目标相联系的。我们举个例子就可以说明:这个实例是围绕目标问题所进行的一次实验,实验是这样的:在日本某高中的一次体育课上,实验人员随机地从A班选出50名学生,发给每人一支粉笔,让他们在一面墙壁前站成一排,然后大声鼓励他们说:"希望大家尽自己最大的努力往上跳,看看到底能跳多高。"并要求每人在自己所跳的最高点划一道横线。

在下一次体育课上,又让该班这50名学生排队再次试跳。这一回,实验人员事先在上一次每人所跳的最高点上方三成处划了一条横线,并在试跳前鼓励大家道:"相信大家还有潜力,看谁能够到横线。"

然后从身体素质和A班差不多的B班随机地选出50名学生,重复A班的第一次实验。但在B班的50名学生第二次试跳时,实验人员不预先划横线,只是鼓励他们道:"相信大家还有潜力,看谁还能跳得更高。"最后对两班学生的满足感进行统计,结果如下(表3-1):

表3-1　　　　　　　A、B两班学生的满足感统计

| 班级 | 人数 | 第二次成绩超过第一次三成人数 | 对第二次成绩感到满意的人数 |
|------|------|------------------------------|----------------------------|
| A班  | 50   | 26                           | 24                         |
| B班  | 50   | 12                           | 8                          |

从这个实例中我们可以看出目标明确与否对人们行为结果的影响很大。只有目标具体而明确,才能调动人们的潜在能力,使其尽力而为,也只有这样才能创造出最佳成绩。尽管说只要是目标就有一定的激励作用,但明确目标的激励作用要比抽象目标的激励作用大得多。

2. 参与决策。目标管理用参与的方式决定目标,上级与下级共同参与选择、设定各对应层次目标,即通过上下协商,逐级制定出整体组织目标、经营单位目标、部门目标直至个人目标。因此,目标管理的目标转化过程既是"自上而下"的,又是"自下而上"的。

3. 规定时限。MBO强调时间性,制定的每一个目标都有明确的时间期限要求,如一个季度、一年、五年等。在大多数情况下,目标的制定可与年度预算或主要项目的完成期限一致。但并非必须如此,这主要是要依实际情况来定。某些目标应该安排在很短的时期内完成,而

另一些则要安排在更长的时期内。同样，在典型的情况下，组织层次的位置越低，为完成目标而设置的时间往往越短。

4. 评价绩效。MBO 寻求不断地将实现目标的进展情况反馈给个人，以便他们能够调整自己的行动。也就是说，下属人员承担为自己设置具体的个人绩效目标的责任，并具有同他们的上级领导人一起检查这些目标的责任。每个人因此对他所在部门的贡献就变得非常明确。尤其重要的是，管理人员要努力吸引下属人员对照预先设立的目标来评价业绩，积极参加评价过程，用这种鼓励自我评价和自我发展的方法，鞭策员工对工作的投入，并创造一种激励的环境。

(二) 目标管理的过程与步骤

目标管理的过程大致可分为四个步骤：

第一步，建立目标体系。实行目标管理，首先要建立一套完整的目标体系。这项工作总是按照参与的原则自上而下地逐级确定目标。对最高管理人员来说，制定目标的第一步是确定在未来特定时期内企业的宗旨或使命和更重要的目标是什么。由上级设置的目标是初步的，是建立在分析和判断基础之上的。而当由下级拟订出整个可考核的目标系列时，应根据上级制定的最初目标，上级领导和下级一起进行目标的商议和修改。上下级的目标之间通常是一种"目的——手段"的关系。在制定目标时，管理人员也要建立衡量目标完成的标准，并把衡量标准与目标结合起来。目标体系应与组织结构相吻合，从而使每个部门都有明确的目标。

第二步，明确责任。实施目标管理最重要的一点，就是要尽可能地做到每个目标和子目标都应使部门或个人明确责任，如果难以做到，则至少应该对每一个协作的管理人员所要完成的计划目标所必做的具体任务，做出明确的规定。

第三步，组织实施。在组织实施时，要特别注意把握好两点：一是高层领导的管理要多体现在指导、协助、提出问题、提供信息情报以及创造良好工作环境方面。二是高层领导要更多地把权力交给下级成员，充分依靠执行者的自我控制来完成目标任务。

第四步，考评和反馈。对各级目标的完成情况，要采取定期检查、考核检查的方法可以多样化，如采用自检、互检、责成专门的部门进行检查或评比、竞赛等形式。检查的依据就是事先确定的目标。对最终结果应当根据目标进行评价，并将评价结果及时反馈。反馈对绩效有积极的影响它可以使人们知道自己努力的水平是否足够或是还得加强，它能诱使人们在取得了原先的目标后进一步提高自己的目标，而且使人们了解自己行动方式的效果。经过评价和反馈，使得目标管理进入下一轮循环过程。

**相关链接　　目标管理：怎样获得一个好"目标"？**

企业每到年底工作总结的时候，经常会出现这样一种情况：各部门年初的时候已经明确了目标，也制定了年度工作计划，但一年过去了，好像大家的工作情况和上一年比没什么两样，目标早不知跑哪儿去了。之所以出现这样的情况，一个非常主要的原因是：开始的时候，目标就没定好，甚至在定目标的时候，就已经注定目标是完不成的。最常见的问题是：

第一，老总把自己的目标当成是企业的目标。很多企业不是没目标，他们都觉得自己有目标。问题是：这个目标是老总的目标，而不是企业的目标，很多老总把自己的个人目标和企业的发展目标搞混了,老总的目标是与个人的理想、抱负和兴趣有直接关系,但它往往与企业自身的资源和能力并不完全一致。比如,有的老总为了满足自己的虚荣心,希望自己的企业规模越大越好,于是不计成本地兼并、扩张,这对企业的发展是非常危险的。

第二,目标总是变来变去。有人很形象地比喻他们老总的目标是一个移动靶,他给了你一个目标,你刚往这儿跑了,他又移到另外一个地方了,没几天他又变方向了,大家就在不停地追他的目标。

第三,目标十分模糊。最常见的情况是有总体的目标,没有具体的目标。比如,企业谈得最多的就是明年的销售额在增长到5000万还是5个亿、利润要达到多少多少,却没有规划过具体的目标,如成本如何控制、销售费用如何投放等。另外一种情况就是只注重定量的目标,定性的目标却很模糊。即使在定量目标定得比较明确的销售部门,也往往是只注重销售额、费用等这些定量目标,而像营销管理水平的提高、员工的职业生涯规划、营销培训体系建设等等定性目标,基本没定过。

制定目标的七个步骤:

第一步,理解公司的整体目标是什么。

第二步,制定符合SMART原则的目标。

第三步,检验目标是否与上司目标一致。这前三步,大部分中层管理者都知道,但往往是到这一步就算完事了,岂不知,问题才刚刚开始。

第四步,确认可能碰到的问题,以及完成目标所需的资源。

第五步,列出实现目标所需的技能和授权。

第六步,制定目标的时候,一定要和相关部门提前沟通。

第七步,防止目标滞留在中层不往下分解。

资料来源:张哲,总裁,2004,12。

## 三、目标管理的优缺点

### (一)目标管理的优点

1. 目标管理对组织内易于度量和分解的目标会带来良好的绩效。对于那些在技术上具有可分性的工作,由于责任、任务明确,目标管理常常会收到立竿见影的效果。

2. 目标管理有助于改进组织结构的职责分工。由于组织目标的成果和责任力图划分到每一个职位或部门,容易发现授权不足与职责不清等缺陷。

3. 目标管理有助于调动员工的主动性、积极性和创造性。因为强调自我控制、自我调节,将个人利益和组织利益紧密联系起来。

4. 目标管理促进了意见交流和相互了解,改善了人际关系。

### (二)目标管理的缺点

1. 偏重操作而忽视原理。由于目标管理具有目标明确的优点,因此常使人误认为目标管理简单易行,从而疏忽了对它的深入了解和认识。如若把目标管理付诸实施的管理人员及下属人员对有关原理如目标管理是什么,为什么要实行目标管理,在评价业绩时它起什么作用等缺乏重视和理解,则会影响管理人员在以自我控制和自我指导为基础的目标管理的实施过程中成为内行。

2. 制定目标缺乏统一指导。目标管理要求必须给目标的制定者提供指导,满足这一要求,目标管理才能发挥作用。但如果对那些制定目标的人没有给予必要的指导,同时各级管理人员不清楚计划的前提条件和公司的主要政策,那么,计划工作必然会脱离实际,给目标任务的完成造成不利甚至致命的影响。

3. 制定目标困难。真正可考核的目标通常很难确定。一方面,要建立可以达到的可考核目标难度很大,需要做更多的研究工作;另一方面,制定目标过于着重经济效果或远离实际,可能会出现下级人员为追求过高目标而不择手段采取违法或不道德做法的情况。

4. 过多强调短期目标。通常情况下,管理人员制定目标管理计划很少会设立超过一年的目标。所确定的目标往往是一个季度或更短的短期目标。强调短期目标所导致的短期行为对长远目标的安排可能会带来不利的影响,这就要求高层管理者对各级目标制定者予以指导,以确保短期目标为长期目标服务。

5. 哲学假设不一定都存在。Y 理论对于人类的动机做了过于乐观的假设,在许多情况下,目标管理所要求的承诺、自觉、自治气氛难以形成。

6. 目标商定可能增加管理成本。

7. 缺乏灵活性。

8. 有时奖惩不一定都能和目标成果相配合,也很难保证公正性,从而削弱了目标管理的效果。

## 第二节　战略概述

### 一、战略的基本问题

战略是实现组织目标的整体谋划,包括实现组织目标的一系列决策和行为。战略是现状和目标之间的桥梁,并为组织从现状走向目标提供可行的操作建议。战略选择是否合适,直接影响组织能否实现既定目标。

战略要回答的基本问题可以概括为三个方面:一是组织的业务是什么?回答这一问题,需要说明组织目前在做什么事情,从而引发对现状的思考。对目前状况的清楚认识是组织制定战略的出发点。一个不清楚自己当前处于什么地位以及正在做什么的组织,是很难确定其要往哪里去的。二是组织的业务应该是什么?回答这一问题,需要说明组织未来应该做什么?从而引发对组织目标的思考。对未来目标的清楚认识,是组织制定战略的指南针。一个不清楚自己未来应处于什么地位以及应该做什么的组织,很难确定其前进路线及具体日程的。三是为什么?回答这一问题,需要说明组织对于当前业务与目标业务描述的依据是什么,从而引发对组织存在的理由的思考,它是组织制定战略的聚焦点。

### 二、战略层次

战略层次是指由不同级别的管理人员所制定的处于不同地位、发挥着不同作用的战略。这些不同级别的战略相互作用构成了企业的战略体系。一般来说,在一个组织中,战略可以划分为公司战略、业务(事业部)层战略和职能战略管理三个层次。

### 1. 公司层战略

公司层战略(Corporate Strategy)的研究对象是一个由一些相对独立的业务或事业单位(Strategic Business Units,简称SBU)组合成的企业整体。公司层战略是一个企业的整体战略总纲,是企业最高管理层指导和控制企业的一切行为的最高行动纲领。公司战略主要强调两个方面的问题,一是"我们应该做什么业务?",即确定企业的使命与任务,产品与市场领域;二是"我们怎样去管理这些业务",即在企业不同的战略事业单位之间如何分配资源以及采取何种成长方向等。

### 2. 业务层战略

业务层战略也称事业部战略(SBU Strategy),或者是分公司层战略,是在企业公司战略指导下,各个战略事业单位(SBU)制定的部门战略,是公司战略之下的子战略。业务层战略主要研究的是产品和服务在市场上的竞争问题,主要涉及如何在所选定的行业或领域与对手展开有效竞争的问题,有时也叫"一般竞争战略"。

### 3. 职能层战略

职能层战略(Functional Strategy)是为贯彻、实施和支持公司战略与竞争战略而在企业特定的职能管理领域制定的战略。职能层战略的重点是提高企业资源的利用效率,使企业资源的利用效率最大化。职能层战略一般可分为营销战略、人事战略、财务战略、生产战略、研究与开发战略、公关战略等。

公司战略、业务战略与职能战略一起构成了企业战略体系。在一个企业内部,企业战略的各个层次之间是相互联系,相互配合的。企业每一层次的战略都构成下一层次的战略环境,同时,低一级的战略又为上一级战略目标的实现提供保障和支持。所以,一个企业要想实现其总体战略目标,必须把三个层次的战略结合起来。

## 三、战略管理过程

战略管理是指为实现组织目标,使组织和其环境之间高度协调,而制定和实施战略过程中所采取的一系列决策和行动的总和。

战略管理是一个过程,具体包括:确定组织使命与目标;组织外部环境分析;组织内部条件分析;SWOT分析和战略形成;战略实施和战略控制等六个阶段。

### 1. 确定组织的使命与目标

为了确定公司的使命,管理人员必须首先确定公司业务领域。这样,才能够确定公司将为顾客创造何种价值。在业务领域确定之后,管理人员必须建立一组公司的主要经营目标。这些目标的建立,能够使公司具有方向感和使命感。例如,通用电气公司正是在杰克·韦尔奇的领导下,确立了"不是第一就是第二"的主要目标。

### 2. 组织外部环境分析

成功的战略管理是以全面准确的环境评价为基础的。环境分析的意图是为了了解环境变化给组织带来有利或不利的影响,以便抓住机遇,规避风险。环境分析涉及众多因素,有宏观的,微观的和中观的,一般从行业分析入手,然后分析组织利益相关者的情况。环境分析主要是要弄清这些利益相关者对组织实施的影响及实施影响的途径等,在此基础上,对未来的趋势作出预测,以便采取相应措施。

3. 组织内部条件分析

进行外部环境分析的同时，还要对组织内外部条件进行分析。内部分析有助于对组织资源情况和能力有一个较为全面的了解，从而找出自己的优势和劣势，扬长避短，使自己处于有利的竞争地位。内部分析的过程也是寻找竞争优势的过程，一般会从组织结构分析、企业文化分析和资源条件分析等方面着手进行。

4. SWOT 分析和战略形成

在 SWOT 分析中，管理人员对组织内部的优势（strength，S）和劣势（weakness，W）、组织外部环境中的机会（environmental opportunities，O）和威胁（threats，T）进行确定。在 SWOT 分析的基础上，公司各个层次的管理人员进行战略选择，以使公司处于能够实现其使命和目标的最佳位置。

**相关链接**     SWOT 分析——帮你做成功的求职者

SWOT 分析是市场营销管理中经常使用的功能强大的分析工具：S 代表 strength（优势），W 代表 weakness（弱势），O 代表 opportunity（机会），T 代表 threat（威胁）。市场分析人员经常使用这一工具来扫描、分析整个行业和市场，获取相关的市场资讯，为高层提供决策依据。其中，S、W 是内部因素，O、T 是外部因素。青年朋友在求职时，不妨采用这一工具对自己进行一番从里到外的体检，明了自己的优点和弱点，并且仔细地评估出自己所感兴趣的职业机会和威胁所在。

一般来说，求职者在进行 SWOT 分析时，应遵循以下四个步骤：

1. 评估自己的长处和短处。我们每个人都有自己独特的技能、天赋和能力。在当今分工非常细的市场经济里，人人都有可能在某一或某些领域游刃有余，而不可能样样精通。举个例子，有些人不喜欢整天坐在办公桌旁，而有些人则一想到要与陌生人打交道就心里发麻，惴惴不安。请做个表，列出自己喜欢做的事情和你的长处所在（如果你觉得界定自己的长处比较困难，可以找一些测试习题做一做）。同样，通过列表，你可以找出自己不是很喜欢做的事情和你的弱势。在列出这些后，要将那些你认为对你很重要的强项和弱势标出来。

找出你的短处与发现你的长处同等重要，因为你可以基于自己的长处和短处做两种选择：一是努力提高你的技能去弥补你的弱势；二是放弃对某些你不擅长的技能要求很高的职业。

2. 找出你的职业机会和威胁。我们知道，不同的行业（包括这些行业里不同的公司）都面临不同的外部机会和威胁，所以，找出这些外界因素对你求职是非常重要的，因为这些机会和威胁会影响你的第一份工作和今后的职业发展。如果公司处于一个常受到外界不利因素影响的行业里，很自然，这个公司能提供的职业机会将是很少的，而且没有职务升迁的机会。相反，充满了许多积极的外界因素的行业将为求职者提供广阔的职业前景。请列出你感兴趣的一两个行业（比如说，保险、金融服务或者电信），然后认真地评估这些行业所面临的机会和威胁。

3. 提纲式地列出今后五年内你的职业目标。仔细地对自己做一个 SWOT 分析评估，列出你从学校毕业后五年内最想实现的四至五个职业目标。这些目标可以包括：你想从事哪一种职业，你将管理多少人，或者你希望自己拿到的薪水属哪一级别。请时刻记住：你必须竭尽所能地发挥出自己的优势，使之与行业提供的工作机会完满匹配。

4. 提纲式地列出一份今后五年的职业行动计划。

这一步主要涉及到一些具体的东西。请你拟出一份实现上述第三步列出的每一目标的行动计划，并且详细地说明为了实现每一目标，你要做的每一件事，何时完成这些事。如果你觉得你需要一些外界帮助，请说明你需要何种帮助和你如何获取这种帮助。举个例子，你的个人SWOT分析可能表明，为了实现你理想中的职业目标，你需要进修更多的管理课程，那么你的职业行动计划应说明你何时进修这些课程。你拟订的详尽的行动计划将帮助你做决策，就像公司事先制订的计划为职业经理们提供行动指南一样。

诚然，此类个人SWOT分析会占用你的时间，而且还需认真地对待，但是，详尽的个人SWOT分析却是值得的，因为当你做完详尽的个人SWOT分析后，你将有一个连贯的、实际可行的个人职业策略供你参考。在当今竞争白热化的市场经济社会里，拥有一份挑战和乐趣并存、薪酬丰厚的职业是每个人的梦想，但并不是每个人都能实现这一梦想。因此，为了使你的求职和个人职业发展更具有竞争性，请花一些时间界定你的个人优势和弱势，然后制订一份策略性的行动计划，务必保证有效地完成它，那么，你的前景将灿烂而辉煌！

资料来源：www.blog.tom.com

5. 战略实施

在组织形成战略以后，战略管理过程并没有结束，必须将战略思想转化为战略行为。战略实施需要采取的行动往往涉及到每个层次、每个部门、每项活动、每个人。对于战略实施来说，最重要的管理工作包括制定年度目标、制定政策、配置资源、调整现行的组织结构、重组流程、培育新的组织文化和改变领导方式等。

6. 战略控制

战略管理过程的最后一个步骤是战略控制。战略控制是指监督战略实施进程，及时纠正偏差，确保战略有效实施，使战略实施结果基本符合预期的必要手段。有效的战略控制，一方面要分析战略是否按原计划进行，另一方面要分析战略是否取得预期的效果。这一切都是在战略实施中进行的，而不能等到战略实施完毕后才进行。

## 第三节  战略选择

战略分析的目的是帮助企业选择适当的战略，从而扬长避短，趋利避害和满足顾客。按照管理者所处地位的差别，我们可以将其分为公司层战略选择、事业层战略选择和职能层战略选择。

### 一、公司层战略的类型及其选择

所谓公司层的战略选择，就是在目前的战略起点上，决定企业的各战略业务单位（Strategic Business Unit）在战略规划期限内的资源分配、业务拓展的发展方向。

一般说来，企业及其战略业务单位可以采用四种战略：稳定性战略、增长性战略、紧缩性战略和混合性战略。在特定的内外部环境下，这四种战略都是合适的选择方案，也都是明智的选择。

### 1. 稳定型战略及选择

稳定型战略（stability strategy），是指企业准备在战略规划期使企业的资源分配和经营状况基本保持在目前状态和水平上的战略。按照稳定型战略，企业目前正在经营的产品和面向的市场领域、企业在其经营领域内所达到的产销规模和市场地位都大致不变或以较小的幅度发展或减少。

稳定型战略主要依据于前期成功的战略。它坚持前期战略对产品和市场领域的选择，它以前期战略所达到的目标作为本期希望达到的目标。对于大多数企业来说，稳定发展战略也许是最有效的战略。

采取稳定型战略的企业，一般是处在市场需求及行业结构稳定或者较小动荡的外部环境中，面临的竞争挑战和发展机会都相对较少的企业。它也适用于虽然市场需求以较大幅度发展或是外部环境提供了较多发展机遇，但是由于资源状况不足而难以抓住新的发展机会的企业。

采用稳定型战略可以使企业经营风险相对较小、能避免因改变战略而改变资源分配的困难、能避免因发展过快而导致的弊端以及能给企业一个较好的休整期，使企业积聚更多的"能量"，以便为今后的发展做好准备。从这点上说，适时的稳定型战略是将来的发展战略的一个必要的酝酿阶段。因此，适时的稳定型战略应该提倡的。我国的许多企业就犯过没有适时的稳定的教训，如巨人集团等。

### 2. 增长型战略及选择

增长型战略（growth strategy），是指一种使企业在现有的战略基础水平上向更高一级的目标发展的战略。它以发展作为自己的核心内容，引导企业不断地开发新产品、开拓新市场，采用新的生产方式和管理方式，以便扩大企业的产销规模，提高竞争地位，增强企业的竞争实力。

与其他类型的战略态势相比，实施增长型战略的企业有以下的特征：不一定比整个经济的发展速度快，但比其产品所在的市场发展得快；往往取得大大超过社会平均利润率的利润水平；倾向于采用相对更为创新的产品和劳务及管理上的高效率作为手段来同竞争者抗衡；立足于创新来求发展；不是简单的适应外部环境的变化，倾向于通过创造以前并不存在的事项来改变外部环境使之适合于自身。

增长型战略又可以分为以下类型：(1)集中于单一产品或服务的单一战略。它是指以快于以往的发展速度增加一个企业目前的产品或服务的销售额、利润和市场份额。(2)同心多样化战略。它是一种增加与企业目前的产品或服务相类似的新产品或服务的发展战略。(3)纵向一体化战略。纵向一体化战略又可分为前向一体化和后向一体化两种类别。前向一体化是指企业的业务向消费它的产品或服务的行业扩展，而后向一体化是指企业向为它目前的产品或服务提供作为原料的产品或服务的行业扩展。(4)横向一体化战略。与同心多样化类似，横向一体化新增加的产品和服务与目前的产品和服务紧密相联。(5)复合多样化战略。它是纵向一体化战略和横向一体化战略的复合，这是一种增加与企业目前的产品或服务显著不同的新产品或服务的发展战略。如美国通用汽车公司除主要从事汽车产品外，还生产电冰箱、洗衣机、飞机发动机、潜水艇、洲际导弹等。

企业采用增长型战略不仅仅是其给企业带来了经营上的优势，还包括许多其他原因：不断的变革能创造更高的生产经营效率与效益，从而能在不同的环境中适应并生存；可以使企业利用经济曲线或规模经济效益以降低生产成本；避免企业由于简单的总量发展而导致效率和效益下降。

但是，企业采用增长型战略也可能存在一些弊端：获得初期的效果之后，很可能导致盲目的发展和为发展而发展，从而破坏企业的资源平衡；过快地发展很可能降低企业的综合素质，使企业的应变能力虽然表面上不错，而实质上却出现内部危机和混乱；可能使企业管理者更多地注重投资结构、收益率、市场占有率，企业的组织结构等问题，而忽视产品和服务的质量，重视宏观的发展而忽视微观的问题，因而不能使企业达到最佳状态。这一弊端的克服，需要企业战略管理者对增长型战略有一个正确而全面的理解，要意识到企业战略态势是企业战略体系中的一个部分，因而在实施过程中必须通盘考虑。

企业采用增长型战略要有相应的适用条件：必须分析战略规划期内宏观经济景气度和产业经济状况；必须符合政府管制机构的政策法规和条例等约束；必须有能力获得充分的资源来满足发展型战略的要求；要有积极和有效的企业文化。

### 3. 收缩型战略及选择

收缩型战略（retrenchment strategy），是指企业从目前的战略经营领域和基础水平收缩和撤退。与稳定战略和增长战略相比，收缩型战略战略是一种消极的发展战略。一般地，企业实行收缩战略只是短期性的，其根本目的是使企业捱过风暴后转向其他的战略选择。可以说，收缩型战略是一种以退为进的战略态势。

收缩型战略有以下特征：(1)企业的规模在缩小的，同时一些效益指标，比如利润和市场占有率等，会有较为明显的下降；(2)对企业资源的运用采取较为严格的控制和尽量削减各项费用支出，往往只投入最低限度的经济资源，往往会伴随着大量员工的裁减，一些奢侈品和大额资产的暂停购买等等；(3)具有短期性，是为了今后发展而积聚力量。

收缩型战略又可以分为以下类型：(1)抽资转向战略。对原有的业务领域进行压缩投资、控制成本以改善现金流为其他业务领域提供资金。(2)放弃战略。放弃战略是指将企业的一个或几个主要部门转让、出卖或者停止经营。(3)清算战略。清算是指卖掉其资产或停止整个企业的运行而终止一个企业的存在。

采取收缩型战略的企业可能出于各种不同的动机。从这些不同的动机来看，有三种类型的收缩型战略：适应性、失败性、调整性。适应性战略是企业为了适应外界环境而采取的一种战略。失败性战略是指由于企业经营失误造成企业竞争地位虚弱、经营状况恶化，只有采用收缩战略才能最大限度地减小损失，保存企业实力。调整性战略则既不是经济衰退，也不是经营失误，而是为了谋求更好的发展机会，使有限的资源分配到更有效的使用场合。

采取收缩型战略的企业有利有弊。收缩型战略的利体现在：能帮助企业在外部环境恶劣的情况下，节约开支和费用，顺利地渡过面临的不利处境；能在企业经营不善的情况下最大限度地降低损失；能帮助企业更好地实行资产的最优组合。

收缩型战略也有可能为企业带来一些不利之处。例如，实行收缩型战略的尺度较难加以把握，如果盲目使用的话，可能会扼杀具有发展前途的业务和市场，使企业总体利益受到伤害。此外，一般来说，实施收缩型战略会引起企业内部人员的不满，从而引起员工情绪的低落，而且实行收缩型战略在某些管理人员看来意味着工作的失败和不力。这些紧缩战略潜在的弊端往往较难避免，这为战略管理者在战略态势决策上提出了新的问题，要求他们在收缩型战略实施中对战略参与者加强宣传和教育,以减少可能的弊端。

4. 组合型战略及选择

组合型战略(combination strategy),是指同时实行两种或多种前面提到的战略。事实上,大多数有一定规模的企业并不只实行一种战略,大部分企业也并不是长期使用同一种战略态势。从组合型战略的特点来看,一般是较大型的企业采用较多,因为其拥有较多的战略业务单位,由于企业业务可能分布在完全不同的行业和产业群之中,所面临的外界环境和资源条件不完全相同,因此采取组合型战略。

混合型战略是其他三种战略态势的一种组合,其中组成该组合型战略的各战略态势称为子战略。根据不同的分类方式,组合型战略可以分为不同的种类:(1)同一类型战略组合。同一类型战略组合指企业采取稳定、增长和收缩中的一种战略态势作为主要战略方案,但具体的战略业务单位是由不同类型的同一种战略态势来指导。以严格意义上来说,同一类型战略组合并不是"组合型"。(2)不同类型战略组合。这是指企业采用稳定、增长和收缩中的两种以上战略态势的组合,因而这是严格意义上的组合型战略,也可以称为狭义组合型战略。

不同类型战略组合与同类型战略组合相比,其管理上相对更为复杂,因为它要求最高管理层能很好地协调和沟通企业内部各战略业务单位之间的关系。事实上,作为任何一个被要求采用收缩战略的业务单位管理者都多少会产生抵抗心理。例如,总公司决定对 A 部门实行收缩战略,而对 B 业务单位实行增长战略,则 A 部门的人员则往往产生抵触和矛盾情绪,因为 A 部门的人员不仅可能带来业绩不佳和收入发展无望,更有可能对自己管理能力的名誉产生不利影响。

总的来说,对大多数企业的管理层而言,可采用的战略选择的数量和种类都相当宽泛。明确识别这些可用的战略方案乃是挑选出一个特定企业最为适合的方案的先决步骤。

## 二、事业层战略类型及选择

当一个组织从事多种不同事业时,建立战略事业单元(Strategic business unit)以便于计划和控制。战略事业单元代表一种单一的事业或相关的业务组合,每一个事业单元应当有自己独特的使命和竞争对手。这使得每一个战略事业单元应该有自己独立于公司其他事业单元的战略。

因此,公司的经营可以看作是一种事业组合,每一个事业单元都有其明确定义的产品——细分市场,并具有明确定义的战略。事业组合中的每一个事业单元按照自身能力和竞争的需要开发自己的战略,同时还必须与整体的组织能力和竞争需要保持一致。

1. 事业层战略框架:波特竞争战略理论

这个层次的战略关心的是如何进行竞争,事业层战略制定的基本模式有两种,一是波特竞争战略理论,二是产品生命周期理论。这里我们主要介绍波特竞争战略理论。

波特(Michael Porter)通过对一些商业组织的研究,认为某些产业确实具有内在的高利润率,但这并意味着处于"瘦狗"产业中的企业就不能大量赚钱。他认为任何企业都可能取得成功,关键找到正确的战略,获得竞争优势。他认为,任何产业都存在着 5 种基本竞争力量,这 5 种基本竞争力量的状况及其综合强度,引发产业内在经济结构的变化,从而决定着产业内部竞争的激烈程度,决定着产业中活动获得利润的最终潜力,即潜在的盈利性。

(1)现有企业之间的竞争

现有企业的竞争是指市场内在位企业为争夺市场占有率而进行的竞争及产业内竞争行为的强度。它强调公司通过降低价格、产品创新、广告、赊销或者促销活动等不断追求优于竞争者的经营绩效。不过，市场上也可能只有很少的竞争活动，公司满足于其占有的市场份额，他们无意于通过挑起价格战等去改变市场平衡。波特认为有很多因素决定者一个产业中的竞争程度。

——需求缓慢增长或下降。如果需求缓慢增长，公司只有通过从竞争者那里夺得市场份额才能保持其历史增长速度。

——高固定成本（成本构成）。如果产业的成本构成中包括很高的固定成本，而边际成本很低，那么，公司将承受着必须充分利用其生产能力的巨大压力。同时，如果需求下降，公司就需要利用削减成本或其他策略去保存市场份额。

——周期性波动导致生产能力周期性过剩。在生产能力闲置（或出现剩余生产能力）时，公司为了保证工厂开工，将会加剧产业内的竞争程度。

——低转换成本。当购买者从一个供应商转换到另一个供应商时，就会发生转换成本（Conversion cost）。转换成本可以是有形的，也可以是无形的（如与某供应商之间的顺利的合作关系）。

——产品差异程度与品牌特征。

——市场集中度。

对现有企业间竞争的估计需要对市场结构、产品差异、销售过程的性质、生产能力的利用等情况进行详细分析。顾客的作用是很重要的，当他们认为能够通过逛商店来比较不同的替代产品，从而节省大量费用时，现有企业间的竞争将更加激烈。

（2）进入障碍

利润对投资者是一个信号，并能经常导致潜在进入者。新的进入者进入市场的最终结果，必然是降低产业的获利水平，然而市场上存在很多障碍，可以阻止潜在进入者进入其中。进入障碍指那些允许现有企业赚取正的经济利润，却使产业的新进入者无利可图的因素。

——规模经济。如果大规模经营可以产生显著的成本优势，那么新进入者就必须达到这种规模。否则，单位成本将限制其获利能力。规模经济同样存在于广告、采购、研究与开发和售后服务等活动之中。

——资本需求。如果资本成本很高，也会限制潜在进入者的数量。资本成本包括生产设施建设，研究与开发费用，建立销售网点费用以及产品初期促销费用等。

——学习曲线效应。经验的不断积累可以使人们逐步发现更有效的工作方法。因此，通过学习经验的积累可以降低单位成本。新进入者可能因缺乏经验而处于高单位成本的劣势（经验曲线是指当某一产品的积累生产量增加时，产品单位成本趋于下降。随着经验的增加，能够形成单位成本下降的趋势有三个原因：劳动的效率，工艺的改进，产品的改善）。

——专有技术。专利能够保护防止新的进入者。专有技术或者专门技能将增加进入的难度。

——顾客忠诚（或产品差别化）。顾客可能特别偏好某种品牌，或者与现有供应商建立了非常密切的关系，而不愿意割断这种关系。新进入者要争取顾客必须劝说顾客，使其认为发生的转换成本是值得的。

——获得销售渠道。

——转移成本。顾客由于选择新的进入者的产品而承受很高的转移成本是另一种进入障碍。
——政府政策。
——获得低成本投入。

进入障碍也可能是战略性的。例如，现有企业可以保持剩余的生产能力或以削价来威胁。退出障碍同样也可以作为进入障碍，因为它提高了那些最终可能失败的新进入者的财务赌注。

（3）替代威胁

与潜在进入者一样，替代品能够夺取业务和加强现有企业之间的竞争。替代品为被替代品的价格规定了最高水平。新的替代品通常代表着新的技术，即使这些替代品最初看来是无害的，但新的替代品的出现可能会给现有厂商和产品施加强大的威胁。在下列情况下，替代品的威胁是很大的：

——有许多相同的有效成本方法满足相同顾客的需要；
——顾客转向替代品只承担很小的转移成本；
——顾客对价格非常敏感，而替代品价格很低。

（4）购买者的议价能力

购买者的议价能力即顾客或客户通过价格谈判从销售者或供应商那里获得价格优惠或较低价格的能力。强议价能力意味着能迫使价格下降，从而减少销售者的利润。顾客或客户在如下情况下具有强大的议价能力：

——购买次数很少，但购买量巨大；
——购买者承受很低的转换成本，具有较低的忠诚度；
——购买者面对很多小的销售商；
——对于购买者来说，所购买的产品并不重要，购买者可以接受它，也可以放弃它；
——购买者掌握了大量的关于竞争性产品的信息，他们可以利用这些信息进行讨价还价；
——当存在实际风险时，购买者决定后向一体化，即自己生产而非购买。

（5）供应商的议价能力

与上述情况相对的是，在不影响销售的情况下，供应商提高售价的能力就是其议价能力。供应商拥有议价能力的主要原因是：

——对于购买者来说，对外采购是非常重要的；
——购买者变换供应商时将产生很高的转移成本；
——供应来源非常有限；
——对供应商来说，任一购买者都不是重要的顾客；
——当存在实际风险时，供应商决定前向一体化。如汽车制造商不再经过经销商销售，而是建立自己的分销子公司。

如果供应商是强大的，它们就能提高产品的价格，从产业中获得更大的利润。如果公司面临着强有力的供应商和购买者，那么，该公司的利润就会受到严重影响。

以上5种力量分析的主要用途，是为管理者提供一种思考竞争环境的框架。其意义在于：

——通过上述分析，有助于企业更加深刻地认识产业的性质或竞争状况，识别影响环境的主要竞争力量；

——有助于更好地评价公司的核心能力；

——有助于重新定义市场，使其与核心能力相适应，或根据竞争的需要确定培育哪些新的能力；

——在上述基础上，开发合适的战略。

当然，产业竞争状态总是不断变化的，因此管理当局需要定期地对其所处产业的竞争状态进行重新评估。

## 2. 选择竞争优势

按照波特的观点，没有一家企业能够成功地通过为所有的人做所有的事来达到超出平均水平的绩效。他认为，管理当局必须选择一种能给公司带来竞争优势的战略。管理当局可以从成本领先战略、差异化战略和集中一点这三种基本战略中进行选择。究竟选择哪一种战略，取决于组织的优势和竞争对手的劣势。管理当局应当避免不得不与产业中所有竞争者拼杀的局面，而将自己置于竞争对手所不具备的强有力地位。

（1）成本领先战略及选择

20世纪70年代，由于经验曲线概念的流行，成本领先战略得到日益普遍的应用。成本领先战略是指企业通过在内部加强成本控制，在较长时间内保持企业产品成本处于同行业的领先水平，并以低成本作为竞争的主要手段，使自己在激烈的市场竞争中保持优势，获取高于平均水平的利润。它是企业为了成为行业中的低成本生产者，以期在竞争中居于有利地位而采取的战略决策。

成本领先战略选择的动因来源于大的经济规模、影响显著的经验曲线、削减成本与提高收益的机会以及由众多具有价格意识的购买者所组成的市场。

选择成本领先战略，获取低成本地位的企业在下述方面往往居于有利的地位：①就竞争对手而言。在价格基础上对竞争对手进行攻击或防御性的价格战，从竞争对手中夺取市场占有率、扩大销售量，凭借更大的边际利润或者更大的销售量，获得超出平均水平以上的利润。②就顾客而言。一方面，由于企业的低价格，可以维护与提高顾客的让渡价值，巩固和维护现有市场占有率和企业市场地位；另一方面，低价格可以积极争取顾客、扩大销售量和市场占有率，扩大顾客范围。③就供应商而言。一方面，相对于竞争对手具有较大的对原材料、零部件价格上涨的承受能力，能承受各种不稳定的经济因素所带来的影响；另一方面，由于低价格，对供应商的需求量较大，因而为获得廉价的原材料或零部件提供了可能性，同时也便于同供应商达成稳定的协作关系。此外，低价格对那些生产技术不熟练、经营上缺乏经验的潜在竞争对手，或缺乏规模经济的企业构成了很高的进入障碍。

当然，选择成本领先战略也存在着弱点。如：竞争对手开发更低成本的生产方法，或者是采取模仿的方法，或是顾客需求的改变。美国福特汽车曾经的困境就是此原因。

成本领先要求积极地建立起达到相当规模的生产设施，在规模基础上全力以赴降低成本。为了达到这些目标，有必要在管理方面对成本控制给予高度重视。尽管质量、服务以及其他方面也不容忽视，但贯穿于整个战略中的主题是使成本低于竞争对手。

（2）差异化战略及选择

差异化战略是企业为了使产品有别于竞争对手而突出一种或数种特征，以巩固产品的市场地位，借此胜过竞争对手的产品的一种战略。差异化战略可以有许多实现方式。例如：品牌形象、技术特点、外观特点、客户服务、经销网络的独特性。最理想的差异化是公司在几个方面都具有独特性的东西。需要注意的是，差异化战略并不意味公司可以忽略成本，但此时低成本不是公司的首要战略任务。

企业采用这种战略，可以很好地防御行业中直接而剧烈的竞争，获得超过平均水平的利润。具体来讲，利用产品的特色形成进入壁垒，可以防止潜在进入者成为实际的竞争者；形成顾客对企业产品和服务程度较高的忠实性，降低顾客对价格的敏感程度；增强讨价还价的能力，防止替代品的威胁，较长期地保持高利润率。

差异化战略也存在着弱点，难以适当差异化或难以保持差异化。例如，一般普遍情况下，建立差异化的活动总是成本高昂，例如，广泛的研究和产品设计、高质量的材料及周密的顾客服务等。然而，即便全产业范围内的顾客都了解公司的独特优点，并不是所有顾客都愿意或有能力支付公司所要求的较高价格。

企业实施差别化战略，就要提供与众不同的产品和服务，以满足顾客特殊的需求，形成竞争优势。这种战略主要是依靠产品和服务的特色，而不是产品和服务的成本。但并不是说差别化战略可以忽略成本。如果企业形成产品差别化的成本过高，大多数购买者就会难以承受产品的价格。所以企业要想成功地实施差别化战略，就要以顾客的需求为核心，在价格、产品、服务、形象等不同方面进行需求束的组合。

**相关链接** 　　　　　差异化战略在中国很难成功

按照迈克尔·波特的战略理论，企业要获得竞争优势，可以采取三种战略：成本领先战略、差异化战略和集聚化战略。逐渐意识到战略重要性的中国企业，很多已经开始按图索骥，在给自己寻找定位时往往以此作为理论依据。但是，无论从企业方面来看，还是从中国现实的客观环境进行分析，中国企业实行差异化战略很少能取得成功。

从主观方面进行分析，差异化指的是超出竞争对手的部分，这体现在质量、服务、渠道或者满足消费者需求的速度等方面。但是这些都是可以被模仿的，追本溯源，差异化最终来源于技术实力的高低。众所周知，中国企业目前的现实状况是普遍缺乏核心技术。即使实行差异化战略，这种差异化在消费者心目中到底怎样，也很难说。换句话说，企业所实行的差异化属于"伪差异化"，这给企业带来的额外利润比竞争对手也高不出多少。

而另一个需要看清楚的局面是，中国仍然是发展中国家，这决定了中国的消费特点。以家电产品为例，国内大众型号的冰箱需要2000元左右，消费者的平均月收入尽管全国各地相差较大，但毫无疑问的一点是：按国内平均计算，购买一款冰箱要花费消费者一个月薪水的相当大比例；在美国，人均月收入3000美元左右，购买一台冰箱占消费者月收入的比例很低。因此，发达国家家用电器类产品的价格弹性比较低，消费者倾向于购买价格较高的品牌产品；而在中国，家用电器类产品的价格弹性比较高，无疑，价格就成为消费者在各品牌之间进行选择的一项重要指标。

这就是迈克尔·波特反复提醒中国企业家要回避的价格战。然而在中国，降价却往往是最能吸引消费者眼球并且最奏效的手段。同时，这一点也决定了跨国巨头们要想在中国取得很好的业绩，必须要关注中低端市场，否则业绩得不到保障。

现代管理学的发展已经有上百年的历史，但是这些理论基本上是在西方工业化社会中总结出来的。在中国这样的市场环境中，相信很多企业的决策是理性的，是不会照搬这些管理理论的，那些看起来不太理性的企业战略决策背后往往有着更为复杂的环境。那些是这种管理理论所不能解释的东西，也许这需要中国自己的管理理论来解释。

中国企业的个体行为是否说明世界普适性的管理理论在中国失去了应有的效果呢？我并不这么悲观，事实上从另一个方面来讲，迈克尔·波特的战略理论一旦被中国的企业家过度本土化，媚俗化，我们的企业发展最终仍然会遇到无法越过的难题。

当然，中国企业遇到的所有问题中最根本的问题，就是没有解决也没有能力解决的制度问题。我们还来不及建立起一套规范的、稳定的发展制度，无论企业，还是国家。我们的企业其实有点像游击队，东一榔头，西一斧子，一直在寻找艰难生存的机会。我们的企业所处的环境与波特笔下的美国企业环境相差得太远了。

资料来源：理解中国企业的战略 实行差异化战略很少能成功. 商界，2005 年第 11 期。

(3) 集中一点战略及选择

集中一点战略是指企业在详细分析外部环境和内部条件的基础上，选定一个特定目标市场提供产品和服务，把自己的生产和经营活动集中在该市场上进行，以建立企业的竞争优势及市场地位。集中一点战略最突出的特征是企业专门服务于总体市场的一部分。因此，集中一点战略并非单指专门生产某一产品，而是对某一类型的顾客或某一地区性市场作密集性经营。集中一点战略有两种形式，即企业在目标细分市场中寻求成本优势的成本集中一点和在细分市场中寻求差异化的差异集中一点。这两种集中一点战略都有赖于目标市场与行业中其他细分市场之间的差异性。

集中一点战略的本质是公司能够以更高的效率、更好的效果为某一狭窄的战略对象服务，从而超过在更广泛范围内竞争对手。实施这一战略的结果是，公司或者通过较好满足特定对象的需要实现了差异化，或者在为这一对象服务时实现了低成本，或者两者兼得。尽管从在整个市场的角度看，集中一点战略未能取得低成本或差异化优势，但在其狭窄市场目标中获得了一种或两种优势地位。

但是企业在实施集中一点战略也有缺点：必须经常放弃规模较大的目标市场；有时需要企业付出很高的代价，抵消企业为目标市场服务的成本优势，或抵消通过集中一点战略而取得的产品差别化优势，导致企业集中一点战略的失效。

企业实施集中一点战略需要通过一定的策略与措施。企业在选定的目标市场上，可以通过产品差别化战略确立自己的优势。成本领先的方法可以在专用产品或复杂产品上建立自己的成本优势。还可以防御行业中各种竞争力量，使企业在本行业中保持高于一般水平的收益。尤其有利于中小企业利用较小的市场空隙谋求生存和发展。在具体措施上，可以采用不同的设计、包装、定价、分销渠道或者促销手段等。

三、职能层战略的选择

企业战略是一个相互协调的体系，它包括总体战略、事业层战略和职能层战略。总体战略主要决定企业远景和产业组合，是企业的战略总纲领，是企业最高管理层指导和控制企业的一切行为的最高行动纲领。总体战略强调"做一件正确的事情"。事业层战略是在企业总体战略的指导下,针对于某一个战略单位的战略计划,是总体战略之下的子战略,为企业的整体目标服务。业务单元战略所要考虑的主要问题是的本业务单元如何竞争的问题,核心竞争力的营造与竞争优势的建立是该层次战略的重要组成部分。

例如,一家公司采取了一种差异化战略,并推出了一种新产品,而且预计在产品生命周期的早期阶段会取得较快的增长。为保证其增长,人事部门应制定适当的方案,包括雇佣新职员、培训中层管理人员适应新的岗位。市场部门必须进行市场试销(Test marketing,新产品试销活动,先在一个较小地区试销,据以判断该产品是否受消费者欢迎,并据以决定是否进行大量生产),发起广告宣传攻势,以及对消费者进行追踪调查。财务部门应制定计划筹措资金。

对于成熟期的产品或低成本战略,则应采取不同的职能层战略。人事部门应采取措施保留或培养一支稳定的职工队伍,包括调任、晋升以及鼓励和激励高效安全生产。市场部门应致力于巩固品牌忠诚,发展与已经建立起来的分销渠道之间的良好关系。生产部门应保持长期生产作业,使生产作业标准化并努力降低成本。财务部门应着眼于净现金流量和积极的现金平衡。

从本质上来说,职能战略是各职能如何适应总体战略和事业层战略要求的战略,是职能工作如何配合总体战略和事业层战略实现的战略。没有总体战略和业务单元战略,职能战略也就失去了为之服务的对象,也失去了方向;没有职能战略,总体战略和事业层战略也就失去了各职能领域的支持,也就成为空中楼阁,它们的实施也就没有了基础。

### 本章概念

目标　　目标管理　　公司层战略　　事业层战略　　职能层战略
总成本领先　　稳定战略　　差异化战略
专一化战略　　混合型战略　　紧缩型战略　　增长型战略

### 问题思考

1. 什么是目标管理?简述目标管理的特征。
2. 目标管理的基本步骤有哪些?
3. 低成本战略就是价格战吗?两种战略有何区别?
4. 目标可起到激励个人的作用。是不是所有目标都能够起到这个作用?如果不是,你认为什么目标才能起到这种作用。

### 案例分析　　　　　　康佳的低成本战略

康佳从事的领域是竞争性极强的彩电行业。进入20世纪90年代,随着彩电市场竞争日趋激烈,部分彩电品牌被淘汰出局。这一时期,彩电行业内开始出现联合并购现象,上海三大彩电品牌金星、飞跃、凯歌组成上广电,牡丹江康佳、南通长虹、深圳TCL、云南海信等跨地域企业横空出世。

中国彩电工业经过近二十年的发展,由于市场的开放、竞争,企业的自强不息,已经成为发展最为成熟、国产化程度最高、最经得起"入世"考验的行业之一。彩电市场也由昔日的卖方市场演变成为现今的买方市场。价格杠杆驱动市场变化,市场变化又灵敏地反应为价格信号,价格竞争于是成为市场竞争最直接最有效的"杀伤性武器"。几所有的价格竞争都源于市场的供求矛盾,彩电市场亦不例外。价格竞争于是成为彩电市场的主旋律,价格战的结果促使彩电行业已由垄断竞争走向寡头竞争。

一、康佳的 SWOT 分析

SWOT 分析法是企业战略管理中比较流行的一种系统分析工具,它通过对企业的优势(Strengths)、劣势(Weaknesses)、机会(Opportunities)、威胁(Threats)进行综合客观分析,以便掌握企业的竞争态势,作出合理决策。这里,不妨对康佳进行一下 SWOT 分析。

(一)优势(S)

——品牌优势。持续的名牌战略,使得康佳品牌具有极高的知名度和美誉度,据有关机构评估,康佳品牌价值 78.87 亿元,居国内品牌第六位,并被国家工商局认定为"中国驰名商标"。品牌这一巨额的无形资产成为康佳对外扩张的有力武器。

——融资渠道。康佳 A、B 股同时上市,资信优良,是各大商业银行的黄金客户和银企合作对象。1997 年、1998 年和 1999 年中国银行分别向康佳提供 38 亿元、42 亿元和 50 亿元人民币的融资额度,1999 年,康佳新增发行 8 000 万 A 股,筹资 12 亿元人民币。加上母公司和各级政府鼎力扶持,公司实力雄厚,融资渠道广阔。

——营销网络。康佳在全国各大中心城市设立了 60 多家销售分公司,与全国 95% 以上的地市级大商场开展工商合作,终端销售商达到乡镇一级,建立了 300 多个特约维修站、3 000 多个外联维修点,形成了覆盖全国的市场销售网络和售后服务体系。

——成熟管理。康佳作为中国首家中外合资电子企业和第一批公众股份制公司,很早就按现代企业制度和市场竞争机制运作,形成了规范、高效的管理体系和运行机制。特别是在质量管理和生产组织方面,康佳是我国彩电行业首家通过 ISO9001 质量管理体系、ISO14001 环境管理体系国际国内双重认证的企业。

(二)劣势(W)

彩电属于劳动密集型行业,康佳地处深圳特区,相对于长虹等内地竞争对手而言,生产成本、管理成本、运输费用要高。另一方面,如果仅立足深圳,康佳的市场辐射半径难以覆盖全国,特别是一些地方彩电品牌所在的区域市场,康佳难以打进。

(三)机会(O)

内地一些国有彩电生产企业,拥有优良的厂房、设备,素质较高的干部、工人,低廉的生产成本,一定区位的市场,但是由于机制、市场等方面的原因,在愈来愈激烈的竞争中无可避免地败下阵来,债务积压,工人下岗,设备闲置,人心思变,急于寻找出路。当地政府欢迎康佳这样的优势企业来收购、兼并,搞活困难企业,国家也鼓励东部沿海企业到中西部投资、交流,并出台了相关优惠政策。

(四)威胁(T)

竞争对手长虹等依靠其规模和成本优势,不断挑起价格战;高路华、彩星等"新面孔"以超低价挤进业已竞争激烈的彩电市场;东芝、索尼、三星、飞利浦等跨国公司一改单纯进口的方式,纷纷以合资的形式进入中国彩电市场,实现本土生产,本土销售。

通过上面的分析,康佳根据市场布局,利用品牌、融资、管理、营销等方面的优势,与内地彩电企业展开合作，利用其现有的厂房、设备，以达到降低成本费用、扩大经营规模、缩短运输距离、抢占区域市场的战略目的。

二、康佳低成本扩张的实施

很多媒体把康佳与内地经营困难的国有彩电企业之间的合作，称作兼并收购，其实并不准确。作为民事法律行为的企业并购，一般意义上讲，是指一个企业通过参股或者直接出资等形式，取得其他企业的部分或全部产权，并使之失去法人资格或改变法人实体的一种企业经营投资策略。兼并和收购往往同时进行，所以又常常简称为"并购"。兼并的结果是被兼并企业失去法人资格，收购则是股权买卖行为，被收购企业并不失去法人资格，但也不产生新的企业法人。

而康佳的低成本扩张模式不同（见下表）。以重庆康佳（简称"重康"）为例，重康注册资金4 500万元。从股权结构方面看，深圳康佳以2 700万元现金投入，占60%股份；重庆无线电三厂以实物作价1 800万元投入，占40%股份。"重康"作为新成立的有限责任公司，既是深圳康佳的控股子公司，又是重庆无线电厂的参股子公司。深圳康佳、重庆无线电三厂"重康"的股东，双方按股权比例推选董事会，依法享有投资收益、参与重大决策权益。其他三家"分康"亦是这种模式，牡丹江康佳、陕西康佳、安徽康佳分别是深圳康佳与牡丹江电视机厂、陕西如意电器总公司、安徽滁州电视机厂的合资企业。四家企业均由深圳康佳控股，但并不存在谁控制谁的现象。

在组织结构上，四个分康的总经理、财务负责人等均由深圳康佳派出。董事长由当地合作方担任，以便于协调新公司与老厂、当地政府之间的关系。再企业冠名上，均由"地名＋康佳＋电子（或实业）＋有限公司"。深圳康佳在各分康推行自己的CIS、管理模式和价值观念，分康在计划、生产、销售等方面接受深圳康佳的指导和服务。

事实上，如果康佳选择整体兼并的方式，不仅救活不了当地电视机厂，反而容易被其巨额的债务和沉重的社会负担拖跨。选择合资方式"新厂不理旧债"，产权清晰，责权明确，有利于轻装上阵，从而带活老厂。

康佳低成本扩张情况　　　　　　　　　　　　　　　　　　　　　　　单位：万元

| 公司 | 成立时间 | 康佳投资（股权） | 目标市场 | 员工人数 | 1999年收入 | 累计收入 | 累计利税 |
|---|---|---|---|---|---|---|---|
| 牡康 | 1993.02 | 3600(60%) | 东北 | 1479 | 49551.8 | 330563.70 | 20927.21 |
| 陕康 | 1995.05 | 4170(60%) | 西北 | 1221 | 32544.21 | 316204.00 | 12402.30 |
| 安康 | 1997.05 | 6500(65%) | 华东 | 2056 | 58074.73 | 139012.88 | 8061.11 |
| 重康 | 1999.05 | 2700(60%) | 西南 | 834 | 15756.18 | 15756.00 | 909.44 |
| 总计 | | 16970 | | 5590 | 155926.92 | 801536.58 | 42300.06 |

思考题

1. 根据现在彩电行业的情况，你认为康佳做的SWOT分析是否准确？
2. 康佳低成本战略是属于哪一层次的战略？你的根据是什么？
3. 康佳是如何实施低成本的战略的？请你分析成功的可能性。

资料来源：www.col.njtu.edu.cn

# 第四章 计划工作

**学习目标**

★ 通过本章学习，你应该能够：
★ 定义计划；
★ 说明计划的作用；
★ 描述计划的主要类型；
★ 清楚计划制定的基本过程；
★ 掌握计划制定的主要方法。

---

**开篇实例**　　　　松下电器工业公司的故事

30多年前，RCA公司、通用电气公司和齐尼思（Zenith）公司等统治着美国的电视机市场。如今，这些公司的电视机产品都销声匿迹了，取而代之的是日本松下电器工业公司的Panasonic和Quasar等牌号的电视机。松下公司的生产的各种录像机也充斥了市场。

松下电器公司是松下幸之助第二次世界大战后建立的。其目标是成为当时正在浮现的电子学领域的领导者，重建日本强国的地位。50年代初期，松下公司确立了控制美国电视机市场的目标，与其他日本电视机制造商组成了卡特尔，将进攻的焦点集中在了美国市场上。在20年的时间里，将他的美国竞争对手从25个削减到了6个，最终，所有的美国竞争对手不是破产就是被外国同行所兼并。目前，松下公司已经成长为世界第12位的大公司。1990年11月，又斥资60多亿美元买下了MCA公司，它是环球制片公司的母公司。

经过精心策划的、长期的计划，使松下公司成为世界消费电子行业的巨人，实际上，公司已经制定了250年的规划。

松下公司的管理当局把公司看作经久不衰的企业，它试图不给竞争对手留下任何可乘之机。

松下公司的成功说明了什么呢？它说明了广泛的计划如何促进一个公司巨人的创建。

资料来源：www.tushucheng.com

---

松下公司的成功说明了广泛的计划促进了一个公司巨人的创建。作为管理者在日益竞争激烈的市场环境中，开发和设计出良好的计划方案并付诸实施，是企业成功的重要因素。这就需要我们重点回答以下问题：计划作用究竟何在？如果你想制订有效计划方案，应该怎样选择计划方法？计划包含哪些基本过程？我们在本章将一一讨论这些问题。

## 第一节 计划工作概述

### 一、计划与计划工作的概念

"计划"一词可以从两个方面理解:从名词意义上说,计划是指用文字和指标等形式表达的,在制定计划工作中所形成的各种管理性文件;从动词意义上说,计划是指为实现决策目标而制定计划的工作过程。

计划工作有广义和狭义之分。广义的计划工作是指制定计划、执行计划和检查计划的执行情况三个阶段的工作过程。狭义的计划工作则是指制定计划。

我们主要指狭义的概念,它是指根据环境的需要和组织自身的实际情况,通过科学地预测,确定在未来一定时期内组织所要达到的目标以及实现目标的方法。计划工作就像一座桥梁,它是组织各个层次管理人员工作效率的根本保证,能够帮助我们实现预期的目标。

计划工作的内容描述为"5W1H":

What( what to do )——做什么？目标。
Why( why to do )——为什么做？原因。
Who( who to do )——谁去做？人员。
When( when to do)——何时做？时间。
Where( where to do)——何地做？地点。
How( how to do)——怎样做？手段。

### 二、计划工作的特征

计划工作的基本特征可以概括为以下五个方面:

1. 计划工作的目的性

组织制定的每一个计划都旨在促使组织目标的实现。计划工作的一个主要方面就是通过制定计划,使企业的每个员工能够明确和理解组织的目标。

2. 计划工作的首位性

计划工作的主要任务就是为组织活动确定目标,组织、人事、领导和控制等管理活动,只能在确定目标之后才能进行,因此计划工作理应放在其他工作之前。

3. 计划工作的普遍性

计划工作的普遍性主要体现在如下几个方面。首先,计划工作涉及到组织管理区域的每个层次。虽然计划工作的特点和范围随各级主管人员的层次、职权不同而不同,但计划工作是每位管理者无法回避的职能工作,只不过不同层次的管理者所从事的计划工作的侧重点和内容有所不同,高层管理者往往侧重于负责制定战略计划,而具体的计划由下级完成;较低层次的管理者偏重于作业计划。其次,现代组织的管理工作纷繁复杂,即使最聪明、最能干的领导人也不可能包揽全部的计划工作。最后,授权下级制定某些计划,有助于调动下级参与组织管理的积极性,进一步挖掘下级的潜力。因此,计划工作是各级管理人员的一个基本职能,具有普遍性。

### 4. 计划工作的经济性

计划工作不仅要有效地确保实现目标，还要从众多的方案中选择最优的资源配置方案，以求得合理利用资源和提高效率，也就是说计划工作要讲究效率。计划的效率是以它对组织目标所做贡献扣除为了制定和执行计划所需要的费用和其他预计不到的损失之后的总额来测定的。简单地讲，就是投入与产出之间的比率。如果计划能得到最大的剩余，或者如果计划按合理的代价实现目标，这样的计划是有效率的。这里所讲的效率，不仅包括用人们通常理解的按成本、工时或资金等来衡量，而且还包括用组织成员和集体的满意程度来衡量。

### 5. 计划工作的创造性

计划工作需要管理者针对组织所面临的新环境来发现和解决新问题。面对出现的新变化和新机会，管理人员要敢于打破旧观念的束缚，及时提出适应本企业特点的一些新思路、新观点和新方法，使计划更加符合客观实际。所以说计划工作是一项创造性的管理工作。

## 三、计划工作的作用

计划工作是一个指导性、科学性、预见性很强的管理活动，同时又是一项十分复杂而困难的工作。其作用主要有四点：

### 1. 弥补不确定性和变化带来的问题

计划是面向未来的，而未来在空间上和时间上都具有不确定性和变动性。计划工作的意义首先就在于它能够在尽可能大的程度上将未来的不确定性和变化转化为肯定和不变化。组织可以通过周密细致的预测，在尽可能充分地把握未来的各种可能性和变动趋势的基础上制定相应的补救措施，并在需要的时候对计划作必要的修正，最大限度地提高计划的科学性。即使未来的一切情况都是完全确定的，通常也有必要作计划工作。首先需要选择实现目标的最优方案，其次需要从空间上和时间上对计划的实施作出周密的安排。

### 2. 有利于管理人员把注意力集中于目标

实际上，一项计划有可能把组织引向光明的未来，但也可能使组织陷入深重的灾难。因此组织主管人员的首要职责是保证计划，特别是目标本身的正确。考虑周密的整体计划使组织各部门的工作能统一协调地、井井有条地展开，使主管人员能超脱于日常事务，集中精力关注于对未来的不肯定性和变化的把握，随机应变地制定相应的对策，实现组织与环境的动态协调。

### 3. 有利于提高组织的工作效率

一项好的计划通过以共同的目标、明确的方向来代替不协调的、分散的活动；用均匀的工作流程代替不均匀的工作流程，以及用深思熟虑的决策代替仓促草率的判断，从而使组织的各项资源被充分地利用，产生巨大的协同效应，极大地提高组织的工作效率。

### 4. 有利于有效地进行控制

主管人员如果没有既定的目标和规划作为衡量的尺度，他就无法检查其下属的任务完成情况。如果没有计划作为标准，就无法开展控制工作。或者虽然有计划，但却是一项不切实际的计划，那么以这样的计划为依据来进行控制，即使有可能使计划得以实现，但却不可能有效地实现组织与环境的动态平衡。

### 四、计划工作的原则

管理者要出色地做好计划工作，就应当全面掌握并熟练运用计划工作的原则，这些原则很多，主要有限制因素原则、许诺原则、投入原则、灵活性原则、导向变化原则等。

1. 限制因素原则

限制因素也叫限定因素，是指妨碍组织目标得以实现的因素，即在其他因素不变的情况下，仅仅改变这些因素，就可以影响组织目标的实现程度。

限制因素原则是指在计划工作中，越是能够了解和找到对达到所要求的目标起限制性和决定性作用的因素，就越是能够准确、客观地选择可行方案。限制因素原则也被形象地称为"木桶原理"。这一原则是决策的精髓。

这一原则在于告诉计划人员，必须全力找出影响计划目标实现的主要限定因素或关键因素，有针对性地采取措施。

2. 许诺原则

许诺原则是指计划期限应当延伸到足够远，以便在此期限中能够实现当前的许诺（计划）。或者这样表述：任何一项计划都是对完成某项工作所做出的许诺，许诺越大，所需的时间越长，因而实现目标的可能性就越小。

根据许诺原则，合理的计划要确定一个未来的时期，这个时期的长短取决于实现计划所许诺任务所必需的时间。

遵循许诺原则，需要把握三点：

（1）完成计划必须明确严格的期限要求；

（2）必须合理地确定计划期限，避免制定计划期限的随意性；

（3）单项计划的许诺不能太多，因为许诺任务越多则完成计划的时间就越长。

3. 投入原则

是指合理的计划工作应当包括未来的一段时间，这段时间是为通过一系列的行动尽可能准确地预测在现在所做出的决策中投入的实现程度所必需的。换句话说，决策是一种投入，在通常情况下这种投入是指资金、行动方向、或者声誉方面所承担的义务。对企业来说，这种投入有成本性投入（如资金的投入），也有非成本性投入。合理的计划所预计的时间应该能够足以实现决策投入的预期目标。

4. 灵活性原则

是指在计划中加进灵活性会减少由突发事件带来损失的危险，但加进灵活性的成本应当同它所带来的好处放在一起来权衡。

灵活性原则要求我们在制定计划时，应量力而行，不留缺口，留有余地，当出现意外情况时，可以及时调整而不必花太大的代价。

对管理人员来说，灵活性原则是十分重要或最重要的原则，在承担的任务重而计划期限又长的情况下，这一原则的重要性便显现出来了。

但是灵活性也是有一定的限制的，这种限制主要有三个：

一是未来更多难以预料的不确定因素使我们不能总是以推迟决策的时间来确保计划的灵活性；

二是确保计划有灵活性必须是以花费代价为前提的，而代价过大的灵活性又使计划缺乏效率；

三是有时现有的客观条件和现实情况会影响甚至完全扼制计划的灵活性。

5. 导向变化原则

也叫改变航道原理，是指计划工作为将来承诺得越多，主管人员定期检查现状和预期前景，以及为保证所要达到的目标而重新制订计划就越重要。

由于客观情况是在不断变化的，未来情况的变化也不可能一一都预见到，就导致计划常常赶不上变化，这样在计划的实施过程中，根据当时的实际情况对计划进行检查和修订就十分必要了。如果情况已经发生变化，就要调整或重新制订计划，而总的计划目标不变，但实现目标的进程可因情况的变化而随时改变。

应该注意，导向变化原则与灵活性原则不同，灵活性原则使计划本身具有适应性，而导向变化原则则是使计划执行过程具有应变能力。

---

**相关链接**　　　　　　　让计划"动"起来

深圳浩泰集团总经理姚浩在企业的管理过程中敢于尝试，带领企业各部门，从没有企业年度计划到制定企业年度计划，可效果并不明显，原因何在？笔者认为，其根本在于对年度计划没有进行动态管理与调整，没有在实施、执行过程中进行修正和调整。

**制定计划的核心要素**

在制定年度计划时应把握一个核心要点，即具有系统性、全局观、可实施，站在一定的高度来看问题，同时计划要预留好"接口"，可以升级，便于及时地动态调整。为什么要强调系统性呢？现代企业玩的就是系统，凭个人单打独干、往前冲的时代已经过去，没有系统的支持，如同军队作战失去供给保障一样，结果可以想像。任何一个部门和个人若不具备全局观，各自为政，那么做出来的计划的质量和可实施性就比较差，起不到效果。案例中的生产、研发、销售、财务部门由于以前没有做过计划、没有经验，制定出来的计划的操作性就不强；而且由于对年度计划的重要性的认识不一致，只是站在本部门的角度来考虑，就导致了各个部门的计划之间衔接不够，没有系统性，那么在实施过程中自然会出现问题，也对"计划"本身产生了怀疑。因此，企业应加强内部的工作系统性的培训和认识，让每一个部门和员工在规划工作时尽可能地多想，"横向到边，纵向到底"，对事物的认知高了，工作的方向性就更强了。

**在动态发展中调整计划**

计划制定好了，并不是就可以束之高阁、扔在一边了。许多企业由于多年来形成的惯性，在实际操作中还是按照原有的模式来做，干归干，计划归计划，完全脱节。浩泰集团在制定计划的阶段做得比较扎实，但是他们忽略了实施过程中的动态管理和调整，致使各部门没有真正贯彻实施下去。现代的企业中有很多与浩泰集团面临相似的问题：公司以前从来没有做过年度计划，总经理要求各部门拿出年度计划，大家都不知怎么做。我们不妨采用这样一种思路：首先，根据公司总的年度规划和目标，将大目标分解到各部门，形成部门工作的年度计划；然后，在具体工作推进过程中，结合实际情况细化制定出季度计划、月计划到周计划，在季度计划、月计划和周计划的制定过程中对年度计划进行修正、完善，使之变成可实施的工作计划，真正能有效地指导工作。通过这样一个思路，使企业在各个阶段的计划中都预留下了接口，为后续的升级和完善打下了良好的基础，企业在计划中方可有序地前进。

任何事物都不是一成不变的，我们制订计划的目的是为了明晰目标和方向，那么在实际工作中就不能本末倒置，为了做计划而做计划，还应该"与时俱进"，根据事物的发展及时进行调整，才能达到适合的效果。正如一位大师所说："通过设计，我们就像寻找到了一幅精确的地图，所有的道路都清晰地标明出来了，那么我们所需要做的，就是选择道路，然后沿着道路前进！"计划的重要性也是如此，将计划与变化有机地结合起来，我们就能既按照计划走，又不拘泥于计划本身，创造更多的效益！

资料来源：王敏，财经界－管理学家[J].2005，12

## 第二节　计划的类型和制定过程

一、计划的类型

计划的种类很多，可以按照不同的标准进行分类，常见的标准有：按计划期限、按计划的明确度、按计划的广度和计划的表现形式进行分类。

1. 按计划的时间期限分类

按计划的时间期限可以将计划分为长期计划、中期计划和短期计划三类。

长期计划通常又称为远景规划，是为实现组织的长期目标服务的具有战略性、纲领性指导意义的综合性发展规划。长期计划主要规定组织在未来为实现长期目标的主要行动步骤、分期目标和重大措施。

中期计划是根据长期计划提出的战略目标和要求，并结合计划期内实际情况制定的计划。它是长期战略目标的具体化，同时又是短期计划目标的依据。

短期计划是最接近实施的行动计划，是为实现组织的短期目标服务的，是对长期和中期计划的具体落实，它对中期计划起着反馈的作用，其执行情况是修正中期计划的依据。短期计划由于是执行性计划，内容更加具体，因此，应尽可能地详细描述。

2. 按计划的明确性来分类

按计划的明确性来划分，可分为指导性计划和具体性计划。指导性计划（Directional Plans）只规定一些一般的方针，它指出重点但不把管理者限定在具体的目标上，或是特定的行动方案上。它具有内在的灵活性。

具体性计划（Specific Plans）具有明确的目标，不存在模棱两可，没有容易引起误解的问题。它有特定的程序、方案和各类活动目标。

3. 按计划的广度来分类

按计划的广度来划分，可分为战略计划和作业计划。战略计划（Strategic plans）是指应用于整个组织，为组织设立总体目标和寻求组织在所对应的环境中的地位的计划。

作业计划（Operational Plans）则是指规定总体目标如何实现的细节的计划。

这两类计划在时间跨度上、范围上和在是否包含已知的一套组织目标方面是不同的。作业计划的计划期较短，如月度计划、周计划、日计划就属于作业计划；而战略计划的计划期较长，通常为5年或更长的时间，且覆盖的范围较广。

就确立目标而言，两者完全不同。设定目标是战略计划的一个重要任务，而作业计划则是在目标已经确定的条件下制定的，只是提供实现目标的途径和方法。

4. 按计划的表现形式来分类

这种分类方法是孔茨在其《管理学》一书中提出的。孔茨认为任何将来行动的方针都是一个计划。按照这种理解，他将计划分成八种：即宗旨、目标、战略、政策、程序、规则、规划、预算。

(1) 宗旨(Purpose)。所谓一个组织的宗旨，就是该组织主要的和根本的目的和使命。所以有人就直接将其译为目的和使命。

任何一组织，如果要使其活动有意义、有效益的话，应该明确它的宗旨。对一个企业来讲，其宗旨就是对"我们的业务是什么和将来是什么"这个问题的回答(What is our business and what will it to be)。实际上，宗旨反映了一个组织存在的理由或价值。

一个企业的宗旨，实际上为该企业指出了其前进的大方向，一个企业的主管人员对本企业的宗旨不明确的话，其采取各种计划行动必然会带有盲目性。不过，有人说，一家企业的宗旨就是获取利润。这种说法并没有什么错误，但是利润不会凭空产生，必须借助于一定的业务实现，并且利润能否取得和取得多少，都取决于企业所从事业务是否合理，是否为社会所需要，是否适合企业自身的具体情况等因素。

一些著名企业和机构的宗旨即目的和使命的声明：

3M公司：创造性解决问题；

麦肯锡公司：帮助公司和政府变得更成功；

沃尔玛商业：使普通人有机会和富人买到一样的东西；

迪斯尼：带给人们快乐；

方正集团：创造科技和文明。

(2) 目标。目标在英文中对应的单词有两个Objective和Goal，Objective一般指一定时期的目标，Goal指各项具体目标。在英文中一般这两个词是可以交叉使用的。

一个组织的目标是在宗旨的指导下提出的，它具体规定了组织及其各个部门的经营管理活动在一定时期要达到的具体成果。目标不仅是计划工作的终点，而且也是组织、领导和控制所要达到的结果。

(3) 战略(Strategy)。战略是为实现组织长远目标确定的发展方向、行动方针，以及资源分配方针和资源分配方案的一个总纲。

①战略旨在规划一个组织的长远目标；

②战略是实现长远目标的行动方针，通俗地讲就是根本的做法；

③战略是指导全局和整体发展的方针。

(4) 政策(Policy)。政策是组织在决策或处理问题时用来指导和沟通思想与行动的方针和明文规定。

虽然我们平时经常用到"政策"这一词，如"党的政策"，"上有政策，下有对策"。但要把政策列为计划的一种，有必要深入讨论一下其内涵。

①政策是一种行动准则。是告诉人们遇到某类问题，应该如何处理的行动准则。

②既然政策是指导决策的,那么政策就必须允许对某些事情有酌情处理的自由。

③政策应保持连续性和完整性。但做到这一点是有难度的,妨碍政策保持连续性和完整性的主要原因往往是:管理上的独裁。

(5)规则(Rule)。规则是在具体场合和具体情况下,允许或不允许采取某种特定行动的规定。例如:"电影院不允许吸烟","考试不允许做弊"等都属规则。在此,应该将规则和政策区分清楚。政策的目的是要指导决策,并给主管人员留有酌情处理的余地。虽然规则也作指导用,但在运用规则中,没有自行处理权。

(6)程序(Procedure)。程序也是一种计划,它规定了如何处理那些重复发生的例行问题的标准方法。在现实生活中,在工作单位中程序是随时可见的。一个组织中所有重复发生的管理活动都应有程序。例如:新生入学有一个报到程序等等。在理解程序概念时,应清楚:程序是指导如何采取行动,而不是指导如何去思考问题;程序的实质是对所要进行的活动规定时间顺序,是一种工作步骤;程序通常是一种经常优化的计划,它是对日常工作及工作方法的提炼和规范化。

程序和规则的区分:规则不象程序,因为规则是指导行为,而不说明时间顺序。实际上,可以把程序看作是一系列的规则。

(7)规划(Program)。规划是一个综合性计划,它包括目标、政策、程序、规则、任务分配、要采取的步骤、要使用的资源及为完成既定行动方针所需的其他因素。

有时规划可能很大,像一家航空公司那样,计划用4亿美元,购买一个机群的喷气式飞机,或者像福特公司那样,在几年前为了改善成千上万个工头的地位和素质而制订五年计划。

有时规划可以很小,像由一名单独的基层监督人员,为了提高一家农机公司的零件制造部门工人的士气而制订的规划。

(8)预算(Budget)。预算是一份用数字表示的预期结果的报表,它可以称为一份"数字化"的规划。预算既可以用财务上的术语来表示,也可以用人时、机时、产品单位或任何用数字表示的其他计量单位来表示;预算既可以反映企业的收入预期,也可以反映企业的支出预期。预算可以单独作为计划来使用,也可以作为某个计划的一部分内容,含有预算的计划具有很强的可操作性。编制预算是制订计划,但预算本身也是一种控制手段。

## 二、计划工作的程序

主管人员在编制任何完整的计划时,实质上都将遵循同样的步骤。一般包括如下九个步骤:

1. 描述宗旨。计划的工作过程开始于组织的宗旨。由于以下两种情况,使得对宗旨的描述至关重要。

一是组织没有明确的宗旨,界定并描述组织的宗旨便成为计划工作的重要内容。这通常出现在新创办的组织或处于重大变革时期的组织计划当中。

二是有既定宗旨,需要正确理解组织的宗旨,并将它贯彻到计划的制定和实施中。在正确理解组织的宗旨的基础上,还要把组织的宗旨传播给组织成员、顾客及多种多样的相关利益群体,让与计划的制定与实施工作有关的人了解并接受组织的宗旨。

2. 评估状况。对组织的当前状况进行评估,是计划工作的一个重要环节,也是制定和实施计划工作方案的前提。评估主要是对自身的优势和劣势、外部环境的机会和威胁进行综合分析,即 SWOT 分析。

3. 确定目标。即确定组织在未来一定时期内的目标。

4. 确定前提条件。前提条件是关于要实现计划的环境假设条件。我们知道,计划是对未来的目标和行动的安排,计划的实施、目标的实现是未来的事,而未来的组织内外部环境,也就是实施计划时的内外部环境会如何,人们事先是无法确切知道的。要制定实现目标的行动方案,就必须对这些未来的环境作出假设。这项工作就是确定前提条件。实际上,每一个计划的作出,每一活动方案的拟定,人们都是以一定的假设为基础的。例如大家所熟悉的《三国演义》中火烧赤壁就能很好地说明这一点。诸葛亮之所以采取火攻的方法,是因为他认为过几天会有东南风,如果他认为不会有东南风,他是不会采取火攻的方法的。而曹操之所以没有防备火攻,不是因为他没有想到,而因为他认为在寒冬腊月不会有东南风,如果他认为将来可能有东南风,他是绝对不会把大小船只对用铁链给连到一起的。两方一胜一败,其关键的原因是双方对未来的条件的认识的不同。

5. 制定计划方案。确定了前提条件后,就要找出能够实现目标的各种手段和方法,这就是制定计划方案。俗话说"条条大路通罗马",任何目标的实现都可能有许多种方法和途径。如果你只能想出一种方法,只能说明一个问题,那就是你想的还不够,思路还不开阔。

当然,不能不加分析地一概认为方案越多越好。因为方案的制定一需要时间(有些情况下你可以慢慢地想,而有些情况下就没有足够的时间),二需要投入一定的人力和物力。

另外,拟定方案应该采取让职工参与的方式。让大家参与至少有两个方面的好处:第一,就像俗话所说的:"三个臭皮匠,顶个诸葛亮。"集中大家的智慧,会想出更多更好的实现目标的方法和手段。第二,不管最终采用什么方法,大家都会认为这种方法中有他的意见和想法,从而提高职工的责任感和积极性。

6. 评价方案。即根据前提条件和目标来权衡各种因素,比较各个方案的利弊,对各个方案进行评价。关于方案的评价,到目前为止人们已研究和开发出大量的方案评价技术和方法。但不论采用哪种方法,不论对哪些方案的评价,有一些共同因素是必须考虑的。这些因素包括:采取该方案,目标实现的可能性;所需的人员和资金;投资的回收;所需的时间;对其他部门的要求和影响;获利的持续时间等。

7. 选择方案。对各个方案进行了评价之后,就要在这些方案中进行选择。一般来说,只要评价工作做得好,选择是比较容易的,但对于一些比较复杂的和重大的问题的最终抉择,还是有一些技术和技巧的。这一般属于风险决策的研究范围,涉及一些更广泛的知识领域。

不过,如果两个或两个以上的方案是合理的,管理人员在确定首先采取的方案的同时,可以把其他几个方案作为后备方案,这样可以增大计划工作的弹性,使之更好地适应未来的环境。

8. 制定辅助计划。辅助计划是总体计划下的分计划。如一个企业发展战略中的投资计划、生产计划、采购计划、培训计划等。总体计划要靠辅助计划来支持,而辅助计划又是总体计划的基础。通过制定辅助计划,将总体计划明细化,使其更具有可操作性。

9. 编制预算。制定了目标和实现目标的方案之后,管理人员还要确定实现目标和计划所必需具备的人力、物力、财力资源,并根据目标和方案的需要在各部门之间进行合理的资源配置。这一过程叫"编制预算"。

## 第四章 计划工作

**相关链接** 　　　　战略要舍得，有舍才有得

企业都热衷于制订战略。但是，怎样才能将战略执行好呢？

戴维·梅斯特先生(Mr. David Maister)曾经是哈佛商学院的一位教授。1985年，他自己建立了一家管理咨询公司，向世界各地的企业提供咨询服务。他根据自己的观察，在他的文章里(Strategy Means Saying "No")提出来这个"战略要舍得"的观点。

梅斯特先生在和一家服务企业的管理层讨论该企业的战略时，有人提出：我们一直在强调我们的战略是向客户提供高附加值的服务，但我们有很多客户只需要简单快捷的服务，我们如何对待这些客户？

梅斯特先生回答："这说明这些不是符合你的战略的客户。你们公司未来的组织架构和运营流程都将是适合提供高附加值服务的。这些需要简单快捷服务的客户不是你们的目标客户。"

"我们不能同时服务好两类不同的客户吗？"

"首先，没有企业能够同时低成本高质量地做好所有的事情；其次，努力服务不同类型的客户可能会让你的品牌形象模糊不清，从而使你在市场上的竞争力下降。"

大家都沉默了。突然，有人大声问道："那我们就眼睁睁地把可以到手的利润推开？"

是的，就是这样，就好像麦当劳选择了"不做法式大餐"这一战略一样。任何一家公司，只有专注于某件事情并把它做到最好，才能取得成功。制订战略，就是为了让公司想清楚自己要专注于哪一件事情，更重要的是，在无数的诱惑面前，想清楚自己不擅长什么所以不做什么。

这件事情说起来简单，但做起来非常难。首先是因为很多公司过于重视增长率、规模这些指标，而没有对如何培养自己公司的特色给予足够的重视。其次，对于很多小公司，每一笔业务都显得至关重要。如果没有这些业务，生存都谈不上，还谈什么战略呢？这其实是一个"先有蛋还是先有鸡"的循环论证。但是，只要你相信自己有好的商业头脑，时间一长，你就会发现，市场上总是有很多商业机会在不同时候冒出来。真正的问题是"在适合你的机会出现时，你准备好了吗？你会不会不凑巧正在为一笔不那么重要的业务忙碌呢？"

事实上，人类都有贪心的毛病，高管人员更是如此。所以，很多高管往往希望"鱼"和"熊掌"兼得，既能够让收入和利润不断增长，又能够让企业在新制订战略指导下成功转型。以这样的方式执行战略是不会成功的。管理层要想让战略取得成功，首先要自己完全相信已经制订的战略，还要在企业内部培养一种对于已经制订的战略近乎宗教般地执著。谁不真心真意地相信和执行这一战略，谁就走人。只有这样，大家在执行战略的时候，才能敢于"舍"掉那些和战略不一致的业务，战略执行才可能最终取得成功。

最后，梅斯特先生引用《论语》中的一段子贡问孔子什么是君子的话来概括他的思想：

子贡问曰："乡人皆好之，何如？"子曰："未可也。""乡人皆恶之，何如？"子曰："未可也。不如乡人之善者好之，其不善者恶之。"

资料来源：http://blog.vsharing.com/managerzazhi/

## 第三节 计划制定的方法

现代计划技术和方法很多,如线性规划、投入产出法、网络计划技术、滚动计划法等。本节主要介绍滚动计划法、进度计划方法和运筹学方法。

一、滚动计划法

滚动计划法是一种将短期计划、中期计划和长期计划有机地结合起来,根据计划的执行情况和环境的变化情况,定期修订未来计划并逐期向前推移的方法。

滚动计划法的具体做法是:在制定计划时,同时制定未来若干期的计划,但计划的内容用近细远粗的办法制定,即近期计划尽可能详细,远期计划则较粗;在计划期的第一阶段结束时,根据该阶段计划的执行情况和内外环境的变化情况,对原计划进行修订,并将计划向前滚动一个阶段;以后根据同样的原则逐期滚动,如图4-1所示。

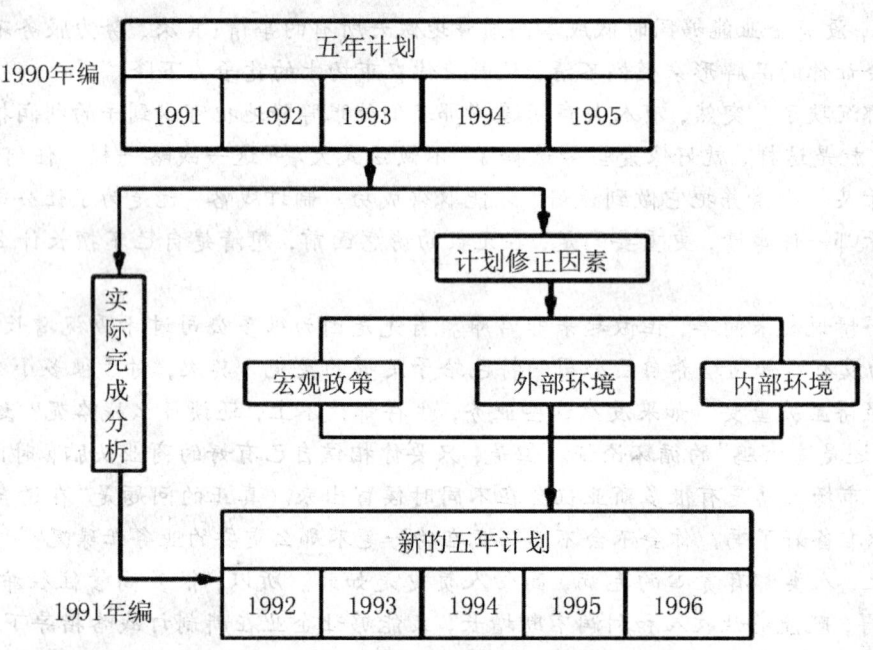

**图4-1 五年期的滚动计划法**

滚动计划法虽然工作量很大,但是可以利用计算机来减轻一些工作。滚动计划法大大地增加了计划的弹性,使短期计划、中期计划和长期计划有机地结合起来,有效地应对了不确定性。

二、进度计划

管理者经常使用进度计划(scheduling)来筹划应该进行的活动、活动的先后次序、谁来从事相应的活动以及何时完成。我们将介绍两种有用的进度计划工具。计划评审技术(简称PERT)也是进度计划工具,在本书的控制技术和方法中将有详细介绍,在此略去。

## 第四章 计划工作

### (一)甘特图

甘特图(Gantt chart)是在20世纪初由亨利·甘特开发的。它基本上是一种线条图,一条轴表示时间,一条轴表示要安排的活动,线条表示在整个期间计划和实际的活动完成情况。甘特图直观地表明任务计划在什么时候进行,以及实际进展与计划要求的对比。

下面举图书出版例子来说明甘特图,如图4-2所示。

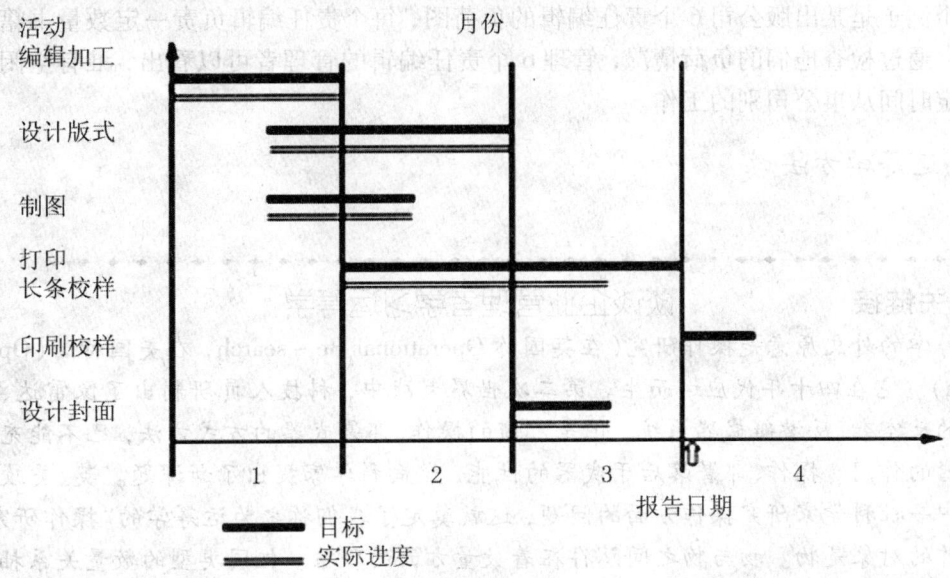

图4-2 图书出版甘特图

时间以月为单位表示在图的下方,主要活动从上到下列在图的左边。计划需要确定书的出版包括哪些活动,这些活动的顺序,以及每项活动持续的时间。时间框里的线条表示计划的活动顺序,空白线条表示活动的实际进度。甘特图作为一种控制工具,帮助管理者发现实际进度偏离计划的情况。在本例中,除了打印长条校样以外,其他活动都是按计划完成的。

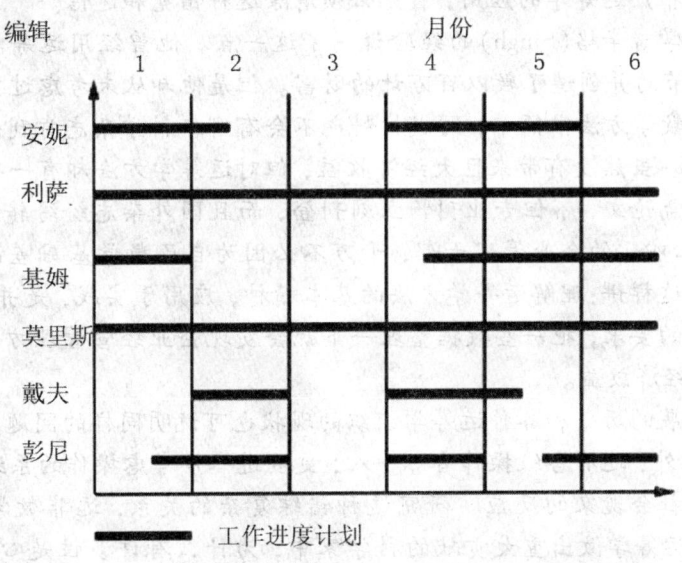

图4-3 出版公司负荷图

## （二）负荷图

负荷图（Load chart）是甘特图的改进，它不是在纵轴上列出活动，而是列出或者整个部门或者某些特定的资源。负荷图可以使管理者计划和控制的生产资源和能力能够被充分有效地利用，它是工作中心的能力计划。

下面我们举一个出版公司例子来说明负荷图的应用，如图4-3所示。

这个例子是某出版公司6个责任编辑的负荷图，每个责任编辑负责一定数量书籍的编辑和设计。通过检查他们的负荷情况，管理6个责任编辑的管理者可以看出，谁有空闲时间可以在特定时间从事公司别的工作。

### 三、运筹学方法

---

**相关链接** 　　　　　谈谈企业管理者学习运筹学

运筹学的外文原意是操作研究（在英国称 Operational Be-search，在美国称为（Operations Research）。它在四十年代应运而生。第二次世界大战中，科技人员研制出了像雷达、深水炸弹那样的反空袭、反潜艇武器系统，但是习惯的操作、部署武器的方式方法，已不能充分发挥这些武器的作用。操作、部署落后于武器的性能，这向科学家提出了新课题。英、美政府于是专门集中一批科学家研究操作方面的问题，这就奠定了我们称之为运筹学的"操作研究学"。

操作的对象是物。物与物之间总存在着数量方面的联系。把同类型的数量关系抽象为一个像方程式那样的数学模型，一旦找出了数学模型的解，这就相当于解决了外表上千差万别、数量关系上却相同的许多问题。这是数学高度抽象性的力量所在。因此，数学在运筹学里占据着重要的位置，关于运筹学的专著和论文也不能不充满了艰深的数学。那么，是不是只有精通数学的人才能使用运筹学，或是运筹学方法中应用的数学越难，它在现实生活中的作用越大呢？

不是。我们要推广运筹学的应用，首先必须清除这种错觉和迷信。

印度一位运筹学者辛格（Singh）的经验说明了这一点。他曾经用运筹学方法给铁路部门解决过一个问题，节约并创造了数以百万计的财富。但是他却从未考虑过要把这作为经验发表，原因是其中的数学方法很简单，写成材料也不会有哪本科学杂志肯刊登。他还处理过另一项工程中的问题。虽然没有带来巨大经济收益，但对运筹学方法却有一项数学理论上的发展。他据此写了一篇论文，不但专业刊物立刻刊登，而且国外杂志纷纷转载。所以，广大有丰富实践经验、热心四化的企业管理干部，千万不必因为自己数学基础差而妄自菲薄，视运筹学为畏途。可以这样讲：理解运筹学方法的基本精神，应用于实践，是并不太难的。有时，只要按运筹学提出的要求，把一些数据整理一下就会发现企业经营管理方面的漏洞，一旦着手改正，就会取得经济效益。

国外运筹学发展的历史和各种运筹学组织的现状也可说明同样的问题。事实上，"操作"除去"物"这一对象外，还有各级操作者——人，更要进一步考虑操作的系统所涉及的其他系统——人的集团和社会现象的反应。研究这种错综复杂的关系，远非数学一个学科所能包揽，这正说明了对运筹学做出重大贡献的科学家中，为什么有许多位是心理学家、社会学家和经济学家的原因。在运筹学的早期发展阶段，为了适应战争的迫切需要，解决科学家人员不足的困难,成立了各学科专业人员混合编成的小组。实践表明它正符合知识越分越细、许多问题已经不是个别专家所能独立解决的客观规律。现在,国外就有人明确建议,在一个企业内的运筹学小组里最早任命的六个人中应该分别具有下述的学历、经历:一位物理学家,一位工程师,一位数学家或统计师,一位行为科学专家,一位科学方法论专家,还要有一位熟悉公司业务的人。而就一个专门从事运筹学咨询业务的组织而言,各专家原来学科的比例大致是:

物理学和工程学　　　　　　　　　　　　　　　34%;
生物学和人类行为学　　　　　　　　　　　　　24%;
数学、统计学和逻辑学　　　　　　　　　　　　26%;
哲学、政治学和经济学　　　　　　　　　　　　16%。

无庸赘言。所有这些人员都要懂得运筹学的基础理论,否则各吹各的调,拧不成一根绳,就不能发挥作用;但是各人在数学方面的造诣却是可以有很大差别的。

国外学运筹学的人,即使在今天也并不全是理工科高材生,更多的倒是各个企业的原来研究经济学、会计学等的经理人员。因此,国外出版了不少主要以企业经营管理人员为对象的运筹学书籍。美国运筹学界著名的 Wagner 在写了《运筹学原理》(可惜迄今还没有组织力量翻译该书)之外,还写了一本《管理运筹学》。英国 P. G. Moore 的《运筹学基础》也是一本经过重版增订的同类型有影响的书籍。

资料来源:www.1001a.com/book

"运筹"在中文意义上即运算筹划、以策略取胜的意义。运筹学方法是计划工作的最全面的分析方法之一。

就内容讲,运筹学是一种分析的、实验的和定量的科学方法,用于研究在物质条件已定的情况下,为了达到一定的目的,如何统筹兼顾整个活动所有各个环节之间的关系,为选择一个最好的方案提出数量上的依据,以便能为最经济、最有效地使用人、财、物做出综合性的合理安排,取得最好的效果。

第二次世界大战中,盟军科学家在研究如何有效地使防空作战系统运行,合理配置雷达站,使整个空军作战系统协调配合来有效地防御德军飞机入侵的过程中发展出了运筹学。二战以后,研究军事运筹学的科学家纷纷转向民用部门,迅速促进了运筹学在社会经济领域的应用。

在计划工作中应用运筹学的一般程序分为五个阶段:

1. 规定目标和明确问题:包括把整个问题分解成若干子问题,确定问题的尺度、有效性度量、可控变量和不可控变量。
2. 收集数据和建立模型:包括定量关系、经验关系和规范关系。
3. 求解模型和优化方案:包括确定求解模型的数学方法,程序设计、调试运行和方案选优。
4. 检验模型和评价:包括检验模型在主要参数变动时的结果是否合理,输入发生微小变化时输出变化的相对大小是否合适以及模型是否容易解出等方面的检验和评价。
5. 方案实施和不断优化:包括应用所得的结果解决实际问题,并在方案实践过程中发现新的问题不断优化方案。

上述五个阶段在实际过程中往往交叉重复进行，不断反复。

运筹学作为一个系统科学中的学科体系，研究的内容十分广泛，主要分支有：线性规划、非线性规划、整数规划、几何规划、大型规划、动态规划、图论、网络理论、博弈论、决策论、排队论、存储论、搜索论等。50和60年代是运筹学研究和应用的鼎盛时期，但有人对运筹学的作用提出了怀疑，主要集中在两个方面：(1)许多运筹学家把原来的问题抽象简化，直到数学难点和计算难点都被舍去为止，从而使问题的解答失去了实际意义；(2)运筹学最重要得到问题的最优解，但从管理实践的角度，由于决策目标通常有多个，且各个目标之间常常存在冲突，因此最终的解决方案一般都是折衷的结果，而不是数学上的最优解。

### 本章概念
计划　　宗旨　　使命　　目标　　许诺原理　　滚动计划

### 问题思考
1. 什么是计划，它包括哪些内容？
2. 管理者为何要事先进行计划？
3. 什么是滚动计划？它是怎样制定的？它有何优缺点？

### 案例分析　　　　　拟订可考核的目标

中兴集团公司是一家拥有20家子公司和分公司的大型集团企业，参与六个行业的经营。集团公司对分公司的管理方式是独立经营，集中核算。

一位分公司的总经理最近听了关于目标管理的讲座。当时就激发了他的热情，更加增强了他关于目标管理确实有效的思想。他最后决定，在下一次职能部门会议上介绍这个概念并且看看他能做些什么。在会议上，他详细叙述了这种方法的理论发展情况，列举了在这个分公司使用这种方法的好处，并且要求他的下属人员考虑他的建议。

并不像每个人所想像的那样简单，在下一次会议上，中层经理们就总经理的提议提出了好几个问题。财务主任要求知道，"你是否有集团公司总裁分配给你的明年分公司的目标？"

分公司总经理回答说，"我没有。但我一直在等待总裁办公室告诉我，他们期望我们做什么。可他们好像与此时无关一样。"

"那么分公司要做什么呢？"生产经理其实什么都不想做。

"我打算列出我对分公司的期望"，这位分公司的总经理说，"关于目标没有什么神秘的，我打算明年的销售额达到5000万，税后利润率达到8%，投资收益率为15%，一项正在进行的项目6月30日能投产。我以后还会列出一些明确的指标，如选拔我们分公司未来的主管人员，今年年底前完成我们的新产品的开发工作，以及保持员工流动率在15%以下等等。"总经理越说越兴奋。

中层经理们对自己的领导人经过考虑提出的这些可考核的目标，以及如此明确和自信地来陈述这些目标感到很惊讶，一时不知说什么好。

"下个月，我要求你们每个人把这些目标转换成你们自己部门可考核的目标。不用说，这些目标对财务、营销、生产、工程和人事管理是不同的。但是，我希望你们都能用数字来表达，我希望把你们的数字加起来就实现了公司的目标。"

讨论题：

1. 当他们没有得到集团公司总裁的目标时，分公司总经理能够拟订可考核的目标吗？怎样制定？这些目标会得到下属的认可吗？

2. 对于分公司来说，要制定可行的目标，需要集团公司提供什么信息和帮助？

3. 这位分公司总经理设置目标的方法是否是最佳方法？体会怎么做？

---

资料来源：www.zjsec.com

# 第五章 决策

## 学习目标

★ 通过本章学习,你应该能够:
★ 理解决策的含义;
★ 解释合理决策制定的过程;
★ 区别程序化决策与非程序化决策;
★ 掌握主要的决策方法及其计算。

**开篇实例**　　　　　　　　**阿迪达斯与耐克**

在20世纪60年代或70年代,长跑爱好者只有一种合适的鞋可供选择:阿迪达斯。阿迪达斯是德国的一家公司,是为竞技运动员生产轻型跑鞋的先驱。在1976年的蒙特利尔奥运会上,田径赛中有82%的获奖者穿的是阿迪达斯牌运动鞋。

阿迪达斯的优势在于试验。它试用新的材料和技术来生产更结实和更轻便的鞋。它采用袋鼠皮绷紧鞋边。四钉跑鞋和竞赛鞋采用的是尼龙鞋底和可更换鞋钉。高质量、创新性和产品多样化,使阿迪达斯在20世纪70年代中支配了这一领域的国际竞争。

20世纪70年代,蓬勃兴起的健康运动使阿迪达斯公司感到吃惊。一瞬间成百万以前不好运动的人们对体育锻炼产生了兴趣。成长最快的健康运动细分市场是慢跑。据估计,到1980年有2500万~3000万美国人加入了慢跑运动,还有1000万人是为了休闲而穿跑鞋。尽管如此,为了保护其在竞技市场中的统治地位,阿迪达斯并没有大规模地进入慢跑市场。

20世纪70年代出现了一大批竞争者,如美洲狮、布鲁克斯、新布兰斯和虎牌。但有一家公司比其余更富有进取性和创新性,那就是耐克。由前俄勒冈大学的一位长跑运动员创办的耐克公司,在1972年俄勒冈的尤金举行的奥林匹克选拔赛中首次亮相。穿着新耐克鞋的马拉松运动员获得了第4至第7名,而穿阿迪达斯鞋的参赛者在那次比赛中占据了前三名。

耐克的大突破出自1975年的"夹心饼干鞋底"方案。它的鞋底上的橡胶钉使之比市场上出售的其他鞋更富有弹性,夹心饼干鞋底的流行及旅游鞋市场的快速膨胀,使耐克公司1976年的销售额达到1400万美元。而在1972年仅为200万美元,自此耐克公司的销售额飞速上升。今天,耐克公司的年销售额超过了35亿美元,并成为行业的领导者,占有运动鞋市场的26%的份额。

耐克公司的成功源于它强调的两点:一是研究和技术改进;二是风格式样的多样化。公司有将近100名雇员从事研究和开发工作。它的一些研究和开发活动包括人体运动高速摄影分析,对300个运动员进行的试穿测验,以及对新的和改进的鞋和材料的不断的实验和研究。

在营销中,耐克公司为消费者提供了最大范围的选择。它吸引了各种各样的运动员,并向消费者传递出最完美的旅游鞋制造商形象。

到20世纪80年代初慢跑运动达到高峰时,阿迪达斯已成了市场中的"落伍者"。竞争对手推出了更多的创新品,更多的品种,并且成功地扩展到了其他运动市场。例如,耐克公司的产品已经统治了篮球和年轻人市场,运动鞋已进入了时装时代。到20世纪90年代,阿迪达斯的市场份额降到了可怜的4%。

资料来源:www.0831.cn

由于阿迪达斯和耐克公司的管理层决策的差异导致了公司经营结果的迥异,可以说决策整体质量的高低对组织的成败产生重大影响。

决策是计划工作的核心部分,以致于美国著名管理学家西蒙认为管理就是决策。只有拟定了决策,即对资源方向、战略等作出了选择之后,才能说有了计划。在此之前,我们只能说对计划工作进行了分析和研究。

管理人员经常要对做什么、谁去做、何时做、如何做等问题作出抉择。对他们来说,决策最频繁、最重要、最花时间的一项工作。决策活动也引起许多领域的学者的兴趣,并且日益成为一门独立的学科——决策科学。

本章我们主要介绍决策的过程、决策的分类、决策的理论及决策方法。

## 第一节 决策与决策过程

### 一、决策的概念及特点

1. 决策的含义

"决策(Decisions)"二字的含义是"决定对策"。"决定"就是从众多对象中选择自己需要的,并放弃那些自己不需要的;"对策"就是应对、解决问题的方法。决策自古有之,战略决策有诸葛亮做《隆中对》三分天下,战术决策如孙膑为田忌赛马献策而胜齐威王。

在现代管理学中,关于什么是决策,各个学派有各种不同的描述,一般认为:决策就是组织为了达到某一目标、目的或企图,而从众多方案中选择一个最优方案或策略,并加以实施的过程。

显然,如何从众多方案中选择一个最佳方案,就是决策问题。

2. 决策的特点

由前述决策的定义,我们可以得出决策的特点:

(1)针对性。决策都是为了达到一定的预期目标或实现某种目的,没有目标就无从决策,所以决策具有针对性。

(2)现实性。决策总是要付诸于实践,要能够行得通,并且要能够取得预期的效果,所以决策都有现实性。

(3)优化性。决策总是在确定或不确定条件下,寻求优化目标和优化达到目标所要的途径和手段,不追求优化,决策是没有意义的。所以决策都具有优化性。

### 二、决策的过程

科学的决策是一个动态的系统反馈过程,它包括一定的程序和步骤,一般有如下七个步骤。

**1. 找出差距或问题**

差距或问题是决策的起点。

要找出差距,就必须有一个参照的标准。这就像医生诊断疾病,首先要有个健康人的模型作为标准,然后才能诊断病人有哪些地方不符合健康人的标准,哪些地方出了毛病。这里就有现状、标准、差距三个概念,三者的关系是:差距 = 标准 - 现状。在管理决策中的情况也是这样。例如,我们要解决产品质量低的问题,就得知道实际产品质量(现状)与质量标准之间的差距。要寻找出差距就必须有一个标准,如上级要求、规章制度、国家法令、同行业竞争对手的最好水平、企业自身的发展计划等。

问题找到了,还要判断决策问题的性质。是常见的问题,还是例外的、特殊的问题?是新出现的问题,还是老问题?等等。仅仅找出问题或差距是不够的,还必须找出差距存在的原因。如果医生给人治病,只知道病人头痛,而不知道头痛的原因所在,这个病是没法治的。如何才能找出差距产生的原因,并根据找出的原因来确定决策的目标呢?首先要掌握大量的相关资料;其次要有一个正确的思想方法,没有别的捷径和窍门。在这里有两点需要提出来,这对于正确地寻找原因是有帮助的。在这个过程中,我们要避免四个常见的错误:第一,将普遍性问题当作特殊性事件处理;第二,对新问题的出现不敏感,仍然采用老办法去解决;第三,对基本问题的确定似是而非,导致确定的标准十分模糊;第四,只看问题的部分,而没看到全貌。

**2. 确定决策目标**

所谓目标是指在一定的环境和条件下,在预测的基础上所希望达到的成果。决策目标要含义明确、内容具体、可定量,而且要有衡量实现程度的标准,这样才能对控制和实施决策起到指导和依据作用。为此,我们在确定决策目标时要注意以下几个问题:

(1)决策目标应明确。即决策目标应当有确定的内涵,切忌含混笼统,要求决策目标概念必须明确,表达应当是单义的,并使执行者明确地领会其含义。

(2)要明确决策目标是否有附加的约束条件。

(3)要确立衡量目标实现程度的具体标准。

(4)区分目标主次。在决策过程中,目标往往不止一个,各个目标之间既有协调一致的时候,有时也会发生矛盾。为此,在处理多目标问题时,应遵循如下原则:①对两个相对立而无法协调的目标,应舍弃一个;②两个具有主从关系的目标应保留主要目标;③对具有并列关系而内容又不多的目标,可合并为一个目标;④对整体决策影响不大,可有可无的目标,可以完全舍弃。

**3. 拟定可行方案**

决策目标确定以后,就可以开始寻找解决问题、实现目标的途径,也就是拟定可行方案。可行方案是指能够解决某一经营问题,实现决策目标,并具备实施条件的经营方案。决策者应根据目标要求,在收集资料和运用管理经验的基础上,拟定两个以上的可行方案。只有这样,才能进行评价和选择。如果只有一个可行方案(可将只有一个可行方案的决策称为"霍布森选择"),便无从评价和优选。因此,拟定多个可行方案是决策的基础。决策就是在几种行动方案中进行选择。

为了使决策合理,在拟定备择方案时。理论上应当要求它们具备两个条件:方案与方案之间相互独立,不要相互包含;具备整体详尽性。

第一个条件我们比较好理解。所谓整体详尽性,是指所拟定的全部可行方案应当把所有的可能方案包括无遗。否则,如果拟定的可行方案中漏掉了某些可能方案,那么最后选择的方案就有可能不是最优的,至少不能断定是最优的。因为在这种情况下不能排除这样的可能性:最好的方案恰好被漏掉了。

可行方案的整体详尽性,是决策理论的要求,这里包括两个方面的意思:一方面说决策者应该记住这个要求,明白它在决策过程中的重要性,不能违反它,否则就会在决策中产生错误。比如有些鲁莽的决策者想到了一两个方案后就马上动手选择,结果不是照搬老办法没有多少创新,就是片面性很大,做不出好的决策,他们就是违背整体详尽性的原则。另一方面是说这仅仅是理论上的要求,要把理论上的要求运用到实际工作中,还要考虑很多具体情况,灵活掌握。在实际拟定方案时,有时会遇到这样两种情况,一是不必要详细罗列,二是不可能做到详细罗列。

先说第一种情况——不必要详细罗列,因为实际决策都不是孤立的,有其历史的联系性,凡是历史上有过选择经验的,就不必要再详尽罗列。加入某个决策目标的备选方案有15个,其中10个方案过去已经实行过,知道哪个最好,而确定哪个最好的条件又至今没变,那么当然不必要再把15个方案全部罗列出来,而只是把5个新方案加上10个老方案中那个最好的方案,即一共列出6个方案供选择即可。这种不列出所有备选方案显然不能看成是违背整体详尽性原则,因为整体详尽性原则是为了避免漏掉最好的方案,现在既然明知那是不好的方案,不列它自然也不至于漏掉最好方案,因此也不算违背整体详尽性原则。

再说第二种情况——不可能做到详细罗列。不可能做到详细罗列的原因有如下两个方面:①人们的认识总是一步一步深化,很难一下子把所有的方案都罗列出来;②有些决策对时机的要求非常迫切,需要当机立断。这样也很难考虑的很充分,将所有的方案都考虑到。因此,对于整体详尽性原则我们不能教条式地理解。

首先,它强调的是在拟定备选方案时,要集思广益,充分发挥创造性,尽最大可能拟定多个方案。

其次,要灵活地坚持这个原则,当实际情况使得不可能做到整体详尽性时,也不应勉强。

4. 可行方案的评价

拟定出可行方案之后,决策者应对每个方案的可应用性和有效性进行评价。他必须想像如果这些方案正在实施的话,将会怎样。必须对每一个可行方案所希望的结果和不希望的结果出现的可能性进行检验。可运用一些标准来对这些可行方案进行比较。在这些标准中可用到的一些因素有:每个可行方案的风险、可以利用的时间和需要的时间、可利用的设施和资源以及费用效益分析。

如果所有的可行方案都不能令人满意,决策者还必须进一步寻找新的备选方案。

5. 选择方案

选择方案就是对评估比较的结果进行总体权衡和最终抉择,选定最优方案。这是决策过程的核心环节。

选择决策方案,首先要解决的问题是选择的标准。这种标准可从三个方面考虑。①从方案的价值标准来说,是越接近原定目标越好。②"最优标准",就是追求理想条件下的最优目标。虽然数学优化方法发展很快,但在实际工作中要"真正"做到最优是很难办到的。为此,西蒙提出一个"满意标准",就是在现有条件下,有把握追求一个满意的结果,也就是决策时只要求一个可满足的有限目标,这也称为"有限理性"标准。因此决策选定的最终方案,不一定是最优方案,而是一个各方面都合理的满意方案。③对于风险型决策,一般采用期望值标准。即计算出各个方案的期望值,而后选取某个最佳期望值所对应的方案作为决策方案。

选择决策方案的方法主要有经验判断法、数学分析法、实验法等,这些方法各有其优缺点,需要决策者根据具体情况灵活采用,对决策方案做出尽量合理的评价和最后的选择。

6. 实施方案

尽管步骤5已完成了选择的过程,但如果方案得不到恰当的实施也可能招致失败。实施方案就是要将决策传递给有关人员,并得到他们行动的承诺。

7. 评价决策效果

决策制定过程的最后一步就是评价决策效果,看它是否解决了问题。评价结果如果发现问题依然存在,管理者就要分析到底是什么地方出了错?对此类问题的回答将驱使管理者追溯前面步骤,甚至需要重新开始整个决策过程。

**相关链接** 　　　　　毛泽东决策过程的特点

正确的决策不仅要有科学的理论作为指导思想,同时要有一套科学的实施办法,才能达到科学决策的目的。中国共产党在长期的革命实践中,在领导和决策方面积累了十分丰富的经验,毛泽东同志对此加以科学的概括和总结,最终形成了具有中国特色的决策程序:

首先是调查和研究阶段。正确的决策来源于对形势正确的判断,正确的判断来源于对实际情况的调查和研究,调查是决策的起点,是决策重要的前提和基础。1936年4月2日,毛泽东在《总政治部关于调查人口和土地状况的通知》中,对自己在《调查工作》中提出的"没有调查,就没有发言权"的著名观点又进行了补充:"一、不做调查没有发言权。二、不做正确的调查,同样没有发言权。"关于"正确的调查",毛泽东首先强调要有一个正确的态度,要如实反映客观实际,不抱先入之见。其次是眼睛向下,甘当小学生。他指出:"没有满腔的热忱,没有眼睛向下的决心,没有求知的渴望,没有放下臭架子,甘当小学生的精神,是一定不能做,也一定做不好的。"他还对调查的内容和方法提出了许多独到的见解。毛泽东所推崇的调查研究方法主要是"开调查会"和"系统的周密的分析"方法。毛泽东强调要围绕决策问题进行全面的深入细致的调查研究,要尽可能详尽地占有第一手材料,"材料是要搜集得逾多逾好,但一定要抓住要点或特点。"在调查的基础上,要进一步展开深入的分析研究工作,仅仅有大量的感性材料是远远不够的。毛泽东指出:"常常问题是提出来了,但还不能解决,这是因为还没有暴露事物的内部联系,就是因为还没有经过这种系统的周密的分析过程,因而问题的面貌还不明晰,还不能做综合工作,也就不能好好地解决问题。"因此,就需要把调查所获取的丰富的感性材料加以"去粗取精,去伪存真",从中筛选出有助于最终决策的真实的、有价值的信息,剔除虚假的、无用的信息,在此基础上,实现对事物"由此及彼",由表及里的加工和提炼,从而发现事物的本质和规律,为最终决策提供科学的依据。

其次是决策的形成阶段。毛泽东在制定决策的过程中十分注重广开言路,集思广益,充分地发扬民主集中制。他形象地把领导的决策比做一个加工厂,认为没有数量上充分和质量上适当的原料就不可能加工出好的成品来,同样"如果没有民主,不了解下情,情况不明,不充分搜集各方面的意见,不使上下通气,只有上级领导机关凭着片面的或者不真实的材料决定问题,那就难免不是主观主义的。"胡乔木同志在1990年谈到毛泽东决策的特点时曾评价说:"他有一个极大的优点,能集思广益,博采众长,知错即改,缜密比较,科学概括,最后形成并提出更为全面、更为正确的思想观点或重大决策,从而使他的这些认识或决策既体现了党的集体智慧的结晶,又在吸取别的同志正确意见的基础上高于别的同志的思想认识。"对已经形成的决策,毛泽东一贯坚持要反复推敲和比较,他主要侧重从以下三个方面评估形成的方案。一是对决策的目标注意留有余地,要保持一定的伸缩性,从而使决策方案建立在切实可行、稳妥可靠的基础上,他反对那种满打满算,求全责备的做法。二是要符合群众的愿望和利益,他认为"任何一种东西,必须能使人民群众得到真实的利益,才是好的东西。"三是局部利益服从全局利益的原则。

第三是实施阶段。实施决策的过程就是改造客观世界的过程。毛泽东对决策如何实施,有自己一套行之有效的办法。首先是要进行必要的宣传和发动工作。毛泽东认为:"在每一行动前,必须向党员和群众讲明我们按情况规定的政策。"其次,要把计划和措施、任务和方法结合起来。毛泽东指出:"领导工作不仅要决定方针政策,还要制定正确的工作方法。有了正确的方针政策,如果在工作方法上疏忽了,还是要发生问题。"再次,要采取由点到面,逐步推广,波浪式向前推进的方针。

最后是反馈和完善阶段。是指在实行决策的过程中对方案进行检验和完善。毛泽东认为:"无论在变革自然或变革社会的实践中,人们原定的思想、理论、计划、方案,毫无改变地实现出来的事,是很少的。"因此"部分地改变思想、理论、计划、方案的事是常有的,全部地改变的事也是有的。"毛泽东在实践的过程中非常强调跟踪实施的情况,随时互通情报,交流经验,纠正错误,对原来的方案进行及时而必要的调整。

至此,一个完整的决策过程清晰地展示了出来,它们相互衔接,显示了严密的逻辑性和科学的完整性。

资料来源:张敏卿.理论前沿[J]毛泽东决策过程的科学思想特征.2005,4。

## 第二节 西蒙的决策理论

以管理学家身份而获得诺贝尔经济学奖的,至今只有一人,这就是决策理论的大师——赫伯特·A·西蒙。西蒙的家庭是一个典型的美国中产阶级家庭,父亲是德国移民,犹太人,电气工程师,受过严谨的德国式大学教育,一生有几十项发明专利,母亲来自一个钢琴世家,在音乐专科学校任教。父亲的严谨认真、一丝不苟,对西蒙的性格有着重大影响,而母亲则给他留下了一手出色的钢琴技艺。对西蒙影响最大的,是他的舅舅哈洛德·迈可尔,迈可尔师从于制度经济学家康芒斯,在国家工业委员会工作,是他最早把西蒙引上了社会科学的探索道路。

西蒙的天资是过人的,他6岁上学,小学就跳了几级,不足17岁就高中毕业。因此,在高中和大学,他要比同班的学生小两三岁。在同学们中间,留下较深印象的是他的聪明、色盲和左撇子习惯。1933年上芝加哥大学时,他本来想学经济学,但学经济学要求先修一门会计课程，于是，他尽管已经读过大量经济学书籍，还是改上了没有先修课程要求的政治学专业。大学二年级时，他就修完了政治学方面的课程，把自己的精力放在物理学、心理学、计量经济学和逻辑学等方面。由此，奠定了他运用严格的数理逻辑研究社会科学的学术方向。

大学毕业前夕，西蒙结识了里德利，里德利是国际城市管理者协会主任，芝加哥大学兼职教授。西蒙在选修里德利的市政管理课程时，参加了里德利的课题，进行市政管理的计量研究，开始在《公共管理》杂志发表文章，22岁时就成为《公共管理》月刊和《地方年鉴》的助理编辑。西蒙给里德利当助手做出的成就，引起了加州大学伯克利分校的注意，邀请他设计洛克菲勒基金会资助的地方政府研究项目。1939年，西蒙被伯克利聘为地方政府研究项目的主管。就在这一阶段，他形成了自己对管理学基本问题的研究思想，并作为他的博士论文的主题。这一博士论文，就是他后来赖以问鼎诺贝尔奖的大作《管理行为》的雏形。这时，西蒙已经在事实上进入了管理学家行列。

在朋友的推荐下，伊利诺伊理工学院聘请西蒙任教。在伊利诺伊，他深入展开了自己的研究。从他开设的课程来看，他已经成为社会科学的多面手。他讲授宪法学、城市规划、地缘政治学、合同法、统计学、劳动经济学、运筹学、美国史等等，还开设了科学哲学讨论班，并加入芝加哥大学的考尔斯委员会每周一次的经济学讨论班。伊利诺伊的经历，使西蒙的管理学研究更为深入，尤其在公共管理领域形成了相应的研究特色，有了如史密斯伯格、汤普森等研究伙伴，同时开始了他以数理逻辑方法融合社会科学各领域的研究起点。

1949年，西蒙应聘到位于匹兹堡的卡内基大学，担任行政学教授和工业管理系主任。在这里，西蒙深入展开组织行为的研究，重视逻辑和理论的教学特点，使卡内基大学的工业管理研究生院名声鹊起，走出了一条不同于哈佛商学院案例教学式的管理教育道路，西蒙的管理学研究，在这里达到了顶点。

1955年，西蒙的研究方向发生了重大转移。在这之前，他虽然在多个学科领域跋涉，但基本上还是在管理学、经济学的大范围内游弋。但这种多学科的综合研究迟迟早早会导致学术性"溢出"。在卡内基，这种"溢出"的火候到了。他在管理学和经济学上的造诣，使他在接触到计算机后，一眼就看出了这种机器有可能带来的奇迹。于是，他立即转向了"人类问题解决"的心理学研究上，特别是转到对人类用于思维过程的符号处理研究上。从此，西蒙开始了他在计算机技术领域的创新，并赢得了人工智能创始人之一的地位。

尽管西蒙后期主要从事心理学和人工智能研究，但他的学术经历、他的研究方法、他的思想范围，远远不限于单一的心理学。比如，他一生对国际象棋十分痴迷，在他眼里，国际象棋几乎就是人类世界的缩影。从象棋里面，可以发现人类的思维习惯、符号解读，也可以进行程序编译、路径选择，还能够模拟决策方式、管理活动，等等。总之，如果说，"一滴水可以映射出太阳的光辉"是哲学家式的语言，那么，在西蒙那里，一副象棋可以包纳所有人类科学。在他那里，科学的分门别类不构成通行的障碍，反而是他前进的标志。他几乎把自然科学、社会科学、工程技术、甚至还有部分人文科学都融汇到了一起。在当代科学发展史上，西蒙是为数不多的那种不需要以学科来限定头衔的大科学家。

西蒙后来的研究重点已经不在管理学领域，不过，他对组织与管理的研究成果却使管理学产生了划时代的变化。他提出的决策理论在当代管理学中至今引领着研究潮流。由于他"对经济组织内的决策程序所进行的开创性研究"，在1978年被瑞典皇家科学院授予诺贝尔经济学奖。现代企业经济学和管理研究越来越重视他的思想，组织行为研究和决策理论已经被成功地用于解释和预测各方面的活动。以诺贝尔经济学奖而言,西蒙是以管理学家身份获得这一殊荣的惟一人士。仅此而论,西蒙虽不敢说是后无来者,但肯定是前无古人。在管理学领域,西蒙的有限理性学说、组织行为研究、决策程序研究、决策心理机制分析,都具有理论上的开创意义。

一、有限理性和满意决策

西蒙认为,长期以来,在关于人类行为的理性方面存在着两个极端。一个极端是由弗洛伊德开始的,就是试图把所有人类的认知活动都归因于情感的支配。因此,从情感的角度看,我们可以发现,穷人家孩子眼里看到的硬币,比富人家的孩子看到的更大。对此,西蒙提出了批评。他强调,组织成员的行为如果不是完全理智的,至少在很大程度上是符合理性的。情感的作用并不支配人的全部,哪怕对硬币再有好感,也不会把硬币看作钻石。因此,如果我们要从心理学的角度来解释人在组织中的行为,理性行为理论就必须在其中占有一席之地。另一个极端是,经济学家的"经济人"假设,赋予了人类无所不知的理性。在"经济人"的观察角度下,似乎人类能够拥有完整、一致的偏好体系,让他始终可以在各种备选方案之中进行选择;他始终十分清楚到底有哪些备选方案;为了确定最优备选方案,他可以进行无限复杂的运算,概率计算对他来说既不恐怖也不神秘。对此,西蒙也进行了反驳。他指出,单一个体的行为不可能达到完全理性的高度,因为他必须考虑的备选方案的数量太大,评价备选方案所需要的信息太多。西蒙还以调侃的语气评论道:虽然完全理性的假设在目前已经达到了托马斯式的精巧状态,并且也具有巨大的智慧象征和美学魅力,但是与现实中人的真实行为或可能行为之间几乎没有多大关系。基于此,西蒙认为,人类行为是理性的,但不是完全理性的,一句话:理性有限。

那么,这种理性的限制究竟有哪些?首先,知识的不完备性就横在了我们面前。完全理性意味着行为主体必须完全了解并预期每项决策产生的结果,而这在实际中是不可能达到的。西蒙指出,因为每个人对于自己行动所处的环境条件只有片面的、局部的了解,从而对其中蕴含的规律和规则也只能有一个粗浅的洞察。做到明察秋毫、全知全能,不过是说说而已的神话。既然人们是在这样的基础上来推导未来的结果,那么行为主体对决策结果的了解必定是不完整的。举例来说,如果我们要吃一碗面条,如果你打算把涉及到面条的所有知识都掌握了再去吃它,对不起,那你只能等着挨饿。因为即使一碗普通的面条,其中蕴含的营养学、生物学、生物化学、物理学、生理学等等数不清的知识,是无数学者不断探索也没有彻底弄明白的。这样,我们只能在大致了解一点吃饭的知识后,比如知道它可以给你补充热量,你就可以着手选择是吃面条还是吃米饭。你大可不必为不了解面粉和米粒不同的分子结构而苦恼,也不需要由于你不知道二者的微量元素含量不同而羞愧。

再进一步,即使你了解了全部相关知识,则会被随之而来的预期难题所困扰。完全理性要求行为主体始终具有完整一致的价值偏好体系,只有这样,真实体验才能与预期始终保持一致。然而,从经验上就可以知道,真实体验可能比预期的合意得多,也可能正好相反。西蒙认为,这种预期和实际差异的原因,在于我们的大脑并非在某一时间就掌握了所有的结果,而是随着对结果偏好的转移,注意力也会从某一价值要素转向了另一种价值要素。因此,就算我们相当完整地描述了抉择的结果,这种预期所带来的情感波动也几乎不如真实体验所带来的情感波动效果明显。所以,要完整地预期价值是不可能的。再拿吃面条说事,假如你关于面条的知识已经足够多了,但是,你在吃面条的时候首先支配你的是想法是它能充饥,随着进食,你的饥饿感开始消失,这时你的价值要素就可能由充饥变成了口感要求。即使口感、营养、卫生等等价值需求全部满足了,你还有可能因为它的好吃不由自主地多吃一点。这种好吃年复一年导致了你发胖,你就可能不再把补充营养当回事,而是把减少热量摄入放在首位。价值偏好的转移,使你在最初不可能对各种价值精确地排序和加权,你就只好大约摸着吃吧。我们常常是按照这种"差不多"的逻辑来进行优先选择的。

最后,还有行为的可行性范围的限制。按照完全理性的要求,行为主体要在所有可行的备选方案中作出选择。但令人遗憾的是,每种备选方案都有各自独特的结果,而人们却并不具备有关每个备选方案所导致后果的所有认知,所以许多可能方案甚至根本无法进入行为主体的评价范围。因此,无论在任何时刻,行为主体都只能想出非常有限的几个可能方案作为备选方案。有人用找对象作了这样的比喻:假如要在茫茫人海中找到合适的对象,表面看起来有无数方案可供选择,实际上你很难找到最称心如意的。当你迫不及待选定一个时,你总会在后来发现还有更好的;但当你蹉跎岁月一无所获时,你又会发现当初错过了那个最合适的。因此,你只有容忍选择中的可行性局限,你才能应对生活。

从有限理性出发,西蒙提出了满意型决策的概念。从逻辑上讲,完全理性会导致人们寻求最优型决策,有限理性则导致人们寻求满意型决策。以往的人们研究决策,总是立足于最优型决策,在理论上和逻辑上,最优型决策是成立的。然而在现实中,或者是受人类行为的非理性方面的限制,或者是最优选择的信息条件不可能得到满足,或者是在无限接近最优的过程中极大的增加决策成本而得不偿失,最优决策是难以实现的。因而,西蒙提出用满意型决策代替最优型决策。所谓满意,是指决策只需要满足两个条件即可:一是有相应的最低满意标准,二是策略选择能够超过最低满意标准。在这里,如果把决策比作大海捞针,最优型决策就是要求在海底所有的针中间捞出最尖最好的那枚针,而满意型决策则只要求在有限的几枚针中捞出尖得足以缝衣服的那枚针即可,即使还有更好的针,对决策者来说已经无意义了。

西蒙虽然因为提出有限理性和满意型决策而闻名于世,不过他并不否定理性的作用,相反,他高度肯定那些试图突破有限理性的可贵尝试。一则,人类可以通过对行为过程的密切观察,来探索原来没有进入视野的可能方案,以此扩大可行方案的抉择范围。这样有助于部分地克服方案的可行性范围限制这个难题。西蒙认为,整个工具发明和技能培训领域都属于这一类情况。二则,如果在不存在显著间接效应(即经济学中所说的外部性)的前提下,在实际决策过程中,人们可以分离出一个只包括有限变量和有限结果的封闭系统,对系统外的变量和结果忽略不计,而只考虑那些在因果关系上和时间序列上与决策最密切相关的因素。西蒙指出,这样有助于部分地克服知识不完备性这个难题。诚然,在可预见的将来,人类很难实现从有限理性向完全理性的飞跃,因而也无法完成满意型决策向最优型决策的最终跨越,但理想与现实的鸿沟会一直激励着人们将这种宝贵的尝试持续下去。由此,我们可以看出,西蒙在否定完全理性后,又回归到崇尚理性的原点。在这一意义上,西蒙是对此前经济学理论中的完全理性假设与现实中的不完全理性进行了调适。他的贡献,在于从逻辑上打通了人类理想与现实的沟壑。

## 二、决策程序和认知科学

西蒙驳斥了那种认为决策仅仅是从几个备选方案中选定一个方案的看法,他把决策行为从逻辑上展开,从认知科学的角度把决策程序划分为四个阶段。一是搜集情报阶段,即了解环境变化,寻求相关的决策信息,找出制定决策的理由,西蒙称之为"信息活动"。这个阶段主要是提出问题,制定目标。人们在大量信息中发现和判定需要处理的问题,依据问题的性质和重要程度、急迫程度确定行为方向,进而针对解决问题的要求形成所要达到的行动目标,用目标来界定问题的解决途径。二是拟定计划阶段,即寻找、制定并分析各种有可能达到决策目标的备选方案,西蒙称之为"设计活动"。这个阶段主要是综合考虑个人和组织的内外环境中各种可控和不可控因素,提出相应的多种能实现目标的备选方案。三是选定计划阶段,即在各个行动方案中进行抉择,从一组备选方案中选出并确定一个最符合某种满意标准的方案,西蒙称之为"选择活动"。一般来说,这个阶段需要权衡利弊,综合考虑,"两利相衡取其重,两害相衡取其轻"。四是检验评价阶段,即对已进行的抉择在实施中进行评价和矫正,西蒙称之为"审查阶段"。通过修正决策目标或备选方案,来应对主客观条件的变化和备选方案本身的错误或遗漏。

西蒙的"情报-设计-选择-审查"决策程序论,实际上立足于他的认知科学研究。有人批评说,这种四步走的划分法,把决策简单化为一个呆板的线性过程。西蒙认为,这种批评存在误解。四步走的决策过程,就是人的认知过程在决策中的逻辑再现。它当然不是单一线性的,而是多层次的循环。比如,在设计阶段,可能又会提出新的搜集信息要求,而搜集信息又会引发更进一步的设计活动。次级的设计还会要求进一步搜集信息。以此类推,用图形表示就是大圈套小圈,小圈之中还有圈。但是,总体逻辑是明确的,这个程序就是要逐一给出下列答案:问题是什么?解决问题的方案是什么?哪个方案要好一些?选定的方案要不要修正?

《管理决策新科学》所提出的这一决策程序也许计算机化的味道过于浓了一些,但是,至今还无人能够从科学的角度把它驳倒。相反,正是这种计算机化,使这一程序同决策科学化高度关联。要想实现决策的科学化,只能按照它,不能违背它。按照这个程序一板一眼走下来,不见得就完全科学,但违背了它则肯定不科学。我们现实中的拍脑袋、拍胸脯、拍屁股的"三拍"式决策,恰恰是问题不清就盲目设计,没有设计就贸然拍板,拍板之后不加验证等毛病造成的。"边设计,边施工,边投产"式"三边"政策的荒谬,正好反证了这一程序的科学性。

西蒙从认知心理出发,对追踪决策的特殊性也进行了探讨。追踪决策与"纸上谈兵"的初始决策不同。初始决策是以零为起点的,客观对象和环境未受决策实施的干扰和影响;追踪决策则是非零起点的,面临的对象和条件已非初始状态,它之前的原方案已得到部分执行,因而必须考虑原方式的实施程度和影响。也就是说,经济学中定义的沉没成本(Sunk Costs)——现在不可收回的时间或金钱上的投资,正是初始决策和追踪决策的本质区别所在。

在这一点上,西蒙认为,就是因为存在这种具有长期效应而且不可撤消的决策,所以个人行为和组织行为在时间上存在着相对一致性。个人或组织之所以会坚持特定的行为路线,是因为一旦事实上开始执行某个特定的行动方案,那么最好将它继续进行下去,否则就要或者部分或者完全放弃已经执行的那一部分,而这必然将导致损失。但是,同多数人只看到沉没成本的消极作用恰恰相反,西蒙把沉没成本看成是决策中的积极因素。在西蒙眼里,这种沉没成本对决策的限制,虽然不是理性的充分条件,但肯定是理性的必要条件,因为它缩小了个人或组织每时每刻必须考虑的备选方案的范围,从而能给行为带来理性,否则行为就变得不可思议了。

不过,事物的存在总是福祸相依,利弊相随,有时,决策也会沦为沉没成本的受害者。

沉没成本的存在，往往使得决策者有意不承认过去的决策错误，因而也不能把自己从过去的决策中解放出来。显然，承认个人的决策失误可能只会伤害自尊和面子，而承认组织的决策错误则经常关系到权力和利益问题，并会导致相关人员为失误所造成的损失和后果负责。所以，将过去不再正确的决策仍然当成正确的决策是人们经常干的事，在此基础上形成的追踪决策很可能不过是一个更大的错误，只要能摆脱责任，即使损失更大也在所不惜。这也就是那句老话——为了掩盖一个错误而制造一个更大的错误。

此外，现代心理学的研究表明：人们内心深处具有保护自我免受伤害的愿望，这就使得决策者对维持现状的决策有着较强的偏好。沉没成本的存在，不仅加重了组织决策中的惯性因素，而且也为决策者墨守成规、安于现状提供了冠冕堂皇的借口。可以想见，在涉及改革性的决策时，如果被沉没成本局限，随着时间的流逝，这种沉没成本会日益加大，决策者也会越来越受困于现状，推动变革的决策也将越来越难以做出。因此，强调沉没成本的弊端，有利于引起决策者的警惕。

---

**相关链接**　　　　　决策理论的两个基本命题

西蒙决策理论的基本命题是"有限度的合理性"和"符合要求的原则"。在《管理行为》一书中，西蒙对"合理性"做了进一步的阐释：合理性涉及对各种可供优先选择的行为方式的挑选，这种挑选是根据能够评价行为结果的某种价值体系进行的。为实现组织目标的决策是组织的合理决策，为实现个人目标的决策是个人的合理决策，西蒙把决策的合理性和目标的实现联系在一起。

但西蒙认为，企业中的个人在完成产品的数量和质量方面，既受能力的限制，又受到能否进行正确决策的限制，受到个人技能、价值观、知识的限制。个人能力决定于他的体力、反应时间快慢、习惯、行为方式。他的决策过程可能受倒他思维过程的快慢、数学计算能力高低的影响。个人在决策时要受到他的价值观和对目标了解程度的影响。如果个人对企业是极度忠诚的，那么他的决定就会反映他忠实的接受企业的目标；如果缺乏对企业的忠诚，他就不会充分发挥自己的效率，如果个人的忠诚只局限于雇佣他的机构，那么他的决策有时就会不利于这个机构的上级机关。企业成员在决策时，深受他现有工作应具备的有关知识的深度和广度的影响。

西蒙认为，他的决策理论不但可以作为经济学的组成部分，用来了解和说明本身就是引人入胜的一些现象，而且能为企业和政府的决策者提供建议。这就是决策理论不但注意理论本身的建立，而且更重视其实用价值。瑞典皇家科学院肯定了西蒙的这种说法，指出，西蒙有关组织决策的理论和意见，应用到现代企业和公共管理所采用的规划设计、预算编制和控制等系统及其技术方面效果良好，实践证明这一理论已成功的解释和预示了公司内部信息和决策的分配，有限竞争情况下的调整、选择各类有价证券投资和选择对外投资投放国家等多种活动，并认为现代经济学和管理学研究大部分建立在西蒙的思想之上，并对企业文化理论的兴起产生了重大的影响。

资料来源：www.mie168.com

### 三、决策中的心理机制

在心理学家看来，人类理性是在心理环境的限度内发挥作用的。西蒙之所以能够把理性行为条分细缕，像照 X 光一样理个通透，并在决策方面取得突破性的成就，与他大量引用心理学的成果来探讨决策中人的内心活动密不可分。

西蒙把与决策相关的心理基础归纳为学习、记忆和习惯三个方面。西蒙认为，人类在学习方面具有动物望尘莫及的巨大优势。人不仅可以通过实际体验和实验的方法学习，还可以通过参照原始资料，参照别人在相关领域长期实验和研究的基础上得出的结论进行学习，并且还能根据个人成败的经历对这种累积经验进行选择和修正。正是通过实验、知识交流和对结果进行理论预测等学习过程，人才能将相对较少的经验作为大范围决策的依据，从而达到节省思考和观察的效果。

学习过程中自然而然地就会产生记忆，通过记忆，人们在首次解决问题时，就把收集到的信息甚至结论都储存到了头脑中，而当类似的问题再次出现时，不需要重新研究，就可以直接利用记忆中储存的信息。这里，记忆既可以是自然记忆，也可以是由信息库、文件和记录所组成的人为记忆。必须强调的是，无论是自然记忆还是人为记忆，要发挥作用，都必须具备根据需要提取记忆信息的关联机制和检索机制。这样，人们制定决策时，一旦需要记忆中储存的信息，利用这些机制就可以找到。

记忆多次重复之后，遇到同类问题就形成了习惯。西蒙认为，习惯是一种有助于保存有效行为模式的机制。习惯的作用就在于，它不需要人们重新思考采取正确行动的决策，就能让类似的刺激或情形产生类似的反应。因为习惯一旦养成，就会在一定的刺激下引发惯性行为，而不再需要深思熟虑。所以，人们才能把注意力投入到需要思考的新层面上。西蒙指出，同记忆一样，习惯在组织中也有人为的形式，即斯坦尼所说的"组织惯例"。如果处理重复性问题的方法被写进工作手册和程序手册里，从而形成了组织惯例，那么该类问题出现时就不再是人们重新考虑的问题，这样就大大简化了组织的决策。

在学习、记忆和习惯这三种心理学因素作用下，西蒙主张把行为模式分为两种类型。他将那种一旦出现刺激，便几乎毫不犹豫地发生响应的行为，称为简单的行为模式，即"刺激－反应"模式。而将那种需要对备选行动方案、环境条件、行为结果和预期价值进行分析比较，抉择前一定要经过一番犹豫思考的行为，称为复杂的行为模式，即"犹豫－抉择"模式。以往的管理学家，常常过多地强调和肯定"犹豫－抉择"模式，忽视和否定"刺激－反应"模式。西蒙的看法与众不同。他认为，人如果什么事情都要犹豫不决，仔细盘算，就会错过行动时机。组织实际上无时无刻不在培育人们的简单行为模式。对于刺激的反映，人们大部分行为是习惯性的，而且往往是合理的。因为对目的而言，它是事先被条件限制的适应性行动。西蒙的这一论断，对于管理者应该说有启发意义。管理不是越复杂越好，而是越简单越好。运用非常复杂的先进技术去处理简单小事，还为自己掌握了高明手法而沾沾自喜的人是蠢才，而运用简单方法解决了复杂问题，极大节约管理成本的人，才是经营中的高手。

西蒙对于直觉在管理中的作用也有着深入的研究。管理学从诞生起，就非常重视理性。但令人困惑的是，长期以来的管理研究却发现，当理性的逻辑方法不奏效的时候，管理者常常依靠直觉来解决复杂的问题。而且，在组织中的职位越高，越需要敏锐的直觉。实践中，许多高层管理者也证实，他们平时作重大决策时，利用的是"直觉"、"本能"或"预感"，而并不依赖于任何理性的逻辑分析。当过新泽西贝尔公司总经理的管理学家巴纳德就曾以自身的体会惊呼：经理人员在制定决策时，往往无法以有条不紊的理性分析为依据，而是在很大程度上依靠他们对决策需求情境的直觉或判断反应。请不要忽略非逻辑性或直觉！

那么，直觉到底是什么？直觉是怎样在决策中发挥作用的？什么时候是可以信赖的直觉？什么时候只是盲目的冲动？这些问题一直成为困扰管理学界的斯芬克斯之谜。西蒙的决策研究恰恰为解开这个谜提供了一把钥匙。

西蒙认为，直觉也是一种分析，只不过已被固化成习惯而已，直觉的作用是帮助人们识别熟悉或类似的情境类型。西蒙以国际象棋大师为例，形象地揭示了直觉的奥妙。顶级的大师，能够辨认和回想起大约五万种棋子在棋盘上的不同排列组合，并且通常依靠直觉在很短时间内就能找到妙招。秘密在于，对大师而言，任何一场棋局中的棋子，都是固定的熟悉的阵势，而并非随意摆放的，这些阵势就像老朋友一样很容易辨认，大师识别了阵势，才能够快速地下出不失水准的好棋，所有这一切，来自于顶级大师对熟悉情境的记忆和识别。对此，德鲁克也采用了类似的分析，他把决策中遇到的问题分为普遍事件和特殊事件两类，并认为，各种普遍事件只需要一个普遍的解决方案或者说是一个准则、一个政策，所以只要找出正确的准则，这类普遍事件的所有表现，都可以采用已有的准则来解决；而特殊事件则由于无法制定普遍准则而需要单独处理。因此，将决策问题分为两类，一类要依据已有的规律，一类要靠随机应变，能够提高决策的准确性和速度。

但是，必须注意的是，直觉是以经验和知识为基础的识别能力和反应能力的具体体现。快而准的直觉反应能力，其实是知识积累以及运用知识识别问题过程的升华，必须经过多年的经验和训练来培养直觉，才可能具有这种能力。错误冲动的拍脑袋和象棋大师不假思索的妙招相比，尽管看来表现形式很相似，但其实质截然不同。前者是原始冲动和感情支配的直接反应，经常不合时宜；后者是学习所得和经验积累，具有环境适应性。有些管理者只看到别人决策时的果断，而看不到别人事前下的功夫；只看到别人处置问题的自如，而看不到别人平日长期的积累。对此，我们只需反问一句：没有"十月怀胎"，哪能"一朝分娩"？

对于一个组织而言，决策的质量是成败的关键。对于决策者个人而言，决策的质量是水平的标志。在这个意义上讲，无论对组织还是个人，决策都是管理的灵魂。可以说，在这个触及管理灵魂的话题上，西蒙的决策理论不仅是开创性的，而且是我们理解人类行为的一把钥匙。

# 第三节 决策类别

决策贯穿于组织管理活动的全过程，从不同的角度对决策加以分类，有助于决策者把握各种决策的特点，提高决策的效率和效果。由于社会生活十分复杂，所以管理人员进行的决策也是多种多样的，大致有以下几种分类方法。

一、按照决策的重复程度可分为：常规决策和非常规决策

1. 常规决策

常规决策又称程序化决策（Programmed Decisions），是指常规的、反复发生的问题的决策。例如，出差报销问题，材料、设备购买以及一般质量控制问题等，都属于程序化决策问题。由于这类决策大量重复进行，涉及一些例行的活动，因而可以建立一定的程序，碰到此类问题发生，只需要按照固定的程序和手续去解决就行了。程序化决策是管理人员按照上级制定的

规章进行决策,有章可依,比较简单,一般在基层管理工作中为常见,而高层管理人员较少进行此类决策。

2. 非常规决策

非常规决策又称非程序化决策(Non Programmed Decisions),是指偶然发生的或首次出现而又较为重要的非重复性决策。这类决策一般没有先例可鉴,无固定章法可循,因而较为困难。它需要管理者根据掌握的资料,个别研究,特殊处理。如新产品开发、新设服务项目、投资建新厂等等,都属于非常规决策。非常规决策由于涉及的问题比较重要,关系组织全局,所以应引起管理者的重视。一般说来,高层管理者所作的决策多属于非常规的决策。非常规决策虽然无固定章法可依,但并不是说就能随意地单凭经验就能决策,相反地,它要求更严格地按照科学的决策原则和步骤,创造性地确定决策方案。

二、按照决策的作用和重要程度可分为:战略决策、管理决策和业务决策

1. 战略决策(Strategic Decisions)

战略决策是指与确定组织发展方向和远景有关的重大决策。例如国家和地区的经济和社会发展战略决策,企业组织有关产品结构、新产品项目上马的重大决策等,都属于战略性决策。战略性决策的一般特点:一是关系全局的重大问题;二是实施时间较长,对组织影响较为深远;三是由组织最高层管理者所作。

2. 管理决策(Administrative Decisions)

管理决策是指组织中的中层管理人员所作的决策,是为了保证总体战略目标的实现而解决组织局部重要问题的决策。管理决策所要解决的问题包括:安排一定时期的任务;解决工作和生产过程中的一些较重要的问题,如生产过程的合理组织,材料、能源等的合理选择和使用,成员工作积极性的调动等。

3. 业务决策(Business Decisions)

业务决策是指组织基层人员为解决日常工作和作业任务中的问题所作的决策。例如,企业中基层作业计划与控制,设备故障的排除,劳动力调配等等。业务决策大部分属于影响范围较小的常规性、技术性的决策。

其中,管理决策和业务决策合称为战术决策(Tactics Decisions)。

三、按决策问题的条件可分为:确定型、风险型和非确定型决策

1. 确定型决策(Certain Decisions)

确定型决策是指在可供选择的方案中只有一种自然状态时的决策。也就是说,决策问题的条件是确定的,可供选择的方案之间的优劣比较和预期结果是明确的。相对来说,这种决策较为容易,只要比较各个方案的结果之优劣,选取其中一个最好的方案即可。例如存款或贷款,只要对几家不同银行或金融机构的规定利息进行比较,其优劣立即明白,选择其中最为有利的一家银行就行了。

2. 风险型决策(Risk Decisions)

风险型决策是指在可供选择的方案中,存在两种或两种以上的自然状态,哪种状态发生是不确定的,但是每种自然状态发生的可能性即概率大小是可以估计的。因为这类决策的结果只能按某种概率实现,有一定的风险,故而称为风险型决策。又由于这类决策涉及到概率

问题,故而又称为统计型决策。例如,某企业准备生产某种产品,根据市场调查,可以估计出来市场销路好、销路差两种自然状态的可能性大小,现要求在大批量生产、中批量生产、小批量生产三个方案中选择最佳方案,这就属于风险型决策。

3. 非确定型决策(Uncertain Decisions)

非确定型决策是指在可供选择的方案中存在两种或两种以上的自然状态,而且这些自然状态所发生的概率是无法估测的,由于此类决策的结果不确定,故而称为不确定型决策。不确定型决策与风险型决策的区别仅在于各种自然状态发生的概率是否可知。例如在上述例子中,如果是开发某种全新产品,市场情况无法预料,销量无法预测,则属于非确定型决策。

四、按决策主体构成可分为:个人决策和群体决策

1. 个人决策

个人决策是指由单个人作出的决策。个人决策的决策速度快,决策效率高,能对瞬息万变的外界环境作出迅速反应,但容易由于主观片面或缺乏必要的知识和经验而导致决策失误,而且由于缺乏与组织成员的沟通,决策执行时非常困难,甚至由于组织成员的有意阻碍可能无法执行下去,另外个人决策也容易营私舞弊。

2. 群体决策

群体决策是只由若干人组成的集体共同作出的决策。群体决策模式中的群体参与决策能集思广益,发挥群体的才智和创造力,弥补个人知识和经验的不足,减少决策失误。当参与决策的个人能代表组织中不同利益阶层时,那么就容易作出较为公正的决策,从而使决策能得以有效的执行,但决策迟缓,常常要多次开会协调才能达成较为一致的意见,决策责任也不明确。群体决策模式中的群体参与决策能达成最公正、最合适的决策,由于全体人员均认同决策结果,所以会齐心协力执行决策,是惟一可能达到决策预期效果的决策模式,但全体参与时意见分歧最大,要想达成一致意见是非常困难的事情,少数服从多数可能损害部分人的利益,决策速度非常慢,费用较高,并且可能导致责任不清,有时甚至不能形成决策。

既然个人决策和群体决策各有优劣,那么哪些场合用个人决策好?哪些场合用群体决策好?这将取决于决策问题的性质、决策者的能力和相互作用的方式。

**相关链接**　　3个诸葛亮不如1个臭皮匠:团队创业与群体决策行为

"三个臭皮匠顶个诸葛亮"、"人多力量大"、"十根筷子抱成团"……,这些生活中经常听到的话从某些方面强调了团结的作用,甚至有首歌曲就叫《团结就是力量》。唐岛海战中,宋将李宝以3000水军,团结一致,全歼了超过自己20余倍兵力的金人庞大船队;抗日战争由于中国人民的团结击溃了日帝国主义。由此可见,团结的力量绝对是无穷的,所以我们往往也就对团结的力量坚信不移。

在团队创业中,无疑创业队伍的团结是必不可少的,这也是创业准备的主要内容之一。但是,在很多情况下,这种群体决策并不一定能够产生良好的效果。

首先,群体决策有一种"默会偏好"。也就是说,创业团队在开始的时候就会对某个人或者某个决策存有好感,并且在以后逐渐地接受它。这样在以后的讨论中,即使有更好的观点出现,也未必能够引起群体的重视,他们往往是在找理由推翻它,以此来证明当初大家认可

的观点是正确的。换句话说，以后出现的意见都成为了群体证明最初观点的反面材料。"物以类聚，人以群分。"团队创业的成员大都具有相同的背景，这使得他们更符合"相似相容"的物理规律。个人在选择创业合作者的时候，不由自主会寻找和自己相似的人，因为这样别人更容易同意自己的观点，更容易"一拍即合"。这样的创业团队最容易出现"默会偏好"，这主要因为成员的背景比较单一，所拥有的信息和掌握的技能也受到一定的局限。即使是背景互不相同的几个人，在进行群体决策的时候也避免不了"默会偏好"的倾向。

其次，团队成员之间内聚力太大，也会过犹不及。团队创业当然离不开团队成员间的紧密合作，开创一个企业也离不开成员间良好的合作关系。然而，当团队间的内聚力太大的时候，也会出现决策偏差的危险。只要是创业的发起者，总是在潜意识里强化自己的观点，一旦外部出现了某种否定他们决策中不可行的建议或者观点，他们就会感觉很"不舒服"，于是就想办法去否定这些建议和观点，从而更加强化原有的决策。

再次，创业团队容易忽视没有共享的信息。共享信息和资源，是团队创业相对个人创业来说所具有的一项很大的优势。创业团队成员间将自己的信息和资源都贡献出来，进行整合利用，团队所拥有的信息和资源似乎就等于成员间的信息资源总和。无疑对创业者来说，拥有的资源越丰富，对开创企业越有利。然而实际上，创业团队在利用信息的时候往往忽视了一些仅仅被某个成员所拥有的宝贵信息。因为他们更倾向于照顾大多数人，大多数人都知道的东西似乎就错不了，而且多数人都知道的东西就会从很多人口中被说出来，并且被认同。而对于极个别人的信息和资源，往往因为其势单力薄，说出来的别人不知道，在大家都对即将开创的企业雄心勃勃的时候往往根本不把这种极个别信息放在心上。尤其是在进行创业决策的时候，即使考虑了这些极个别的信息，但是往往没有真的被使用在决策中。这样，一些信息和资源并没有真正被团队所共享，更谈不上很好的利用了。

以上所说并非是想否定团队创业的优势，只是从心理层面对团队创业的群体决策容易产生的误区做了分析。因为创业是一件非常激动人心的伟大事情，以至于参与创业的每个人都是满怀激情的，因为要做老板了，没有理由不兴奋。不管是个人还是团体都会对自己的创意无比佩服，以至于忽略了一些现实性的东西。实际上团队创业的优势是如此明显，只要团队能够意识到团队做出决策的时候可能产生的误区，并采取一些科学的方法加以避免，就可以将团队优势真正发挥出来，如此才能产生真正意义上的 $1+1>2$。

那么究竟怎样才能尽量不让团队创业的群体决策产生偏移呢？方法是多样的。比如在创业成员选择上，在团队的成员组成上尽量存在差异性。选择不同背景和经历的人作为合作者。

那么不开会怎么能做决策呢，会当然是要开的，关键是怎么开，开几次。笔者曾经对一个团队做创业指导的时候设计了一个表格，这份表格的内容涉及开办他们这样的企业需要的信息资源以及相关创业准备的内容。然后我告诉他们，表格每人一份，把它填好，每个人必须独立完成，团队成员间不许相互交流，你们能够把这份表格做好，你们的创业就成功了一半。实际上我并没有夸张，很多创业者其实根本还没有了解怎么创业就开始去做，他们想来想去的都是开业后该怎么赚钱，甚至有的人连自己的业务范围的税务情况都不了解。第一次会议就是发个表格。然后第二次会议回收表格，对每一项内容分别集中讨论，而不是想到什么说什么。讨论完了每一项内容，再去自由发言。这样最终形成的决策更趋于理性，也更科学了。

所以，寻找"第三者插足"无疑是一个比较不错的办法。这个"第三者"可以是专业人士或者有经验的人，或者请专家指导。总之对于创业者来说，别太小气了，让别人插一只脚，可能会少走许多弯路。

记住布鲁特勒说的一句话："联合可能是一种力量，但是，除非有明智的指挥，否则，只是一种盲目的动物般的力量。"

---

资料来源：www.51sobu.com/new/content

除了上述分类方法之外，还可以根据决策目标的多少，而分为单目标决策和多目标决策；根据决策问题是否可用数量表示而分为定量决策与定性决策；根据决策者所处管理层次的高低而分为高层决策、中层决策和基层决策等。

## 第四节  决策方法

决策方法很多，一般可分为定性决策法和定量决策法。其中定性决策法注重决策者本人的直觉，而定量决策法注重决策问题各因素之间客观的数量关系。

### 一、定性决策法

定性决策法是一种直接利用决策者本人或有关专家的智慧和经验进行决策的方法。它是决策者运用社会的原理并根据个人的经验和判断能力，充分发挥各自丰富的经验、知识和能力，从对决策对象的本质特征的研究入手，掌握事物的内在联系及其运行规律，对组织的决策目标、决策方案的拟定及方案的选择和实施做出决断。

这种决策方法主要适用于受社会经济因素影响较大的、因素错综复杂和涉及社会心理因素较多的综合性的战略问题的决策，是目前采用的主要决策方法。但其主观成分强，论证不够严谨。

1. 专家会议法

即根据决策的目的和要求，通过会议形式，提出有关问题，展开讨论分析，做出判断，最后综合专家们的意见，做出决定。

优点：通过座谈、讨论，能互相启发，集思广益，取长补短，能比较全面地集中各方面的意见，从而得出较好的决策结论。

缺点：由于参加人数有限，代表性较差，且容易受到技术权威或政治权威的影响，与会者不能真正畅所欲言，往往形成"一边倒"，即使权威者的意见不正确，也能左右其他人的意见；且由于受到个人自尊心的影响，往往不能及时修正原来的意见。

注意：①参加人数不宜太多；②要开讨论式的会议，让大家尽抒己见；③决策者要虚心听取专家的意见。

2. 德尔菲法

德尔菲法（Delphi technique）是由美国兰德公司在20世纪50年代初提出的，最早应用于预测，后来推广应用到决策中。德尔菲法是专家意见法的进一步发展，是一种向专家进行调查研究的专家意见法。它是以匿名的方式通过征询专家的意见，决策小组对每一轮的意见进行汇总整理，尔后再反馈给每一个专家，专家们在比较、参考别人意见的基础上再提出新的意见。如此反复，意见逐渐趋于一致，最后得出最终结论。其大致过程为：

第一步，拟定决策提纲。就是首先确定决策目标，如设计出供专家回答问题的调查表；对答案的要求：对问题作出肯定或否定的回答，并标明概率大小；对判断的依据和判断的影响程度做出说明；对决策问题的熟悉程度做出估计。

第二步，选择专家。这是德尔菲法的关键。所选择的专家一般应是有名望的或从事该项工作多年的专家；专家的人数一般为10~50人，但一些重大问题的决策可选择100人以上。

第三步，提出预测和决策。发函或请个别专家面谈，要求每一位专家提出自己决策的意见和依据，并说明是否需要补充材料。

第四步，修改决策。决策小组将第一次决策的结果及资料进行综合整理、归纳，使其条理化，再反馈给有关专家，专家们据此修改自己的意见和判断。这种反馈和修改过程，可进行3~5轮，以3轮较好。

第五步，确定决策结果。经过几轮反馈，专家的意见逐步趋于一致，这时就可确定出专家趋于一致的决策意见，从而做出决策。

优点：①匿名性。消除了权威者的影响，可参考别人的意见；②有价值性。由于专家各有所长，他们会提出很多有价值的意见；③结果的统计性。

缺点：①决策的准确程度受专家们的观点、学识和对决策对象的兴趣程度；②专家评价主要依靠主管判断，缺乏严格论证；③时间长。当需要进行一个快速决策时，这种方法通常行不通。

3. 头脑风暴法

头脑风暴法（Brainstorming）是为了克服阻碍产生创造性方案的屈从压力的一种相对简单的方法。它利用一种思想产生过程，鼓励提出任何种类的方案设计思想，同时禁止对各种方案的任何批评。

在典型的头脑风暴会议中，一些人围桌而坐。会议组织者以一种明确的方式向所有参与者阐明问题。然后成员在一定的时间内"自由"提出尽可能多的方案，不允许任何批评，并且所有的方案都当场记录下来，留待稍后再讨论和分析。

一般参与者为10~15人，且参与者中不应该有领导者，会议时间不宜过长，为20~60分钟。

4. 电子会议

最新的定性决策方法是将专家会议法与尖端的计算机技术相结合的电子会议（Electronic meeting）。多达50人围坐在一张马蹄形的桌子旁。这张桌子上除了一系列的计算机终端外别无他物。将问题显示给决策参与者，他们把自己的回答打在计算机屏幕上。个人评论和票数统计都投影在会议室内的屏幕上。

电子会议的主要优点是匿名、诚实和快速。决策参与者能不透露姓名地打出自己所要表达的任何信息，一敲键盘即显示在屏幕上，使所有人都能看到。它还使人们充分地表达他们的想法而不会受到惩罚，消除了闲聊和讨论偏题，且不必担心打断别人的"讲话"。

专家们声称电子会议比传统的面对面会议快一半以上。例如，菲尔普斯—道奇矿业公司（Phelps Dodge Mining）用此方法将原来需要几天的年计划会议缩短到12小时。

但是电子会议也有缺点:那些打字快的人使得那些口才虽好但打字慢的人相形见绌;再有,这一过程缺乏面对面的口头交流所传递的丰富信息。不过,由于此项技术尚处于起步阶段,可以预计,未来的决策很可能会广泛地使用电子会议技术。

## 二、定量决策法

定量决策法(见图 5-1)是建立在数学工具基础上的决策方法,其核心是把决策的变量与变量以及变量与目标之间的关系,用数学关系表示出来,然后通过计算,求得决策答案。这种方法主要适用于重复性的、程序性的决策。

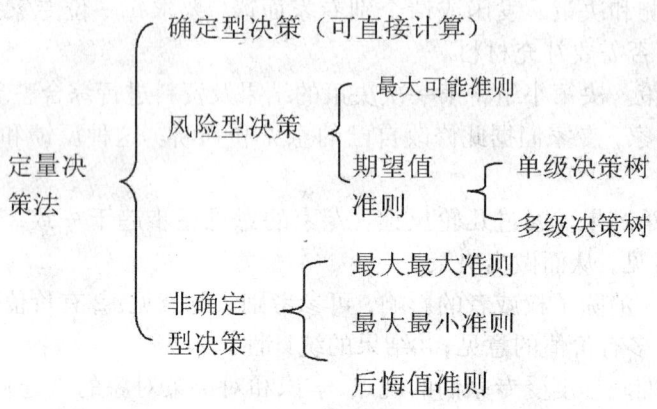

图 5-1 定量决策方法

1. 确定型决策

在确定型决策中,各自然状态是稳定而明确的,在这种情况下,我们只要比较各个方案结果的优劣,选取其中一个最好的方案即可。这样,可采取的决策方法很多,比较常用的有价值分析法、线性规划、盈亏平衡分析(量本利分析)、微分法等。

(1)价值分析法。任何决策都是用一定的耗费达到一定的目标,那么能用最少的耗费使决策目标得到最大满足的方案便是最优方案。

①单一目标决策

$V = F/C$

式中:V 表示价值系数;F 表示功能,可用货币单位、实物单位来计量;C 表示费用或成本。计算价值系数的目的,是为了给决策者提出一个不同方案之间可以进行定量分析比较数值,系数越大,说明方案的价值越大。这样,比较不同方案的价值系数的大小就可以确定方案的优劣。

②多目标决策

数学模型为:$F = F_1 a_1 + F_2 a_2 + F_3 a_3 + \cdots\cdots + F_n a_n$

$V = F/C$

式中:$a_i$ 为权数,且 $a_i < 1$,$\sum a_i = 1$,n 为功能(或目标)数目;$F_i$ 为子功能或分目标(可用货币单位、实物单位计量);C 为总费用或总成本。通过比较各方案的综合价值,就可以决定方案的优劣。

(2)线性规划

线性规划是在一定约束条件下求得最优方案的一种用于确定型决策的方法。一般地,只有满足以下几个条件,才可以用线性规划来求解:①问题的目标能用数值表示;②有可以实现目标的多个方案;③要达到的目标是在一定约束条件下实现的。

2. 非确定型决策

非确定型决策,是指决策者所要解决的问题有若干个方案可供选择,但对事件发生的各种自然状态缺乏客观概率。因此,这类问题不是一个统计问题,决策取决于决策者的经验、智力和他对待风险的态度。对这类问题,决策者有三个准则可以采用。

(1) 最大最大准则

这一准则是设想采取任何一个可行方案都是收益最大的结果发生,然后比较各方案的行动结果,哪个方案的收益最大,哪个方案就是最优方案。

也就是说,决策者敢于冒风险,对非确定型决策问题总是持乐观态度,决策时总是认为会发生最好的结果,然后从各种最好的结果中选择更好的一种,所以说最大最大准则,也称之为乐观准则或叫"大中取大法"。

(2) 最大最小准则

最大最小准则就是设想采取任何一个行动方案都是收益最小的状态发生,然后比较各方案的结果,哪个方案的收益值最大,哪个方案就是最优方案。

这就是说,决策者比较保守,对不确定型决策问题总是持悲观态度,总是认为会发生最不利的结果,然后从这些最不利的结果中选出一个最好的结果,所以这种准则也称悲观准则。这种方法也叫"小中取大法"。

(3) 后悔值准则

由于非确定型决策问题中各方案的自然状态的概率是未知的,这样就有可能出现这种情况:当某种自然状态出现时却由于错选了方案而蒙受了机会损失。例如,市场出现了高需求,却采取了比较保守的决策方案;市场出现了低需求,但采用了投资很大的冒险方案。这两种情况相对于选择最好的决策方案来讲都是很大的经济损失,出现了损失就会后悔。最大最小后悔值准则就是要使这种后悔减少到最低限度。那么,什么是后悔值呢?后悔值就是最优方案收益值与所选取方案收益值的差额。

3. 风险型决策

在这类决策中,由于概率是决策者根据历史统计资料和经验估计出来的,带有一定的主观性,所以决策存在一定的风险。对这样一类问题,为了最大限度地减小其风险,我们可利用最大可能准则和期望值准则来进行决策。

(1) 最大可能准则(The Most Probable State Principle)。

根据概率论知识,我们知道,一个事件,其概率越大发生的可能性就越大。基于这种假设,我们认为可以在风险型决策问题中选择一个概率最大的自然状态进行决策,其他状态可以不管。这就是最大可能准则。具体地说,最大可能准则就是以概率最大的自然状态为基础,然后从中选择一个在该自然状态下收益值最大的可行方案作为决策方案。

(2) 期望值准则

所谓期望值,就是在不同自然状态下各方案可能获得的值。自然状态的概率值为权数的各方案在不同自然状态下收益值的加权平均值,用数学公式表示

即:$E_i = \sum P_j X_{ij}$ ($i = 1, 2, \cdots\cdots, n$, $j = 1, 2, \cdots\cdots, m$)

式中:Ei——方案 i 的期望损益值;Pj——自然状态 j 出现的概率;Xij——方案 i 在自然状态 j 下的损益值。

期望值准则就是把每个可行方案的期望值求出来,按照决策目标要求来选取某个最佳期望值所对应的方案。如果决策目标是效益(收益)最大,则选期望值最大的可行方案作为决策方案;如果决策目标是损失最小,则应选取期望值最小的可行方案作为决策方案。

（3）决策树(Decision Tree)

期望值准则除了用上面的方法分析外,也可用决策树进行分析。俗话说:"三思而后行","走一步看几步",是要人们在做决断和采取行动之前要慎重考虑和权衡各种可能发生的情况,要看到未来发展的几个步骤,决策树法就是这一思想的具体体现。这种决策方法的思路如树枝形状,所以人们给他起了个形象的名字——决策树。而且这也是在多级决策的情况下惟一可用的方法。

①决策树及其构成

决策树是风险型决策分析的重要工具,是用树形图来形象表示决策目标、可行方案、自然状态,并通过计算期望值供决策者择优取舍的一种决策方法。

决策树的一般模型图如图 5-2 所示:

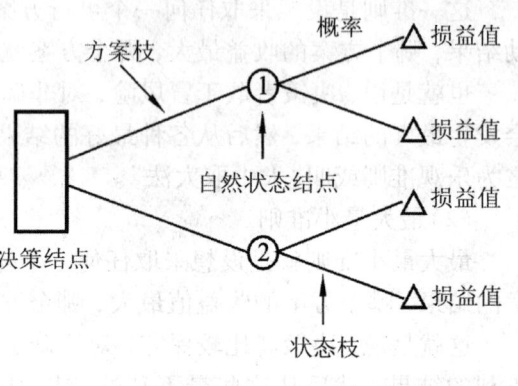

图 5-2 决策树的一般模型图

由图 5-2 可以看出,构成决策树的要素有五个:

A. 决策结点或决策点。以 □ 表示,用来表示决策的结果。

B. 自然状态结点:以 ○ 表示,用来表示各种自然状态所能获得效益的机会。

C. 方案枝:由决策点引出的若干枝条,每一枝条代表一个方案。其终点为自然状态结点。

D. 状态枝:由状态结点引出的若干枝条,每一枝条代表一种自然状态,在概率枝的上方是自然状态出现的概率值。状态枝也叫概率枝。

E. 状态末端:以 △ 表示,用来表示不同状态下的损益值(可省略)。

这样,以方块和圆圈为结点,并以直线连接而成的树形网状图就是决策树。

②用决策树进行决策的步骤

A. 画决策树。画决策树是从左至右依次展开。首先从最左端的决策点出发,按可行方案引出若干条方案枝;在每条方案枝上注明可行方案的内容;然后每条方案枝到达一个状态结点,在每个状态结点的圆圈中标明一个数字;再由各个状态结点按可能出现的自然状态的数目,引出各个状态枝,并在每个状态枝上注明状态的内容和概率;最后引出状态末端,并在末端上注明不同状态下的损益值。如遇到多级决策,则首先要确定是几级决策,然后逐级展开其方案枝、状态结点和状态枝及状态末端。

B. 计算期望值。期望值的计算同画决策树相反,要由右向左依次进行。首先将每种自然状态的收益值分别乘以各自然状态枝上的概率,再乘以决策期限,然后将各状态枝的值相加,相加的结果就是各方案的期望值,将计算出的期望值标在状态结点上。

C. 剪枝决策。比较各方案的期望值,在比较时,如果方案实施有费用发生,则应将状态结点值减去方案费用再进行比较。凡是期望值小的方案枝一律剪掉,最终只剩下一条贯穿始终的方案枝,其期望值最大,将这最大的期望值标在决策点上,这个方案就是决策方案。

③单级决策

利用决策树所要解决的问题分为单级决策和多级决策。

④多级决策

有些复杂的决策问题其中某一或某几个方案还有不同的途径和方法需要选择。有的决策问题,对于最近几年的发展形势和以后的发展形势可能做出不同的判断,这样决策就呈现出层次性和阶段性。解决这样的问题,就需要进行多级决策了。

**相关链接　　　　　　　企业成败源于决策**

哈佛商学院认为,企业成败主要取决于决策和管理两大因素,其中决策因素占80%、管理因素占20%。

国家经贸委确定,企业管理创新重点放在五个方面,其中第一方面就是决策管理,要求企业建立重大决策的责任制度,对违反法律法规和产业政策致使企业遭受严重损失的,要追究有关人员的责任。

决策是管理方法三大内容中最重要的方面。管理方法的三大内容分别是计划、控制和决策,其中计划可以滚动修改,控制是一个过程,只有决策在实施以后是难于更改的,因此,决策管理必须慎之又慎,如果企业遭受了损失,即使可以追究到责任,损失也已无法挽回。

从决策内容来看,主要是投资决策和经营决策,相对来说,投资决策的风险更大,更应重视。

为了加强决策管理,要把握决策的各个方面和各个环节,主要从制度、机构和方法上做好相应工作。

从制度方面看,必须建立科学的决策程序,如果是投资决策,先要通过产业政策了解、行业调查、市场调查、市场预测做好可行性研究,然后可以做一个投资方案,客观地计算投资回报率。如果是经营决策,则应在研究市场的基础上排出几种可供选择的方案。

从机构方面看,要建立专门的投资评审机构,组成人员中要包括具有各种专业知识和经营经验的成员,例如经营管理、财务会计、工程技术、法律人才等。投资评审项目的材料必须提前送达评审人员,使参评人员可以有足够的研究时间,以便在与会时进行充分讨论。现在,国家证监委已经在上市公司行为准则的指导意见中明确规定董事会必须设立投资评审机构,以确保投资项目必须经过评审环节。

在方法方面,决策管理有许多定性、定量办法,比较严密的办法一般都要建立数学模型,借助于线性规划、矩阵、数理统计、概率论等方法进行量化分析、比较、取舍。同时,还有一些常用办法可选择,例如用决策树等来直观判断和决定。由于提供决策的依据并非是绝对的,必要时也会有一些主观的经验判断,但整个决策基础肯定是客观的。

决策是一门综合和系统的科学,以企业选址为例,就涉及天文、地理和历史,因此,广泛听取各方面意见是完全必要的。决策又是一门复杂的学科,既需要当机立断,也需要反复斟酌,因此,倾听各个年龄段人员的做法是很可取的。

就如打仗没有常胜将军一样,企业的每一个决策都正确也是不现实的。然而,一旦确认某项决策是不妥甚至是错误的,就应该及早予以修正或改变。这时,就应对面临的现状再作新的决策,切不可碍于面子任其发展,以至发展到不可收拾、无法挽回的局面。

如果条件容许,不妨把决策的时间拉长些,这要比不成熟的决策好得多。同时,决策忌多变,过于频繁的决策比没有决策更坏。

---

资料来源:赵焕焱.民营经济报[N].企业成败源于决策,2004,6.11

### 本章概念

决策　　程序化决策　　非程序化决策　　个人决策　　群体决策德尔非法
确定性决策　　风险型决策　　不确定决策　　决策树

### 问题思考

1. 为什么说决策是管理活动的核心?
2. 在完全理性和有限理性假设下,决策方案的选择有何不同?
3. 你认为决策制定过程中哪一步最重要?请说明理由。
4. 决策程序化会给组织带来哪些好处?

### 案例分析　　洛克威尔公司的艰难决策

在20世纪90年代,像 Lockheed Martin, TRW Systems, MCDonnellDouglas 等其他美国国防工业大公司一样,洛克威尔公司(Rockwell Interna-tional)感觉到了美国军事费用缩减所带来的压力。随着苏联的解体和冷战的结束,五角大楼的武器和设备(例如导弹、坦克、卫星等)的购买量仅为20世纪80年代购买量的50%。这样的组织外部环境给洛克威尔公司的业绩带来了严重的威胁,管理者必须找到一项新的战略以应对这一威胁,改善公司业绩。

在公司CEO唐纳德·比尔(Donaldbeall)的领导下,洛克威尔公司采取了一项带领公司进入21世纪的新战略。他是公司从主要依赖军事工业向民用工业转型战略的主要推动者。例如,通过购买诸如 AllenBradly 和 RelianceE-lectric 等实力强大的公司,比尔使洛克威尔公司进入工业自动化领域。每当洛克威尔购买一个新公司以后,比尔都会为新公司提供洛克威尔公司拥有的大量技术和电子领域的支持,从而使新公司变得更加强大和富有竞争力。洛克威尔公司曾设计建造了B—1轰炸机、阿波罗太空飞船、航天飞机。这家公司在新产品创新方面拥有大量的技术和技能,并拥有一支富有创造力的工程师队伍。比尔的目标是将洛克威尔公司在军事领域所积累的技术应用于众多新领域的产品开发。

一些分析人士对比尔所做的收购持批评的态度,认为比尔没有一贯的目标和愿景。他们声称,在很多公司决定集中于某一专一领域的时候,比尔建立了一个包括军事电子、自动化产品、印刷出版、航天飞机发动机、传真机芯片、塑料、通讯等众多领域的多元化王国。分析人士认为比尔也许过高估计了他运营这样一种高度多元化业务组织的能力。同时,他们也怀疑洛克威尔公司是否仅仅依据其在军事工业的成功,就一定具有成功运作如此众多业务的能力。

比尔则表示,他和他的管理团队对于洛克威尔公司进入何种业务有着明确的评价决策标准。首先,他们只收购明显处于领导者地位的行业业务。其次,他们依据长期盈利机会(长达10年或10年以上)概念与技术对每项业务进行评价。批评人士则回应说,环境是高度不确定的,比尔和他的管理团队不可能预测相关项目未来的回报情况。

但是,洛克威尔进入自动化领域的行动获得了成功。在洛克威尔公司将其高新技术和资源注入AllenBradly和Reliance Electric等公司后,这些公司获得了工业电子市场30%的市场份额。现在,这些公司的利润占到了洛克威尔公司利润来源的50%以上。这仅仅是一种运气,还是使洛克威尔公司成为高科技领头羊的一系列战略行动胜利的开始呢?

问题:
1. 根据决策程序,评价比尔的行动。
2. 你认为比尔所带领的洛克威尔公司正沿着正确的道路前进吗?将来他可能遇到怎样的机会或风险?

---

资料来源:当代管理学(第2版),(美)加雷思·琼斯(Gareth R. Jones),珍妮弗·乔治(Jennifer M. George),查尔斯·希尔(Charles W. L. Hill)著;李建伟[等]译;人民邮电出版社,2003,P200.

# 第三篇 组织

# 第三篇 思想

# 第六章　组织设计

**学习目标**

★ 通过本章学习，你应该能够：
★ 定义组织结构；
★ 区分职权与权利；
★ 解释为何拓宽管理幅度有利于提高管理效率；
★ 确定管理者划分部门的五种不同方式；
★ 描述战略、技术和规模对结构的影响。

**开篇实例**　　　　CMP 出版公司组织结构的演变

制定良好的计划，常常因为管理人员没有适当的组织结构予以支持而落空。而在某一时期是合适的组织结构，可能过了一两年后就不再合适。格里·利兹（Gerry Leeds）和莉洛·利兹（LiLo Leeds）是经营 CMP 出版公司的一对夫妇，他们对此有着清楚的认识。

利兹夫妇在 1971 年建立了 CMP 出版公司。到 1987 年，他们公司出版的 10 种商业报纸和杂志都在各自的市场上占据了领先地位。更令人兴奋的是，它们所服务的市场（计算机、通讯技术、商务旅行和健康保健）提供了公司成长的充足机会。但是，假如利兹夫妇继续使用他们所采用的组织机构，这种成长的潜力就不会得到充分的利用。

他们最初 CMP 设立的组织，将所有重大的决策都集中在他们手中。这样的安排在早些年运作得相当好，但到 1987 年它已经不再生效。利兹夫妇越来越难照看好公司。比如想要约见格里的人得早上 8 点就在他办公室外排队等候。员工们越来越难得到对日常问题的答复。而要求快速反应的重要决策经常被耽误。对于当初设计的组织结构来说，CMP 已经成长得太大了。

利兹夫妇认识到了这个问题，着手重组组织。首先，他们将公司分解为可管理的单位（实质上是在公司内建立半自主的公司），并分别配备一名独立的经理掌管各个单位。这些经理都被授予足够的权力去经营和扩展他们各自的分部。其次，利兹夫妇设立了一个出版委员会负责监督这些分部，利兹夫妇和每个分部的经理都是该委员会的成员。分部经理向出版委员会汇报工作，出版委员会负责确保所有的分部都能按 CMP 的总战略运作。

这些结构上的变革带来了明显的效果。CMP 现在总共出版 14 种刊物，年销售额达到近 2 亿美元。公司的收益持续地按管理当局设定的 30% 的年增长率目标不断地增加。

CMP 出版公司的例子说明，选择合适的结构在组织演进过程中起着至关重要的作用。

资料来源：www.manaren.com

CMP 出版公司组织结构的演变清楚地表明，组织结构设计对企业战略的实施和企业的整体发展具有重大影响。

组织设计位于组织职能之首，它是整个组织职能的基础。本章对组织设计的研究，主要涉及三个方面的问题:一是组织基本概述;二是组织设计的理论及原则;三是组织结构的基本形式。

## 第一节 组织概述

凡有管理的地方必有组织,决不存在没有组织的管理;同样,凡有组织,必定需要管理,也决不存在没有管理的组织。组织是一切管理的载体,管理不过是组织维持其存在和发展的方式。如果说人类有什么最值得夸耀的话,就是他们在历史的进程中发展了一种特有的组织能力,与此相应也就产生出一门学科即组织理论。

组织理论研究的对象是人类的各种组织及其活动。首先存在的是人类的组织现象,然后才发展起关于这一现象的理论。

### 一、几个重要的概念

在组织理论的研究过程中,大致存在三个重要的相关概念,就是组织、组织结构和组织职能。

(一)什么是组织

组织的含义可以从不同的角度去理解,古今中外的管理学家也对此作出了各种不同的解释。被称之为现代管理理论"鼻祖"的巴纳德(C. I. Barnard)将组织定义为"有意义地加以协调的两个或两个以上的人的活动或力量的协作系统"。哈罗德·孔茨则把"组织"定义为"正式的有意形成的职务结构或职位结构"。

一些学者将组织区分为有形与无形,即组织机构与组织活动。其中,作为组织活动结果的那种无形"组织"的概念,有别于作为有形实体(如工商组织、事业单位、政府部门等机构或组织)存在的"组织"概念。为区别起见,人们在日常生活中也常将有形的组织体称作组织机构,而将那种无形的、作为关系网络或力量协作系统的组织,称作组织活动。

无形的组织活动与有形的组织机构之间的关系是一种手段与目的关系。也就是说,作为"力量协作系统"存在的无形的组织,本身并不具有自己的目的,它不过是为了完成组织机构的目标而存在,是作为实现组织目标的手段。

1. 实体组织

从实体角度看,组织是为实现某一共同目标,经由分工与合作,及不同层次的权力和责任制度而构成的人群集合系统。

这个概念具有三层含义:

(1)组织必须具有目标。任何组织都是为实现某些特定的目标而存在的,不论这种目标是明确的,还是隐含的,目标是组织存在的前提和基础。最基本的目的是有效地配置内部有限的资源。如大学的目标是传授知识,培养高级人才,这是一个非常明确的目标;而一些非正式组织,它们隐含的目的就是使组织成员受到保护,满足成员在某些方面的特殊要求。

一个组织良好的机构,能使内部的关系得以理顺,并使所投入的资源得到最有效的利用。而一个组织不良的机构,则会使目标的实现受到影响。"1"加"1"可以大于"2",也可以小于"2",这说明同样的投入要素可以产生很不相同的总体效果。

(2)组织必须有分工与协作。分工与协作关系是由组织目标限定的。一个组织为了达到目标,需要有许多部门,每个部门都专门从事一种或几种特定的工作,各个部门之间又要相互配合,这就是一种分工和合作。只有把分工与合作结合起来,才能提高效率。例如,剧场里的观众具有相同的目的,彼此没有分工与合作,不能称其为组织,而剧场的全体工作人员则构成了一个实体组织。

(3)组织要有不同层次的权力与责任制度。组织内部必须有分工,而在分工之后,就要赋予各部门及每个人相应的权力,以便于实现目标。但在赋予权力的同时,必须明确各部门或各人的责任。有权力而无需负责任,就有可能导致滥用权力,影响组织目标的实现。所以,权力和责任是达成组织目标的必要合格证。

2. 无形的"组织"活动

无形的"组织"活动,是指在特定环境中为了有效地实现共同目标和任务,确定组织成员、任务及各项活动之间的关系,对资源进行合理配置的过程。正是借助于组织活动、过程和文化等所具有的协同或协调作用,各类组织机构内部才有可能形成一个"力量协作系统",使个体的力量得以汇聚、融合和放大,从而体现组织的作用。其主要内容包括:

(1)组织机构的设计。当组织目标确定以后,管理者首先要对为实现组织目标的各种活动内容,进行区分和归类,把性质相近或联系紧密的工作进行归并,成立相应的职能部门进行专业化管理,并根据适度的管理幅度来确定组织的管理层次,包括组织内横向管理部门的设置和纵向管理层次的划分。无论是纵向还是横向的职权关系,都是使组织能够促进各部门的活动并给组织带来协调一致的因素。

(2)适度和正确授权。在确定了组织机构的形式后,要进行适度的分权和正确的授权。分权是组织内管理的权力由高层管理者委派给各层次和各部门的过程。分权适度,授权成功,则会有利于组织内各层次各部门为实现组织目标而协同工作,同时也使得各级管理人员能够产生满足感。

(3)人力资源管理。人是组织的主体,人群中存在着复杂的人际关系。组织活动包括人员的选择和配备、训练和考核、奖励和惩罚制度,以及对人的行为的激励措施等。

(4)组织文化建设。组织活动包括为创造良好的组织气氛而进行团体精神的培育和组织文化的建设。无数成功组织的事例证明,组织文化是否良好,对于一个组织能否发挥有效作用至关重要。

由以上这些定义,可以大致了解到,组织是具有互动关系的团体或团体中的个人为实现一定的目标,依据一定的职权关系,通过一定的结构所形成的具有明确界线的协作系统。

(二)组织结构

组织结构是描述组织的框架体系。就像人类由骨骼确定体形一样,组织也是由结构来决定其形状的。

对于组织结构的理解,一般认为就是如何对组织内部进行分工,分配任务,形成上下左右的部门联系以及上下的职位结构,通常可以用图表表示。其实,组织结构除了上面表示的内容外,还应该包括运行机制,如控制程序、信息系统、奖惩制度以及各种规章制度。

合作的人们如果要在实施决策目标的过程中,能有比不合作个体综合更大的力量、更高的效率,就应根据工作的要求与人员的特点,设计岗位,通过授权和分工,将适当的人员安排在适当的岗位上,用制度规定各个成员的职责和上下左右的相互关系,形成一个有机的组织结构协调运转。这就是管理的组织职能。

哈罗德·孔茨认为:"为了使人们能为实现目标而有效地工作,就必须设计和维持一种职务结构,这就是组织管理职能的目的。"

(三)管理的组织职能

运用管理的组织职能,实现既定的组织目标,需要完成组织结构化设计、组织资本的构建和组织变革等重要活动环节。因此,作为管理职能的组织,其各活动环节之间存在着相辅相承的关系。

1. 组织结构化与组织资本

组织结构化依靠组织结构的相应设计和选取,通过岗位管理制度的制定,适应组织目标的要求。组织结构是组织资本的载体,不同类型的组织其组织资本的构成要素及其影响也不同。组织结构化的合理与否,直接影响着组织资本。当组织结构化的设计结果满足组织目标要求,并能够促进组织内人力资源的发展和组织文化的形成时,对组织资本的形成将起到积极作用。当组织结构化的设计结果阻碍组织内人力资源的发展和组织文化的形成时,则对组织资本的形成起消极作用。

2. 组织结构化与组织变革

组织结构化的一般结果就是组织功能的具体固化。即在组织目标的要求下,为实现组织管理效率所进行的组织内部责、权、利的相应安排。如果组织结构化的内容过细,往往会导致组织运作充斥官僚气氛而缺乏生机,限制组织变革的顺利实施。因此,对于不同类型的组织,需要选取不同的组织结构化的方式和程度。

组织结构化与组织变革之间存在着对立统一关系,组织变革是对原有的组织结构化内容的否定,同时,组织变革的成果又要通过新的组织结构化过程来加以具体固化,以实现组织变革所追求的目标。

3. 组织资本与组织变革

组织资本通常可以依靠组织内人力资源的学习过程和组织文化的提升实现增长。当组织资本增长到一定程度时,就会提出相应的组织变革的要求。如果组织不能进行相应的组织变革,则会造成组织运作的不协调,阻碍组织效率的提升。一般情况下,组织可以通过重新设计组织结构和岗位制度,满足组织资本增长所提出的变革要求。

以企业为例,在企业早期的创建阶段,企业关心的重点是生产和销售问题,组织资本由生产和销售方面的人力资源直接影响并左右,他们的流动情况和能力变化对企业组织资本的影响至关重要。随着企业的发展以及生产销售人员能力的提高,企业通常可以通过成立销售公司的方式,来满足增长了的组织资本的需要。如果企业不能进行这种适应性的组织变革,则往往会由于生产销售人员纷纷的"跳槽"而影响企业的正常运作。可见,组织变革是组织资本增长的必要保障。

## 二、正式组织与非正式组织

有效地发挥管理的组织职能作用,还需要对正式组织和非正式组织加以深刻的认识,因为在组织结构化和组织变革的过程中,除了必须考虑正式组织的需要外,还必须考虑非正式组织的存在和影响。

(一)正式组织的活动与非正式组织的产生

组织设计的目的是为了建立合理的组织机构和结构,规范组织成员在活动中的关系。设计的结果是形成所谓的正式组织。这种组织有明确的目标、任务、结构、职能以及由此而决定的成员间的责权关系,对个人具有某种程度的强制性。合理、健康的正式组织无疑为组织活动的效益提供了基本的保证。

但是,不论组织设计的理论如何完善,设计人员如何努力,人们都无法规范组织成员在活动中的所有联系,都无法将所有这些联系都纳入正式的组织结构系统。一般在社会经济单位中,还都存在着一种非正式的组织。

非正式组织是伴随着正式组织的运转而形成的。在正式组织展开活动的过程中,组织成员必然发生业务上的联系。这种工作上的接触会促进成员之间的相互认识和了解。他们会渐渐地发现在其他同事身上也存在一些自己所具有、所欣赏、所喜爱的东西,从而相互吸引和接受,并开始工作以外的联系。频繁的非正式联系又促进了他们之间的相互了解。这样,久而久之,一些正式组织的成员之间的私人关系从相互接受、了解逐步上升为友谊,一些无形的、与正式组织有联系、但又独立于正式组织的小群体更慢慢地形成了。这些小群体形成以后,其成员由于工作性质相近、社会地位相当、对一些具体问题的认识基本一致、观点基本相同,或者在性格、业余爱好以及感情相投的基础上,产生了一些被大家所接受并遵守的行为规则,从而使原来松散、随机性的群体渐渐成为趋向固定的非正式组织。

形成过程和目的的不同,决定了它们的存在条件也不一样。正式组织的活动以成本和效率为主要标准,要求组织成员为了提高活动效率和降低成本而确保形式上的合作,并通过对他们在活动过程中的表现予以正式的物质与精神的奖励或惩罚来引导他们的行为。因此,维系正式组织的,主要是理性的原则。而非正式组织则主要以感情和融洽的关系为标准。它要求其成员遵守共同的、不成文的行为规则。不论这些行为规范是如何形成的,非正式组织都有能力迫使其成员自觉或不自觉地遵守。对于那些自觉遵守和维护规范的成员,非正式组织会予以赞许、欢迎和鼓励,而那些不愿就范或犯规的成员,非正式组织则会通过嘲笑、讥讽、孤立等手段予以惩罚。因此,维系非正式组织的,主要是接受与欢迎或孤立与排斥等感情上的因素。

由于正式组织与非正式组织的成员是交叉混合的,由于人们感情的影响在许多情况下要基于理性的作用。因此,非正式组织的存在必然要对正式组织的活动及其效率产生影响。

(二)非正式组织的影响

非正式组织的存在及其活动既可对正式组织目标的实现起到积极促进的作用,也可能对后者产生消极的影响。

1. 非正式组织的积极作用

(1)可以满足职工的需要。非正式组织是自愿性质的,其成员甚至是无意识地加入进来。他们之所以愿意成为非正式组织的成员,是因为这类组织可以给他们带来某些需要的满足。比如,工作中或作业间的频繁接触以及在此基础上产生的友谊,可以帮助他们消除孤独的感觉,满足他们"被爱"以及"施爱之心于他人"的需要;基于共同的认识或兴趣,对一些共同关心的问题进行谈论、甚至争论,可以帮助他们满足"自我表现"的需要;从属于某个非正式群体这个事实本身,可以满足他们"归属"、"安全"的需要等。组织成员的许多心理需要是在非正式组织中得到满足的。而我们已经知道,这类需要能否得到满足,对人们在工作中的情绪,从而对工作的效率是有着非常重要的影响的。

（2）人们在非正式组织中的频繁接触会使相互之间的关系更加和谐、融洽，从而易于产生和加强合作的精神。这种非正式的协作关系和精神如能带到正式组织中来，则无疑有利于促进正式组织的活动协调地进行。

（3）非正式组织虽然主要是发展一种工余的、非工作性的关系，但是它们对其成员在正式组织中的工作情况也往往是非常重视的。对于那些工作中的困难者，技术不熟练者，非正式组织的伙伴往往会给予自觉地指导和帮助。同伴的这种自觉、善意的帮助，可以促进他们技术水平的提高，从而可以帮助正式组织起到一定的培训作用。

（4）非正式组织也是在某种社会环境中存在的。就像对环境的评价会影响个人的行为一样，社会的认可或拒绝也会左右非正式组织的行为。非正式组织为了群体的利益，为了在正式组织中树立良好的形象，往往会自觉或自发地帮助正式组织维护正常的活动秩序。虽然有时也会出现非正式组织的成员犯了错误互相掩饰的情况，但为了不使整个群体在公众中留下不受欢迎的印象，非正式组织对那些严重违反正式组织纪律的害群之马，通常会根据自己的规范、利用自己特殊的形式予以惩罚。

2. 非正式组织可能造成的危害

（1）非正式组织的目标如果与正式组织冲突，则可能对正式组织的工作产生极为不利的影响。比如，正式组织力图利用职工之间的竞赛以达到调动积极性、提高产量与效益的目标，而非正式组织则可能认为竞赛会导致竞争，造成非正式组织成员的不和，从而会抵制竞赛，设法阻碍和破坏竞赛的展开，其结果必然是影响企业竞赛的气氛。

（2）非正式组织要求成员一致性的压力，往往也会束缚成员的个人发展。有些人虽然有过人的才华和能力，但非正式组织一致性的要求可能不允许他人冒尖，从而使个人才智不能得到充分发挥，对组织的贡献不能增加，这样便会影响整个组织工作效率的提高。

（3）非正式组织的压力还会影响正式组织的变革，发展组织的惰性。这并不是因为所有非正式组织的成员都不希望改革，而是因为其中大部分人害怕变革会改变非正式组织赖以生存的正式组织的结构，从而威胁非正式组织的存在。

3. 积极发挥非正式组织的作用

不管我们承认与否、允许与否、愿意与否，上述影响总是客观存在的。正式组织的目标有效实现，要求积极利用非正式组织的贡献，努力克服和消除它的不利影响。

（1）利用非正式组织，首先要认识到非正式组织存在的客观必然性和必要性，允许、乃至鼓励非正式组织的存在，为非正式组织的形成提供条件，并努力使之与正式组织吻和。比如，正式组织在进行人员配备工作时，可以考虑把性格相投、有共同语言和兴趣的人安排在同一部门或相邻的工作岗位上，使他们有频繁接触的机会，这样就容易使两种组织的成员基本吻合。又如，在正式组织开始运转以后，注意展开一些必要的联欢、茶话、旅游等旨在促进组织成员间感情交流的联谊活动，为他们提供业余活动的场所，在客观上为非正式组织的形成创造条件。

促进非正式组织的形成，有利于正式组织效率的提高。人通常都有社交的需要。如果一个人在工作中或工作之后与别人没有接触的机会，则可能心情烦闷，感觉压抑，对工作不满，从而影响效率。相反，如果能有机会经常与别人聊聊对某些事情的看法，摆摆自己生活或工作中的障碍，甚至发发牢骚，那么就容易卸掉精神上的包袱，以轻松、愉快、舒畅的心理状态投身到工作中去。

（2）通过建立和宣传正确的组织文化来影响非正式组织的行为规范，引导非正式组织提供积极的贡献。非正式组织形成以后，正式组织既不能利用行政方法或其他强硬措施来干涉其活动，也不能任其自由，因为这样有产生消极影响的危险。因此，对非正式组织的活动应该加以引导。这种引导可以通过借助组织文化的力量，影响非正式组织的行为规范来实现。

许多管理学者在近期的研究中发现，不少组织在管理的结构上并无特殊的优势，但却获得了超常的成功，成功的奥秘在于有一种符合组织性质及其活动特征的组织文化。所谓组织文化是指被组织成员共同接受的价值观念、工作作风、行为准则等群体意识的总称，属于管理的软件范畴。组织通过有意识地培养、树立和宣传某种文化，来影响成员的工作态度，使他们的个人目标与组织的共同目标尽量吻合，从而引导他们自觉地为组织目标的实现积极工作。

如果说合理的结构、严格的等级关系是正式组织的专有特征的话，那么组织文化则有可能被非正式组织所接受。正确的组织文化可以帮助组织成员树立正确的价值观念和工作与生活的态度，从而有利于产生符合正式组织要求的非正式组织的行为规范。

---

**相关链接**　　　对学生中非正式组织的认识与引导

一、学生中存在非正式组织

在学校里，学生有很多组织形式，如共青团、学生会和其他社团组织、各教学班级、各类小组等；也有很多共同活动，如教学活动、实习活动、社会实践活动、兴趣小组活动等。这些一般由学校教育者直接或间接地进行组织。但同时也存在大量的学生自发的聚集与活动现象，如某些学生经常在校外结伴活动，某学生在家邀请部分同学参加生日聚会，几个学生课余形影不离，有几个同学喜欢相互间"煲电话粥"。就具体事项而言，这些学生的聚集有其偶然性。但综合大量的学生聚集行为来看，这些聚集有其必然因素。有经验的老师常常可以根据某位学生干了什么而准确判断出其他参与人，原因就在于掌握了这种聚集的内在规律。这种聚集基于学生相互间的"合得来"，彼此感觉言语、行为、爱好很相似，于是常来常往，自然而然地形成了"非正式组织"。

学生的"非正式组织"多数存在于班级之内，但也有少数跨班级、年级，甚至跨校活动现象。除一些特殊原因（如邻居、同路、过去老同学等）外，跨域活动范围大的一般多为学生中活动能量较大者，这其中有表现良好的学生干部组合（学校的社会工作为他们提供了接触条件），也有在校影响较大的"知名"差生组合（其接触条件既有校内因素，也有校外因素）。

非正式组织的成员包括学生中的各类人物，其涵盖范围几乎遍及每一个人。在校表现、智力程度、个性特点、社交范围等只影响其参与非正式组织的类别，而不决定其是否参与非正式组织、参与的程度如何。一个表现良好的班干部很可能有一个谈得来的圈子，一个各方面表现均欠佳的学生往往身边不乏"铁哥们"。与一般"友谊"相比，非正式组织着重的不是朋友间的"双边关系"，而表现出的是一种群体行为。程度上不及"友谊"深厚，也缺乏一个感情上的酝酿－培养－积累－升华的过程；时间上也没有"友谊"持久，往往随环境的变化而随时变化。

二、学生中非正式组织的特征

学生中的非正式组织作为组织而言是松散的，没有明确的人员构成，没有明确的分工，但其作用又时时处处存在。与正式组织相比，它具有以下特征：

1. 聚合的自发性、松散性、随意性

学生中非正式组织一般是在一定条件下由学生个体自发形成的。比如几个学生上学同路，在骑车乘车过程中因为有相同的经历、相同的感受而逐步形成一个非正式组织。这种组合具有松散性，它的成员增减或群体消亡有一定的随意性。在这类非正式组织中，可能存在着某个具有一定影响力的学生，他的言行影响、左右着身边的其他学生。但在实质上并不能说明这种聚集就是组织，其聚散离合并没有强制力作为保障。

2. 思想意识的多元性

学生非正式组织聚集因素是各不相同的，如共同的爱好、相似的经历、相近的个性、生活中的某种共同点等。在这个过程中，学生个体的思想意识事实上无法被某一个非正式组织某种"共同因素"所束缚，各种思想意识依然在非正式组织中表现得相当活跃。也就是说，学生中非正式组织的思想意识呈现出了多元化特点。即使是个别特殊的非正式组织内的思想意识也非一体化，只不过是群体中某种思想意识的倾向性强一些而已。理解这一特征，就能把握对非正式组织成员进行思想教育的切入点。

3. 活动内容的自我性，时间的局限性

学生非正式组织的活动是在学校与家庭控制时间的间隙中安排的。"学校与家庭控制时间"指学校各类活动占用时间和家庭要求学生不外出的时间。一般来说，非正式组织的活动应是在上述时间之外见缝插针式地进行。但也存在个别挤占上述时间的现象，如某些行为偏差学生的集体逃学、逃夜、出走等。从活动内容上看，非正式组织没有明确的要求，一般表现多为追求宽松自在，在非正式场合下满足自我需要、自我发展、自我调节。在没有引导的情况下，很少有重复正式组织各类活动的要求。

4. 作用的多变性

非正式组织在学校常规管理中发挥的作用不能一概而论。既与一般组成人员的基本状况有关，更与在其中起主导作用的个体成员的状况有关。鉴于青少年思想意识的不确定性、非正式组织的思想倾向与行为方式的不确定性，我们对学生中非正式组织的作用不能以静止、孤立、片面的眼光去看待，要充分认识到每个学生非正式组织发挥的作用不是一成不变的，往往随时空条件的变化、学生个体思想意识的变化、尤其是群体思想意识倾向性的变化而变化。积极的可以取代消极的，也可能被消极所替代。所以，我们思想上影响不影响、行为上介入不介入、方法上科学不科学、措施上得当不得当，效果大不一样。

认识学生中非正式组织的一般特征，为把握学生非正式组织的基本面貌，为能在实际工作中及早地发现相关问题，从而有效快速地诊断和处理提供了一定的理论依据。

三、学生中非正式组织的行为功能

非正式组织由于联接点不同、人员构成不同，其行为功能的侧重点也不完全相同。其行为后果，也可分为积极和消极两个方面。就每一个学生非正式组织而言，其积极面与消极面都应存在，只是所占比重不一、在不同条件下表现不一而已。

非正式组织是以感情为特色的。其成员间这种色彩过于明显，必然减少或降低成员与正式组织和社会的联系，给社会整合造成一定威胁。从学校管理角度看，学生中非正式组织值得注意的消极倾向有如下方面：

（一）妨碍学校管理，抵制校规校纪约束

非正式组织往往变成一种力量，支持学生中自由主义倾向，如"每天穿校服很不好看，我们大家都不穿"。

（二）阻碍进步，破坏正义感

非正式组织的活动和要求，往往和学校目标不一致，一旦两者间出现冲突，其目标有时会成为学校目标的对立面。

（三）错误暗示、误导学生向落后看齐

非正式组织的领导者有些是有能量的，如某些因成绩、表现等因素不为学校老师器重的学生，在个人才干得不到认可的情况下，往往背离正式组织的要求，另搞一套评价标准，以弥补自尊，因此出现崇尚离经叛道、鼓励厌学逃学等现象，如"他们都不学，我也不能努力"、"反正大家都不学"。

（四）聚集成员，保持压力，让成员与正式组织拉开距离

其中有的人成为事实上的领导者，常利用其影响力，约束成员，使一些学生不敢接近老师，与学校的正面要求保持一定距离感。

（五）满足精神生活上的需求

学生的喜悦、感慨、激情都需要表现出来，并希望引起共鸣，得到他人的同情、理解和支持。但正式组织往往不能提供这种场合，所允许表达的也不可能满足学生的需求。非正式组织则提供了学生情感渲泄的主要渠道。这种渲泄有可能导致相互感染，增添失范行为。

非正式组织的行为功能的消极作用是显而易见的，它与正式组织的目标与利益不一致时，则可以削弱正式组织的功能，妨碍正式组织目标的实现和任务的完成。

四、如何对待非正式组织

对学校各类管理人员而言，非正式组织是一种消极的名词，但无论我们喜欢与否，它都与正式组织共同存在着，是一种回避不了的现实。

首先，我们要正视学生中存在非正式组织的现实。一个班集体，可能管理得很好，看不出任何集体违纪的现象。但这并不等于这个班集体中没有非正式组织的存在。教师改变不了学生同路上学、有相同业余爱好、家长间的特殊联系等联结非正式组织的因素，改变不了学生对学校、老师的相似看法。要正视非正式组织的存在，正视其凝聚力、影响力。如一个学生不愿穿一条破裤子，但身边的几个同学都穿了破牛仔裤，都视其为新潮，那么他很有可能也去弄一条穿上。但在另一圈子里，人们表现出不喜欢这种裤子，那这个学生又会再度不愿穿。几个学生共同为一个学生过生日，去后被约去帮助打人。几人事后被刑拘。问其动机，回答基本一致：知道打人违法，但不好意思不动手。仅仅是"不好意思"，就使几个人不惜以身试法，非正式组织的影响力可见一斑。

其次，要掌握了解非正式组织的规律。学校德育工作者，需要对自己职责范围内的学生关心、了解。要掌握在这些学生中存在哪些非正式组织、其联结成员的因素是什么、其成员构成情况如何、目前有哪些活动等。联结成员的因素主要是情感方面的内容，如业余篮球爱好者、每天的同路人、因学习或表现而常受老师批评的对象、在班级都感到孤立者等。在成员构成方面，非正式组织往往有一两个核心成员，也即事实上的领导者，若干个紧密层成员、若干个较松散的成员。这些成员不是固定不变的。一般来说，根据联结因素，能量越大者在非正式组织内的地位越突出、越接近核心层。如一个乒乓球迷集合中，往往以球技最高者为核心。

在行为偏差学生集合中,破坏性最大者也即事实上领导者。学生中非正式组织与一个学校的校风班风密切相关,学校德育工作者要努力掌握其规律,有针对性地开展工作。

第三,引导非正式组织发挥积极作用。学校德育工作者不应将学生中非正式组织视为学校工作的对立面,不能简单地将非正式组织视为"小团体"、"小集团",更不可将其归入"非法组织"之类,而应将其看作是一种正常的社会现象予以妥善对待。同时,不能因其可能发挥的消极作用而试图瓦解它们,"轰"散了之。因为非正式组织是个无形组织,没有固定成员,没有分工、目的、宗旨,炮轰空气,目标何在?再说,非正式组织主要以情感因素聚合人,"物以类聚,人以群分",到什么程度才算"瓦解"?轰而不散,不如不轰。更何况非正式组织也是随外界条件与情感因素变化而不断变化的,即使针对某种聚合瓦解成功,很快又会形成新的聚合。再轰再聚,疲于奔命。高明的管理者不应从事这种无效的劳动。

解决这一问题的关键在于引导非正式组织发挥积极作用。在非正式组织中存在具有影响力的事实上的领导者,可经过耐心细致的工作,调动他的积极作用,带动、影响一批人。有的老师让一些"调皮"的学生担任班干部,使其参与班级管理,就是这个道理。带动大多数,就是要抓"关键的少数";推动面上的工作,就是要解决重点、难点、以点带面,这样就能收到事半功倍的效果。

非正式组织出现消极作用时,往往是在其目标、要求与正式组织的目标、要求冲突的情况下。当然,我们不能为避免冲突而修改组织的目标、要求。但我们完全可以在坚持组织目标、要求的前提下,通过满足非正式组织其他目标、要求的方式转移其可能会产生对立的目标、要求。

资料来源:www.cew.org.cn

## 第二节　组织设计

### 一、组织设计的任务

组织设计就是对组织开展工作、实现目标所必须的各种资源进行安排,以便在适当的时间、适当的地点把工作所需的各方面力量有效地组合到一起的管理活动过程。组织设计的直接结果是形成一种关系网络,用现代管理理论创始人巴纳德的话来说,就是"有意识地加以协调的两个或两个以上的人的活动或力量的协作系统"。在许多情形下,这种协作系统或关系网络,通常被称作"组织结构"。组织设计工作包括以下三项具体的任务:

1. 职务分析与设计

职务分析与设计是组织设计的最基础工作。它是在对组织目标进行逐级分解的基础上,具体确定出组织内各项作业和管理活动开展所需设置的职务的类别与数量,以及每个职务所拥有的职责权限和任职人员所应具备的素质。

2. 部门划分和层次设计

根据各个职务所从事工作的性质、内容及职务间的相互联系,采取一定的部门化方式,依照一定的原则,将各个职务组合成被称为"部门"的作业或管理单位。这些部门单位又可以按一定的方式组合成上一层级的更大的部门,这样就形成了组织的"层次"。

3. 结构形成

通过职责权限的分配和各种联系手段的设置,使组织中的各构成部分(各职务、各部门、各层次)联结成一个有机的整体,使各方面的行动协调配合起来。

组织设计工作的结果通常体现在两份书面文件上。一是组织机构系统图,亦称组织图或组织结构图。它一般是以树形图的形式简洁明了地展示组织内的机构构成及主要职权关系。绘图时常以"方框"来表示职位或部门,方框的垂直排列位置说明该职位或部门在组织层级中所处的位置,而上下两方框间相连的"直线"则体现这两个部门或职位之间的权力和隶属关系。二是职务说明书,有时亦称作职位说明书。它一般是以文字的形式规定某一职位的工作内容、职责和职权,与组织中其他职务或部门的关系,以及该职务担当者所必须具备的任职条件,如基本素质、学历、工作经验、技术知识、处理问题的能力等。

二、组织设计的原则

管理者在进行组织设计工作过程中,应该遵循一些什么原则,才能使所建立的组织结构更好地促进组织目标的实现?长期的理论研究与实践探索总结出了如下几条基本原则:

1. 目标至上、职能领先原则

织组结构只是实现组织目标的手段,组织机构只是落实组织机能或职能的器官或工具。因此,管理者在进行组织设计工作时,无论是决定选取何种形式的组织结构,还是决定配置哪些职位、部门与层次,都必须服从于组织目标的实现。组织在一定时期内所要实现和开展的战略目标和关键职能,往往对组织结构的形式与构成起着决定性作用。对组织特定目标和职能的关注应该贯穿到组织设计和变革工作的全过程中。

2. 管理幅度原则

管理幅度亦称管理跨度或管理宽度,就是一个主管人员有效领导的直接下属的数量。一般来讲,任何主管人员能够直接有效地指挥和监督的下属数量总是有限的,管理幅度过大,会造成指导监督不力,使组织陷入失控状态;管理幅度过小,又会造成主管人员配备增多,管理效率降低。所以,保持合理的管理幅度是组织设计工作的一条重要原则。

3. 统一指挥原则

统一指挥指的是组织中的每个下属应当而且只能向一个上级主管直接汇报工作,以避免多头领导。可以说,组织内部的分工越是细致深入,统一指挥原则对于保证组织目标实现的作用就越重要。政出多门、命令不统一,一方面会使真正想做事的下属产生无所适从的感觉,另一方面,也会给一些不想做事的下属利用矛盾来逃避责任的机会。

4. 权责对等原则

在进行组织设计时,既要明确每一部门或职务的职责范围,又要赋予其完成职责所必须的权力,使职权和职责两者保持一致,这是组织有效运行的前提,也是组织设计中必须遵循的基本原则。只有责任,没有职权或权限太小,会使工作者的积极性和主动性受到严重束缚;相反,只有职权而无责任,或者责任程度小于职权,则会导致组织中出现权力滥用和无人负责现象的出现。

5. 因事设职与因人设职相结合的原则

组织中每个部门、每个职务都必须由一定的人员来完成规定的工作任务。组织设计必须确保实现组织目标活动的每项内容都能落实到具体的职位和部门，做到"事事有人做"，而不是"人人有事做"。这样，组织设计中自然就要求从工作特点和需要出发，因事设职，因职用人。但这并不意味着组织设计可以忽视人的因素，忽视人的特点和人的能力。组织设计必须在保证有能力的人有机会去做他们真正胜任的工作的同时，使工作人员的能力在组织中获得不断提高和发展。一句话，"人"与"事"的要求应该得到有机的结合。

### 三、组织设计中的问题

#### （一）管理幅度与管理层次

在任何一个具有一定规模的组织之中，最高行政主管由于受到时间、精力等诸多因素的限制，他不可能直接领导整个组织的所有方方面面的活动。相反，他通常只是直接领导几个有限数量的下属管理人员，委托他们协助完成自己的部分管理责任。这些承担受托责任的下一级管理人员，可能又需要通过若干直接下属来协助完成管理使命，依此类推，直至受托人能直接安排和协调组织成员的具体作业活动。这样就形成了组织中由最高主管到具体工作人员之间的不同层级的管理层次。通常来说，一个组织由最高层到基层作业人员间的管理层次越多，这样的组织就越倾向于高耸型的，而管理层次较少的组织则相对说来是扁平型的。扁平型组织所配备的管理人员要明显地少于高耸型组织，但组织层次并不是可以随意减少的。

一个组织究竟设有多少级的管理层次比较合理？这需要考虑组织规模和管理幅度的影响。在管理幅度给定的条件下，管理层次与组织规模大小成正比，组织的规模越大，作业人员数量越多，那么所需要的管理层次就越多。在组织规模给定的条件下，管理层次与管理幅度成反比，每个主管所能直接领导的下属人数越多，所需的管理层次就越少。

任何组织在进行结构设计时都必须考虑每个主管人员直接指挥与监控的下属人数以多少为宜这一管理幅度问题。一般来说，即使在同样获得成功的组织中，每位主管直接管辖的下属数量也不一定相同。有效管理幅度的大小受到管理者本身的素质及被管理者的工作内容、能力、工作环境与工作条件等诸多因素的影响，每个组织及组织中的每一个管理者都必须根据自身的情况来确定适当的管理幅度，在此基础上再确定组织的管理层次数。

有效管理幅度的影响因素主要有：

1. 工作能力

主管人员的综合能力、理解能力、表达能力强，则可以迅速地把握问题的关键，对下属的工作提出恰当的指导建议，并使下属明确地理解，从而可以缩短与每一位下属接触所占用的时间。同样，如果下属人员的工作能力较强，受到良好的系统的培训，则可以在很多问题上根据自己的符合组织要求的主见去解决，从而可以减少向上司的请示。这样，主管人员的管理幅度便可适当宽些。

2. 工作内容和性质

（1）主管人员的工作主要在于决策和用人，但处在管理系统中不同层次的主管人员，决策的比重各不相同。决策的工作量越大，主管人员用于指导和协调下属的时间就越少。所以，越是接近组织高层的主管人员，其决策职能越重要，管理幅度较中层和基层管理人员就越小。

（2）下属工作的相似性。同一主管领导下的下属人员，如果所从事工作的内容和性质相近,则对每人工作的指导和建议大体相同。在这种情况下,主管人员就可指挥和监督更多的下属人员。

(3)计划的完善程度。任何工作都需要在计划的指导下进行。由下属执行的计划如果制定得非常详尽周到,下属对计划的目的和要求有十分清楚的了解,这样,需要主管人员亲自指导的情形就减少。反之,如果下属要执行的计划本身制定得并不完善,或者需要下属做进一步的分解,那么,主管对下属指导、解释的工作量就要增加,其有效的管理幅度就势必要缩小。

(4)非管理性事务的多少。主管人员作为组织不同层次的代表,往往需要花费相当的时间去从事一些非管理性事务。处理这些事务所需的时间越多,则用于指挥和领导下属的时间越少,此时管理幅度就越不可能扩大。

3. 工作条件

(1)助手的配备情况。如果有关下属工作中遇到的所有问题,都不分轻重缓急需要主管亲自去处理,那么,主管人员所能直接领导的下属数量就会受到一定限制。但是,如果给主管配备必要的助手,由助手去和下属进行一般的联络,并直接处理一些明显的次要问题,这样就可以大大减少主管的工作量,增加其有效的管理幅度。

(2)工作地点的接近性。同一主管人员领导下的下属,如果工作岗位在地理上的分布较为分散,那么,下属与主管,以及下属与下属之间的沟通就相对比较困难,从而该主管所能领导的直接下属数量就要减少。

(3)信息手段的配置情况。掌握信息是进行管理的前提。利用先进的信息技术去收集、处理和传输信息,一方面可以帮助主管人员更及时、全面地了解下属的工作情况,从而提出有用的忠告和建议,另一方面下属人员也可以更多地了解到与自己工作有关的情况,从而更好地自主处理份内的事务。这显然有利于扩大主管人员的管理幅度。

4. 工作环境

组织面临的环境是否稳定,会在很大程度上影响组织活动内容和政策的调整频率与幅度。环境变化越快,变化程度越大,组织中遇到的新问题就越多,下属向上级的请示就越有必要、越经常;而此时上级能用于指导下属工作的时间和精力就越少,因为他必须花更多的时间去关注环境的变化,考虑应变的措施。因此,环境越不稳定,各层次主管人员的管理幅度就会越小。

(二)集权与分权

1. 组织中的职权及其分布

所谓"职权",就是指组织设计中授予某一管理职位做出决策、发布命令和希望命令得到执行而进行奖惩的权力。职权与组织内的一定职务有关与占据这个职位的人无关,因此它通常被称为法定(或制度)的权力。

职权在整个组织中的分布可以是集中化的,也可以是分散化的。所谓"分权",即职权的分散化,也就是决策权在很大程度上分散到处于较低管理层次的职位上。所谓"集权",即职权的集中化,也就是指决策权在很大程度上向处于较高管理层次的职位集中的组织状态和组织过程。

在现实中,既不存在绝对的分权,也不存在绝对的集权。因为绝对的集权意味着职权全部集中在一个人手中,这样的人不需要配备下级管理者,管理组织设计也就成为多余;而绝对的分权也不可能,因为上层管理者一旦没有了监督和管理的权利与义务,那也就没有必要设置这样的职位。管理组织的存在必然意味着某种程度的分权。集权和分权是两个彼此对立但又互相依存的概念,它们只能存在于一个连续统一体中。

2. 影响集权与分权程度的主要因素

集权或者分权不能简单地用"好"或"坏"来加以判断。在成功的企业中,既有许多被认为是相对分权的企业,也有许多被认为是相对集权的企业。就是在同一个企业的不同发展阶段,其集权和分权的程度也不完全相同。因此,并不存在着一个普遍的标准,可以使管理者依据它来判断应当分权到什么程度,或是应当集权到什么程度。确定一个组织中职权集中或分散的合理程度,需要考虑如下几方面影响因素:

(1)经营环境条件和业务活动性质。如果组织所面临的经营环境具有较高的不确定性,处于经常变动之中,组织在业务活动过程中必须保持较高的灵活性和创新性,这种情况就要求实行较大程度的分权。反之,面临稳定的环境和按常规开展业务活动的组织,则可以实行较大程度的集权。

(2)组织的规模和空间分布广度。组织规模较小时,实行集权化管理可以使组织的运行取得高效率。但随着组织规模的扩大,其经营领域范围甚至地理区域分布可能相应地扩大,这就要求组织向分权化的方向转变。

(3)决策的重要性和管理者的素质。一般而言,涉及较高的费用支出和影响面较大的决策,宜实行集权,重要程度较低的决策可实行较大的分权。组织中管理人员素质普遍较高,则分权具备比较好的基础。

(4)方针政策一致性的要求和现代控制手段的使用情况。鉴于集权有利于确保组织方针政策的一致性,所以在面临重大危机和挑战时,组织往往会采取集权的办法。另外,拥有现代化通信和控制手段的组织,在职权配置上经常会呈现两个方向的变动:一是重要和重大问题的决策可以实行更大程度的集权,而次要问题的决策则倾向于更大程度的分权。

(5)组织的历史和领导者个性的影响。严格地说,这些是对组织集权或分权程度的现实影响因素。如果组织是在自身较小规模的基础上逐渐发展起来,并且发展过程中亦无其他组织的加入,那么集权倾向可能更为明显。因为组织规模较小时,大部分决策都是由最高主管(层)直接制定和组织实施的,这种做法可能延续下来。同样,组织中个性较强和自信、独裁的领导者,往往喜欢其所辖部门完全按照自己的意志来运行,这时集权就是该类组织经常会出现的状态。对这些现实的影响组织职权配置状态的因素,应该辨证地加以看待。

3. 过分集权的弊端

正确地处理集权与分权关系对于组织的生存和发展至关重要。从国内企业的实际情况来看,许多组织都普遍地存在一种过分集权的倾向。集权过度会带来一系列弊端,主要表现在:

(1)降低决策的质量和速度。在规模相对比较大的组织中,高层主管距离生产作业活动的现场较远,如果管理权力过于集中,现场发生的问题需要经过层层请示汇报后由高层人员做出,这样做出来的决策,不仅难以保证其应有的准确性,而且时效性也会受到影响。

(2)降低组织的适应能力。过分集权的组织,可能使各个部门失去自我适应和自我调整的能力,从而削弱组织整体的应变能力。

(3)致使高层管理者陷入日常管理事务中,难以集中精力处理企业发展中的重大问题。

(4)降低组织成员的工作热情,并妨碍对后备管理队伍的培养。管理权力的高度集中,不仅会挫伤下层管理人员和作业人员的工作主动性和创造性,而且也使他们丧失了在实践中锻炼和提高自己能力的机会,从而可能对组织的长远发展造成不利的影响。

4. 分权的标志

考察一个组织集权或分权的程度究竟多大,最根本的标志是要看该组织中各项决策权限的分配是集中的还是分散的。具体地说,判断组织集权或分权程度的标志主要有:

(1)所涉及决策的数目和类型。如果组织中低层管理者可以自主做决定的事项数目越多,则组织分权程度就越大。同时,低层管理者所做的决策越具有重要性,影响范围越广泛,组织的分权程度也越大。趋于将较多和较大的决策权集中到高层的组织是集权化的,而只集中少量重大问题决策的组织则是相对分权化的。

(2)整个决策过程的集中程度。组织中如果有不同的部门参与了决策信息的收集,或者决策方案的拟定和评价工作,这种组织中的决策权限相对来说是比较分散的。而如果所有这些决策步骤都由某主管一人来承担,这样的决策就较为集权。在决定做出之后、付诸执行之前,如果必须报请上级批准,那么分权程度就降低。而且,被请示的人越多且其所处层次越高,分权程度就越小。

(3)下属决策受控制的程度。主管人员如果对下属的活动进行高密度的监督和控制,则分权程度比较低。如果组织制定出许多细致的政策、程序、规则来对成员的决策行为施加前提影响,这样分权程度也降低。反之,如果约束人们行为的规章制度较少,或者虽有规章制度,但内容较粗,给予人们的自由度比较大,则组织的分权程度就较高。

5. 分权的实现途径

分权可以通过两种途径来实现:一是改变组织设计中对管理权限的制度分配;二是促成主管人员在工作中充分授权。前者是对组织中职权关系的一种再设计,是在组织变革过程中实现的;后者则是在组织运行中,通过各层领导者的权力委让行为,系统地将决策权授予中下层管理者,使他们切切实实地得到组织制度所规定的权力。

管理者的授权行为是促进组织达到分权状态的重要途径。所谓授权,就是指上级管理者随着职责的委派而将部分职权委让给对其直接报告工作的部属的行为。授权的本质含义就是:管理者不要去做别人能做的事,而只做那些必须由自己来做的事。任何一个管理者,其时间、精力、知识和能力都是有限度的,一个人不可能事必躬亲去承担实现组织目标所必须的全部任务。授权可以使管理者的能力在无形中得以延伸。真正的管理者必须知道如何有效地借助他人的力量去实现组织的目标。

科学、合理的授权过程是由四个有机联系的环节构成:

(1)任务的分派。管理者在进行授权的时候,需要确定接受授权的人即受权人所应承担的任务是什么。正是从实现组织目标而执行相应任务的需要出发才产生了授权。

(2)职权的授予。即根据受权人开展工作、实现任务的需要,授予其采取行动或者指挥他人行动的权力。授权不是无限制地放权,而是委任和授放给下属在某些条件下处理特定问题的权力,所以,必须使受权者十分明确地知道所授予他们的权限的范围。

(3)职责的明确。从受权人这一方来说,他在接受了任务并拥有了所必需的权力后,相应地就有责任和义务去完成其所接受的任务,并就任务完成情况接受奖励或处罚。有效的授权必须做到使受权者"有职就有权,有权就有责,有责就有利",并且授权前要遵循"因事择人，施能授权"和"职以能授，爵以功授"的原则正确地选择受权者，做到职、责、权、利、能相互平衡。

（4）监控权的确认。授权者应该明白自己对授予下属完成的任务执行情况负有最终的责任，为此需要对受权者的工作情况和权力使用情况进行监督检查，并根据检查结果调整所授权力或者收回权力。可以说，建立反馈机制、加强监督控制，这是确保授权者对受权者的行为保持监控力的一项重要措施，也是授权区别于"放任自流"做法的一个重要方面。

### 相关链接　　中国企业组织扁平化中的集权现象分析

在最近几年中国企业的组织变革中，扁平化是最早也是最热的方式之一，按照组织结构设计的一般原则，扁平化的特点是组织层级减少，组织管理跨度加大，从而减少组织层级过多带来的反应迟钝和官僚作风等问题，以便更好地应对顾客需要的变化。许多大企业在成长到一定阶段，通过这种方式来赋予基层组织更多决策的权力，或者通过减少层次，减少决策在指挥链各个层次之间的时间滞后。因此，西方企业的组织扁平化多为一种分权的策略，而在中国大企业的组织变革中，扁平化却带有更多的集权色彩。

回顾许多企业的变革实践，我们可以听到这样的表达，"我们正在从四级管理变成三级管理，再从三级管理变成二级乃至一级管理"，"我们现在是收缩战线，撤并某些层级"，"我们现在要减少层次，强调专业化管理"，"我们要增强集团的行为能力"。所有这些做法，都带来了权力集中的结果。那么为什么中国大企业会在扁平化的过程中更在意集权呢？这和组织的成长路径和外部环境有直接的关系。

首先，由于中国经济的快速成长，尤其是转型经济的特征，使得众多的大企业在组织结构变迁中并没有遵循一般的路径，为了抓住多变和动荡环境中的各种机会，分权的速度远超过企业成长的正常要求，但是随着环境的规范性和稳定性越来越高的时候，而市场的竞争更加激烈，整个企业就希望能够整合资源和能力，形成更统一的核心竞争力，所以集权的需要就日益突出；

其次，分权的组织结构中，组织高层对信息的掌握和控制是滞后的，而"拥有信息就拥有权力"，高层次领导者的自身觉悟和管理需要使得他们在管理中更希望直接获得信息，而减少组织层次以及"专业化管理、一线到底"是能够更快更准确地获得信息的方法，所以，扁平化中的信息传递的速度加快也满足了权力集中的需要；

再次，随着市场边界的扩大(全球化)以及竞争日益激烈，许多以前只承担更多政府管理职能的大企业集团也要真正以企业集团的身份参与竞争，而这种角色的变化自然要求集团高层对经营和业务的介入更直接深入，那么扁平化可以使组织高层的管理触角变短，通过权力的调整获得了真正的领导和管理内容，通俗点说，就是有了抓手。上述这些原因都是中国企业组织扁平化中集权趋向的根源，总结成12个字就是：获取信息、加强控制、转变角色。那么实际扁平化变革中是否实现了集权的目的呢？答案是肯定的，但是变革的代价是巨大的，对企业的经营业绩短期可能还有负面的影响。这种变革的成本主要体现在四个方面。

（1）顾客服务的质量和速度下降，尤其是老顾客。在分权转向集权过程中，原来直接面对顾客的基层不再拥有相应的决策和配置资源的权力，以执行为主，无论是按照业务还是职能向上汇报获得明确指示后再行动，这使已经形成一定习惯的顾客非常不适应，而变革中多以回避责任风险为首要目标的基层执行人员也无能为力。

(2) 沟通链条加长，带来协调成本的增加，这主要体现在中层和高层管理者。这看上去与组织扁平化的一般情况背道而驰，组织扁平化一般都会加快信息传递的速度，但那是在权力重心不发生变化的情况下，随着组织层级的减少，各个层次管理跨度增大，同时权力重心上移，管理者明显感受到需要上下传递的信息增加，尤其是中层管理者，似乎永远是处于"通讯兵"的角色，而许多原来可以在基层协调解决的事宜，现在也多数转移到更高层次来协调，所以这种管理成本的增加几乎是所有实行扁平化变革的组织最早观察到的变革结果。

(3) 组织高层的角色和职能转换障碍，短期内引起的管理混乱。由于行为习惯的作用，处于组织高层的管理者和各个职能部门在组织扁平化后都要直接面对具体的经营业务，需要"务实"的具体战术决策，不仅仅是以前"务虚"的指导和战略决策，对市场和顾客的熟悉和了解，对业务流程和服务模式的认知与掌控，加上前面提到的协调职能上移，这些都对组织高层的角色和职能提出了新的挑战与要求，而大多数中国企业在扁平化变革前，对变革方案更为看重，对这种管理者角色能力准备则相对忽视，那么出现混乱就更正常了，许多管理者会认为，权力是集中到这了，但行使权力的能力尚不具备，结果可想而知。

(4) 被取消的组织层次的原有管理者的新定位模糊，变革的心理成本被放大。原来拥有的权力被取消，作为某个层次的管理者，变革带来的心理成本本就很大，但如果对他们在新组织结构中的新定位还不清楚，那么心理成本将被放大，这不仅影响到其本人的工作投入，还对组织内外部利益相关者产生负面的影响，员工的士气与投入，顾客的信任与忠诚，那些处于原来管理者影响范围的人都会被波及，心理成本的乘数效应就显现出来。

任何组织变革都是有成本和代价的，只要这些成本和代价是可预期的，那么在变革开始前针对性地准备对策就可以最大限度地减少变革的负效果。对那些在扁平化进程中抱有集权目标的企业，首先要考虑组织自身是否具备如下必要条件：企业各类业务的相关性、企业市场和顾客地域的差异性、组织内部的信息化程度。对于业务相关性强、市场和顾客的地域差异性大、组织内部信息化程度高的企业来说，扁平化结构调整中不宜进行权力集中，因为各类业务相关性越强，在组织更接近基层层面进行协调最有效（这也是法约尔管理十四项原则中跳板原则的基本原理），伴随权力集中的协调上移是得不偿失的；企业所处市场和所服务顾客的地域差异性越大（这一点，对那些全国性的大企业尤其重要），权力集中就容易带来前面所说的顾客服务质量和速度的下降，对企业的经营业绩的影响也越大，在某大型商业银行的组织变革中，就曾经出现某个被列入禁止发放贷款的行业却是某个地区分行的利润主要来源，某个处于小城市的支行被收上去一些业务权力后，却难以满足这一地区许多大企业的金融服务的要求（在长三角和珠三角经常出现），而流失了众多高端客户的现象，这与地域差异性没有得到充分的考虑是有密切关系的；企业内部信息化程度越高，比如说有的企业内部有统一的 ERP，或者不同职能的信息管理系统是一致的，那么组织对信息获取的需要就基本可以得到满足，就没必要进行出于获取信息目的的集权了。

在对集权必要性的上述三个变量进行充分考量后，如果企业仍然觉得有必要在扁平化过程中进行权力的集中，那么做好下面两项工作是有利于目标的实现的。

首先，扁平化后组织业务流程的提前梳理，随着权力集中，组织业务流程势必发生变化，对新业务流程的提前梳理，是新组织结构确立的基本前提，按照新的业务流程调整或设计新的组织部门以及工作职责，未雨绸缪地做好新老模式的对接，将减少管理中的混乱以及顾客服务质量的下降。现在许多中国企业的扁平化中,减少纵向的层级,但不调整横向的职能和业务部门,尤其是对工作责任边界不做调整,那么组织变革的效果就会大打折扣,甚至影响到对组织变革的信心和评价。

其次,扁平化后管理者角色和能力的提前培训。组织结构变革,决不是孩童的摆积木游戏,它对组织中有血有肉的组织成员的工作方式、工作内容以及工作责任都有深刻的影响,结构调整前对各个层次管理者的新角色以及所需要的工作能力进行有针对性的培训,可以在变革中收到事半功倍的效果,许多企业变革后的不尽如人意都与管理者对新角色的不适应有关,而变革中期和后期的培训就稍嫌滞后了。

与西方企业组织变革不同,选择在组织扁平化中进行权力集中,是中国企业解决快速成长中的过度分权和应对更激烈竞争的需要,有企业自己的理由,外人无可厚非,写作本文的目的无非是希望中国企业在组织变革的管理中更加细腻和周全,对权力集中的前提条件理性判断,做好变革成本的预先准备,这样,才能使变革的目标最终得以实现。

资料来源:王雪莉,《财经界-管理学家》,2006,10

(三)直线与参谋

1. 直线职权、参谋职权及其相互关系

在组织中,直线职权与参谋职权是两类不同的职权关系。直线关系本质上是指挥和命令的关系,直线人员所拥有的是一种决策和行动的权力;相反,参谋关系则是一种服务和协助的关系,授予参谋人员的只是思考、筹划和建议的权力。正确处理直线与参谋的关系,充分发挥参谋人员的合理作用,是组织设计和运作中有效地发挥各方面力量协同作用的一项重要内容。

应该看到,从职权关系角度划分的直线与参谋概念,不同于前文所指的直线部门与参谋部门的概念。后者是根据不同管理部门或人员在实现组织目标过程中的作用而进行区分的,依此将那些对组织目标的实现负有直接责任的部门称为直线机构,而把那些协助直线人员工作而设置的辅助于组织基本目标实现的部门称为参谋机构。根据这个标准,制造业企业中致力于生产或销售产品和劳务的部门就是直线机构,而采购、人事、会计等部门则被列为参谋机构。参谋机构对直线机构的关系通常是一种参谋性的职权关系,但在其行使职能职权的场合,职能部门对受其权力所影响的直线部门,实际上就构成了一种直线职权的关系。更为常见的,参谋机构对其内部人员的管理,本质上就与直线部门内部的管理一样,也都需要依靠直线职权。因此可以说,直线职权关系并不仅仅存在于直线系统内。

2. 参谋职权的类别

通常而言,参谋职权可分为如下几种:

(1)建议权。参谋人员的权限仅限于提供建议、提案或协助,其意见可能得到有关人员的欢迎和采纳,也可能被置之不理。

(2)强制协商权。此时参谋人员的影响力在一定程度上有所提高。也即有关人员在做出决定之前必须先询问和听取参谋人员的意见。处理这种关系的关键在于,要具体地规定在什么情况下参谋人员的意见应得到应有的重视,而又不限制直线主管人员的自主决定权。

(3)共同决定权。这时参谋人员的权限提高到了足以影响直线人员自主决定权的程度。

换句话说，直线人员不仅要在做出决定前认真地听取参谋人员的意见，而且在命令采取行动时还需得到参谋人员的同意和许可。这种权力常在企业某项决策必须确保得到专家评定的情况下采用。

(4) 职能职权。这是对直线主管人员行使决策和指挥权限的最高程度的限制。这种情况允许参谋人员对有关人员直接下达指示，而且这些指示要像来自直线主管的命令一样得到同等的重视。当然，这种指示也有可能被直线主管撤回，但在此之前它是绝对必须执行的。这通常是在参谋人员的专门知识和技能是开展某项工作的重要条件的情况下采用。

3. 直线与参谋的矛盾

从理论上说，设置作为直线主管助手的参谋职务，不仅有利于适应复杂管理活动对多种专业知识的要求，同时也应该能够保证直线系统的统一指挥。然而在实践中，直线与参谋的矛盾冲突，往往成为造成组织运行缺乏效率的重要原因之一。考察这些低效率的组织活动，通常可以发现这两种不同的倾向：要么保持了命令的统一性，但参谋作用不能充分发挥；要么参谋作用发挥失当，破坏了统一指挥的原则。这使得两者常常在实际中相互产生一种不满、对立的情绪。

4. 正确发挥参谋的作用

合理利用和正确发挥参谋人员的作用，需要注意如下几点：首先，要求明确直线与参谋的关系，分清双方的职权关系与存在价值，形成相互尊重、相互配合的良好基础；其次，必要时授予参谋机构在一定专业领域内的职能职权，以提高参谋人员工作的积极性；最后，直线经理要为参谋人员提供必要的信息条件，以便从参谋人员那里获得有价值的支持。

概言之，处理好直线与参谋之间的矛盾关系，一方面要求参谋人员经常提醒自己"不要越权"、"不要篡权"；另一方面，也要求直线经理尊重参谋人员所拥有的专业知识，自觉利用他们的工作能力，取长补短。

(四) 分工与协调

对工作分工与协调关系的处理，是组织设计中的一个重要问题。传统组织设计强调工作的专业化分工，认为分工是大生产的标志，不仅作业活动要进行分工，管理活动也要实行分工，通过分工提高各方面工作的质量和效率。专业化分工成为传统组织设计的一条基本原则。但是随着生产力水平的提高，分工的缺点也日益暴露出来，如分工带来了本位主义，助长了专业管理人员的片面观点；分工造成了工作的单调乏味，影响了员工的工作热情和创造性思维；分工还引起办事程序和手续的繁琐复杂，增大部门之间的协调工作量，等等。因此，分工并不是越细致越好，而应该有一个合适的"度"。对这个"度"的把握，就需要全面考虑分工带来的益处是否足以抵补员工工作积极性下降和工作过程协调成本上升等缺陷。

基于对过细分工所产生问题的认识，现代组织设计中出现了机构职能综合化和业务流程整合化的改革趋向。以事业部制取代职能型结构，就标志着企业中间管理层的直线管理机构由过去强调专业职能分工转变为将特定事业领域内的生产经营过程集中在一个相对封闭的单位内完成，增强单位内部的协调性。参谋职能机构设置中将职能相似程度高、相互关联较强的工作合并在一起，由"综合部"来负责多项职能管理工作，这样也有利于实现相关业务的归口统一管理。比如，有些钢铁企业改变过去技术处与质量处分设的做法，设立了集技术管理与质量管理于一身的技术部，不仅把工艺质量标准的制定与质量标准的监督检查放在同一部门内，而且变按工艺阶段为按产品类别来设置全工艺过程一贯到底的质量管理科室（如板钢科、条钢科、钢管科等），使产品质量标准的制定与其监督执行整合到了一个科室内部。这种强化协调、削弱分工的做法，在20世纪90年代兴起的"业务流程重组"热潮中得到了最鲜明的体现。

业务流程重组，亦称业务流程再造（英文简称为"BPR"），指的就是利用现代信息技术手段，对业务流程作根本的重新思考和彻底的重新设计，以取得质量、成本和业务处理周期等绩效指标的显著改善。重组、再造的实质是打破分工，将协调注入到业务流程开展中。业务流程重组最初是由两位有丰富企业咨询经验和计算机技术背景的美国学者迈克尔·哈默和詹姆斯·钱皮提出的，后来在世界范围迅速传播开来，引起了企业组织设计和运作方式的根本改变。

业务流程重组概念中包含着四方面关键的内涵：

（1）显著。即着眼于使企业绩效获得戏剧性的、大幅度的改善，而不是微小的进步。

（2）根本。即要抛弃原有的一切，从零开始，追根溯源，进行彻底的改革，而不是现有状况的改良。

（3）流程。指重组改革针对的是一系列相互关联的业务工作活动所形成的过程或流程，而不是支离破碎、彼此孤立的单项工作活动及其承担的部门或单位。

（4）重新设计。指通过业务流程的重组、重建或者再造，使业务工作方式产生飞跃性变化，从而达到大幅度提高绩效的目的。

在以分工为导向的传统组织中，一项业务活动的开展过程往往需要由许多专业化职位或职能化部门来共同承担，从而产生了频繁的跨部门联系和协调的需要。为此，配备了层层叠叠的管理人员，并制定了细致严密的程序规则，企图通过这些上级指挥和程序规范等措施确保整个流程的工作能按部就班地进行。然而，这种"先分后合"的传统组织设计方式导致了组织中各职位、各部门的人员只是习惯于"对内"向各自所承担的局部工作负责，"对上"遵照老板的指示执行，可就是没有人能在工作中以全局的、外向的眼光对整个业务流程及其所服务的顾客负起全面责任，结果上级主管疲于协调、文山会海不断升级，也终究改变不了整个流程效率低下、顾客满意度低、对市场变化反应迟缓等问题。所以，哈默等人提出，面临顾客日益挑剔、竞争日益激烈、变化日益频繁这三股力量冲击的现代企业，必须彻底改变传统的工作组织方式，从更好满足内部和外部顾客需求出发，将流程涉及到的一系列跨职能、跨边界的活动集成和整合起来，亦即以首尾相连的、完整连贯的一体性流程来取代以往的被各部门割裂的、片段粘合式的破碎性流程。

以IBM公司属下信用公司进行的融资业务流程重组为例，这家为客户提供购买IBM电脑、软件及服务所需贷款的信用分支机构，最初在融资业务流程上采取的是专业化分工的组织方式：当IBM地方销售员打电话要求提供融资时，首先会有14个经办员负责将他们的要求记录在一张申请单上；接着，这些融资申请单被送到楼上的信用部，由其审核该顾客的信用状况；然后，信用部会将审查结果写在融资申请单上传递至商务部，由该部门负责订立融资契约条款；之后，申请书被转到估价部，由其估算顾客的贷款利率；最后，所有的材料连同融资申请单一并转交给文书组，写成正式信贷文件后签发给地方销售员。一般情况下，整个流程平均需要六天时间，有时还可能拖至两个星期。这样耗时长久的融资申请过程很容易使地方销售员在竞争中丢失即将到手的生意。进行流程再造以后，IBM信用公司撤换了信用审核员、估价员、契约专家及文书等专门职能的部门和人员，而代之以一个通才的"专案员"，负责每笔融资交易的整个过程，结果使流程总处理时间缩短至四个小时，从而带来了公司融资业务量上百倍地增长。

当然，并不是所有整合以后的业务流程都可以由一个像IBM信用公司"专案员"那样的通才人员来承担。在大多数的情况下也许企业仍然需要配备各式各样的专门人才，但在流程再造后的组织中，这些专门人才不再是作为相对独立的个体，而是作为"专案组"性质的流程工作团队中的一个成员，相互协作和密切配合地完成整合设计后的某类业务流程的全部工作。这样围绕流程而组建的工作团队，需要的不单单是专门人员间的互补技能，更需要成员之间的整体意识和相互依存、相互影响的关系。实践表明，成员对团队的忠诚、奉献和责任感，成员间相互的信任和良好的沟通，教练式的领导，全体参与、协商一致的决策风格，以及有益的组织内部和外部支持环境，这些对以工作团队为基本业务单元的组织的成功运作起着至关重要的作用。

从协调整合的角度构建了组织基本业务单元后，企业的整体结构也将随"再造"改革的深化而逐渐从以往的纵向金字塔型的层级制结构转变为一种横向的水平型结构。在这种新的结构中，企业内部部门之间、职能之间、专业之间的界限被打破，企业与供应商、顾客等外部单位间也建立起广泛而密切的联系、合作甚或联盟，从而在企业内外呈现出低分化程度的"无边界组织"形态。而且，再造后的企业往往授予跨职能、跨组织边界的团队以高强度的自主决策、自我管理的权利，并随着这种管理权限的授放（通常称为"授权于员工"），管理层的队伍得到大幅压缩，从而管理层次趋于扁平化。在文化价值观方面，管理者不再将员工视为"车轮上的轮齿"而视为"工作伙伴"，也不再将外部的供应商、顾客乃至同业制造商视为"竞争对手"而看作是"商业伙伴"，从而信任、互动、合作成为新型组织运作的主旋律。所以，"企业再造"的倡议者们相信，以面向顾客需要为出发点的围绕工作流程而不是部门职能来构建的水平型组织，将给面临迅速多变环境的企业提供一种前所未有的灵活适应变化的敏捷性、创新性和组织学习能力。

（五）正式组织与非正式组织

正式组织是组织设计工作的结果，是经由管理者通过正式的筹划，并借助组织图和职务说明书等文件予以明确规定的。正式组织有明确的目标、任务、结构、职能以及由此形成的成员间的责权关系，因此对成员行为具有相当程度的强制力。

非正式组织是伴随着正式组织的运转而形成的。正式组织中某些成员，由于工作性质相近、社会地位相当，对一些具体问题的认识基本一致、观点基本相同，或者由于性格、业余爱好和感情比较相投，他们在平时相处中会形成一些被小群体成员所共同接受并遵守的行为规则，从而使原来松散、随机形成的群体渐渐成为趋向固定的非正式组织。任何组织，不论规模多大，都可能有非正式组织存在。非正式组织与正式组织相互交错地同时并存于一个单位、机构或组织之中，这是组织生活的一个现实。

非正式组织的存在是一个客观的现象，对正式组织具有正负两方面的作用，所以，管理者不能采取简单的禁止或取缔态度，而应该对它加以妥善地管理。就是要因势利导，善于最大限度地发挥非正式组织的积极作用而克服其消极的作用。

一方面，管理者必须认识到，正式组织目标的实现，要求有效地利用和发挥非正式组织的积极作用。为此，管理者必须正视非正式组织存在的客观必然性和必要性，允许乃至鼓励非正式组织的存在，为非正式组织的形成提供条件，并努力使之与正式组织相吻合。另一方面，考虑到非正式组织可能具有的不利影响，管理者需要通过建立、宣传正确的组织文化，以影响与改变非正式组织的行为规范，从而更好地引导非正式组织做出积极的贡献。

（六）部门的划分

要提高工作效率，必须对整个组织的工作进行充分细致的分析，并进行明确的分类。在此基础上进行科学的综合，就形成我们通常所指的部门。部门是指组织中主管人员为完成规定的任务有权管辖的一个特定的领域。部门的划分是组织的横向分工。

部门划分的目的，在于确定组织中各项任务的分配与责任的归属，以求分工合理、职责分明，有效地达到组织的目标。正如法约尔所指出的，它是"为了用同样多的努力生产更多和更好的产品的一种分工。"

1. 部门划分的原则

（1）确保目标的实现。必要的职能均应具备，以确保目标的实现。在企业中，其主要职能是生产、销售和财务等，在医院里，主要职能是医疗服务等，像此类的职能都必须要有相应的部门。当某一个职能与两个以上部门有关联时，应将每一部门所负责的部分，加以明确规定。

（2）组织机构应具有弹性。划分部门应随业务的需要而增减。在一定时期划分的部门，没有"永久"性的"商标"，其增设和撤销应随业务工作而定。可设立临时部门或工作组来解决临时出现的问题。

（3）力求维持最少部门。组织机构是由管理层次、部门结合而成的。组织机构要求精简，部门必须力求量少。但这是以有效地实现组织目标为前提的。现实中大概是出于美学和控制方面的理由，常常有些主管者坚持在组织机构第一级以下的一切部门，都要按照完全相同的方式划分业务工作，建立在组织结构中各级平衡并以连续性和对等性为特征的刻板结构。这是对部门划分的误解，建立机构的目的不是供人欣赏，而是为了有效地实现目标。

总之，部门的划分，解决了因管理跨度的限制而约束组织规模扩大的问题，同时把业务工作安排到各个部门中去，有利于组织目标的实现。由于业务工作的划分难以避免地带来部门间不协调的问题。因此，在划分部门的同时，也必须考虑到这种不协调所带来的消极影响。

2. 部门划分的主要标志、方法及特点

组织活动的特征，随着目标的不同而千差万别。但大量的实证研究表明，部门划分的标志与方法却具有普遍适用性。这些标志与方法主要有：

（1）按人数划分。单纯地按人数多少来划分部门可以说是一种最原始、最简单的划分方法。军队中的师、团、营、连即是用此方法划分的。这种按人数划分部门的方法是抽取一定数量的人在主管人员的指挥下去执行一定的任务。

（2）按时间划分。这种方法多见于组织的基层。它是在正常的工作日不能满足工作需要时所采用的一种划分部门的方法。例如许多工业企业按早、中、晚三班制进行生产活动，那么部门设置就可以是三个。此外，交通、邮电、医院等组织也采用这种轮班制的方法来进行部门的划分。这种划分方法给管理带来的主要问题是监督、效率以及中晚班的费用比较高，除此而外，没有什么别的问题。

（3）按职能划分。按职能划分部门是许多现代组织最广泛采用的一种方法。这种方法是根据生产专业化的原则，以工作或任务的性质为基础来划分部门的。

按职能划分部门的优点在于，它遵循分工和专业化原则，因而有利于充分发挥专业职能，使主管人员的注意力集中在组织的基本任务上，有利于目标的实现，同时它简化训练工作，为上层主管部门提供了进行严格控制的手段。但是这种划分，容易使各职能部门的专业人员产生"隧道视野"，即除了自身领域外，其他什么也看不见，从而给各部门之间的横向协调带来一定的困难。

（4）按地区划分。对于在分散在不同地区的组织来说，按地区划分部门是一种比较普遍采用的方法。这种方法是在当组织地理位置分布于不同地区，各地区的政治、经济、文化等因素影响到组织的经营管理时，把某个地区或区域内的业务工作集中起来，委派一位经理来主管其事。其目的是为了调动各个地区的积极性，从而取得地方化经营的优势效益。

这种按地区划分部门的方法，责任下放到基层，有利于改善地区内部的协调，降低重复设置的成本，取得地区经营的经济效益，同时也有利于主管人员的培养和训练。但是，这种方法的缺点是，需要更多的具有全面管理能力的人员，增加了最高主管部门控制的困难，而且地区之间往往不易协调，集中的经济服务工作也不容易进行等等。

（5）按产品划分。按产品划分部门是按产品或产品系列来组织业务活动的一种方法。例如大学里的系、研究所就是按照不同领域里的课程和研究方向而设置的。

这种按产品划分部门的方法一般能够发挥个人的技能和专长，发挥专业设备的效率，有利于部门内的协调。同时，它还使各部门的主管人员把注意力集中在产品上，这对产品的改进和发展是十分重要的。但是，这种方法要求更多的人具有全面管理的能力，造成各产品部门的独立性较强而整体性则较差。这就加重了主管部门在协调和控制方面的困难。

（6）按服务对象划分。这是一种多用于最高主管部门以下的一级管理层次中的服务对象划分部门的方法。它根据服务对象或顾客的需要，在分类的基础上来划分各个部门。这种方法也是许多不同类型的组织中所普遍采用的。例如一所大学的学生，可以分为研究生、本科生、专科生、进修生、函授生、夜大学生等类型。那么，对这些不同类型的学生的安排，就形成了学校的不同部门。

这种按服务对象划分部门的方法，最大的优点就是能满足各类对象的要求，社会效益比较好。但按这种方法组织起来的部门，主管人员常常要求给予特殊的照顾，从而使这些部门和按照其他方法组织的各部门之间的协调发生困难。此外，这种方法有可能使专业人员和设备得不到充分的利用。

（7）按设备划分。这也是一种划分部门的基本方法。这种方法常常和其他划分方法结合起来使用。例如医院的放射科、心电图室、脑电图室、超声波室等部门的形成，就是按这种方法划分的。又如现在许多组织都已建立起来的电子计算机站或信息处理中心，也是这种划分方法的一个例子。这种划分方法的优点在于，能够经济地使用设备，充分发挥设备的效益，使设备的维修、保管以及材料供应等更为方便，同时也为发挥专业技术人员的特长以及为上级主管的监督管理提供了方便。

以上介绍的是一些划分部门的主要的基本方法，除此之外，还有一些方法如按市场销售渠道划分、按工艺划分等等。总而言之，设计组织的横向结构，即划分各层次的业务部门，是为保证组织目标的实现而对业务工作进行安排的一种手段。所以，在实际的运用中，每个组织都应根据自己的特定条件，选择能取得最佳效果的划分方法。但应该指出的是，划分方法的选择不是惟一的，并不一定要求各层次的业务部门都整齐划一。在很多情况下，常常采用混合的方法来划分部门，即在一个组织内或同一组织层次上采用两种或两种以上的划分方法。例如一所大学,在中层这个管理层次上,就可以按领域划分为各个系、所;按职能划分为总务处、财务处、保卫处、教务处、人事处、外事处等;按服务对象划分为研究生院、成人教育学院;按设备划分为电化教育中心、计算中心等等。这种混合划分部门的方法,常常能够更有效地实现组织的目标。

## 第三节 组织结构

从理论上说,尽管企业组织结构的形式可以有无数种,但是在现实组织中得到采用并占主导地位的组织结构则仅有其中的几种,即直线制、直线职能制、事业部制、矩阵组织结构、企业集团组织结构等。这些组织结构其实没有绝对的优劣之分。不同的环境中的企业或同一企业中不同单位的管理者,都可根据实际情况选用其中某种最合适的组织结构。

### 一、组织结构的特性

组织结构是描述组织的框架体系。就像人类由骨骼确定体形一样,组织也是由于结构来决定其形状的。组织结构特性可以被分解为三种成分:复杂性、正规化和集权化。

(一)复杂性

复杂性指的是组织分化的程度。一个组织越是进行细致的劳动分工,具有越多的纵向等级层次,组织单位的地理分布越是广泛,则协调人员及其活动就越是困难。

(二)正规化

正规化就是组织依靠规则和程序引导员工行为的程度。有些组织的规范准则较少,其正规化的程度就较少;而另一些组织,规模虽然很小,却具有各种规定,指示员工可以做什么和不可以做什么,这些组织的正规化程度就较高。

(三)集权化

集权化是决策权力的集中程度。在一些组织中,决策是高度集中的,问题自下而上传递给高级经理人员,由他们制定合适的行动方案;而另外一些组织,其决定权力则授予下层人员,这被称作是分权化。

### 二、组织结构的影响因素

(一)战略

组织结构是帮助管理当局实现目标的手段。因为目标产生于组织的总战略,所以,使战略与结构紧密配合,从而结构应服从战略。如果管理当局对组织的战略作了重大调整,那么就需要修改结构,以适应和支持这一调整改革。

(二)规模

组织的规模对其结构具有明显的影响作用。例如,大型组织倾向于比小型组织具有更高程度的专业化和横向及纵向的分化,规模条例也更多。但是,这种关系并不是线性的,而是规模对结构的影响强度在逐渐减弱。也即随着组织的扩大,规模的影响力相对显得越来越不重要。

### (三) 技术

任何组织都需要采取某种技术,将投入转换为产出。为达到这一目标,组织要使用设备、材料、知识和富有经验的员工,并将这些组合到一定类型和形式的活动之中。

### (四) 环境

环境也是结构的一个主要影响力量。从本质上说,机械式组织在稳定的环境中动作最为有效;有机式组织则与动态的、不确定的环境最匹配。例如全球的竞争,由所有竞争者推动的日益加速的产品创新,以及顾客对高品质和快速交货的越来越高的要求,这些都是环境因素动态性的表现。

## 三、组织结构体系

要使管理工作有效,一个健全的组织机构是极为必要的。因为,组织机构形成一种决定所有各级管理人员职责关系的模式。一个现代化的健全的组织机构一般包括:决策子系统、指挥子系统、参谋子系统、执行子系统、监督子系统和反馈子系统。

### (一) 决策子系统

组织的领导体系和各级决策机构及决策者组成决策子系统。各级决策机构和决策者是组织决策的智囊团,其层次视组织的规模和特点而定。现代化大型组织的决策中心,采取委员会的形式,以便于集思广益,提高决策的正确程度。

### (二) 指挥子系统

指挥子系统是组织活动的指令中心,是经行政首长为首的各级职能单位及其负责人和成员所组成的垂直形态的系统。它的主要任务是实施决策机构的决定,负责指挥组织的活动,保证各项活动顺利而有效地进行。指挥子系统的设计应从组织的实际出发,合理确定管理层次,并根据授权原则,把指挥权逐级下授,建立多层次的、有权威的指挥系统,来行使对组织各项活动的统一指挥。

### (三) 参谋子系统

参谋子系统是由各级职能或参谋机构及其负责人和成员组成的水平形态的系统。各职能和参谋机构,是行政负责人的参谋和助手,分别负责某一方面的管理业务。设计参谋子系统,要根据实际需要,按照专业分工的原则,设置必要的职能或参谋机构,并规定其职责范围和工作要求,以保证有效地开展各方面的管理工作。

### (四) 执行子系统、监督子系统和反馈子系统

决策中心决定组织的大政方针,指挥中心是计划实施的起点,而执行子系统、监督子系统和反馈子系统是计划得以正确无误推行的机构。

指挥中心发出指令,这个指令一方面通向执行机构,同时又发向监督机构,让其监督执行的情况。反馈机构通过对信息系统的处理,比较效果与指令的差距后,返回指挥中心,这样,指挥中心便可根据情况发出新的指令。

执行机构必须确切无误地贯彻执行指挥中心的指令,为了保证这一点,就应有监督机构监督执行的情况,而反馈子系统是反映执行的效果。执行子系统、监督子系统、反馈子系统三者必须互相独立,不能合而为一。

## 四、组织结构的基本类型

组织结构是为了便于管理,实现组织的宗旨和目标。每个组织都要分设若干管理层次和

管理机构，表明组织内各部分的排列顺序、空间位置、聚散状态、联系方式以及各要素之间的相互关系。

组织的部门划分，亦称部门化，是指按照一定的方式将相关的工作活动加以细分和组合，形成若干易于管理的组织单位，如部、处、科、室、组或股等，这里统称之为部门。部门划分可以有多种方式，从而形成不同的组织结构。横向部门划分是建立组织结构的基础。通过部门划分可以将整个组织分为若干个小单位，使组织的各项活动落实到具体的承担机构上来。

组织结构是随着生产力和社会的发展而不断发展的。常见的组织结构的类型有：直线制、职能制、直线职能制、事业部制、超事业部制、矩阵制结构、多维立体组织结构以及委员会制组织结构等。

（一）直线制组织结构

直线制组织结构是最早使用也是最为简单的一种结构，是一种集权式的组织结构形式，又称军队式结构。其特点是：组织中各种职位是按垂直系统直线排列的，各级行政领导人执行统一指挥和管理职能，不设专门的职能机构，其结构如图6-1。由图6-1可见，这种组织结构设置简单、权责分明、信息沟通方便，便于统一指挥，集中管理。它的主要缺点是缺乏横向的协调关系，没有职能机构当领导的助手，容易产生忙乱现象。所以，一旦企业规模扩大，管理工作复杂化，领导者势必因经验、精力不及而顾此失彼，难以进行有效的管理。

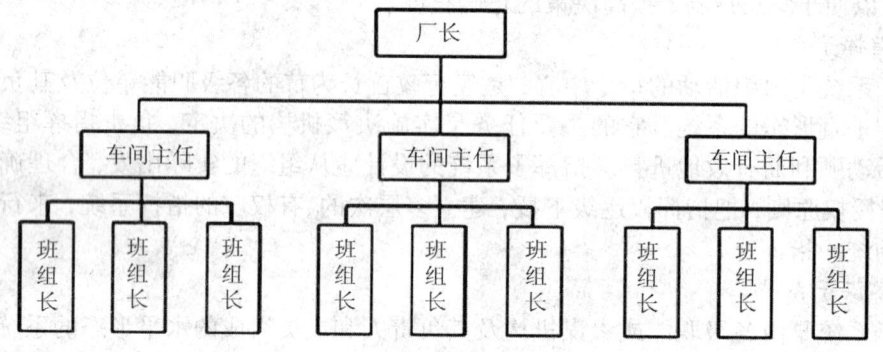

图6-1 直线制组织结构

这种组织结构只有在企业规模不大，职工人数不多，生产和管理工作都比较简单的情况下才适用。

（二）职能制组织结构

职能型组织，亦称"U型"组织。这是以工作方法和技能作为部门划分的依据。现代企业中许多业务活动都需要有专门的知识和能力。通过将专业技能紧密联系的业务活动归类组合到一个单位内部，可以更有效地开发和使用技能，提高工作的效率。

职能型组织的基本结构形式如图6-2所示。职能型组织设计有利于最高管理者作出统一的决策。它通常在只有单一类型产品或少数几类产品面临相对稳定的市场环境的企业中采用。

职能型组织设计的有利之处是：

（1）职能部门任务专业化，这可以避免人力和物质资源的重复配置。

（2）便于发挥职能专长，这点对许多职能人员颇有激发力。

（3）可以降低管理费用，这主要来自于各项职能的规模经济效益。

职能型组织设计的主要不足是:
(1)狭窄的职能眼光,易形成狭窄的视野,不利于企业满足迅速变化的顾客需要。
(2)一部门难以理解另一部门的目标和要求。
(3)职能部门之间的协调性差。
(4)因为每个人都力图向专业的纵深方向发展自己,所以不利于在管理队伍中培养全面的管理人才。

职能制最早由泰罗提出,并曾在米维尔钢铁公司以职能工长制的形式加以试行。但由于职能工长制妨碍了统一指挥的原则,以后未被推广。

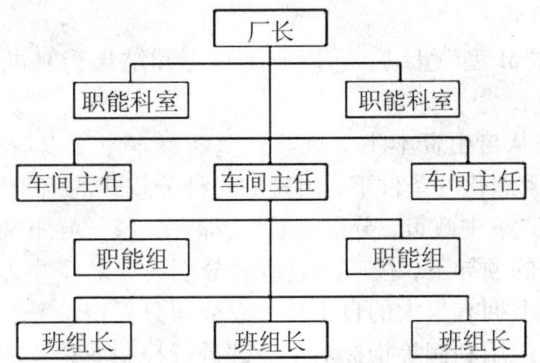

图6-2 职能制组织结构

(三)直线职能制组织结构

直线职能制组织结构是把军队式的直线制和泰罗的职能制结合起来形成的。这种组织结构的特点是,以直线为基础,在各级行政负责人之下设置相应的职能部门,分别从事专业管理,作为该级领导者的参谋,实行主管统一指挥与职能部门参谋、指导相结合的组织结构形式。职能部门制定的计划、方案,以及有关指令,统一由直线领导者批准下达,职能部门无权直接下达命令或进行指挥,只起业务指导作用,各级行政领导人实行逐级负责,实行高度集权,如图6-3所示。

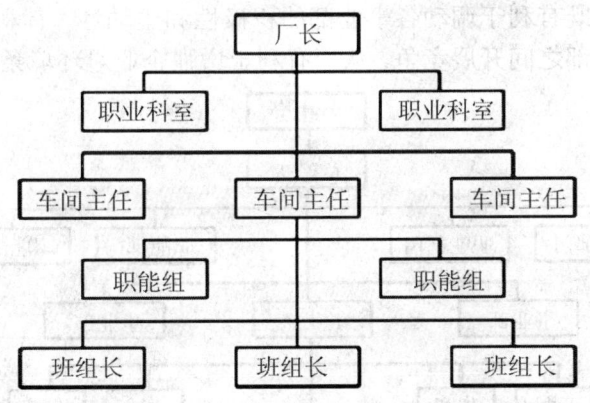

图6-3 直线职能制组织结构

这种管理组织形式,是在综合了直线制和职能制的优点、缺点的基础上形成的。因此,它既保持了直线制的集中统一指挥的优点,又吸取了职能制发挥专业管理的长处,从而提高了管理工作的效率。直线职能制的产生使组织管理大大前进了一步。所以各国的组织中采用这组织形式较为普遍，而且采用的时间也较长。我国目前大多数企业，甚至机关、学校、医院等都采用直线职能制的结构。

直线职能制在管理实践中也有不足之处：

(1) 权力集中于最高管理层，下级缺乏必要的自主权。

(2) 各职能部门之间的横向联系较差，容易产生脱节与矛盾。

(3) 各职能部门与指挥部门之间的目标不统一，容易产生矛盾。

(4) 信息传递路线较长，反馈较慢，适应环境变化较难，实际上是典型的"集权式"管理组织结构。

### (四) 事业部制组织结构

事业部型组织，亦称"M型"组织。它以产生目标和结果为基准来进行部门的划分和组合。

事业部制是西方经济从自由资本主义过渡到垄断资本主义以后，在企业规模大型化、企业经营多样化、市场竞争激烈化的条件下，出现的一种分权式的组织形式。

事业部制的主要特点"集中政策，分散经营"，即在集权领导下实行分权管理。这种组织结构形式，就是在总公司的领导下，按产品或地区分别设立若干事业部，每个事业部都是独立核算单位，在经营管理上拥有很大的自主权。总公司只保留预算、人事任免、政策制定和重大问题的决策等权力，并运用利润等指标对事业部进行控制。企业的具体部门划分依据包括产品、地区、顾客或销售渠道等。例如，三一重工集团按产品类别来划分事业部，麦当劳公司则将自身划分为几大地理区域。另一些企业，如银行，则通常以顾客类型为依据来进行部门划分。按这些方式进行部门设计的结果，就形成自我包容的半独立性分部，如图6-4所示。

在事业部型组织设计中，重要决策可以在较低的组织层次作出，因此，与职能型组织比较，它有利于以一种分权的方式来开展管理工作。事业部型组织一般适于在具有较复杂的产品类别或较广泛的地区分布的企业中采用。

事业部制组织结构的主要优点是：

(1) 提高了管理的灵活性和适应性。由于各事业部单独核算、自成体系，在生产经营上具有较大的自主权，这样既有利于调动各事业部的积极性和主动性，有利于培养和训练高级管理人才，又便于各事业部之间开展竞争，从而有利于增强企业对环境条件变化的适应能力。

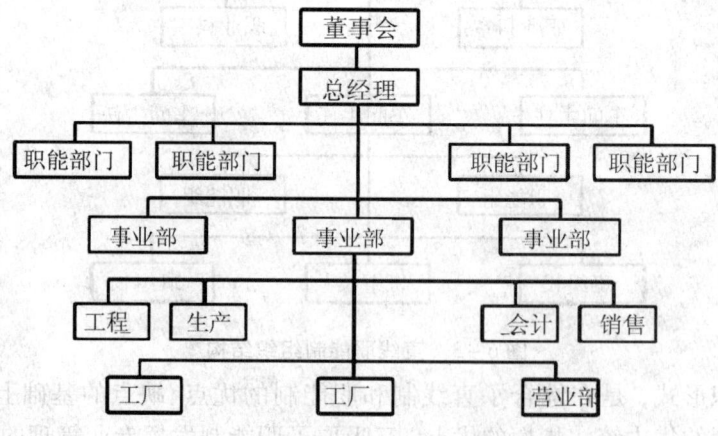

图6-4　事业部制组织结构

(2)有利于最高管理层摆脱日常行政事务,集中精力做好有关企业大政方针的决策。

(3)便于组织专业化生产,便于采用流水作业和自动化等先进的生产组织形式,有利于提高生产效率,保证产品质量,降低产品成本。

事业部制组织结构的主要缺点是:

(1)增加了管理层次,造成机构重叠,管理人员和管理费用增加。

(2)由于各事业部独立经营,各事业部之间人员互换困难,互相支援较差。

(3)各事业部经常从本部门出发,容易滋长不顾公司整体利益的本位主义和分散主义倾向。

(五)矩阵制组织结构

矩阵制组织结构,是由纵横两套管理系统组成的组织结构,一套是纵向的职能领导系统,另一套是为完成某一任务而组成的横向项目系统。也就是既有按职能划分的垂直领导系统,又有按项目划分的横向领导系统的结构。

有的企业同时有几个项目需要完成,每个项目要求配备不同专长的技术人员或其他资源。为了加强对项目的管理,每个项目在总经理或厂长领导下由专人负责。其中,工作小组或项目小组一般是由不同背景、不同技能、不同知识、分别选自不同部门的人员所组成的。组成工作小组后,大家为某个特定的项目而共同工作,其结构如图6-5所示。

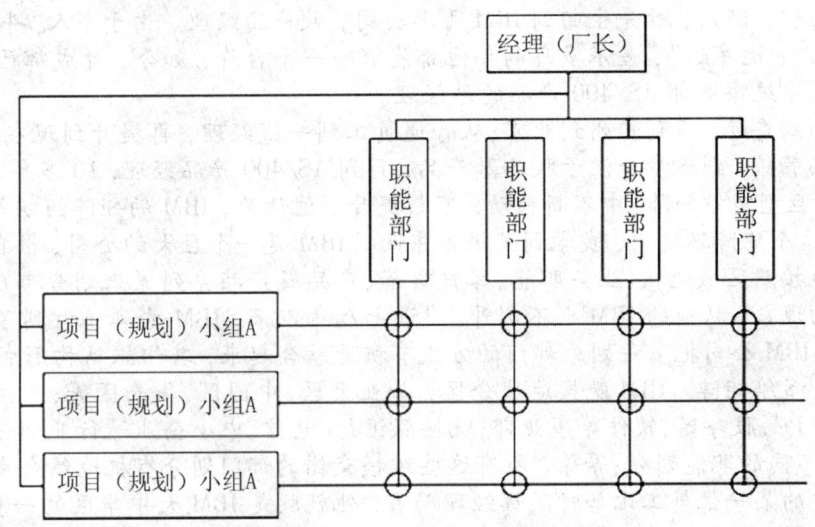

图6-5　矩阵制组织结构

矩阵型组织适合以项目为生产主体的,在需要对环境变化作出迅速而一致反应的企业中使用。如咨询公司和广告代理商就经常采用矩阵组织设计,以确保每个项目按计划要求准时完成。在复杂而动荡的环境中,由于采取了人员组成灵活的产品管理小组形式,大大增强了企业对外部环境变化的适应能力。

矩阵型组织设计的积极作用是:

(1)将组织的纵向联系和横向联系很好的结合起来,有利于加强各职能部门之间的协作和配合,及时沟通情况,解决问题。

(2)它具有较强的机动性,能根据特定需要和环境的变化,保持高度的适应性。

(3)把不同部门、具有不同专长的专业人员组织在一起,有利于互相启发,集思广益,有利于攻克各种复杂的技术难题,更加圆满地完成工作任务。它在发挥人的才能方面具有很大的灵活性。

矩阵型组织的问题主要在于:

(1) 在资源管理方面存在复杂性。

(2) 稳定性差。由于小组成员是由各职能部门临时抽调的,任务完成以后,这要回到原职能部门工作,容易使小组成员产生临时观点,不安心工作,从而对工作产生一定影响。

(3) 权责不清。由于每个成员都要接受两个或两个以上的上级领导,潜伏着职权关系的混乱和冲突,造成管理秩序混乱,从而使组织工作过程容易丧失效率性。

**相关链接**　　　　　　IBM 矩阵式的组织结构

近些年来,IBM、HP 等著名的外国企业都采用矩阵式的组织结构。尽管我在管理学的教科书上看到过对矩阵组织优劣的探讨,但很难有切身的感受。这次听叶成辉先生谈起自己经历着的 IBM 公司的矩阵组织,感到获益不浅。

1987 年,加州伯克利大学电子工程专业出身的叶成辉在美国加入 IBM 旧金山公司,成为一名程序员。因为不喜欢编程等技术类的工作,梦想着做生意(DOBUSINESS)、当经理(比较喜欢跟人沟通),他便主动请缨到销售部门去做,经过了差不多 5 年时间的努力,获得提升,成为一线的经理。随后,叶先生回到 IBM 香港公司,做产品经理。由于个人"斗志旺盛",业绩不错,而且"官运亨通",差不多每两年他都能够蹦一个台阶,如今,叶成辉已经是 IBM 大中华区服务器系统事业部 AS/400 产品的总经理。

从旧金山到香港,再到广州到北京;从普通员工到一线经理,再提升到现在做三线经理;从一般的产品营销,到逐步专注于服务器产品,再到 AS/400 产品经理,10 多年来,叶成辉一直在 IBM 的"巨型多维矩阵"中不断移动,不断提升。他认为,IBM 的矩阵组织是一个很特别的环境,"在这个矩阵环境中,我学到了很多东西。"IBM 是一个巨大的公司,很自然地要划分部门。单一地按照区域地域、业务职能、客户群落、产品或产品系列等来划分部门,在企业里是非常普遍的现象,从前的 IBM 也不例外。"近七八年以来,IBM 才真正做到了矩阵组织。"这也就是说,IBM 公司把多种划分部门的方式有机地结合起来,其组织结构形成了"活着的"立体网络——多维矩阵。IBM 既按地域分区,如亚太区、中国区、华南区等;又按产品体系划分事业部,如 PC、服务器、软件等事业部;既按照银行、电信、中小企业等行业划分;也有销售、渠道、支持等不同的职能划分;等等,所有这些纵横交错的部门划分有机地结合成为一体。对于这个矩阵中的某一位员工比如叶成辉经理而言,他就既是 IBM 大中华区的一员,又是 IBM 公司 AS/400 产品体系中的一员,当然还可以按照另外的标准把他划分在其他的部门里。

IBM 公司这种矩阵式组织结构带来的好处是什么呢?叶成辉先生认为,非常明显的一点就是,矩阵组织能够弥补对企业进行单一划分带来的不足,把各种企业划分的好处充分发挥出来。显然,如果不对企业进行地域上的细分,比如说只有大中华而没有华南、华东、香港、台湾,就无法针对各地区市场的特点把工作深入下去。而如果只进行地域上的划分,对某一种产品比如 AS/400 而言,就不会有一个人能够非常了解这个产品在各地表现出来的特点,因为每个地区都会只看重该地区整盘的生意。再比如按照行业划分,就会专门有人来研究各个行业客户对 IBM 产品的需求,从而更加有效地把握住各种产品的重点市场。

"如果没有这样的矩阵结构,我们要想在某个特定市场推广产品,就会变得非常困难。"叶成辉说。比如说在中国市场推广 AS/400 这个产品吧,由于矩阵式组织结构的存在,我们有华南、华东等各大区的队伍,有金融、电信、中小企业等行业队伍,有市场推广、技术支持等各职能部门的队伍,以及专门的 AS/400 产品的队伍,大家相互协调、配合,就很容易打开局面。

首先，我作为 AS/400 产品经理，会比较清楚该产品在当地的策略是什么。在中国，AS/400 的客户主要在银行业、保险业，而不像美国主要是在零售业和流通业；在亚太区，AS/400 的产品还需要朝低端走，不能只走高端；中国市场上需要 AS/400 的价位、配置以及每个月需要的数量等，只有产品经理，才能比较清楚。从产品这条线来看，我需要跟美国工厂订货，保证货源供应。从产品销售的角度看，AS/400 的产品部门需要各相关地区的职能部门协助，做好促销的活动；然后需要各大区、各行业销售力量把产品销售出去。比如，我需要在媒体上做一些访问，就要当地负责媒体公关的部门协助。再如，我认为莲花宝箱（为中国市场量身定制的 AS/400）除了主打银行外，还要大力推向中小企业市场，那么就需要跟中国区负责中小企业的行业总经理达成共识。当然，莲花宝箱往低端走，还需要分销渠道介入，这时，就需要负责渠道管理的职能部门进行协调。从某种意义上讲，我们之间也互为客户关系，我会创造更好的条件让各区、各行业更努力推广 AS/400。"叶成辉说。

任何事情都有它的"两面性"。矩阵组织在增强企业产品或项目推广能力、市场渗透能力的同时，也存在它固有的弊端。显然，在矩阵组织当中，每个人都有不止一个老板，上上下下需要更多的沟通协调，所以，"IBM 的经理开会的时间，沟通的时间，肯定比许多小企业要长，也可能使得决策的过程放慢。"叶成辉进一步强调，"其实，这也不成为问题，因为大多数情况下还是好的，IBM 的经理们都知道一个好的决定应该是怎样的。"另外，每一位员工都由不同的老板来评估他的业绩，不再是哪一个人说了算，评估的结果也会更加全面，"每个人都会更加用心去做工作，而不是花心思去讨好老板。"同时运用不同的标准划分企业部门，就会形成矩阵式组织。显然，在这样的组织结构内部，考核员工业绩的办法也无法简单。在特定客户看来，IBM 公司只有"惟一客户出口"，所有种类的产品都是一个销售员销售的；产品部门、行业部门花大气力进行产品、客户推广，但是，对于每一笔交易而言，往往又是由其所在区域的 IBM 员工最后完成；等等。问题是，最后的业绩怎么计算？产品部门算多少贡献，区域、行业部门又分别算多少呢？叶成辉说："其实，IBM 经过多年的探索，早已经解决这个问题了。现在，我们有三层销售——产品、行业和区域，同时，我们也采取三层评估，比如说经过各方共同努力，华南区卖给某银行 10 套 AS/400，那么这个销售额给华南区、AS/400 产品部门以及金融行业部门都记上一笔。"当然，无论从哪一个层面来看，其总和都是一致的。比如从大中华区周伟锟的立场来看，下面各分区业绩的总和，大中华区全部行业销售总额，或者大中华区全部产品（服务）销售总额，三个数字是一样的，都可以说明他的业绩。

在外界看来，IBM 这架巨大的战车是稳步前进的，变化非常缓慢。叶成辉认为，这其实是一种误会。对于基层的员工，对于比较高层的经理，这两头的变化相对比较小，比较稳定。比如说一名普通员工进入 IBM，做 AS/400 的销售，差不多四五年时间都不会变化，然后，可能有机会升任一线经理。再比如亚太区的总经理，也可能好多年不变，因为熟悉这么大区域的业务，建立起很好的客户关系，也不太容易。所以，外界就觉得 IBM 变动缓慢。"但是，在 IBM 矩阵内部的变化还是很快的。中间层的经理人员差不多一两年就要变化工作，或者变化老板，变化下属，这样就促使整个组织不断地创新，不断地向前发展。"叶成辉说，"我在 IBM 公司 10 多年，换了 10 多位老板。每一位老板都有不同的长处，从他们那里我学到了很多。其实，IBM 的每一位员工都会有这样的幸运。"矩阵组织结构是有机的，既能够保证稳定地发展，又能保证组织内部的变化和创新。所以，IBM 公司常常流传着一句话：换了谁也无所谓。

资料来源：HRM 案例库

（六）多维立体组织结构

这种组织结构是直线职能制、矩阵制、事业部制和地区、时间结合为一体的复杂机构形态。它是从系统的观点出发，建立多维立体的组织结构，如图 6-6 所示。

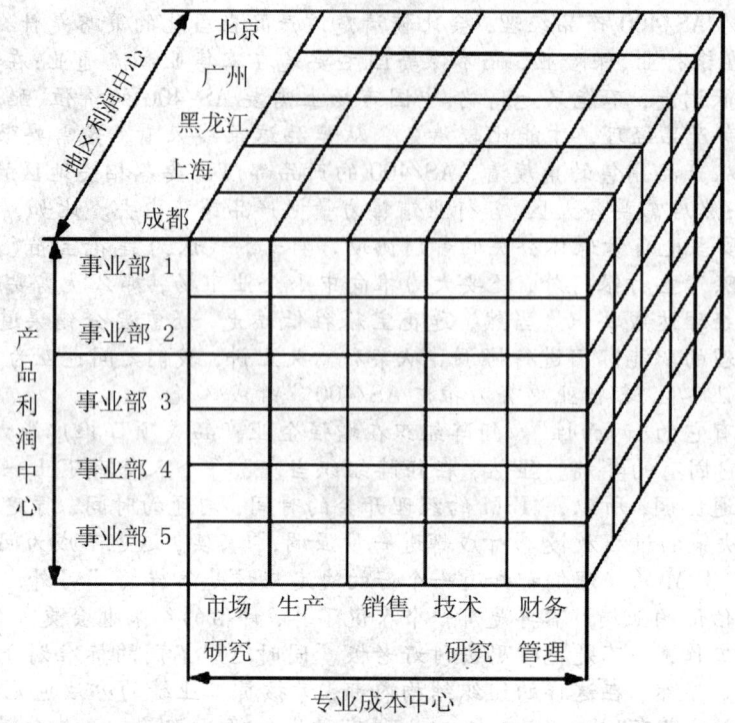

图6-6 多维立体组织结构

多维立体组织结构主要包括三类管理机构：一是按产品划分的事业部，是产品利润中心；二是按职能划分的专业参谋机构，是专业成本中心；三是按地区划分的管理机构，是地区利润中心。

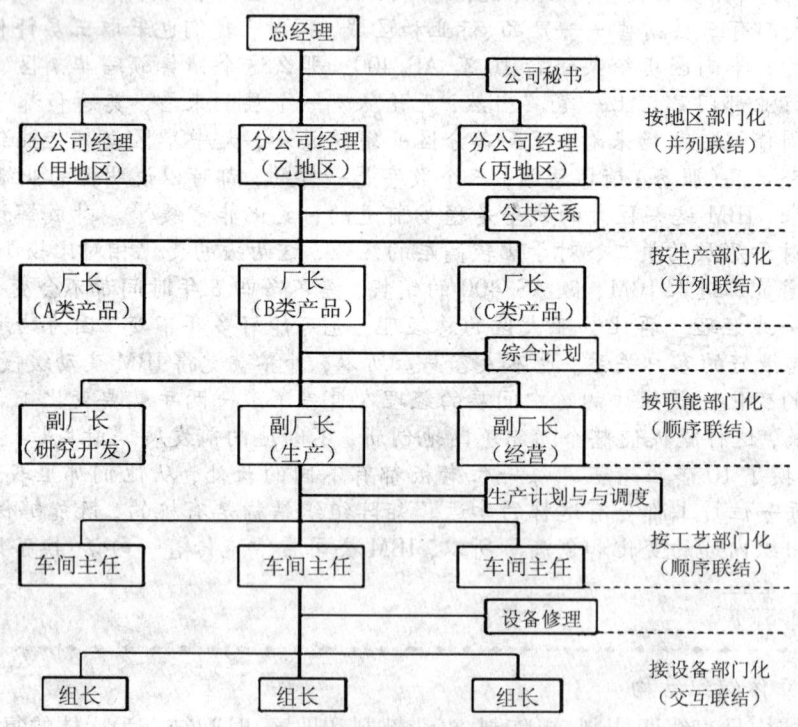

图6-7 海尔集团的部门组合与层次划分

# 第七章 员工的配备

通过多维的立体组织结构，可使这三方面的机构协调一致，紧密配合，为实现组织的总目标服务。多维立体组织结构适用于多种产品开发、跨地区经营的跨国公司或跨地区公司，可以为这些企业在不同产品、不同地区增强市场竞争提供组织保证。图6-7为海尔集团的组织结构图。

### 本章概念

组织　组织设计　集权　正式组织　非正式组织
管理幅度　管理层次　直线职能制

### 问题思考

1. 什么是组织？从事组织工作应遵循哪些原则？
2. "员工喜欢在扁平的、分权的组织中工作"，你认为是这样的吗？为什么？
3. 事业部组织结构形式最突出的特点是什么？有何优缺点？
4. "一位管理者在组织工作职能上做些什么，取决于他或她所处的组织层次"，请对此进行解释。

### 案例分析　　　　　　巴恩斯医院

10月的某一天，产科护士长黛安娜给巴恩斯医院的院长戴维斯博士打来电话，要求立即作出一项新的人事安排。从黛安娜的急切声音中，院长感觉到一定发生了什么事，因此要她立即到办公室来。5分钟后，黛安娜递给了院长一封辞职信。

"戴维斯博士，我再也干不下去了，"她开始申述："我在产科班当护士长已经四个月了，我简直干不下去了。我怎么能干得了这工作呢？我有三个上司，每个人都有不同的要求，都要求优先处理。要知道，我只是一个凡人。我已经尽最大的努力适应这种工作，但看来这是不可能的。让我给举个例子吧。请相信我，这是一件平平常常的事。像这样的事情，每天都在发生。昨天早上7:45，我来到办公室就发现桌上留了张纸条，是杰克逊(医院的主任护士)给我的。她告诉我，她上午10点钟需要一份床位利用情况报告，供她下午在向董事会作汇报时用。我知道，这样一份报告至少要花一个半小时才能写出来。30分钟以后，乔伊斯(黛安娜的直接主管，基层护士监督员)走进来质问我为什么我的护士不在班上。我告诉她雷诺斯医生(外科主任)从我这要走了她们两个，说是急诊外科正缺人手，需要借用一下。我告诉她，我也反对过，但雷诺斯坚持说只能这么办。你猜，乔伊斯说什么？她叫我立即让这些护士回到产科部。还说，一个小时后，她会回来检查我是否把这件事办好了！我跟你说，戴维斯博士，这种事情每天都会发生好几次的。一家医院就只能这样运作吗？"

问题：1. 这家医院的正式指挥链是怎样的？有人越权行事了吗？
2. 如果你是戴安娜你将如何处理这些冲突的要求呢？
3. 戴维斯院长能做些什么以改变目前的现状呢？

资料来源：www.mie168.com

# 第七章 员工的配备

**学习目标**

★ 通过本章学习,你应该能够:
★ 理解员工配备的任务与程序;
★ 说明主管人员选聘的主要标准;
★ 掌握主管人员选聘的方法;
★ 描述主管人员考评的主要方法和环节;
★ 探讨主管人员培训的主要方法。

**开篇实例　　　　　海尔的用人机制**

海尔集团是至今惟一被搬上哈佛大学讲坛加以探讨的、诞生于中国的企业。十多年前,还是一个亏损一百多万、濒临倒闭的集体小厂,经过海尔人十多年的卧薪尝胆,一跃成为中国家电行业产品开发速度最快、规模最全、品种最多、质量最好、服务最优、市场份额最大、商标价值最高的企业。

——这一切是与海尔集团在长期的实践中所形成的一套科学、合理的用人机制分不开的。以下是在海尔集团的用人实践中的几个例子:

一位中年师傅曾获得国家专利和省、部级奖励,经自己的努力成为优秀员工后不久,由于一时疏忽,没将出口与内销冰箱的"跟单号"分开,致使冰箱重号而造成质量事故。于是,他被取消了优秀员工的称号。后来,经过一年的努力,他又发明了一项"发泡注料嘴"和一种新型焊枪,获国家专利,才又恢复为优秀员工。

——冰箱二厂任全晓是一个农民合同制工人,但在海尔这个充满竞争的环境中,他刻苦钻研技术,合理化建议一件接一件,小改小革一个连一个,自己也由一般员工提升为班长。最近,他又为企业降耗34万多元,由班长晋升为车间主任。他满怀深情他说:"是海尔的用人机制给了我实现自身价值的上升空间"。

——冰箱三厂的合格员工郡翔主动请缨,承担起了铝管节耗的重任,一个月内降耗就达2.6万元,很快就被转为优秀员工。

——这些事例都是海尔集团提出并实施的用人机制——"斜坡球体人才发展论"和"变相马为赛马"的具体体现。

——他们认为,每一个人恰似在斜坡上上行的球体,市场竞争越激烈,企业规模越大,这个斜坡的角度越大。员工的惰性是人才发展的阻力,只有提高自己的素质克服惰性不断向目标前进才能发展自己,否则只能滑落和淘汰。止住人才在斜坡上下滑的动力是人的素质。在海尔谈到素质,人们都认同这样一种理念:在一点一滴中养成,从严格的管理中逼出。为此,海尔实施了全方位的对每天、每人、每件事进行清理、控制,"日事日毕,日清日高";以求把问题控制在最小的范围,解决在最短的时间,把损失降低到最低的程度。这就是海尔管理模式，即"OEC 管理"。

——斜坡球体人才发展理论在海尔集团深入人心，为每个员工提高自身素质提供了动力。从管理人员到普通员工，都十分珍惜每一次学习机会，自觉地为自己"上坡"加"油"。

——"变相马为赛马"，实际上是斜坡球体人才发展理论的一种体现、保证，二者是相辅相成的。

在海尔领导集体看来，企业不缺人才，人人都是人才，关键是我们是不是将每一个人所具备的最优秀的品质和潜能充分发挥出来了。为了把每个人的最为优秀的品质和潜能充分开发出来，海尔人"变相马为赛马"，并且在全体员工高度认同的情况下，不断实践、提高。这是一个立足于市场经济竞争的人才竞争的机制。

在竞争中选人才、用人才，就是要将人才推到属于他的岗位上去赛，去发挥最大的潜力，去最大限度地选出优秀人才。这是一个有利于每一个人充分发挥自己特长的机制，使每一个人都能在企业里找到适合自己价值的位置。

正如张瑞敏总裁所说："你能翻多大的跟头，我就给你搭多大的舞台。"这无疑给每个员工提供了一个任其充分发展的广阔空间。

——海尔集团实践的赛马机制是一个人才发现与培养的动态过程，是一个实践——认识——再实践——再认识的过程。这一机制最初体现在在公司内部实行"三工转换制度"。

该制度是将企业员工分为试用员工——合格员工——优秀员工，三种员工实行动态转化。通过细致科学的赛马规则，进行严格的工作绩效考核，使所有员工在动态的竞争中提升、降级、取胜、淘汰。努力者，试用员工可以转为合格员工乃至优秀员工。不努力者，就会由优秀员工转为合格员工或试用员工。

更为严格的是，每次考评后都要按比例确定试用员工，如此一来，人人都有危机感。一种新的理念在人们的心中树立起来：今天工作不努力，明天努力找工作。谁砸海尔的牌子，企业就砸谁的饭碗。

——这里的赛马，遵循着"优胜劣汰"的铁的规律。任何人，不能满足于已有的成绩，只有创业，没有守业；谁守业，不进取，谁就要被严酷的竞争所淘汰。

在这里，人的竞争上升到了精神的竞争，就是每个员工的心中装着神圣的海尔事业，不断进取，不断创业，才能始终立于不败之地。另外，海尔的赛马是全方位开放式的，所有的岗位都可参赛，岗岗是擂台，人人可升迁，而且向社会开放。

在这里，没有身份的贵贱、年龄的大小、资历的长短，只有技能、活力、创造精神和奉献精神。普通而有能力的员工可以升迁为管理人员，平凡而有才华的农民可以走上领导岗位。升迁不是梦，在海尔你会被一种竞争向上的氛围、一种朝气蓬勃的气息所深深感染。

——相马是将命运交给了别人，而赛马则是将命运掌握在每个人自己的手中。是人才，赛中看，在海尔，是每个人自己铺就了一条成功之路。真可谓："海阔凭鱼跃，天高任鸟飞。"

——这就是海尔的用人之道，也是它迈向成功、腾飞的主要原因。

---

资料来源：www.666cg.com

---

海尔的成功在很大程度上在于它的用人之道，这是他迈向成功的主要原因。其实不仅是海尔，成功的企业都需要建立一套科学的用人机制。本章主要介绍人员配备，包括人员配备的任务、程序和原则，管理人员的选聘，考评和培训。

# 第一节 人员配备的任务、程序和原则

## 一、人员配备的任务

人员配备是为每个岗位配备适当的人，首先满足组织的需要；同时，人员配备也是为每个人安排适当的工作，因此要考虑满足组织成员个人的特点、爱好和需要。人员配备的任务可以从组织和个人这两个不同的角度去考察。

（一）从组织需要的角度去考察

1. 要通过人员配备使组织系统开动运转——人员配备的基本任务

设计合理的组织系统要能有效地运转，必须使机构中每个工作岗位都有适当的人去占据，使实现组织目标所必需进行的每项活动都有合格的人去完成。

2. 为组织发展准备干部力量

组织是一个动态系统，处在一个不断变化发展的社会经济环境中。

组织的目标、活动内容需要经常根据环境变化适当地调整，由目标和活动决定的组织机构也随之发生相应的变化。组织的适应调整过程往往也是发展壮大过程。组织的机构和岗位不仅会发生质的改变，而且在数量上会不断增加。所以，我们在为组织目前的机构配备人员时，还需要考虑机构可能发生的变化，为将来的组织准备和提供工作人员，特别是管理干部。由于管理干部的成长往往需要较长的时间，因此组织要在使用的同时或通过使用来培训未来的管理干部，要注意管理干部培训计划的制定和实施。

3. 维持成员对组织的忠诚

人才流动对个人而言可能是重要的，可以使人才自己通过不断尝试，找到最适合自己、给自己带来最大利益的工作。但对整个组织来说，人才流动虽有可能给企业带来"输入新鲜血液"的好处，但其破坏性可能更严重，人员不稳定、职工离职率高，特别是优秀人才外流，往往使组织积年的培训费用付之东流，而且可能破坏组织的人事发展计划，甚至影响企业在发展过程中的干部需要。

因此，要通过人员配备，稳住人心，留住人才，维持成员对组织的忠诚。

（二）从组织成员配备的角度去考察

组织成员是否真心实意地、自觉积极地为组织努力工作，要受到许多因素的影响。

1. 通过人员配备，使每个人的知识和能力得到公正的评价、承认和运用。

工作的要求与自身的能力是否相符，是否感到"大材小用"和"怀才不遇"，工作的目标是否富有挑战性，这些因素与人们在工作中的积极、主动、热情程度有着极大的关系。

2. 通过人员配备，使每个人的知识和能力不断发展，素质不断提高。

知识与技能的提高，不仅可以满足人们的心理需要（"自我实现的需要"已变得越来越现实，特别是对于有一定文化素质的组织成员来说），而且往往是通向职业生涯中职务晋升的阶梯。

## 二、人员配备的工作内容和程序

（一）确定人员需要量——主要以设计出的职务数量和类型为依据

人员配备是在组织设计的基础上进行的。主要以设计出的职务数量和类型为依据来确定人员需要量，职务数量指每种类型的职务需要多少人，职务类型则指出了需要什么样的人。

构成组织结构基础的职务可以分成许多类型。

比如：全体职务可分成管理人员与生产作业人员；管理人员中可分成高层、中层、基层管理人员；每一层次的管理人员又可分成直线主管与参谋或管理研究人员；生产操作人员可分成技术工人与专业工人，基本生产工人与辅助生产工人等等。

如果是为一个新建的组织选配人员，那么只需利用上述职务设计的分类数量表去直接在社会上公开招用、选聘。然而，我们遇到的往往是现有组织的机构与人员配备重新调整的问题，所以在通常情况下，在进行了组织的重新设计后，还需检查和对照企业内部现有的人力资源情况，两相对比，找出差额，确定需要从外部选聘的人员类别与数量。

（二）选配人员

职务设计和分析指出了组织中需要具备哪些素质的人。为了保证担任职务的人员具备职务要求的知识和技能，必须对组织内外的候选人进行筛选，做出最恰当的选择。这些待聘人员可能来自企业内部，也可能来自外部社会。

从外部新聘员工或从内部行调整，各有其优势和局限性。

对于外部候选人的实际工作能力我们往往所知甚少，而对于内部候选人我们了解的也只是他们以前从事较低层次工作时的能力，至于他们能否胜任需要担负更大责任的工作，往往难以得出比较可靠、肯定的结论。候选人实际工作能力的辨识困难告诉我们必须谨慎、认真、细致地进行人员配备。把不合适的人安排在不合适的岗位上，不论对个人还是对组织，都会带来灾难性的后果。必须研究和使用一系列科学的测试、评估和选聘方法。

（三）制定和实施人员培训计划

人的发展是一个过程，组织成员在明天的工作中表现出的技术和能力需要在今天培训；组织发展所需的干部要求现在就开始准备。维持成员对组织忠诚的一个重要方面是使他们看到自己在组织中的发展前途。人员，特别是管理人员的培训无疑是人员配备中的一项重要工作。培训，既是为了适应组织技术变革、规模扩大的需要，也是为了实现成员个人的充分发展。

因此，要根据组织的成员、技术、活动、环境等的特点，有计划、有组织、有重点地进行全员培训，特别是对有发展潜力的未来管理人员的培训。

## 三、人员配备的原则

人与事的优化组合，人员配备过程中必须依循一定的原则。

（一）因事择人的原则——要求工作者具备相应的知识和能力

选人的目的在于使其担当一定的职务，要求其从事与该职务相应的工作。要使工作卓有成效地完成，首先要求工作者具备相应的知识和能力。

（二）因材器使的原则——根据人的特点来安排工作

不同的工作要求不同人去进行，而不同的人也具有不同的能力和素质，能够从事不同的工作。从人的角度来考虑，只有根据人的特点来安排工作，才能使人的潜能得到最充分的发挥，使人的工作热情得到最大限度的激发。

(三)人事动态平衡的原则——人与事的配合需要进行不断的调整

处在动态环境中的组织是在不断发展的，工作中的人的能力和知识是在不断提高和丰富的，同时，组织对其成员的素质认识也是不断全面、完善的。因此，人与事的配合需要进行不断的调整，使能力发展并得到充分证实的人去从事更高层次的负更多责任的工作，使能力平平、不符合职务需要的人有机会进行力所能及的活动，以求使每一个人都能得到最合理的使用，实现人与工作的动态平衡。

### 相关链接

#### 人才四论：庸人、常人、能人和人才

别人能做你不能做，你是个庸人；别人能做你也能做，你是个常人；别人不能做你能做，你是个能人；别人想不到你想到并能做，你是个人才。

什么样的人是人才，不同企业对人才的看法肯定不一样。有的会侧重素质，有的会侧重学历，有的会侧重经验，有的会侧重技能，这些不同的选择人才标准就是基于人的假设基础之上的。

行业内经常会说："适合才是最好的"。但我们认为，人才的选择上应该是：适合但不是最好的！

为什么，相信绝大部分的人力资源总监都有这样的疑惑，公司对人力资源的标准一向都定得较高，根据公司战略制定了组织构架，根据组织构架设置部门，根据部门职责制定岗位说明书。这样的流程走下来，基本上从市场上想招聘到合适的岗位难度很大，要不然就是应聘者素质不合要求，要不然就是对方漫天要价，要找到真正适合的人才真难。

那什么是合适的呢？能够满足目前岗位90%以上的要求，但总有那么一些不是非常胜任的，也就是离目标总有差距的人才是合适的。如果一个员工一到岗位就非常胜任岗位的要求，那他个人的发展就没有了空间，因为他已经非常适合岗位了，另外他也没有太多的学习机会，该懂的都懂了，还有什么好学的。这样的员工一方面忠诚度低，因为他肯定是主要为了钱而来，而且他可以为了钱立即就跑到竞争对手那边去；另一方面，他也不会有太多的创新，他的知识和技能已经足以满足目前岗位的要求，因此他不会花太的时间去学习或创新，他可能会经常将知识当成经验，而且容易和其他同事冲突，因为他已经是专家。

所以，人才的选择上要合适的人，但肯定不是最好的。

永远有差距，就永远有追求！

企业选择人才对于人力资源部的考核指标体系中肯定有岗位胜任率这一指标，这个指标只是从一方面反映了企业人力资源部的关键业绩而已，其实还有加上一项指标，就是人力资源岗位差距提升率，就是说，我们知道任何人都不可能百分百适合岗位，因此如何提升企业人力资源岗位的素质就是非常关键的一项工作，它可以通过培训、换岗或者导师制度等方式，但终究要有点要清晰的，就是人无完人，金无足赤，位无百分百胜任。

资料来源：www.chinahrd.net

## 第二节 管理人员的选聘

人是组织活动的关键资源。组织中的其他资源需要通过人的积极组合和利用才能发挥效用。人在组织中的地位决定了人员配备在管理工作中的重要性。由于每一个具体的组织成员都是在一定的管理人员的领导和指挥下展开工作的,因此管理人员的选拔、培养和考评当为企业人事管理的核心;人事决策当居企业各种决策之首。

### 一、管理人员需要量的确定

管理人员选配和培训计划,首先需要确定组织目前和未来的管理人员需要量。

（一）组织现有的规模、机构和岗位

管理人员的配备首先是为了指导和协调组织活动的展开,因此首先需要参照组织结构系统图,根据管理职位的数量和种类,来确定企业每年平均需要的管理人员数量。

（二）管理人员的流动率

不管组织作出何种努力,只要存在劳动力市场且市场机制发挥作用;就总会出现组织内部管理人员外流的现象。此外,由于自然力的作用,组织中现有的管理队伍会因病老残退而减少。确定未来的管理人员需要量,要求计划对这些自然或非自然的管理干部减员进行补充。

（三）组织发展的需要

随着组织规模的不断发展,活动内容的日益复杂,管理工作量将会不断增加,从而对管理人员的需要也会不断增加。因此,计划组织未来的管理干部队伍,还须预测和评估组织发展与业务扩充的要求。

综合考虑上述几种因素便可大致确定未来若干年内组织大致需要的管理干部数量,从而为管理人员的选聘和培养提供依据。

### 二、管理人员的来源

组织可从外部选聘或从内部提拔所需的管理人员。

（一）外部招聘

外部招聘是根据一定的标准和程序,从组织外部的众多候选人中选拔符合空缺职位工作要求的管理人员。

1. 外部招聘干部具有以下优点：

（1）被聘干部具有"外来优势"。所谓"外来优势"主要是指被聘者没有"历史包袱",组织内部成员(部下)只知其目前的工作能力和实绩,而对其历史、特别是职业生涯中的失败记录知之甚少。因此,如果他确有工作能力,那么便可迅速地打开局面。相反,如果从内部提升,部下可能对新上司在成长过程中的失败教训有着非常深刻的印象,从而可能影响后者大胆地放手工作。

（2）有利于平息和缓和内部竞争者之间的紧张关系。组织内部可能会有好几个竞争者希望得到空缺的管理职位,都希望自己有晋升的机会。如果员工发现自己的同事,特别是原来与自己处于同一层次具有同等能力的同事提升而自己未果时,就可能产生不满情绪,懈怠工作,不听管理,甚至拆台。从外部选聘有可能使这些竞争者得到某种心理上的平衡,从而利于缓和他们之间的紧张关系。

(3)能够为组织带来新鲜空气。外部候选人可以为组织带来新的管理方法与经验。他们没有太多的框框程序束缚,工作起来可以放开手脚,从而给组织带来较多的创新机会。此外,由于他们新近加入组织,没有与上级或下属历史上的个人恩怨关系,从而在工作中可以很少顾忌复杂的人情网络。

2.外部招聘也有许多局限性,主要表现在:

(1)外聘干部不熟悉组织内部情况,同时也缺乏一定的人事基础,需要一段时期的适应才能进行有效的工作。

(2)组织对应聘者的情况不能深入了解。虽然选聘时可借鉴一定的测试、评估方法,但一个人的能力是很难通过几次短暂的会晤,几次书面测试就能得到正确的反映。被聘者的实际工作能力与选聘时的评估能力可能存在很大差距,因此组织可能会聘用一些不符合要求的管理干部。这种错误的选聘可能给组织造成极大的危害。

(3)外聘干部的最大局限性莫过于对内部员工的打击。大多数员工都希望在组织中有不断发展的机会,都希望能够担任越来越重要的工作。

如果组织经常从外部招聘管理人员,且形成制度和习惯,就会堵死内部员工的升迁之路,从而会挫伤他们的工作积极性,影响他们的士气。

同时,有才华、有发展潜力的外部人才在了解到这种情况后也不敢应聘,因为一旦应聘,虽然在组织中工作的起点很高,但今后提升的希望却很小。

由于这些局限性,许多成功的企业强调不应轻易地外聘管理人员,而主张采用内部培养和提升的方法。

(二)内部提升

内部提升是指组织成员的能力增强并得到充分的证实后,被委以需要承担更大责任的更高职务。

1.作为填补组织中由于发展或伤老病退而空缺的管理职务的主要方式,内部提升制度具有以下优点:

(1)有利于鼓舞士气,提高工作热情,调动组织成员的积极性。内部提升制度给每个人带来希望。每个组织成员都知道,只要在工作中不断提高能力、丰富知识,就有可能被分配担任更重要的工作,这种职业生涯中的个人发展对每个人都是非常重要的;职务提升的前提是要有空缺的管理岗位,而空缺的管理岗位的产生主要取决于组织的发展,只有组织发展了,有发展潜力的员工能自觉地更积极地工作,以促进组织的发展,从而为自己创造更多的职务提升的机会。

(2)有利于吸引外部人才。内部提升制度表面上是排斥外部人才、不利于吸收外部优秀的管理人员的。其实不然,真正有发展潜力的管理者知道,加入到这种组织中,担任管理职务的起点虽然比较低,有时甚至需要一切从头做起,但是凭借自己的知识和能力,花较少的时间便可熟悉基层的业务,从而能迅速地提升到较高的管理层次。

(3)有利于保证选聘工作的正确性。已在组织中工作若干时间的候选人,组织对其了解程度必然要高于外聘者。候选人在组织中工作的经历越长,组织就越有可能对其作全面深入的考察和评估，从而使选聘工作的正确程度越高。

(4)有利于使被聘者迅速展开工作。管理人员能力的发挥要受到他们对组织文化、组织结构及其运行特点的了解。在内部成长提升上来的管理干部，由于熟悉组织中错综复杂的机构和人事关系，了解组织运行的特点，可以迅速地适应新的管理工作，工作起来要比外聘者显得得心应手，从而能迅速打开局面。

2.同外部招聘一样，内部提升制度也可能带来某些弊端：

(1)引起同事的不满。在若干个内部候选人中提升一个管理人员，可能会使落选者产生不满情绪，从而不利于被提拔者展开工作。避免这种现象的一个有效方法是不断改进干部考核制度和方法，正确地评价、分析、比较每一个内部候选人的条件，努力使组织得到最优秀的干部，并使每一个候选人都能体会到组织的选择是正确的、公正的。

(2)可能造成"近亲繁殖"现象。从内部提升的管理人员往往喜欢模仿上级的管理方法。这虽然可使老一辈管理人员的优秀经验得到继承，但也有可能其发展不良作风，不利于组织的管理创新，不利于管理水平的提高。要克服这种现象，必须加强对管理队伍的教育和培训，特别是要不断组织他们学习新知识。在评估候选人的管理能力时，也必须注意对他们创新能力的考察。

### 三、管理人员选聘的标准

"士兵有权得到能干的指挥员"，这是古罗马凯撒大帝时就已成为名言的一句格言；同样，组织中的每个成员都有权得到最称职的管理干部。战争中，士兵们不得不把自己的生命托付给指挥作的长官；类似地，在现代社会生活中，组织成员不得不把自己许多需要得到满足的希望寄托于优秀的管理干部。因此，必须选择合适的管理人员来担任合适的管理工作。

在具体讨论管理干部的标准以前，有必要作两点说明。

1.组织中不同层次不同职能机构的管理职务，需要完成不同的工作，要求职务担任者具备不同的知识和技能。因此，要列出一个适合所有管理岗位工作人员的条件清单非常困难，甚至不可能。

2.选聘管理干部的主要依据是能力而不是贡献。能力与贡献两者并不总是一致，个人对组织的贡献并不仅仅取决于自己的能力，要受到自身以外的许多其他因素的影响。

对组织成员贡献的补偿主要是分配中的报酬，特别是物质方面的报酬。当然，贡献的大小有时也是能力高低的一种标志，如果某个成员不仅为组织提供了特殊贡献，而且在提供贡献的过程中，充实了工作技能和知识，能够胜任更高层次的工作，那么这种特殊贡献应该成为予以提升的补充依据。

不同管理层次的具体管理业务工作是不同的，但其本质特征则是一样的，即：组织和协调他人的劳动。因此，对不同管理人员的具体要求中可以辨别出一些相同的方面。

#### (一)管理的欲望

强烈的管理欲望是有效地进行管理工作的基本前提。担任管理工作，对某些人来说，它意味着在组织中取得较高的地位、名声以及与之相应的报酬，但对更多的、成功的管理人员来说，它意味着可以利用制度赋予的权力来组织他人的劳动，意味着通过他人的劳动来实现自己制定的、符合组织需要的目标，并从中获得心理上的满足。对权力不感兴趣的人，当然不会负责任地、有效地使用权力，从而难以借此获得积极的效果。

## （二）正直诚信的品质

正直和诚信是每个组织成员都应具备的基本品质。管理人员尤其如此。

由于担任管理职务具有相当大的职权，而组织对权力的运用往往难以进行严密、细致、及时、有效的监督，所以权力能否正确运用在很大程度上只能取决于管理人员的良知。管理人员必须是道德高尚的，值得信赖的，必须具有正直的品质。正直诚信，意味着对上不曲意逢迎，不拍马屁，敢于提出自己的观点，指出上级的错误；意味着诚实地总结和汇报工作，不虚报成绩，不隐瞒缺点；意味着对部属一视同仁，不拉帮派，不分亲疏，不搞"顺我者昌，逆我者亡"，在评价下属工作时，有一套客观的公正的标准，而不是根据个人的好恶；意味着脚踏实地的工作，而不是为了哗众取宠，搭花架子，做表面文章。

正直诚信意味着很多内容，应该成为管理人员的基本品质。管理人员缺乏了这种品质就可能人心涣散。

当然，只有这种品质而无工作的能力也不能成为合格的管理者，然而，有能力而无正直诚信品质的管理人员，则可能给组织造成巨大的破坏，且能力越大，破坏越大。

## （三）冒险的精神

管理的任务不仅在于执行上级的命令，维持系统的运转，而且要在组织系统或部门的工作中不断创新。只有不断创新，组织才能充满生机，才能不断发展。而创新意味着打破原有机制的束缚，做以前没有做过的事，没有现成的程序或规律可循。因此，既有成功的可能，也有失败的风险，而且往往是，希望取得的成功越大，需要冒的风险也越多。

因此，要创新，就要敢于冒风险。

## （四）决策的能力

管理人员不仅要计划和安排自己的工作，而且更重要的是要组织和协调部属的工作。管理人员在组织下属工作的过程中要进行一系列的决策：本部门在未来时期内要从事何种活动？从事这种活动需达到何种状况和水平？谁去从事这些活动？利用何种条件、在何时完成这些活动？等等。

西蒙说，管理就是决策，管理过程中充满了决策。因此，掌握一定的决策能力对管理人员来说也是非常重要的。当然，拥有决策的能力，并不一定要求每位管理人员都能娴熟地运用决策的定性或定量方法（管理人员在这方面的缺陷可以通过设立参谋人员或进行咨询而得到补偿），但管理者至少必须具备分析问题的能力和果断抉择的魄力，必须能够敏锐地观察事物的变化，善于捕捉信息，发现问题，能够透过现象，抓住本质，判断问题的性质，预估事物的发展趋势；必须能够在基本把握事物变化的脉络以后，在管理研究人员制定并比较了多种解决问题的可行方案的基础上，迅速果断地作出选择。

成功的管理人员通常是在别人还犹豫不决的情况下作出决策、采取行动的。

## （五）沟通的技能

管理人员要理解别人，也需要别人理解自己。

组织成员之间的相互理解是组织成功的基本保证。理解要借助信息的沟通来完成。信息沟通是在"说"和"听"的过程中实现的。管理人员要通过充分地"听"与艺术地"说"，来正确地理解上级的意图，认清组织的任务与目标，制定正确的落实措施，或巧妙地提出自己的不同意见，争取上司的赞同；同时，也要通过娴熟地运用听与说的技巧，准确地表述自己的思想，布置下属的工作，并充分地聆听下属的怨诉，体察他们的苦衷，了解下属工作的进度，协调他们的活动。

### 四、管理人员的选聘程序与方法——竞争

不论是外聘还是内部提升，为了保证新任管理人员符合工作的要求，往往需要把竞争机制引入人员配备工作。通过竞争，可以使组织筛选出最合适的管理人员。竞争的结果可能是外部人员被选中，内部候选人被淘汰。

#### （一）公开招聘

组织中出现需要填补的管理职位时，根据职位所在的管理层次，建立相应的选聘工作委员会或小组。工作小组既可是组织中现有的人事部门，也可是代表所有者利益的董事会，或由各方面利益代表组成的专门或临时性机构。

选聘工作机构要以相应的方式，通过适当的媒介，公布待聘职务的数量、性质以及对候选人的要求等信息，向企业内外公开"招聘"，鼓励那些自认为符合条件的候选人参加。

#### （二）粗选

应聘者的数量可能很多。选聘小组不可能对每一个人进行详细的研究和认识，否则所花费用过高，需要进行初步筛选。内部候选人的初选可以比较容易地根据组织以往的人事考评来进行。对外部应聘者则需通过简短的初步会面、谈话，尽可能多地了解每个申请人的情况，观察他们的兴趣、观点、见解、独创性等，淘汰达不到基本要求者。

#### （三）对粗选合格者进行知识与能力的考核

1. 智力与知识测验。

测验是要通过考试的方法测评候选人的基本素质，包括智力测验和知识测验两种基本形式。

智力测验是目前流行的一种评估个人潜能的基本方法，这种方法通过候选人对某些问题的回答，来测试他的思维能力、记忆能力、思想的灵敏度和观察复杂事物的能力等。显然，管理人员必须具备中等水平以上的智力。

知识测验是要了解候选人是否掌握了与待聘职务有关的基本的技术知识和管理知识。如果缺乏这些知识，候选人将无法进行管理工作。

2. 竞聘演讲与答辩

这是知识与智力测验的补充。测验可能不足以完全反映一个人的基本素质，更不能表明一个人运用知识和智力的能力。

发表竞聘演讲，介绍自己任职后的计划和打算，并就选聘有关提问进行答辩，充分展示候选人才华。

3. 案例分析与候选人实际能力考核

竞聘演说使每个应聘者介绍了自己"准备怎么干"，使每个人表明了自己"知道如何干"。但是，"知道干什么或怎么干"与"实际干什么或会怎么干"不是一回事。因此，在竞聘演说与答辩以后，还需对每个候选人的实际操作能力进行分析。测试和评估候选人分析问题和解决问题的能力，可借助"情景模拟"或称"案例分析"的方法。这种方法是将候选人置于一个模拟的工作情景中，运用多种评价技术来观测考察他的工作能力和应变能力，以判断他是否符合某项工作的要求。

**相关链接：**

### "处理公文测验"与"无领导小组讨论"方法

情景模拟的具体方法很多，我们这儿主要介绍两种方法。

1. "处理公文测验"

（1）向候选人提供"一揽子"公文，包括电话记录、下级请示报告、上级批件、公司内部报告、外部函件等。其中有重要事项，也有琐碎的小事。

（2）要求候选人在规定时间内把这些公文处理完毕。

（3）观察候选人在一大堆公文压力下的心理与行为，是分清轻重缓急、有条不紊或授权下属呢？还是杂乱无章、"眉毛胡子一把抓"？

（4）询问候选人处理某些公文的依据是什么？有什么设想？为什么这样做而不那样做？

（5）根据观测结果，选聘工作小组对候选人的管理能力作出集体评价。

2. "无领导小组讨论"的方法，主要用于评价候选人的领导能力、合作能力、应变能力。

（1）将候选对象编成若干小组。

（2）规定身份，明确任务。

向候选人提供相同的"公司"或"市场"材料，要求就公司在未来时期内增加盈利或提高市场份额制定对策。讨论时各自的指定身份是相同的，不存在领导与被领导的关系。

（3）每个候选人根据提供的材料，开动脑筋，提出自己的看法和设想，进行讨论。

（4）考核应变力。

讨论中每隔一定时间通报一次市场行情和企业生产情况的变化。有时，某个问题刚刚讨论完毕，解决问题的方案刚刚制定，便立即告诉候选人情况发生了变化。这时，要注意每个候选人的表现，在突然变化面前是焦躁不安、不知所措，还是沉着冷静，应付自如。

（5）最后对参加讨论的每个人的领导能力、合作能力和应变能力进行评价，建议符合每个人特点的工作性质。

### （四）民意测验

管理人员是通过别人的劳动来实现自己的目标的。管理工作的效果是否理想不仅取决于管理人员自己努力与否，而且受到被管理人员接受程度的影响。因此，在选配管理人员时，特别是在选配组织中较高管理层次的管理人员时，还应注意征询所在部门、甚至是组织所有成员的意见，进行民意测验，以判断组织成员对他（他们）的接受程度。

### （五）选定管理人员

在上述各项工作的基础上，利用加权的方法，算出每个候选人知识、智力和能力的综合得分，考虑到民意测验反映的受群众拥护的程度，并根据待聘职务的性质，选择聘用既有工作能力、又被同事和部属广泛接受的管理人员。

## 第三节　管理人员的考评

员工素质，特别是管理干部素质，是企业活动效率的决定因素。美国钢铁大王卡内基曾经宣称："你可以剥夺我的一切：资本、厂房、设备，但只要留下我的组织和人员，四年以后我将又是一个钢铁大王。"人员对于企业成功之重要，由此可见一斑。因此，企业应对人力资本有规律地定期"盘点",列出"清单",以配合组织的发展。

### 一、管理人员考评的目的和作用

人事考评首先是为了列出企业人力资本的清单,了解企业管理队伍的基本状况。

#### (一)为确定管理人员的工作报酬提供依据

这是许多企业进行人事评估的主要目的。工作报酬必须与工作者的能力和贡献结合起来,这是企业分配的一条基本原则。

如果报酬仅取决于工作的性质(如流水线上的作业)或劳动的数量(比如在实行计件工资制的条件下)一个因素,那么人事考评也许不太重要。这时,企业更加关心的是工作分析。分析流水生产中每道工序的作业对工人的体力和智力要求,不论谁担任此项工作,都必须付给相同的报酬;分析作业方法,制定标准的作业时间,确定合理的计件单价,使任何作业者的报酬与其工作量成某种比例关系。

然而,管理人员的工作与流水线上的操作或按件计资的工人有着本质的区别:(1)管理人员的工作往往具有较大的特殊性;(2)管理人员的工作效果通常难以精确地量化处理;(3)这种结果往往受到存在于管理人员之外的许多难以界定的因素的影响。

由于这些特点,在确定管理人员的工作报酬时,不仅要根据担任这项职务所必需的素质来确定能力工资或职务工资,而且还应根据管理人员在工作中的态度、努力程度、实际表现等因素来确定绩效工资。如果说前者取决于工作或职务分析的话,后者则需要通过人事考评来提供依据。

#### (二)为人事调整提供依据

期初配备的管理人员并不一定与工作要求完全相符。

有些管理人员在选聘时所表现出的曾令人留下深刻印象的工作能力在管理实践中并未能得到充分证实。相反,另一些管理人员在工作过程中素质和能力不断得到提高,表现出强烈的担负更重要工作的欲望,并试图努力证明自己是有能力负起更大责任的。由于诸如此类的原因,必须根据管理人员在工作中的实际表现,对组织的人事安排经常进行调整:对前者安排到力所能及的岗位上,对后者提供晋升的机会,对另一些人则可保持现在的职位。

#### (三)为管理人员的培训提供依据

管理人员的社会阶层、文化背景、过去经历以及受教育程度等因素决定了他们在具备一定优秀素质的同时,也存在着某些方面的素质缺陷。这些素质缺陷影响了他们管理技能的提高,对他们现在的工作效率或未来的提升机会构成了不同程度的障碍。这些缺陷往往是由于缺少学习和训练的机会而形成的,因此可以通过企业的人事培训来消除或改善。人事考评可以帮助企业了解每个管理人员的优势、局限、内在潜力;指导企业针对管理队伍的状况和特点来制定培训和发展规划。

#### (四)有利于促进组织内部的沟通

促进沟通也许只是一种副产品,是人事考评中一种派生的有利作用。制度化的人事考评,可以使下级更加明确上级或组织对自己的工作和能力要求,从而了解努力的方向;可以使上级更加关心下属的工作和问题,从而更关注他们的成长;可以使上下级经常对某些问题加以讨论,从而促进理解的一致性……这些由于考评而带来的沟通的增加,必然会促进人们对组织目标与任务的理解,融洽组织成员、特别是管理人员之间的关系,从而有利于组织活动的协调进行。

## 二、管理人员考评的内容

一般来说，为确定工作报酬提供依据的考评着重于管理人员的现时表现，而为人事调整或组织培训而进行的考评则偏向技能和潜力的分析。然而，组织中具体进行的人事考评，往往不只与一种目的有关，而是为一系列目的服务的。

### （一）关于贡献考评

贡献考评是指考核和评估管理人员在一定时期内担任某个职务的过程中对实现企业目标的贡献程度，即：评价和对比组织要求某个管理职务及其所辖部门提供的贡献与该部门的实际贡献。

贡献往往是努力程度和能力强度的函数。因此，贡献考评是决定管理人员报酬的主要依据。贡献评估需要注意以下两个问题。

**1. 应尽可能把管理人员的个人努力和部门的成就区别开来**

即力求在所辖部门的贡献或问题中辨识出有多大比重应归因于主管人员的努力：这项工作可能在实践中是非常困难的，但也是非常重要的。因为在个人提供的努力程度不变的情况下，外部完全有可能发生不可抗拒的、内部无能为力的、但对内部的部门目标的实现起着重要的促进或阻滞作用的变化。许多组织中往往存在着这样一些陷阱部门：从某个时刻开始，担任该部门主管的人员"纷纷落马"，即使在其他部门表现突出的管理人员，来到这些陷阱部门后也往往一筹莫展。这种部门的产生，往往与环境的变化有关。环境发生了重大的变化后，该部门的业务性质可能发生了重大改变，业务量急剧膨胀，而组织对该部门的性质及其与其他部门的关系却未做相应的调整。在这种情况下，需要考察和分析的不是管理人员的表现和能力，而是组织机构的合理性。

**2. 贡献考评既是对下属的考评，也是对上级的考评**

贡献考评是考核和评价具体管理人员及其部门对组织目标实现的贡献程度。而具体人员和部门对组织的贡献往往是根据组织的要求来提供的。因此，只有在被考评时期开始以前，组织（上级）对每个部门和管理岗位的工作规定具体的目标和要求，考评才可以进行。否则，不仅使下级不能了解努力的方向，从而不能提供有效的贡献，而且使考评失去了客观的标准。在这种情况下，下级不能提供积极贡献的原因不在他们自己，而在上级。

### （二）关于能力考评

贡献虽可在一定程度上反映管理人员的工作能力，但不仅仅取决于后者。能力的大小与贡献的多少并不存在着严格的一一对应的关系。为了有效地指导企业的人事调整或培训与发展计划，还须对管理干部的能力进行考评。

能力考评是指通过考察管理人员在一定时间内的管理工作来评估他们的现实能力和发展潜力，即分析他们是否符合现任职务所具备的要求，任现职后素质和能力是否有所提高，从而能否担任更重要的工作。

由于管理人员的能力要通过日常的具体工作来表现，而处理这些工作的技术与方法又很难与那些抽象地描述管理者素质特征或能力水准的概念对上号。因此，能力考评中要注意切忌只给抽象概念打分。

任何组织都会认识到，"决策能力"、"用人能力"、"沟通能力"、"创新精神"、"正派的作风"等等无疑是优秀的管理人员所必须具备的基本素质。但这只是一些抽象的概念,用这些未加细分的、笼统、甚至是模糊的概念去组织考评,只能增加考评的难度,使考评者仅根据自己的主观判断给被考评对象任意打分,且这种打分往往是比较宽松的。

美国管理学家孔茨等人认为,应该根据组织对不同管理人员的基本要求,借助管理学的知识,将管理工作进行分类,然后用一系列具体的问题说明每项工作,来考评管理人员在从事这些工作中所表现出的能力。

1. 为了考评管理人员的计划能力,可提出如下问题:
(1)他是否为本部门制定与公司目标有明确关系的可考核的长期和短期目标?
(2)他是否理解公司政策在其他决策中的指导作用,并确保下属也这样做?
(3)他是否定期检查计划的执行情况,以确保部门的实际工作与计划要求相一致?

2. 为了考评组织能力,可提出如下问题:
(1)他对下属的工作职责和任务是否有明确的要求,并确保下属能理解自己的任务?
(2)他是否对下属在进行工作、承担责任的过程中授予相应的职权?
(3)他在授权后是否能控制自己不再利用这些职权进行决策,从而干预下属工作?
(4)他是否建立了必要的信息、反馈制度,并明确职权系统与信息反馈系统在管理中的地位区别?

3. 为了尽可能地得到客观的评价意见,上述问题应力求设计成是非判断题的形式

在难以设计成是非题的情况下,应努力给可供选择的多种答案(如"优秀"、"良好"、"一般"、"不符要求"等)给予明确的界定。

根据对管理者的工作要求来进行能力考评,不仅具有方便可行、能够保证得到客观结论的好处,而且可以促使被考评者注重自己的日常工作,根据组织的期望注意改进和完善自己的管理方法和艺术,从而能起到促进管理能力发展的作用。

4. 考评中的"明确"与"具体"的要求不应与"复杂"、"繁琐"相混同

只有经过专门训练的专家才能看懂、填写的考评表,在实际操作中会遇到与简单抽象概念打分相类似的困难。因此在设计考评表时,要注意在具体、明确的基础上,用简洁的语言准确地提出能够反映管理人员能力特点或素质状况的问题。

### 三、管理人员考评的工作程序与方法

贡献与能力考评,不仅对组织的人事工作,而且对管理者本身也是非常重要的。考评工作可以从两个方面影响管理人员的积极性:

考评结论直接反映了组织、上级、部属、同行对自己的评价,从而反映了组织对自己努力的承认程度;组织根据考评结论而进行的分配或晋升方面的决策,会影响自己在组织中的地位和发展前景。

由于这两个原因,每个管理人员都会重视组织的考评,都会把组织对自己的考评与别人进行比较,以判断组织对自己是否公正公平。因此,考评要求依据一定的程序,确定合理的考评内容,选择适当的考评者,测试考评的误差,向被考评对象传达考评的结论,使其有申辩的机会,以真正起到促进改善的效果。

(一)确定考评内容——根据不同岗位的工作性质

管理职务不同,工作要求不同,管理人员应具备的能力和提供的贡献也不同。所以考评

管理人员,首先要根据不同岗位的工作性质,设计合理的考评表,以合理的方式提出问题,通过考评者对这些问题的填写得到考评的原始资料。

(二)选择考评者——与被考评对象在业务上发生联系的有关部门的工作人员

考评工作往往被视为人事管理部门的任务。实际上,人事部门的主要职责是组织考评工作,而非具体地填写每张考评表。考评表应该由与被考评对象在业务上发生联系的有关部门的工作人员去填写。

与被考评对象发生业务联系的人员主要有三类:上级、关系部门、下属。由上级人员来填写考评表,主要是考核和评价下属的理解能力和组织执行能力;关系部门的考评主要是评估当事人的协作精神;下属的评价则着重于管理者的领导能力和影响能力。

传统的考评方法,往往是由直接上司来考评各管理人员,直接上司虽然对部属比较了解(而且这种考评方法也能促进上司去注意下属的情况和要求),但每个上司都不希望下属的能力和贡献评价中得到不利的结论(培养部下的能力往往是影响上司晋升的一个重要因素),所以在考评时往往打分过宽。这种考评方法还有可能促成管理人员只知"惟上"的坏作风,只愿求得上司的赏识,只做上司能够看得到的表面文章,而忽视部下和关系部门的要求,不做扎扎实实的工作。

让相关部门或部属来填写考评表,可以克服上述弊病,促进管理人员加强民主意识和协作意识。

(三)分析考评结果,辨识误差

为了得到正确的考评结果,首先要分析考评表的可靠性,剔除那些明显不符合要求的随意乱填的表格。比如对表中的各个问题均答"是"(给最高分),或均答"否"(给最低分),显然不是科学的实事求是的态度。对这些表格不加剔除,则会影响考评结论的质量。

在此基础上,要综合各考评表的打分,得出考评结论,并对考评结论的主要内容进行对照分析。比如某管理人员的贡献考评得分颇高,而能力考评得分则偏低,或相反,这就需要检查和分析考评中有无不符事实的,不负责任的评价,检验考评结论的可信程度。

(四)传达考评结果

考评结果应及时反馈给有关当事人。反馈的形式可以是上级主管与被考评对象的直接单独面谈,也可以用书面形式通知。有效的方法应把这两种结合起来使用:主管与被考评对象会晤之前,已让后者了解考评的结论,知道组织对自己能力的评价和贡献的承认程度,以及组织所认为的自己的缺陷,从而要求改进的方向,以使得被考评者有时间认真考虑这些结论。如果认为考评有不公正或不全面,则可认真准备后在会面时,有充分申辩或补充的机会。

(五)根据考评结论,建立企业的人才档案

有规律地定期考评管理干部,可以使企业了解管理干部的成长过程和特点,可以使企业建立起人力资本档案,可以帮助企业根据不同的标准将管理人员分类管理,比如根据每个人的发展潜力分成:(1)目前即可提升的;(2)经过适当培训后便可提升的;(3)基本胜任工作,但有缺陷需要改善的;(4)基本不符合要求、需要更换的等几种类型,从而为企业制定人事政策,组织管理人员的培训和发展提供依据。

# 第七章 员工的配备

**相关链接**　　　　巴士撞车,"绩效管理"惹祸端

据北京娱乐信报报道:北京两公交车抢进站"斗气",数十乘客受伤。在北京崇文区三里河站,两辆715路公交车在进站时,因为两名司机斗气,其中一辆撞上了路灯杆,造成多人受伤。信报记者闫峥报道:昨天,巴士公司针对715路公共汽车事故做出了处理决定,将两名肇事司机开除。北京巴士股份公司董事长张国光在紧急新闻发布会上首次向北京市民公开道歉。

同时,巴士公司决定对715车队所属的双层客运分公司有关领导、负责人行政处理;撤消所属七队队长的职务。肇事司机宋会全、张宝利被行政开除公职,同时按照公司有关规定追偿二人在此事故中造成的部分经济损失。据悉,这是北京公交首次在事故当天召开新闻通报会。

记者了解到,为杜绝类似事故的发生,巴士公司立即在全公司范围内开展为期一周的安全大检查,对发现的违法行车问题进行严肃处理。

不能理解!事故祸首司机也?公司领导也?员工违纪之过?公司绩效管理之过?

据闻,该巴士公司司机底薪500元,其余与绩效(票款额)挂钩,实行绩效与工资挂钩的"现代管理"。司机抢进站多拉客,争票款争红了眼,于是有了两巴士抢进站撞车事故的惨烈的一幕。

该巴士公司的"绩效管理"与两巴士撞车事故有直接的因果关系。公司管理高层负有首要责任。司机抢车行为是公司管理措施的自然结果。司机那里是在"斗气"!这连小孩都骗不过,分明是在"抢钱"。而抢钱的行为,分明是绩效与报酬挂钩政策的直接结果。只要公司采用这种策略,无论在哪一个公司,同样的抢车行为都会出现。并非北京巴士公司那两个司机的个人独特的、偶然的行为。

人们头脑里的机械论思想还相当"牢固",总以为1+1=2,公司的每一个员工、每一辆巴士都力争票款,公司的总效益自然就上去了!——很不幸,这不是真理,因为它违反系统论。明摆着的事实是:巴士公司如此唯利是图,巴士司机如此疯狂,巴士如此不安全,整个巴士公司的形象多么"可怕",日后客户的反应将是什么呢?——避免乘坐该公司的巴士。公司的总收益只会日益减少,不会增多。

低水平的管理,拍脑袋的管理,教条式的管理,推责任图省事的管理,令人傻眼!!公司高层把事故责任转嫁于司机个人的卑劣行径、舆论的偏心,更令人傻眼!!

资料来源:北京娱乐信报,2006,8,25

## 第四节　管理人员的培训

人的成长需要一个相对漫长的渐进过程,明天担任管理职务的干部要求今天就开始培训。因此,组织要在通过人事考评了解人力资本状况和特点的基础上,重视展开人员培训,特别是管理人员的培训工作。

## 一、培训与管理队伍的稳定

管理人员的培训,不仅可以为组织的发展准备干部,而且对管理人员自己来说也是非常重要的:通过培训,不仅可直接丰富个人的知识,增强个人的素质,提高个人的技能,而且可以辨识个人的发展潜力,使那些在培训中表现突出的管理人员在培训后有更多的机会被提拔担任更重要的工作。由于培训为每个人的发展和职务晋升提供了美好的前景,使每个人的未来在一定程度上有了保障,增强了管理人员在职业方面的安全感。

管理队伍的稳定与组织的人员培训工作是相互促进的:

培训提供了个人发展的机会,能够减少管理人员的离职;管理干部的稳定性,又能促进企业放心地进行人力投资,使企业舍得花钱培训,而不需担心为他人做嫁衣。

## 二、管理人员培训的目标

旨在提高管理队伍素质,促进个人发展的培训工作,必须实现以下四个方面的具体目标。

### (一)传递信息

这是培训管理干部的基本要求。通过培训,要使管理人员了解企业在一定时期内的生产特点、产品性能、工艺流程、营销政策、市场状况等方面的情况,熟悉公司的生产经营业务。

### (二)改变态度

每个组织都有自己的文化、价值观念、行动的基本准则。管理人员只有了解并接受了这种文化,才能在其中有效地工作。因此,要通过管理人员,特别是对新聘管理人员的培训,使他们逐步了解组织文化,接受组织的价值观念,按照组织中普遍的行动准则来从事管理工作,与组织同化。

### (三)更新知识

现代企业在生产过程中广泛地运用了先进的科学技术。管理者必须掌握与企业生产经营有关的科技知识。这些知识,既可以在工作前的学校教育中获取,更应该在工作中不断地补充和更新,因为随着科学技术进步速度的加快,人们原先拥有的知识结构在迅速地陈旧和老化。国外有人曾统计分析,认为在学校学到的知识,5年后已有50%过时了;大学学到的知识仅为实际工作中要求的10%,其余90%需要在工作以后不断补充。为了使企业的活动跟上技术进步的速度,为了使管理人员能有效地管理具有专门知识的生产技术人员的劳动,就必须通过培训,来及时补充和更新他们的科学、文化、技术知识。

### (四)发展能力

管理是一种职业,有效地从事这种职业,必须具备职业要求的基本能力,并在职业活动中不断提高。管理人员培训的一个主要目的,便是根据管理工作的要求,努力提高他们在决策、用人、激励、沟通、创新等方面的管理能力。

## 三、管理人员的培训方法

知识的更新和补充可以相对迅速地通过集中脱产或业余学习的方法来完成,而态度的改变与技能的培养则需要在参与管理工作的实践中长期不懈的努力。我们关心的主要是旨在培养能力与改变态度的培训方法。

(一) 工作轮换

包括管理工作轮换与非管理工作轮换。非管理工作轮换是根据受培训者的个人经历，让他们轮流在公司生产经营的不同环节工作，以帮助他们取得各种工作的知识，熟悉公司的各种业务。管理工作轮换是在提拔某个管理人员担任较高层次的职务以前，让他先在一些较低层次的部门工作，以积累不同部门的管理经验，了解各管理部门在整个公司中的地位、作用及其相互关系。

工作轮换，作为培养管理技能的一种重要方法，不仅可以使受训人丰富技术知识和管理能力，掌握公司业务与管理的全貌，而且可以培养他们的协作精神和系统观念，使他们明确系统的各部分在整体运行和发展中的作用，从而在解决具体问题时，能自觉地从系统的角度出发，处理好局部与整体的关系。

为了有效地实现工作轮换的目的，要对受轮换训练的管理人员提出明确的要求，并据此对他们在各部门工作期间的表现严格考核。

(二) 设置助理职务

在一些较高的管理层次设立助理职务，不仅可以减轻主要负责人的负担，使之从繁忙的日常管理中脱出身来，专心致力于重要问题的考虑和处理，而且具有培训待提拔管理人员的好处。比如，可以使助理开始接触较高层次的管理实务，并通过处理这些实务，积累高层管理的经验，熟悉高层管理工作的内容与要求；可以使助理很好地观察主管的工作，学习主管处理问题的方法，吸收他的优秀管理经验，从而促进助理的成长。此外，还可使培训组织者更好地了解受训人(助理)的管理能力，通过让他单独主持某项重要工作，来观察他的组织能力和领导能力，从而决定是否有必要继续培养或是否有可能予以提升。

(三) 临时职务与彼得原理

当组织中某个主管由于出差、生病或度假等原因而使某个职务在一定时期内空缺时(当然，组织也可有意识地安排这种空缺)，则可考虑让受培训者临时担任这项工作。安排临时性的代理工作具有和设立助理职务相类似的好处，可以使受培训者进一步体验高层管理工作，并在代理期内充分展示其具有的管理能力，或迅速弥补他所缺乏的管理能力。设立代理职务不仅是一种培训管理人员的方法，而且可以帮助组织进行正确的提升，防止"彼得现象"的产生。

英国幽默大师劳伦斯·J·彼得曾经发现"在实行等级制度的组织里，每个人都崇尚爬到能力所不及的层次"。他把自己的这个发现写成了著名的《彼得原理》一书。由于组织中经常有些管理人员在提升后不能保持原先的成绩，因此可能给组织带来效率的大滑坡。

如何才能防止彼得现象产生呢？从理论上来说，组织总是有可能(而且应该)及时撤换不称职的管理干部的。但在实际工作中，"表现平平"的管理人员被降职的可能性极小，对"政绩较差"的干部，组织又往往是比较宽容的。为了对他们本人"负责"，组织往往需要给他们提供一个改善的机会。而当他们的能力被再度证明不符职务要求，从而组织下决心撤换时，他们所在部门的工作已对组织目标的实现产生了一些不利的影响。因此，消极的在提升后撤换不称职管理人员的方法需要组织付出的代价有时是极高的。

这种现象能够产生的一种重要原因是：我们提拔管理人员往往主要根据他们过去的工作成绩和能力。在较低层次上表现优异、能力突出的管理者能否胜任较高层次的管理工作？答案是不肯定的。只有当这些人担任高层次管理工作的能力得到某种程度的证实以后，组织才应考虑晋升的问题,检验某个管理人员是否具备担任较高职务的条件的一种可行方法,是安排他担任某个临时性的"代理"职务。通过对代理者的考察,组织可以更好地了解他的独立工作的能力。如果在代理以前,该管理人员表现突出,部门内的人际关系很好,在执行工作中也表现出一定的创新精神,而在代理过程中,遇事不敢做主,甚至惊慌失措,那么,将"代理"转为"正式"显然是不恰当的。由于"代理"只是一个临时性的职务,因此,取消"代理"使其从事原先的工作,对代理者本人也不会造成任何打击。但这样可以帮助组织避免一次错误的提拔。

### 相关链接　　　　鲶鱼效应,空降兵的期望

在海上捕获的沙丁鱼极不容易活着返港,聪明的渔民便在槽内放一条以吃小鱼、贝类等为生的鲶鱼,而沙丁鱼要想躲过"被吃"的恶运,就必须在鱼槽内拼命不停地游动,最终大部分的沙丁鱼都能活着返港。这就是管理学界有名的鲶鱼效应,用来比喻在企业中通过引进外来优秀人才,增加内部人才竞争程度,从而促进企业内部血液循环的良性发展。而近年来争论较多的所谓"空降兵",也就是外聘职业经理人可以说就是一条大鲶鱼了。

能够控制的人才风险,就不是风险!

外聘职业经理人是目前为止很多企业仍然着力在做的事情,尤其是内地的正处于快速发展阶段的中小型企业。既要以赶超竞争对手的速度发展,又要面对内部人力资源严重无法支撑的局面,引进外聘职业经理人是最为直接的一条道路。并且与聘请行业专家只负责某一方面技术或业务不同的是,职业经理人意味着更多更广地参与内部决策管理,甚至直接灌输其经营理念及其所带来的文化模式。

从战略的眼光考虑,只要能够将引进外来职业经理人的风险控制在企业家自身所能把控的范围之内,就能够发挥其最大的鲶鱼效应,刺激内部人力资源的市场化,敞开进与出的通道,使人力资源保持新鲜思维以及强劲动力。当然,其深入的程度要视企业家统御能力、企业文化、企业整体组织情况等因素而定。

也就是说,到底引进外来人才的目的是什么一定要确定清楚,在企业家驾御能力范围内的操作,无非就是要通过外来力量打破原有企业内部某些陈旧理念,通过权力的重新分配的可能性激活机制,创造动力,使企业老员工充分感受到生存与发展的压力。因为外聘职业经理人优秀的品格以及专业素质都胜于内部中高层一等,严重影响了他们的晋升及利益分配,如果不再努力,有可能将失去更多,从而使压力转化为动力。

为什么强调能控制的人才风险就不是风险?反过来说,也就是不能控制的人才风险将导致企业带来较强的负面影响。我们一个领先某建材行业的品牌企业,与近年的若干失败案例一样,就是在竞争异常激烈,企业停滞不前的迫切关头,希冀引进职业经理人来力挽狂澜。结果以远远超过市场水平的高薪聘请的市场总监不仅在业务管理上的若干措施丝毫得不到实施,更加因为在薪酬上打破了整个薪酬福利体系,从而使绝大部分员工心理严重失衡,最后黯然离开。

一步到位的空降兵政策难以达到理想效果!

我们可以看到:聘请外来职业经理人无非两种结果:

第一,如果能够融合到企业文化并能为企业带来新发展的优秀职业经理人,那么他能够

留下来，但是必然又将面临职业经理人与企业家的控制权争夺战；这是因为如果能够成功使企业焕发第二次发展高峰的职业经理人，则其才华及魅力肯定不亚于或者超过了企业家，而对于正值事业巅峰的绝大多数中国企业家来说，是很难容忍这种局面的延续，也就是一山难容二虎的道理。

第二，如果不能融入到企业文化，也难以提升业绩的，那么更不可能留在企业。因此，以军令状形式的急功近利的空降兵形式是很难真正将企业带往成功的。这正如诸葛亮挥泪斩马谡的故事一样，事实上最冤枉的是马谡，因为在诸葛亮战略决策已经失误的情况下，马谡无论立不立军令状都是逃不了失败的命运。

所以说一步到位的期望空降兵能扭转战略败局的措施是难以成功的，在内部组织运营尚未达到一定管理水平，在企业人力资源结构参差不齐的情况下，企业家必须知己知彼，将外来优秀职业经理人的引进风险定位在鲶鱼效应的最大发挥上，而不是定位到底能为企业带来多少战略成果上。这就是醉翁之意不在酒的意思了。

同时，适合中国企业目前生存状况的最佳的外来高级人才引进应当立足于适合本企业文化的、并非过度强势的、能够经过本企业的培养尚有一定的发展空间的人才上。这样的人才，既是企业家驾御之下的，又是可以逐步建立对于企业的忠诚度的，还能够比较好的制造人才竞争环境而不至于造成内部员工心态失衡的人才。并且可以通过先委以虚职，逐步适应，逐步过渡，最大限度地减少人才风险。

资料来源：www.chinahrd.net

## 本章概念

人员配备　　　人员考评　　　工作轮换　　　彼得原理

## 问题思考

1. 怎样评估现有人员的能力和素质？如何从组织外部招聘合适的管理人员？
2. 如何使人员的稳定与流动合理地组合，从而在帮助每个管理人员找到最恰当的工作岗位，使人才得到最充分、最合理地使用的同时，保持组织的稳定性？
3. 为什么不仅要考评管理人员的贡献，还要考评其能力？管理人员考评的目的和作用是什么？
4. 为什么会出现彼得现象？如何防止彼得现象的出现？

## 案例分析　　　　知识分子太难管了

有二个实力较强的应用科学研究所，所长是一位有较大贡献的专家，他是在"让科技人员走上领导岗位"的背景下，被委任为所长的，没有领导工作的经历。他上任后，在科研经费划分、职称评定、干部提升等问题上，实行"论资排辈"的政策；在成果及物质奖励等问题上则搞平均主义；科研项目及经费只等上级下拨。广大的中青年科技人员由于收入低且无事可做纷纷到外面从事第二职业，利用所里的设备和技术捞私利，所里人心涣散。

上级部门了解情况后，聘任了一位成绩显著的家用电器厂厂长当所长，该厂长是一位转业军人，是当地号称整治落后单位的铁腕人物。新所长一上任，立即实施一系列新的规章制度，包括"坐班制"，并把中青年科技人员集中起来进行"军训"，以提高其纪律性；在提升干部、奖励等问题上，向"老实、听话、遵守规章制度"的人倾斜。这样一来，涣散的状况有所改变，但大家还是无事可做，在办公室看看报纸，谈谈天，要求调离的人员不断增加，员工与所长之间也经常出现矛盾。一年后，该所长便辞职而去并留下了"知识分子太难管了"的感叹。

上级部门进行仔细的分析和研究后，又派一位市科委副主任前来担任所长。该所长上任后，首先进行周密的调查，然后在上级的支持下，进行了一系列有针对性的改革，把一批有才能、思想好、有开拓精神的人提升到管理工作岗位，权力下放到科室、课题组；奖励、评职称实行按贡献大小排序的原则；提倡"求实、创新"的工作作风；在完成指定科研任务的同时，大搞横向联合，制定优惠政策，面向市场。从此，研究所的面貌焕然一新，原来的一些不正常现象自然消失。科研成果、经济效益成倍增长，成了远近闻名的科研先进单位。

请问：同一个研究所，为什么不同的人来当所长会有大不相同的结果？

资料来源：col.njtu.edu.cn

# 第八章　组织变革与发展

**学习目标**

★ 通过本章学习，你应该能够：
★ 理解组织变革的原因和必要性；
★ 清楚组织变革的动力和阻力是什么；
★ 如何强化变革的动力，化解阻力；
★ 掌握组织变革的基本条件和过程；
★ 理解组织发展的几种方法。

**开篇实例**　　　　　　**通用电气公司的组织变革**

一百多年的发展，使西方国家里崛起了一批像 GE 公司那样的跨国工业组织，如美国的埃克森、通用汽车、福特、杜邦，英国的壳牌、帝国化学，荷兰的飞力浦，法国的雷诺、圣戈班，德国的西门子、大众汽车，意大利的菲亚特，日本的三井和三菱等等。

就是这样一批经济巨人，进入 80 年代后突然患病，行动迟缓，肌体老化，工作效益急剧下降。到 80 年代，有的企业已重病在身，步履艰难。显赫的庞然大物正面临着一场生命的更新和管理上的革命。

GE 公司也患上了巨人症，步履蹒跚，困难重重，亏损严重。公司共有 350 家大小工厂，40 多万员工，经营着几乎无所不包的产品，并且机构重叠，错综复杂。350 家企业中约有 1/4 正在亏损，1/3 的企业正在走下坡路。这个大家族中，小企业太多，其中混杂了许多薄弱企业，它们不仅影响高效益的经营，也影响管理的精力。是让这棵百年大树慢慢枯萎？还是给这棵老树注入新的生机？GE 公司面临着严重的选择。

当时的公司领导人是瑞吉诺德·琼斯，是一个身体羸弱、声音柔和的理财专家。琼斯在建立非凡的财务管理的同时，也建立起一套繁文缛节的官僚体系，即在公司军队式的命令系统中，又增加了更复杂的财政报告。一位财务总裁说：他有时不得不阻止几十个部门的计算机打印出高达几十英寸的日常报告。官僚机构中无用的信息淹没了高层行政人员，从而削弱了高层领导的决策能力，并奴役着需要收集这些无用信息的中层管理者。琼斯或许已经意识到了这个庞大组织所存在的问题，所以，在他临退休之前，他需要选择一个具有叛逆精神的接班人来对公司进行管理的变革。

韦尔奇接管了 GE 之后，在军师的参谋下，一场精兵简政的管理革命拉开了序幕。韦尔奇拆掉了以前重叠的管理机构，将 40 万名员工缩减到 29 万，并将 29 个工资级别压缩为 5 个粗线条的等级。精简后的 13 个部门是：航天航空部，飞机发动机部，家用电器部，资金服务部，工业及动力系统部，照明工程部，医疗设备系统部，全国广播公司，塑料部，配电和控制系统部，信息服务部，电动机部和运输系统部。这些企业中，最大的年营业额高达 130 亿美元，最小的年营业额也超过 25 亿美元。

韦尔奇调整结构的标准是：衡量这个企业是否能跻身于同行业的前两名。如果这家企业在市场上排名第三或第四位，那么，在经济景气时它盈利，在萧条时，它就会倒闭。对这种企业就要毫不客气的砍掉。就这样，短短的5年间内砍掉了公司25%的企业，削减了10多万份工作。

从1985年开始，到1990年韦尔奇把公司的行政人员从1700人减少到1000人稍多一点。

经过裁员以后，公司行政班子的干预大大减少。过去，企业每月都向总部提出一份财务报告——尽管没有任何人使用它。现在公司财务主任丹尼斯·戴默曼让各企业把每个月的数字留在它们自己手里，他的财务班子把更多的精力用于改进"影响最终结果的事情"——如存货、应收账款、现金流动状况等。财务班子不再是整天死盯着几个小数点，而是用更多的时间来评估可能做成的生意。

改革使GE公司的经理们都很明白，如果在规定的时间里，成本指标和市场份额目标达不到，就只有离职一条路。他们必须要高度自觉、灵活，有判断力，善于想像和充满活力，还要敢冒风险，欢迎和主动创造变化，具有改革和开拓精神。正如哈佛大学一位教授说："大公司天天在说要开拓、再开拓，碟碟不休地重谈提高管理效果，迎接外国竞争者的挑战的老调，可惟有GE公司将其付诸了行动。"

GE公司的各产业群部都能不断推出高品质高效用的产品。如塑料部每年生产大量的各种工程塑料，所有材料都具有机械强度高、色彩稳定、耐热、耐腐蚀和耐火的特点。这些新材料对电视机、计算机、通讯、电子、汽车及仪器仪表等行业都产生了特殊的影响。医疗设备系统的X射线摄影术、磁共振、核医学影像、超声波和放射治疗技术在世界上都遥遥领先。运输系统部已向世界各国的铁路部门提供了15000多台机车。而DaSh8型机车运用了先进的微处理技术，大大提高了可靠性、牵引力和燃油效率，其优良性能令人叹为观止，深受各国的欢迎。GE公司的各产业群部正以它先进的技术、高质量的产品和周到的服务，赢得了广大的客户。从1981底到1990年，GE公司的销售额从270亿美元上升到300亿美元，股东资本盈利率从17%上升到20%；公司的股票也从120亿美元上升到580亿美元，超过了美国任何一家企业。另外，通过精简，公司以前需要6人干的活，此时只需3～4人。同时，由于投资者们竞相出价，GE公司的股票市价不断上涨，从43点已涨至67点。

进入90年代，通用电气公司管理革命的步伐不但没有放慢，反而加速。从1989－1993年，公司的职工人数从29.5万人削减为25.5万人，13个业务部门只剩下了12个，航天航空部又被分离出去与马丁·玛丽埃塔公司合并了。

韦尔奇上任后，更多的注重管理层的交流。每年10月，经过更严格挑选的100名GE公司的头头在菲尼克斯的亚利桑纳饭店里举行另一次为期两天半的交流会。同博卡拉顿的会议形成鲜明对照的是，这次进行的讨论从性质上更具有战略意义。另外，公司执行委员会的季度会议更是能加强凝聚力的场所。这个委员会成立于1986年，由一批精选的30至40位GE公司高级负责人组成，除了韦尔奇，他的两位副董事长和13个企业群部的首脑外，还包括执行副总裁兼总部办公厅主任、首席财政主管等十几位杰出人物。公司执行委员会的会议一般不超过两天。韦尔奇在会议开始时用简短有力的发言为会议确定基调，他总是施展他强烈的幽默感，会议进程经常有笑声和一些俏皮话。

1989年1月，公司一年一度的碰头会在美国佛罗里达州的勃卡雷顿举行。韦尔奇向到会的500名高级总经理宣布了实施"群策群力"管理方式的计划。

"群策群力"的基本含义是：举行企业内各阶层职员参加的讨论会。在会上，与会者要做三件事：(1)动脑筋，想办法；(2)取消各自岗位多余的环节和程序；(3)共同解决出现的问题。

## 第八章 组织变革与发展

"群策群力"管理方式起始于1989年3月,一时间,纷纷出现于公司的各个部门。据1991年统计,共有4万名职工参与了这种管理方式,占职工总数的1/8。群策群力把本是毫不相干的人们聚集到了一起,包括计时工人、白领阶层、经理以及工会领袖。平时他们在工作中很少有机会能互相交谈。群策群力的宗旨就是发动基层人员参与管理,发挥所有工作人员的聪明智慧。讨论会是由执行部门从不同阶层、不同岗位抽出40-50个人到会议中心或某一宾馆,大家分组讨论,专找管理工作中的弊病,最后找出解决方案。

发动群众提意见的做法有时很激烈,很令某些部门的管理人员下不了台。飞机发动机制造厂的后勤部主任阿门得回忆当年的感受时说:"在答复小组讨论问题时,不到半小时,我已大汗淋漓,他们一共提出了108个问题,答复每个问题只有一分钟时间。"不过,阿门得肯定地说,所提出的建议为该厂后勤节约了20万美元;通用家用电器制造厂的讨论会同样富有戏剧性。在一次讨论会上,有一小组的任务是解决车间环境问题。这个车间制造洗衣设备,一到夏天车间就热气腾腾,闷热难耐。为了说服领导,讨论小组将其上司带到气温高达华氏90度的停车场晒太阳,而他们自己却在会议室里慢悠悠地进行讨论。其结果,此条建议被优先通过。韦尔奇有一信条:实际工作中的人最了解情况!他实行"群策群力"运动,目标之一是克服管理层的官僚主义。一家配件部的经理说:"以前我们极力提高工人和机器的效率、而现在我们要考虑整体资产管理效率。其结果,1991年我们节省时间50%,库存的成本减少400万美元,库存周转次数从以前的一年2.6次变为现在的一年的2.7次。"

在"无边界"公司里,GE公司的供应商并不是"外人",而是公司业务活动中可信赖的伙伴。GE公司更把客户比喻为公司的生命线,他们的需要与公司的目标是一致的。公司的每一位雇员的每一项努力,都致力于去满足客户的需要。

在"无边界"公司里,内部的功能开始变得模糊了。工程技术部门并不是设计出一种产品然后就"甩给"生产部门:他们会与市场开发、销售、财务及其他部门共同组成一个班子。为客户服务,是每个人的工作。工厂的环境保护也不只是某些经理或部门的事,每一个人都应是环境问题专家。

近年来GE公司在打破边界方面所跨出的最大一步,就是在以往的公司文化中加入了新的内容,即接受不是自己而是别人所发明的东西。现在,GE人正试图在全球范围内寻找各种更好的方法去解决问题。

比如,前两年GE公司的一位雇员在新西兰的一家家用电器公司发现了一种真正能缩短产品生产周期的革新性方法,公司马上将这种方法用到自己的家用电器工厂,从而缩短了产品生产周期,加快了对客户需求的反应,并减少库存积压达每年几亿美元。公司还抽调制造业务部门的人到实地学习,目的是把这种先进的经验传到GE公司的每个业务部门,以此在全公司范围内实现对卓越的不断追求。

管理学院的使命是:使公司的管理人员更着眼于行动,更着眼于承担风险,更着眼于人。它不仅仅要培养管理人员,而且要培养领导人才。韦尔奇说:"过去关于老板的概念就是:他是管理人员。他们之所以当上老板,是因为他比在他手下干活的人多知道一些情况。而将来的老板则将通过远见、一套共同的价值观、共同的目标来实现领导。"

传授这些本领并非易事,公司的教学课程有许多是自己的独创。例如,新提拔的管理人员在任职大约6个月(这段时间足够他们犯错误)以后,就带着他们的下属和上司对他们表现的评语来到管理学院。他们要认识过去自己哪些地方做得不对,并及时加以改正。他们分组讨论问题,这样做可以使他们知道自己的经验不是孤立的。

  管理学院十分注重对学员们实际工作能力的培养。学院用四个星期的课程让学员们解决通用电气公司的一个实际业务问题。首先,学员们进行一些准备性的专题研究,然后钻研业务问题,并会协同工作。或者,他们用几天时间干体力活,以便建立组员之间的信任。然后他们参观企业、同顾客或他们想见的任何人见面。然后再写出建议并向有关的副总经理提出,与另一个组竞赛。除了分析等本领之外,这些课程还要教会人们解决比他们认为能够解决的更大的问题。公司每年都有5000多人到管理学院培训,包括所有的新经理和新招聘的大学毕业生,还有有经验的经理和老资格的业务负责人。按照要求,管理学院应该在公司雇员"尚可教学的时候"对他们进行培训,使雇员忠于公司,并告诉他们如何进行协作和把更多的权力交给别人。

  GE 公司当今仍保持了公司创始人爱迪生的传统:创业与革新。到 1931 年爱迪生去世之时,他已获得了 1093 项专利。数十年来,GE 公司的继承人已将这一记录扩大到 6 万多项,其中约 16000 余项专利至今仍然有效。如今,GE 公司仍然是每年获得美国专利最多的公司。

  GE 公司创办了世界上第一个工业基础研究实验室;在美国率先将多学科小组研究方法用于工业研究;并拥有世界上最早的高级工程实验室。

  1990 年,GE 公司的研究与开发经费总额数加了 2%,达到创纪录的 43 亿美元,这表明了 GE 公司对前景充满了信心。科学和技术的创造精神以及满足人民日常和未来需求的愿望相结合的爱迪生传统,始终是 GE 公司研究发展中心的主要宗旨。这一传统促使 GE 公司继续走在技术飞速发展的最前列。10 多年来,韦尔奇的战略目标几乎全部得到了实现。GE 的 13 个主要产业部都在相应行业的世界市场上占据数一数二的地位。到 1990 年,高技术和服务业利润占 GE 总利润的比例已从 50% 提高到 80%。销售额从 1982 年的 217.89 亿美元上升到 1991 年的 602.36 亿美元,翻了一番多,大大超过美国 DNP 的增长率。无怪乎美国《幸福》杂志一篇论及 80 年代美国企业领袖何处觅的文章说:四位佼佼者中首推约翰·韦尔奇,其余三位则是鼎鼎大名的克莱斯勒汽车公司的李·艾柯卡、通用汽车公司的罗杰尔·史密斯和花旗银行的约翰·李。《幸福》杂志还将韦尔奇誉为"美国 80 年代企业领袖的楷模","带领 GE 进入 21 世纪的总裁"。

  到 1994 年,韦尔奇掌管通用电气公司已经整整 14 年,年龄也已 58 岁了,但韦尔奇仍然稳坐钓鱼台。如有可能的话,有人断定他能干到 2000 年。连续 20 年担任一个大公司的领导,如果说在 70 年代之前是常见的现象,但在变动激烈的今天是绝无仅有的。

  通用电气公司的变革远远没有结束。1993 年那一年的秋天,在中国广东的一家饭店里,韦尔奇望着远处建筑工地上高高耸立的无数塔吊,毅然决然地做出了一项关系重大的决定:将通用电气公司的"重心"从发达国家移到亚洲和拉丁美洲。因为通用电气公司的业务和优势主要是在基础建设领域,而当今世界上这一领域发展最快的地区是亚洲,尤其是中国。作出这一重大的决定是伟大而明智的。我们可以说通用电气公司再一次把握了公司的命运和方向。美国《财富》杂志一篇封面文章的作者这样写道:"GE 公司的新大陆——首席执行官约翰·韦尔奇看到了未来,那里是中国、印度和墨西哥。"

资料来源:col.njtu.edu.cn

韦尔奇大力推进 GE 公司的改革，拆掉了以前重叠的管理机构，将 40 万名员工缩减到 29 万，并将 29 个工资级别压缩为 5 个粗线条的等级。韦尔奇调整结构的标准是：衡量这个企业是否能跻身于同行业的前两名。如果这家企业在市场上排名第三或第四位，那么，在经济景气时它盈利，在萧条时，它就会倒闭。对这种企业就要毫不客气的砍掉。就这样，短短的 5 年间内砍掉了公司 25% 的企业，削减了 10 多万份工作。通过这场组织变革，GE 公司适应了日益竞争激烈的市场环境，重新焕发出活力。其实，任何组织的成长，它所处的环境都在不断变化，组织应该因势而变，才能立于不败之地。本章我们主要介绍组织变革的必要性和原因，组织变革的动力和阻力，组织变革的一般过程等问题。

# 第一节　组织变革的必要性

## 一、组织成长与组织变革

组织像任何有机体一样有其生命周期。格林纳（Greiner）认为，一个组织的成长大致可分为创业、聚合、规范化、成熟、再发展或衰退五个阶段。每一阶段的组织结构、领导方式、管理体制和职工心态都各有特点。每一阶段最后都面临某种危机和管理问题，都要采用一定的管理策略解决这些危机以达到组织成长的目的。

第一，创业阶段。这是组织的幼年期，规模小，人心齐，关系简单，一切由创业者决策指挥。组织的生存与成长完全取决于创业者的素质与创造力。他们创造了市场，掌握整个组织的活动与发展。这些创业者一般属于技术业务型，不重视管理。随着组织的发展，管理问题日益复杂，使创业者感到无法以个人的非正式沟通来解决问题，因此到了创业的后期，组织内部的管理问题层出不穷，从而产生了"领导危机"。

第二，聚合阶段。这是组织的青年时期，企业在市场上取得到成功，人员迅速增多，组织不断扩大，职工情绪饱满，对组织有较强的归宿感。创业者经过锤炼，自己成为了管理者或引进了有经验的专门管理人才。这时，为了整顿正陷入混乱状态的组织，必须重新确立发展目标，以铁腕作风与集权的管理方式来指挥各级管理者，这就是"成长经由命令"。在这种管理方式下，中下层管理者由于事事都必须请示、听命于上级而逐渐感到不满，要求获得较大的自主决定权。但是，高层主管已经习惯于集权管理，一时难以改变，从而产生"自主性危机"。

第三，规范化阶段。这是组织的中年时期。这时组织已具有相当规模，增加了许多生产经营单位，甚至形成了跨地区经营和多元化发展。如果组织要继续成长，就要采取授权的管理方式，采用分权式组织结构，容许各级管理者有较大的决策权力，即"成长经由授权"。但是日久又使高层主管感到由于采取过分的分权与自由管理，企业业务发展分散，各阶层、各部门各自为政，本位主义盛行，使整个组织产生了"失控危机"。

第四，成熟阶段。为了防止"失控危机"，组织又有采取集权管理的必要，将许多原来属于中基层的决策权重新收回到总公司或高层管理者。但由于组织已采取过分分权的办法，不可能重新恢复到第二阶段的命令式管理。解决问题的办法是在加强高层主管监督的同时，加强各部门之间的协调与配合，加强整体规划，建立管理信息系统，成立委员会组织，或实行矩阵式组织。一方面使各部门有所作为,另一方面使高层主管能够掌握、控制整个公司的活动与发展。为此就必须拟定许多规章制度、工作程序和手续。随着业务的发展和复杂,这些规定、制度成了妨碍效率的官样文章,文牍主义盛行,产生"官僚主义危机"或"硬化危机"。

第五,成熟后的阶段。此阶段组织的发展前景既可以通过组织变革与创新重新获得再发展,也可以更趋向成熟、稳定,也可以由于不适应环境的变化而走向衰退。为避免过分依赖正式规章制度和刻板手续的文牍主义,必须培养管理者和各部门之间的合作精神,通过团队合作与自我控制达到协调配合的目的,另外要进一步增加组织的弹性,采取新的变革措施,如精简机构、划小核算单位、开拓新的经营项目、更换高级领导人员等。

一个组织并不一定都按上述的阶段顺序发展,但组织生命周期理论却说明了组织在不同时期而面临的不同问题,需要采用不同的管理方式。任何组织要生存和发展都需要变革。

## 二、环境发展与组织变革

### 1. 社会文化的变化

当今社会发展正处在一个与以往完全不同的时代。"地球村"的出现,使得以前相对封闭的国内市场正不断受到一体化的国际市场的竞争;全球性环保要求的增强,使得许多传统产业面临灭顶之灾;人们民主意识和人权要求的提高,通过政府和社会的影响,又更加加强了企业之间的竞争。

同时,随着社会的发展,人们的工作、生活质量逐步提高,社会的价值观念、个人行为的价值观念也在不断改变。公众的消费偏好的快速改变,使许多产品、服务迅速老化,生命周期缩短,迫使有关组织改变经营方式。

### 2. 经济环境对组织的影响

经济环境变化对几乎所有组织都会产生影响。社会经济发展的不同阶段,对产业发展产生了不同的引导作用,对组织的规模、类型和结构提出了不同的要求。例如,我国从计划经济体制向市场经济体制的转变,对企业的组织形式就带来了深刻的变革。按照现代企业制度改革或建立起来的企业组织,与传统的企业组织是完全不同的。在国外,20世纪90年代初期,日本不动产价格的大幅度下降,导致许多日本大公司变卖资产,缩减原来的扩张计划。同时在美国,从未达到过的低利率水平,激起了史无前例的对抵押贷款服务的需要。

### 3. 技术革新对组织的要求

在社会从农业经济向工业经济乃至知识经济的过渡中,技术变化的速度越来越快,对社会生产方式和生活方式产生了强烈的影响,它在不断改变产品结构、生产技术、生产方式和公众的消费偏好。而信息技术的进步则减少了高层管理当局对中层管理者的依赖程度。技术上的变革导致了知识的爆炸和快速更新,各类组织对员工的知识和技能的要求业越来越高,员工在组织中的流动性也越来越大。因此,各种组织必须不断改革以适应这种趋势。

## 三、组织变革的原因

然而在当今时代,科学技术日新月异,信息产业飞速发展,组织所处的环境是复杂而高度的不稳定,所以变革成为组织必须的现实。对付变革是每个管理者工作中不可分割的部分。发展是目的,变革是手段,任何一个组织,要想开发自己的潜能,增强活力、提高效益,就必然需要变革。

每个组织都会经常为适应直接环境和间接环境的变化而作一些小的调整。比如,为避免使客户产生疑惑而修改一张售货表,或者人力资源部按照职业安全与健康管理部门的要求实施一个培训方案。这些日常变革与有计划的变革的区别在于他们的规模。有计划的变革的范围包括整个企业或企业的一大部分,以适应企业的目标和发展方向的重大变化。有计划的变革(planned change)可以定义为,"通过精心设计和实施的一项结构创新,比如一种新的策略和目标、一种新的运作理念、商业运作环境和风格的变化"。

进行变革的原因正是由于我们所经常看到的不同时期而产生的不同状态的变化。随着信息处理技术的不断发展以及企业全球化的不断推进,管理人员会遇到大量的新思想、新产品和前所未有的新的挑战。由于大量的信息需要处理,所需的决策时间越来越短,管理人员必须提高他们的变革管理能力。现在许多大型企业设有专门的变革管理培训计划,目的就是为了提高员工判断未来变革的能力并且从中吸取经验。

有些企业规模最大、最成功,但同时也最容易成为他们成功的牺牲品。经过几十年的建设,他们形成了一套高度稳定的、墨守成规且又烦琐的管理机构,他们在某些时期为了达到特定的目标,效率很高。决策通常是按部就班,甚至慢条斯理。为了提高竞争优势而产生的新思想和新机会经常被繁文缛节所淹没。一些企业正在试图压缩部门编制,以促进团队工作和快捷的交流。人们认为,组织精简会使企业更加灵活,在对付周围环境的各种变化时,会更具有变革能力和创造力。

世界范围内的众多事例印证了以上说法。经济衰退以及在欧洲出现的新的商业机会迫使瑞典和瑞士联合企业 ABB 公司重新组合。在有史以来的第一次大的组织变革中,ABB 公司进行机构重组。为了维持企业矩阵管理机构,公司的管理委员会人员编制缩减了 1/3。管理委员会机构的压缩明确了各自的职责,也使跨国经营决策变得更加容易,"机构重组的目的就是要促使企业能够作全局考虑,消除隔阂,鼓励协作精神,使员工可以把精力集中到关心客户和市场的需求上来"。据其首席执行官佩斯·巴尼维克讲,"由于我们生产部门的加强,再加上建立起新的地区机构,我们就更能有效的应付新时代出现的挑战。新的组织加强了矩阵管理的运作优势,使我们能够对市场发展作出更好更快的反映"。

**相关链接　　　最易导致组织运行失效的四种症因**

在现代社会,越来越多的组织面临着一种复杂、动态的状态。不知道您的企业是否出现过下列问题:组织中的职责、相互关系不清晰,组织成员对自己在组织中应起的作用不了解;管理人员不愿授权或授权过多,前者使高层管理人员埋头于救火,后者使组织内部派生出许多独立的卫星组织;生产部门认为服务部门相对多余,或服务部门以部门职能而不是以服务为目的等等。

如果有上述问题,您的企业组织运行的效率与效果正在受到侵蚀,那么我们该如何应对呢?

要解答上述问题,我们需要从探讨企业作为组织它的本质是什么出发,只有想清楚这个问题,我们才可以真正的了解企业组织本身,也才能分析上述问题产生的真正原因。

对于任何一个在组织中生活过的人,相信都很清楚"组织"这两个字意味着什么。人类为了生存和发展,需要有组织(有共同目标的人群集合体),这是因为组织有潜在的优势:它能使单个人所做不到的变成做得到的;它能通过分工,取长补短,从而取得比各个人所能取得的效果之和大得多的整体效应。

因此,典型的组织应该具备以下定义:

1. 他是一群有着共同目标的个体的联合体。
2. 这些个体之间存在着分工与协作关系,各自有不同的责任和相匹配的权利,并且按照一定的方式互相协作。
3. 在分工与协作过程中,组织必须具备自己的规则和标准,来协调矛盾并解决问题。

因此,组织的关键词应该包括——目标、责权、分工协作。

如果组织运行出现了问题,往往也是在这几个方面产生的问题。根据笔者所在的天强管理顾问多年来从事企业组织优化咨询的案例经验分析,最易导致组织运行失效的原因通常有如下四种。

一、组织的目标产生了混淆甚至是内部的冲突

每个人都知道组织是有目标的,每个人也都承认组织目标非常重要。但是,如果我们需要确认什么才是组织的目标,什么才是组织内部每个部门的目标的时候,往往发现答案却不是惟一的,更糟糕的是,更多的人会认为一个组织应该有很多个目标,并坚持这些目标可以随时改变。

其实对于企业组织而言,它的目标非常简单——我们只需要一个指标:持续的获利能力。

一般认为,合理的战略始于确立正确的目标,如果套用迈克尔·波特的观点,那么这个正确的目标就是——塑造超强持续赢利能力。

如果公司的目标是赢利之外的任何东西,譬如这个目标只是将公司做大,或者是快速成长,或者是成为技术领导者,那都会使公司陷入麻烦之中。因为这些时候,你为了追求这些看似正确的企业目标,投入了所有的资源,但换回来的可能是失去企业持续获利的能力。

因此,组织目标有时候会产生混淆,让人忽略了组织的根本与长期目标,而陷入一些短期的目标之中。

二、责权配置不当

当我们谈及组织的时候,必须明确同一个权力、责任和目标必须是同一组人承担,相互之间应该是配比的,也就是我们经常说到的"责权利对等"原则。

但是,这样的一个基本原则,在大部分企业中并没有得到很好的贯彻和实施。每当我们看到结构臃肿、效率低下、人浮于事、责任不清,互相推诿的情况出现的时候,你必须先看看是否存在同一件事情有两组人在做,同一个责任有两组人在承担,同一个权力有两组人在使用的情况,而这些正是出现上述情况的根本原因所在。

这些情况在企业中大量存在,比如:一个企业有市场部门但是又设有营销部;有各个职能部门又专门设一个管理部。结果大家都有责任,都不需要负责任。组织中最可怕的情形就是"人人管,人人都不管"。这些问题往往在部门设置、责权分配时就留下了隐患,而这种隐患通过组织优化工作是能够得到有效解决的。

三、责权履行不当

但是,我们却要高度警惕组织中另一种表现形式的责权不当。

在我们的组织中,经常存在这样的一种情况:每一个人在关心他们认为组织中重要的东西,组织里所有的问题大家都可以发言,但是对于自己专业范围内的事情,却看不到专业的

意见和解决之道。每一个人都对别人的领域感兴趣，尤其是上司的领域感兴趣。

在国内的很多企业里面（特别是国有企业），当你与高层谈话的时候，他跟你讲的最多的是用人、效率、品质、管理制度；当你与中层交谈的时候，他们讲的最多的是公司的战略、公司发展、竞争对手、市场；当你与公司的基层聊天的时候，他讲的最多的是成长、发挥才能等等，结果是每一个层面的人都没有关心这个层面应该关心的问题，每一个层面都从更高一个层面去思考和工作，丧失了组织本身所要有的功能。

再看看国外的企业，故事发生在某国际知名的跨国公司，两位员工（一个是部门经理、一个是基层员工）都对公司的发展战略提出了优化建议，结果是那位部门经理得到了奖励，基层员工却被开除了。

还有一个例子，我国某企业代表团到美国去访问全美最大的饲料企业美国联合公司，当与董事长谈的时候，某位代表请教关于公司当年经营业绩的问题，董事长很认真的说，请原谅他不能够回答这个问题，因为这个问题需要总裁来回答。同样的情况，当与总裁先生见面的时候，如果谈到市场、谈到客户、谈到联合饲料的客户问题，总裁也请市场部的经理来回答，而不是自己来直接回答。

上述两个故事或许有些残酷、或许有些极端，但是却表明国外企业对于权责的界限感是如此的强烈，因为这是保障企业整行运行的基础，正所谓"职责清晰，权责对等"。

四、有分工，无协作

企业是一架分工复杂、高度专业化的机器。分工的目的，在于提高功能和效率。分工的结果，必然使一个部门、一个岗位在某一单一的功能上得到强化。分工越精细，这种单一功能的强化效果就越明显。不过，任何事物都是一分为二的。分工强化了各部门、各岗位的单一功能。但是，任何一个部门、一个岗位，也都无法独立进行生产经营活动了。

因此，分工必然要求协作，分工与协作就成了一对孪生兄弟，两者形影相随。分工越精细，协作的和谐要求就越高。当一个企业分成若干部门、环节、岗位后，由于主客观原因，在部门、环节、岗位间难免会出现摩擦、冲突，如不能及时妥善地解决，就会使协作受阻，力量内耗。这时，分工离开了协作，其积极作用就荡然无存了。

但是在很多组织内，往往更关心组织分工的问题，对于协作问题很少从制度层面加以关注。直接导致了"不从流程出发关注客户需求"、"部门本位主义"等大大影响组织运行效率和效果的现象。

近些年来在组织运行方面提出的一些新的理念和工具，诸如"BPR"、"ERP"等，其本质都是通过一定的工具手段，以流程和制度为载体，来解决部门协作的问题。比如"BPR"，它的核心理念是完全抛弃组织原有的部门设置、岗位设置现状，完全从流程入手，通过梳理流程明确各个关键节点（岗位）的职责权限，然后再归纳出需要设置的岗位和部门。

"分工清晰、协作有道"也是保障组织和谐运行的基础之一。

以上从组织的本质出发，从组织目标、责权设立、分工协作三个方面，对于组织运行中可能出现的问题进行了粗浅的分析，希望与各位读者共勉。

资料来源：胡立伟，《HR管理世界》杂志2006年第7期

## 第二节　组织变革的动力与阻力

如果说以前的管理特点是长期的稳定伴随着偶尔的短期的变革,今天的情形正好相反,往往是长期的变革伴随着短期的稳定。在这种情况下,管理者必须比以往任何时候更加关注变革和变革管理,帮助员工更好地理解不断变革中的工作环境,并采取措施激发变革的动力,克服变革的阻力,使组织在变革中求得繁荣和发展。

### 一、组织变革动力

组织变革的动力,指的就是发动、赞成和支持变革并努力去实施变革的驱动力。总的说来,组织变革动力来源于人们对变革的必要性及变革所能带来好处的认识。比如,企业内外各方面客观条件的变化,组织本身存在的缺陷和问题,各层次管理者(尤其是高层管理者)居安思危的忧患意识和开拓进取的创新意识,变革可能带来的权力和利益关系的有利变化,以及能鼓励革新、接受风险、赞赏失败并容忍变化、模糊和冲突的开放型组织文化,这些都可能形成变革的推动力量,引发变革的动机、欲望和行为。具体地说,组织变革的动力可以分为外部和内部两个方面。

1. 外部动力

在20世纪80年代,也许没有一个外部的变革诱因比全球经济的出现更具有影响力了。随着WTO在世界各国的开展和全球一体化的发展,全球市场也趋向于一体化,原来竞争的格局被打破,市场领域中新的竞争出现,已经影响到许多国际性的大公司。

很少组织是封闭到可以无视海外竞争的存在。在许多情况下,对规模经济的追求促使企业通过扩张或与其他组织合并而进入国际市场开展有效的竞争。

另外,随着贸易壁垒的降低,组织发现他们的竞争者更容易进入;在30年前,施乐公司几乎占据了100%的复印机市场;没有人(包括柯达公司)听说过富士胶片;在美国人购买的每两辆汽车中就有一辆是通用汽车公司生产的。

(1)市场变化。包括顾客的收入、价值观念、偏好等发生变化;竞争者推出了新的产品或增加了新的功能,加强广告宣传、降低产品价格、改进服务,从而使本企业的产品不再具有吸引力,这些都是十分常见的情况。这一点在汽车和电子行业表现得最为明显。

(2)资源变化。包括人力资源、能源、资金、原材料供应的质量、数量以及价格的变化。例如,劳动力素质的提高使得传统的"权力-服从"式管理愈来愈不适应,组织必须寻找符合现代员工需要的新的管理制度和方法,包括实行参与式管理、自由选择工作岗位、工作丰富化等。

(3)技术变化。包括新工艺、新材料、新技术、新设备的出现等。技术变化不仅会影响到产品,而且会出现新的职业和部门,会带来管理模式、责权分工和人与人关系的变化。近年来技术复杂、价格昂贵的诊断仪器的发明和使用,使许多疾病的诊断速度和准确性大大的提高,同时为医院和医疗机构创造了显著的经济效益。许多工业的生产装配线也经历了重大的变革,一些技术先进的机器设备与机器人取代了大量的人工劳动。

(4)一般社会环境变化。包括政治形式、经济形势、制度、投资、贸易、税收、产业政策与企业政策的变化。

在美国,1986年通过了税法修正案,撤销了对住宅抵押外的利息减免,从而瞬间为西特公司(Citicorp)第一银行(Bank One)这样的企业带来了推销家庭财产抵押贷款的良好机会。1990年,美国残疾人法案的通过,要求成千上万的企业拓宽门道、重新安排休息室、增加斜坡道及采取其他措施以方便残疾人。

2. 内部动力

内部动力主要来自组织内部人的变化和组织运行、成长中遇到的矛盾。

(1)人的变化。这主要包括领导者和员工的变化。新的领导者上任或原有领导人接受了新的管理思想、采用了新的管理方法,都可能引起组织的变革。职工参与意识的增强、对现状的不满也会使他们产生变革的要求,从而促使组织进行变革。劳动力队伍的组织很少是静止的。人员构成会在年龄、教育程度、性别等方面发生变化。在一个老年经理人员比例不断增大的平稳组织中,可能需要对职务进行重组,以便留住位居低层的、富有进取心的年轻管理者。

(2)组织基础条件的变化。例如新的设备的引进是一种变革力量,它需要对员工的工作进行重新设计,同时还要对他们进行操作培训以达到新设备的要求,或者要求在他们的正式小组内形成新的相互协作方式。另外,报酬和福利制度也可能要作相应的调整,以适应新的生产方式的需要。

(3)组织运行、成长中遇到的矛盾和问题。对此,我们在前面介绍组织生命周期理论的时候已经介绍过了。组织在其成长的每个阶段都会遇到各种各样的矛盾,这些都促使管理者采取变革的措施,以保证组织的生存和发展。管理当局重新制定或修订其战略时,它通常也会相应的带来一系列的变化。

**相关链接** 老板,别把组织命运"系"在自己身上

有效组织应该追求这么一种状态:公司的日常运行不会为老板个人一时喜好的变化而变化;即使关键人物的去留也丝毫影响不了组织的正常发展。

今年刚过完春节,有位民营企业老板高兴地告诉我这么一件事:以前每到过春节的前夕,他都必须亲自出马,凭借个人的老面子,疲于奔命于全国各地,到客户那里催讨应收款。用他自己的话来形容,每到年关就像猴子一般的急!可是,今年春节明显不同了,年前,他没出去一天,也没给老客户打一个催款电话,资金回笼却如愿似尝。

让整个组织"猴急"起来

我问这个老板是何原因?他说:"原来靠自己单打独斗,亲历亲为,每到年底忙死急死,旁人闲死;现在不同了,靠组织体系启动每个人的能动性,靠规则运行来规范每个人的行为方式,让责任和利益挂钩机制来激励个个销售员都像'小老板'似的忙得欢。"

其实,当把这一变化剖析开来,就发现那位老板只是有了小小的变化,把平时赊账,年底收款的责任由原来集中于自己身上,改变为分摊到具体的销售员身上,再制定游戏规则:比如按信用度对客户进行ABC分类,淘汰信誉不良的,把客户群尽可能做得干净,减少不必要的麻烦;再如严格规定账期,实行奖罚分明机制,一旦发生逾期,限制订单,逾期利息由销售员承担,并且月月扣紧回笼指标,到了年底压力自然小了。通过责任利益挂钩机制起到了撬动销售员能动性的积极作用。难怪那位老板会这样说道:"原来我一个人'猴急',就变成

了大家现在一起'猴急'。"

看来，这位老板开始尝到了有效组织运行的甜头。

一个追求卓越未来的企业领导，所面临的最大工作挑战就是如何把组织调动起来，去适应一轮又一轮的新挑战。因而，企业领导应该关注设计这么一个优化结构：使个人因素可以降到最低，组织因素可以提升到最高。企业尚处在创业阶段就应该为此埋下伏笔，当其规模日益增大的时候，通过潜移默化地"弱化"个人来启动组织运行机制的成熟过程。

有效组织应该追求这么一种状态：公司的日常运行不会被个人一时喜好的变化而变化；个人的暂时强弱无法牵动组织整体运行出现偏向；即使关键人物的去留也丝毫影响不了组织的正常发展。

其实，我们已经意识到了那些具有很强繁殖力的国际企业，人事变动不乏频繁，资本地域不断扩张，却仍能保持源远流长的可持续发展。其中一个根本原因，就是企业发展是建立在组织运行的基础之上的。松下幸之助在《松下经营守则》中写道：因为体弱多病，才懂得健康的可贵；也因为多病之躯，才学会了委请别人做事的方法。真可谓因病得福啊！一个举世闻名的家电帝国就这样在松下幸之助有意无意弱化自己的过程中诞生了。

有效组织何以建立？

至于"组织因素可以提升到最高"的理解，被评为美国业绩最佳的西南航空公司，在实现飞机起降15分钟内完成所有清理、加油、机械例检，以及迎送乘客的地勤合作工作中，采取了一个很有效的办法，那就是奖金与里程数挂钩，所有员工的奖金都是根据里程数计算出来的。这个奖励指标订得非常高明，巧妙地解决了飞行员飞得再好，其他部门跟不上，里程数上不去的低效率循环，把员工的自身利益与共同的目标责任联系在一起了。

所以说，组织的一个重要功能就是要有效地刺激其成员的利己心，在不断满足其利益愿望的同时输入责任要求，使责任的目的得以充分实现。从经济学的原理出发，人的本能是在得到什么才会去做什么。假如，一个组织希望其成员在承担责任的同时不能得到相应契约或者心理价值回报的时候，所谓责任就会变得非常脆弱，乃至被抛弃。

写到这里，有效组织应该浮现出一个最基本框架眉目：个人在组织的整体关系中一定是"小"的，他所拥有的能量，即使再大，也应该在组织运行的过程中得以充分显现；同理，组织成功的关键要素在于责任和利益之间求出平衡点，使组织与成员之间创造出一个互利互动的双赢局面。

资料来源：www.mie168.com

## 二、组织变革的阻力及来源

组织变革中的阻力，则是指人们反对变革、阻挠变革甚至对抗变革的制约力。这种制约组织变革的力量可能来源于个体、群体，也可能来自组织本身甚至外部环境。组织变革阻力的存在，意味着组织变革不可能一帆风顺，这就给变革管理者提出了更严峻的变革管理的任务。成功的组织变革管理者，应该既注意到所面临的变革阻力可能会对变革成败和进程产生消极的、不利的影响，为此要采取措施减弱和转化这种阻力；同时变革管理者还应当看到，人们对待某项变革的阻力并不完全都会是破坏性的，而是可以在妥善的管理或处理下转化为积极的、建设性的。比如,阻力的存在至少能引起变革管理者对所拟订变革方案和思路予以更理智、更全面的思考,并在必要时做出修正,以使组织变革方案获得不断的完善和优化,从而取得更好的组织变革效果。

1. 来自个体对变革的阻力

变革的实施最终总是会通过组织中的个体来完成的,它必然会给个体带来影响,因而也必然会遇到来自组织中个体的阻力。这种阻力主要有以下几个方面。

(1)经济利益。组织变革常常会引起经济利益的调整,如果这种调整能给个体带来收益的增加和生活的改善的话,就能得到个体的赞成、理解和支持;反之,如果变革直接或间接降低了某些人的经济收入的话,这些人就会阻挠、抵制变革。

(2)安全。变革一般都是做以前没有做过的事,采用过去没有用过的方法,这些新的方案和做法会对现有人员形成威胁,有些组织成员为了维护自身工作的安全,就会抵制变革的实施。例如,当一家公司宣布要裁员或者要引进新的、自动化程度更高的设备时,有些员工就会因为感到自己的工作受到威胁而反对这种变革。

(3)求稳心理。所谓心理上的求稳,其实就是心理上的惰性,这种惰性主要表现为顽强的守旧心理定势,对新事物、新经验反映冷淡,甚至加以抵制和反抗。具有稳态性的人死守住那些不适合实际生活的固定观念,总是"求稳、怕乱",以不变应万变,与变革中出现的新观念、新方法格格不入。

(4)求全心理。所谓心理上的求全性,也就是说,人们在心理上有一种自然的倾向,即追求完美,要求对象始终处在"十全十美"、"万无一失"的状态之中。求全心理深藏于人们无意识的心理层次中,对人们的认识取向和评价取向产生重大的影响。某些人在这种心理支配下,看到组织变革中出现的问题,就惊惶失措、横加指责,他们总希望整个变革以完美无缺的方式来进行。但是,组织变革是一个巨大的系统工程,是一种探索性的和指向未来的活动,而且是牵一发而动全身的活动,要求人们以完美无缺的方式进行变革,实际上就是阻止变革,取消变革。

(5)保守心理。保守心理苟安现状,迷恋老的章程、秩序和习惯。具有保守心理的人往往以各种借口去反对变革。鲁迅先生曾经尖锐地刻画了这种保守心理,他说:"保存现状,连在屋子里开一个窗户也不肯,还有种种不可开的理由,但倘若有人要来连黑屋顶也掀掉它,他这才魂飞魄散,设法调节,折中之后,允许开一个窗户,但总是在伺机想把它塞起来。"

(6)习惯。人们通常是按照自己的习惯对外部环境的刺激作出反映的。也就是我们常说的"习惯成自然"。而这种习惯性却成为组织变革的一大阻力。人们在组织中较长时间从事某种活动,遵循某种办法,就会逐渐形成习惯,时间越长,习惯就越强。组织变革要改变人们原来熟悉的那种活动或办法,就会使人们从心理上、行为上不适应而产生不快或抵触情绪。例如,许多单位长期以来习惯于吃"大锅饭"、搞平均主义,对按贡献大小论功行赏的做法就很不习惯。

(7)对未知和不确定性的恐惧。变革是一种创新,是带有探索性的,其未来总是包含着许多未知的因素。变革使已知的东西变得模糊不清和不确定。组织中的员工也同样对不确定性有一种厌恶感。因此,人们在变革面前常常会感到心中无数,对变革没有把握对变革的前途担忧,从而表现得左顾右盼、犹豫不决、提心吊胆,这种心理必然会影响到变革的顺利进行。

2. 来自群体对组织变革的阻力

组织中的个人往往是组合成群体的,而组织变革会对群体原有的规范产生冲突,会威胁到群体原有的人际关系,从而对组织变革产生阻力。

(1)群体规范冲突所造成的阻力。一个凝聚力强而又有一定历史的群体,在工作方法、劳动定额、相互关系方面,有自己的一套成文的或不成文的特殊规范,一般处于相容状态。变革后,正式组织的目标、准则、行为要求发生变化,当这种变化与原有的规范不相容时,就会与非正式群体发生冲突。在这种情况下,非正式群体为维护自身利益、保持群体的稳定性,有可能联合群体成员,强化原有规范,对正式组织所实施的变革采取抵制行为和不合作的态度,如故意限制产量、压低定额、破坏机器设备等。

(2)人际关系变革所造成的阻力。组织变革可能破坏组织中原来已经形成的人际关系,组织成员为维护原有的人际关系,就可能对变革采取消极的抵制态度。

3. 来自于组织与领导方面的阻力

(1)结构性变化。组织有其固定的机制保持其稳定性。例如,通过测试系统选择符合组织要求的人员进入组织,通过培训塑造和引导组织成员的行为使他们符合特定的角色,通过职务说明书、规章制度等实现组织的规范化等。这种维持稳定的结构惯性,在组织变革时,就会在一定程度上成为阻碍变革的反作用力。

(2)变革范围的有效性。组织由一系列相互依赖的子系统组成。我们不可能只对其中一个子系统实施变革而不影响其他的子系统。例如,如果只改变技术工艺而不同时改变组织结构以与之配套,技术变革就不可能被接受。所以子系统中的有限变革很可能因为更大系统的问题而变得无效。

(3)对已有的权力关系的威胁。组织变革经常涉及机构精简、权力的重新分配,从而威胁到组织已有的权力关系。例如,在组织中,引入参与决策或自我管理的工作团队的变革,就常常会被基层主管和中层管理人员视为一种威胁。

(4)对已有的资源分配的威胁。组织中控制一定数量资源的群体常常视变革为威胁,他们倾向于对事物的原本状态感到满意,变革会使他们担心自己控制的人、财、物资源的减少。那些最能从现有资源分配中获得利益的群体常常会对可能影响未来资源分配的变革感到忧虑。

### 三、对付阻挠变革的基本方法和策略

管理当局确定了有害的变革阻力后,可以采取以下六种措施和策略予以处理。

1. 教育与沟通。通过与成员进行沟通,帮助他们了解变革的理由,会使阻力降低。这一策略假定,阻力的根源在于信息失真,或者是由于不良的沟通造成的。如果员工们了解到全部的实事,澄清了他们的错误认识,那么其阻力就会自然减退。而这可以通过个别会谈、备忘录、小组谈论或报告会等取得。这种策略能否见效?要是阻力的根源确实在于不良的沟通,且劳资双方存在一种相互信任、相互依赖的关系,那么它就会有效。但假如这些条件不存在,它就不可能成功。另外,这一策略所需投入的时间和精力也应相对其优点作出权衡,特别是当变革触动很多员工时。

2. 参与和融合。一个人要是参与了变革的决策,他就不容易形成阻力。因此,在变革决定之前,需要将持反对意见的人吸收到决策过程中来。假如参加者能以其专长为决策做出有

益的贡献，那么，他们的参与就能在降低阻力、取得支持的同时提高决策的质量。不过，这一策略也有缺陷，即可能带来次等的决策，并耗费许多时间。

3. 促进与支持。变革推动者可以通过提供一系列支持措施来减少阻力。如果员工对变革的恐惧和忧虑很强，那么，提供员工心理咨询和治疗、新技能培训以及短期的付薪休假等可能有助于促进他们的调整。这一策略与其他策略一样，也是有缺陷的。其中之一是耗费时间。另外，它的推动花费较大，且没有成功的把握。

4. 谈判。变革推动者处理变革阻力的另外一种方式是，以某种有价值的东西来换取阻力的降低。比如，如果阻力集中在少数有影响力的个人中，可以通过谈判形成某一奖酬方案使这些人的需要得到满足。谈判作为一种策略，尤其在阻力来源于某权利源（如工会）时更为实用。但其潜在的高成本是不可低估的。这种策略还有一个危险，即一旦变革推动者为克服阻力而让步，他或她也就可能面临其他有势力者的勒索。

5. 操纵与合作。操纵是将努力转换到施加影响上。如有意扭曲实事而使变革显得更有吸引力，隐瞒具有破坏性的消息，制造不真实的谣言使员工接受变革等，这些都是操纵的事例。一个公司的管理当局可能威胁说，员工要是不接受全面的工资削减方案，他就要关闭这家工厂。尽管实际上并无关闭工厂的打算，但这样说就是为了使用操纵。合作是介于操纵与参与之间的一种形式。它通过"收买"反对派的领袖人物参与变革决策来降低阻力。所以征求这些领袖的意见，并不时为了达成更好的决策，而是为了取得他们的允诺。操纵和合作这两种方法的使用成本相对不高，也便于取得反对派的支持，但其欺骗或利用的意图若被察觉，可能适得其反。一旦诡计被揭穿，变革推动者的威信也就可能一落千丈。

6. 强制。克服变革阻力的最后一种策略是强制，即直接对抵制者使用威胁力和控制力。如一个公司管理当局真正下决心，要使员工们不同意削减工资就关闭这家工厂。这时就运用了强制策略。强制的其他例子包括调换工作、不予升职、负面绩效评估以及不友善的推荐信等。强制的优点类似于操纵和合作。但这一方法的主要缺点是，强制通常是不合法的，即便是合法的强制也容易被看成是一种暴力，从而有损变革者的威信。以上内容可以用表 8-1 表示出来。

表 8-1

| 方法 | 内容 | 适用环境 | 有利之处 | 不利之处 |
| --- | --- | --- | --- | --- |
| 教育和沟通 | 向员工个人、小组甚至整个企业说明变革的必要性和合理性 | 企业内部缺乏对变革的了解或正确理解和分析。 | 人们一旦被说服，就会推动变革向前发展。 | 涉及很多人的话就会浪费时间 |
| 参与和融合 | 让企业内部员工参与变革设计 | 缺乏对变革的全面了解，来自其他人的阻力很大 | 人们会积极参加变革，并且把自己的所知融入变革计划中 | 如果变革设计不当，就会很费时间 |
| 促进与支持 | 为受变革影响的员工提供再培训、休假、感情支持和理解 | 人们由于不适应而阻挠变革 | 变革肯定会遇到适应问题 | 可能很费时间和精力，最后仍然失败 |

续表

| 方法 | 内容 | 适用环境 | 有利之处 | 不利之处 |
|---|---|---|---|---|
| 商谈和协议 | 与有可能反对变革的人商谈,甚至提出条件赢得理解 | 有些坚决反对变革的人会在变革中淘汰 | 这是一种相对容易的消除变革阻力的方法 | 如果引起比别人提条件而服从变革,代价就更大了 |
| 操纵与合作 | 在变革设计和执行中赋予关键人物重要职位 | 如果其他手段不起作用或代价太大的话 | 有可能是一种对付阻力的便捷方法 | 如果人们意识到被操纵,则会为将来带来问题 |
| 强制 | 用解雇、调换工作和不给晋升等手段相威胁 | 当变革进展是关键并且变革发起人拥有相当的权力 | 能够迅速有效地消除任何阻力 | 如果引起人们对变革领导的不满,会带来很大的风险 |

## 第三节 变革的过程与实施

### 一、组织变革的基本过程

库特·列文研究了进行有效变革的过程。他认为大多数变革的失败有两种原因。首先是人们不愿意(或不能够)改变长期形成的观点和行为。让一位经理学习一种新的分析方法,他可能会接受这个建议,但如果告诉他对别人不要那么简单粗暴时,他很有可能感到气愤并且拒绝转变。另外,列文认为,经过一段时间的改变,员工可能会回到以前的工作方式中去。

为避免产生这种问题,列文提出了分为三步的变革模式。这种模式经过艾德加·舍因(Edgar Schein)和其他人的发展,能够适用于任何个人、小组和整个企业。该模式包括解冻、变革和重新冻结三个过程。如图8-1所示。

图 8-1

1. 解冻(Unfreezing)。解冻指的是在企业里广泛宣传变革的必要性,要促使人们改变他们原有的态度和观念并消除那些支持这些态度或行为的因素,输给他们一些新观念,让个人、团体或组织能够真正感受到变革的必要并且接受变革。任何一个组织内部都存在着力图保持现状、抵制变革的势力。因为人们在一个熟悉的环境中感到舒适,受到的压力较小。而变革意味着有些人将会失去这种舒适感和预知感,所以他们要抵制。因此就要有一个解冻的过程作为实施变革的前奏,使人们认识现实总是有缺点的、是可以改进的,原有的某些观念随着环境的变化是应该更新的,不能满足于现状。使人们对变革有所准备,将妨碍变革的因素减至最少,鼓励人们接受新的观念,乐意接受变革。

2. 变革(Changing)。变革指的是发现并提出新的观点、理念或采用新的行为。人们在经历了解冻过程、对变革做好了准备之后,具体的变革活动就可以开始实施。变革必须包含一个由现行的行为方式和组织结构向新的行为方式和组织结构转变的过程。变革正是在这个过程中进行的。人们往往认为变动的过程就是变革,但如果我们把变革视为一个三阶段的过程,就会认识到根本性的变革只有在前有一个解冻过程、后有一个固结过程的条件下才能完成。一位经过培训的变革代言人(change agent)负责在变革过程中始终指导个人、团体或企业。在此期间,该工作人员要使新的观点、理念或行为在员工中得到认同和接受,而这些新的观点、理念和方式只有看到预期效果时,才能真正得到认同和接受。

3. 重新冻结(Refreezing)。重新冻结指的是通过加强和支持等手段,使新的行为方式锁定成为新的模式和规范。变革发生后,人和组织都有一种退回到原有习惯和行为模式之中的趋势。为了避免这种情况,必须保证新的行为模式和组织结构不断得到加强和巩固。没有这一过程,变革对组织和成员就只能有短暂的影响。

变革代言人可以是企业内部人员或者外聘的专家。对于那些长期复杂的变革计划,外聘的专家有许多优势。首先,外聘专家可能拥有独特的专业才能和水平。其次,外聘专家不会被日常事务所干扰。还有,作为一个外来人员,可能比内部人员拥有更高的威望和影响。最后,由于外聘专家与企业没有固定的个人利益,处事会更加客观,也容易赢得员工的信赖。

## 二、变革的实施过程

变革的过程可分为四大个步骤:

### 1. 出现问题征兆、认识变革的必要

组织不变革则难以生存。管理者不能只看到成绩和机遇,过分留恋过去,而应更多地看到问题和挑战,积极地面向未来。要有紧迫感、危机感和预见性,以变图兴,把握和创造未来。管理者要发现问题征兆、获得促使变革的信息,一方面要从反映外部环境变动的一般信息中发现对自己有利和不利的因素,另一方面要从组织内部日常活动的反馈信息中发现异常情况,如利润、销售额、市场占有率的下降,就表明了企业竞争力的减弱,需要及时诊治与变革。

诊断问题、发现问题的征兆是比较容易的,但透过征兆诊断问题的根源却是困难的。如果不能正确地诊断问题,就不可能提出正确的变革措施从而达到解决问题的目的。为此,在诊断问题时,必须回答什么是有别于征兆的真正问题、改变什么可以解决这些问题、改变的结果是什么、如何衡量这些目标等问题。诊断问题是整个变革过程正确进行的关键环节,此阶段必须将变革的目标具体化,目标可以以财务和生产数据表示,如利润、市场占有率、销售量、生产率、废品率等等,也可以用对组织成员有意义的个人发展目标来表示,但目标必须明确、易懂、有挑战性。

### 2. 选择变革的方法

变革的方式可以分为以人为中心、以技术为中心和以组织结构为中心三种方式。

在以人为中心的变革方式中,管理人员首先致力于改变人员的态度、价值观念和需求的种类与层次,通过改变人员的工作态度促使人们修正自己的行为,从而达到改进工作绩效的目的。这种方式费时较多,变革成本较高,所以有人认为不如先改变组织结构和技术环境,再借以改变人的行为来得更为快捷。

在以技术为中心的变革方式中,管理人员通过改变从原料的投入到转变成产品的整个过

程所使用的技术，促使人们的工作内容、工作顺序、工艺程序等发生变化，以达到影响人们的行为、提高工作绩效的目的。

以组织结构为中心的变革方式则不侧重人的态度的转变，它是通过改变组织结构、沟通渠道、奖惩制度、管理政策、工作环境等来使人们自动地修正自己的行为。

对变革方法的选择，应根据诊断出的问题的性质，有针对性的进行选择。三种方法虽然各有侧重，但也不是互不相干、彼此独立的，现实中的组织变革往往采用综合的方法，针对问题，抓住重点，相辅相成，配套进行。

另外，一项变革能否成功，除了正确的诊断问题与选择变革的方法外，还要分析变革受到哪些条件的限制。管理者只有对可能遇到的困难和阻力有充分的认识和准备，提前采取必要的措施，争取各方面的支持，才能未雨绸缪，保证变革的顺利进行。

3. 正确的选择推行变革的方式和策略

推行变革的策略可分为：

（1）根据下级参与决策的程度分为命令式、参与式、和分权式。命令式是指由领导作出决策，自上而下的发布命令，说明所要进行的变革的内容和下级在贯彻这些变革中的职责。参与式是指让下级在不同程度上参与讨论、分析与选择变革的方案，吸取众人的智慧。分权式是指将决策权力交给下级，由下级对自身的问题进行讨论，自行提出解决问题的方案，并对方案负责。

（2）按变革所解决的问题的深度可分为计划性的变革和改良式的变革。计划性的变革是指对问题进行系统、广泛的研究，统筹全局，作出规划，然后有计划有步骤地实施，将变革和政策、工作制度、管理方式的改进、人员的培训同时进行，让职工有充分的思想准备。改良式的变革是指针对问题进行小改小革，这是组织中经常采用的一种变革方式。优点是符合实际需要，变革阻力较小，比较稳妥，缺点是缺乏整体和长远规划，头痛医头，脚痛医脚，带有随机的权宜性质。

按变革进行的步调可分为突破式和渐进式：

（1）突破式是领导以最大的决心和魄力对于重大的变革要求一步到位，定期完成。此种方式虽然有可能使问题在短期内得以解决，但由于时间仓促、考虑不周，或由于人的态度问题，所以容易遇到较大的变革阻力。

（2）渐进式是利用足够的时间分步骤地推进变革，在不知不觉中达到变革地目标。此种方式虽然阻力较小，易于接受，但也容易使变革旷日持久，因而影响成效。

以上几种不同的变革方式，表明推行变革的策略中有速度、广度、深度和参与程度的问题。至于具体采用那种变革策略，要依问题的性质、参与者以及其他组织因素而定。一般来说，对重大问题的变革，下级的态度对变革推行和成功至关重要，我们应当把支持和合作扩大到最大限度，把抵制降低到最小；非紧急情况和确有把握的，不要采用突变式和命令式；由于干部的水平和素质所限，一般在基层也很少采用分权式；通常情况下多采用计划式和参与式的变革。至于变革的进度，应力求抓住有利时机，既不操之过急，又不要过分缓慢和拖延。

4. 实施变革计划

实施变革计划要恰当地选择发起变革的时间和范围。除非情况紧急、问题关系组织存亡应立即予以实施，否则一般不宜选在业务繁忙的旺季。至于实施的范围，既可以在整个组织范围内贯彻，使其在很短的时间内成为既成事实，也可以在组织内逐级、逐部门、分阶段进行。往往成功的变革都采用分阶段、限制变革的范围以先积累经验再逐步推开的做法。

任何变革方案都不可能尽善尽美，组织变革在实施中必然会遇到来自各方面的阻力。要使变革取得成功，就必须设法疏导，力求将变革的阻力降至最少，赢得更多人对变革的支持。具体方法有：

（1）进行说服宣传，使更多人正确了解变革的动因和目的及其可能产生的绩效和好处。

（2）组织相关人员参与变革方案的设计。当变革的问题重要、复杂、涉及面广、光靠变革者没有把握和能力制定出理想的变革案时，一定要吸收相关部门和人员参与变革方案的设计，以便集思广益，使变革方案切实可行、行之有效。

（3）对变革的有利因素和不利因素进行认真的分析，权衡利弊，对变革可能出现的新问题要事先做好妥善的处理，争取绝大多数人对变革的理解和支持。一般情况下，只有得到多数人的支持，变革才能取得成功。

（4）充分磋商与协调。当变革的方案可能影响到某些部门和群体的利益时，应事先找有关方面进行磋商与协调，尽可能使变革方案兼顾各方面的利益。不要追求理想的变革方案，现实的变革方案往往是大多数人能够接受大的方案，让所有人都满意是不可能的。

（5）正确选择变革的方式与策略，避免操之过急。要妥善处理变革与稳定的关系，不要不停地进行变革，应该在巩固一项变革的成果后再展开一项变革。

（6）实施变革时要及时收集可以衡量变革效果的指标信息。对变革效果的衡量，有时可用已有的指标系统，有时则要另行设计新的指标。要根据收集到的信息评估和确定变革的发展趋势。衡量一项变革的效果，不能仅仅从某个时点来考虑，有的变革，开始时效果很明显，但很快就可能回复常态；有的开始无效果，甚至出现负效果，但稍后则逐步上升。要对实际成果与预测成果进行比较，及时对偏差采取纠正行动。

---

**相关链接** 　　速食时代遭遇组织之伤：索尼刮骨自救

如果身体内部有病变，从外部治疗是缓慢甚至是无效的。同理，如果只是市场和战略的失败，那么企业只需要调整外部策略，但如果企业内部的组织架构和组织能力出现问题，那么惟一的自救之道就是来一场"血淋淋"的深入组织内部的革新。

索尼曾经站立在世界消费电子业的顶峰，也曾经用自己的产品创造了一个又一个奇迹，改变了人们的生活方式。然而时至今日，索尼业绩大面积亏损，品牌价值低落，庞大的战略构想处处漏洞。

在PDP等离子电视及DVD录像机业务方面，先锋都曾是行业先驱。但是，该公司在以技术为引擎开拓市场的过程中，被后来的厂商赶上并超越。在2005财年的第一季度亏损高达89亿日元（2004年财政年度也亏损88亿日元）。先锋的新任社长须藤民彦表示，"此前PDP等离子电视业务的反应太迟缓。"

这两家企业的战略并没有出现太大的失误，但是他们的组织能力却不能适应消费电子速食时代的要求。关羽被毒箭射中后，需要刮骨疗毒。这两家企业如果想再次复兴，等待他们的将是类似的痛苦。与之略有不同的是，关羽身边有神医华佗，而他们只能靠自己。

就像汽车只有方向盘没有汽油无法开动一样，企业仅有美好的愿景和清晰正确的战略是不够的，还需要有强大的组织能力来保证战略的正确实施。尤其当外部环境发生改变后，尤其当企业需要推行变革的时候，更是如此。

清晰的战略，糟糕的业绩

日本先锋公司于11月21日公布了社长更迭的消息，原副社长须藤民彦将于明1月1日就任新社长。原社长伊藤周男及会长松本冠也将改任顾问，退离经营一线，以承担自2004年度下半年起业绩急剧恶化的经营责任。

伊藤表示："当前的业绩是本公司创建以来最严峻的。作为社长，我感到自己负有不能适应(迅速变化的市场)环境的责任。"

1996年出任社长的伊藤在1998年基于"选择和集中"的经营手法制定了结构改革计划"先锋构想2005"。按该计划，该公司撤出激光光盘卡拉OK、影像和音乐软件业务及手机业务等市场，选择了等离子显示器(PDP)、DVD录像、车载导航仪和车载音响(车载电子设备)三项战略性业务，并将经营资源集中于这三项业务。

最初这项政策收到了良好的功效，先锋的业务至2004年度上半年呈复苏态势。但是自同年度下半年起风云突变，在由于竞争厂商的增加导致产品价格下降的过程中，该公司未能削减成本，导致PDP及DVD录像机业务的利润降低，两项业务的赤字增加。2005年度中期(4~9月)的联合结算为163亿日元的营业赤字，最终赤字为122亿日元。

与之类似的是索尼前任CEO出井伸之的离职(甚至离职后担任的职务都很类似)和索尼现在业务的不景气。

在出井伸之刚刚从大贺典雄手中接棒的几年时间中，索尼的业务发展态势良好。

首先是新业务

PlayStation游戏机在全球市场大获成功；VAIO个人电脑一经推出也成销售利器；随着数码相机的风靡，索尼又成功地在这一新市场坐上头排，并成为其他数码相机生产商的CCD芯片供应者；它的"贵翔"引擎高端彩电也在不断扩张着市场份额。在日本经济全面停滞的这几年里，索尼的全球销量和利润却仍在攀升。

而随着数字与网络的发展，出井伸之认为当时的索尼需要一场革新，并为索尼的未来构筑了一个宏伟的战略：企业内部开始E化融合，所有的产品转向数码化，以宽带网络为平台，以索尼的终端产品，例如笔记本电脑、电视机、数码相机、摄像机、PS游戏机等为终端出入口，以Memory Stick记忆棒为载体，以索尼音乐和影视为内容，向消费者提供综合娱乐服务。出井伸之是索尼领导人中第一个将内容的重要性提高到与技术平等甚至是更高地位的CEO。

应该说，这一计划是具有时代超前性的，很早就预见到未来的娱乐方向是基于宽带的客厅中的内容服务，甚至比现在很多企业正在谈论的"数字家庭娱乐系统"超前10年。

然而时至今日，我们再看这个战略构想，除了局部体现的有些"封闭"外(Memory Stick记忆棒与其他存储设备的不兼容)，依然是相当完美的。但战略执行下来的结果却是目前索尼灾难般的业绩。在今年第一季度财报中，索尼净利润亏损从去年同期的3.6亿美元增至5.33亿美元，这也创下了近两年来的最大亏损，核心业务全线溃退。10月27日公布的第二季度财报显示，本季度索尼公司的净利润为2.46亿美元。之所以还能有利润，或许营业利润中包括的对过去日本政府养老基金735亿日元的返还是最重要的原因。

究竟是什么情况造成他们糟糕的业绩，难道是战略方向的错误？或许我们更应该从企业的组织能力方面去寻找原因。

从垄断电子时代到速食电子时代

2004年电子行业的原材料如有色金属等价格在大幅度上升，同时能源供应紧张也增加了电子行业的成本压力。而这两者恰恰是电子制造企业自身无法左右的，另一方面，原材料和能源供应紧张所带来的成本上升却由于市场的激烈竞争无法转移到消费者身上，反而由于竞争的日趋白热化，价格呈现了下降的趋势！这就使得众多电子行业企业被挤压到了一个更加狭小的空间里面。

当然这"一点点"外部环境的变化绝不能就简单的解释了为什么不少电子企业在最近两年陷入停滞、负增长甚至是亏损的泥潭。这其中包括索尼、先锋、TCL等优秀的企业。

事实上，更深刻的外部环境的变化早已发生。前面所说的企业也不是简单的因为"技术、质量、成本"等因素被对手超越才陷入窘境。

索尼当初成功创造了一个产业时代。在那个时代，只要你拥有独特的技术，能够创造出独有的产品，你就可以回家躺在床上数钱了。消费者可以接受你比竞争对手高得多的价格，只要你用独到的技术以及产品去引领消费，市场就会认可。产品价格与企业运营速度都可以往后放。消费者和市场都会尊重或者等待能创造出独特价值和独特产品的企业。索尼所创造的时代实际上是个技术垄断的时代，垄断技术然后去垄断客户，只要紧紧抓住技术就会赢得竞争。我们或许可以把这个"美好"的时代称之为垄断电子时代。

然而三星的崛起和对于索尼的超越证实了，这个时代已经过去了，新的时代早已到来。在新的时代，新技术在以不可想像的速度扩散。

技术更新速度的加快实际上加快了所有在售电子产品的技术贬值速度。一位GFK数据公司的市场调查员告诉记者，一款新型民用数码相机的真正生命只有6~9个月，过了这个时间段，它将淡出消费者的视野也就是说自一项新产品投放市场之后它的价格就以加速度的方式下跌，期望用更高的价格去获取利润的方式已经过时。消费者拒绝接受高价格的电子产品，所有消费电子产品都已成为寿命短暂的速食品。速食化的电子产品催生了最重要的消费需求：那就是对产品外观时尚性的需求，如果没有这个表面特征即使你的产品有好的价格与好的功能，它依然容易变成库存。

最近权威研究及分析机构Gartner指出，随着越来越多的技术融入人们的日常生活，如家居、办公室、家居办公室、家庭、汽车及娱乐等，这将在未来十年对商业技术的发展产生深远影响。

Gartner副总裁兼研究总管Steve Prentice表示："人们期望即时回应、更高的个性化需求等主流社会趋势都对技术市场产生了深远的影响。且消费者越来越希望技术能给他们更多的选择和更大的个性化灵活度。"

Gartner甚至预测，在未来，技术发展的主导权将从企业转移到个人用户手中，而且将出现商业IT"消费者化"的现象，形成一个全新的"消费者对企业"（C2B）和"企业对消费者"（B2C）市场。

所有这一切无不说明，在这个速食电子产品时代，企业应该具备快速反应、敏感、高效的组织能力。

慢了3年，迟缓的根源

索尼在音乐市场上的封闭和反应迟缓也让他失去了传统的霸主地位。2001年10月23日，苹果iPod面世。之后的音乐市场格局随即发生颠覆性变化。基于网络传播的MP3获得了最佳的播放器。此前的MP3播放器容量较小，无法满足消费者的需求。而苹果的iPod不但容量极大,而且有 iTunes 网站的强大功能支持,最终收获累累。

而这时的索尼还在坚持其 MD 播放器,担心 MP3 的泛滥会影响旗下音乐公司的收益,更多的是考虑如何保护自身的权益,甚至是抵制 MP3。直到 3 年后的 2004 年 10 月 25 日,索尼才发布了第一款支持 MP3 格式的数字音乐播放器 NW-E99 和 NW-E95,从而对其音乐产品战略作出了重大调整。但是 MP3 的市场份额已经几乎被 iPod 蚕食殆尽。

那么面对速食电子时代究竟应该如何构建强有力的组织能力,保证企业能够对市场快速反应呢?或许我们应该从那些"重伤"企业的"复兴之路"上去寻找答案,因为他们比那些成功企业更加深刻的了解"组织之伤"。

先锋的新社长须藤说:"切实推进结构改革是重建的第一步。"他提出了实现复兴先锋的三大要点:一是全面贯彻"PDCA"周期;二是返回基因(DNA)起点;三是向核心业务集中。

全面贯彻 PDCA 周期是指认真执行 Plan(计划)、Do(行动)、Check(掌握情况)、Action(调整和改善)的周期。具体来讲就是仔细制定设定目标的计划,并按计划执行,掌握并分析执行情况,然后调整改善计划。先锋业绩恶化的原因之一就是"在于没有认真执行 PDCA 周期。尤其是在环境的快速变化中,C 和 A 很重要,本公司此前对这一点认识不足",须藤如此说。

返回基因起点是指返回先锋的制造原点。须藤表示,先锋的本质在于以新技术创造新价值,开拓市场,今后将再次明确基因,以赢回消费者的信赖和支持。

而向核心业务集中,是指在对经营不景气的 PDP(等离子电视)业务和 DVD 业务进行结构改革的同时,将经营资源向该公司处于优势地位的车载电子设备业务集中。该公司计划通过这种举措改善利润。

而索尼在自救方面更加彻底,而且是从企业内部的上层到下层。早在出井执政时代,某种程度上他已经意识到索尼的问题。当时索尼的董事会成员多达 40 余人,大多数是索尼内部高管。出井对外表示,"这是一个非常笨拙的东西,我们完全不能办成事。"在他执政的 3 年后,索尼的董事会只剩下 10 人,其中还有 3 名外部董事。这让索尼无论在结构还是从运作方式上都更接近一个美国公司的董事会。

当出井辞职时,他还要求其他六位高层管理者与他一道退出董事会,其中包括社长安藤国威和游戏业务总裁久多良木健,从而使索尼董事会中的外部董事史无前例地成为了大多数。

不过我们有理由相信,索尼的组织架构需要深层次的全面梳理,而这只是刚刚开始。出井伸之构想中的庞大战略构想需要各个部分的充分融合。索尼内部庞大官僚系统中的割据势力并未瓦解,各个部门之间的协同与交流依然不够。索尼 9 月 22 日公布的复兴计划或许能够改善这种情况。

业绩持续低迷的索尼于 9 月 22 日公布了中期经营方针。这是上任的索尼会长兼首席执行官霍华德·斯丁格(Howard Stringer)及社长中钵良治首次指导制定的经营方针,同时也是该公司实际上的"重组策略",因此备受业界瞩目。在外部市场和战略策略方面,索尼表示将在全球裁员 1 万人,同时减少工厂数量由 65 个减少到 54 个,并削减 18 亿美元开支。今后将集中资源于成长性业务,总体上来说,索尼的资源被集中于 HD(高清晰度)产品、移动产品以及能够持续实现产品区别化的半导体及关键零部件领域。在电子业务领域,电视、数码影像、DVD 录像机以及便携音频产品则将是索尼的重点。而在电视业务方面,索尼表示将依靠合理的生产布局、增加自主零部件的比率、集中工程设计力量令电视业务重新崛起。目前的目标是在 2006 财年下半年实现电视业务的盈利。

对于过去占据霸主地位的显示器领域,索尼称将关注自发光平板有机光放射二极管(OLED)显示器,将成立显示设备开发集团,该集团直接向电子业务 CEO 汇报,目标是进一步加快开发进程。随着计算能力的日益强大,消费类数码音视频产品将更多地在一个互联的交流环境中使用。因此,索尼称,将把这一领域定位为有较强增长潜力的领域,将进一步强化开发网络化产品及应用。

裁员、削减成本、减少工厂数量,对于任何一家企业来说都是十分痛苦的。然而深入企业内部的组织改革将增加痛苦,但也有效。索尼现任 CEO 斯金格甚至说:"我必须一边用未来诱惑整个组织,一边鼓励他们作出改变。"这句相当程度上也说明了目前索尼机构改革的困难。

首先索尼废除了原有决策体制,把原来的"网络分公司"决策体制改为名为"业务集团"的运营单位。同时实行以 CEO 为领导的重要领域集中决策体制。产品企划、技术、采购、生产以及营销各部门,今后都直接汇报给电子业务 CEO。在研发方面,对现在的研发部门进行结构重组。索尼称,这些调整是为了使各产品线的相关决策更加迅速和简洁,并且确保所有产品之间的无缝操作,消除产品和设计上的重复,确保更为合理的研发计划与开支。

毫无疑问,索尼的"自救"是在使索尼的管理体制与组织架构从日本式转向美国式,无论是成立业务集团还是实施 CEO 集权,都体现出美国式管理方式的特点。虽然经过"刮骨疗毒",但索尼组织能力的提升之路还只是刚刚开始。

资料来源:www.addidea.com

## 第四节 变革的类型和方法

管理者能对什么进行变革?其选择方式基本上有以下几种:结构、技术和人员变化。如图 8-2 所示。结构变革包括改变组织的复杂性、规范化、集权化程度、职务再设计及其他结构因素。技术变革包括工作过程、所使用的方法和设备的改变等。人员变革则是指员工的工作态度、期望、认知和行为过程的改变。

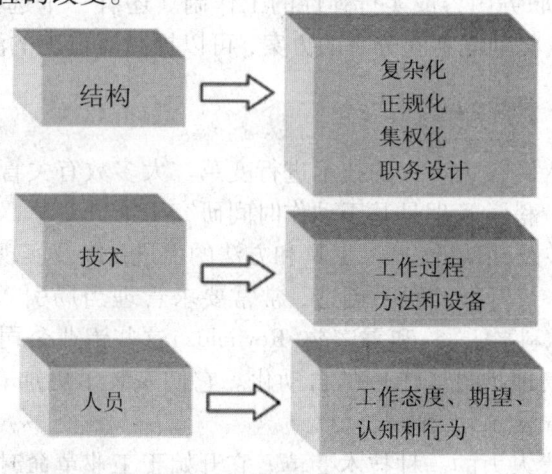

图 8-2

## 一、结构性变革

管理者被认为要对选择组织的正式设计、分配职权、决定普遍的分权化程度及职务设计等活动负有责任。但这些结构决策不是一旦作出就一成不变。变化的条件要求结构作相应的改变。这样,管理者作为变革的推动者,就可能需要对结构进行修改。

管理者有哪些方案可用来改变结构?按照组织结构和设计原理,我们可以从以下几个方面进行分析。

1. 机构设置。一个组织的结构是由其复杂性、正规化和集权化程度决定的。管理者可以对这些结构要素的一个或多个加以变革。传统的机构设置强调确定职责、明确分工和工作流程。而现在的机构设置的最为明显的趋势是管理层愈来愈少,从高层领导到工作人员的中间环节逐渐减少,工作人员被赋予更多的职责。

在实践中,我们可以将几个部门的职责组合在一起,或者精简某些纵向层次、拓宽管理跨度,以使组织扁平化和更少官僚机构的特征。为提高组织的正规化程度,可以制定更多的规则和制度,而通过提高分权化程度,则可以加快决策的速度。美国著名的零售企业沃尔玛公司就是拥有一个较少的管理层次而效率很高的成功例子。

2. 分权管理。分权管理包括建立规模较小但组织完善的工作单位,以促进工作人员提高工作效率,把精力投入到最需要的地方。分权管理还可以鼓励每个员工和工作单位根据特定的任务和环境对自身的结构和技术进行灵活的调整。

3. 变革工作流程。变革工作流程和精心组合不同专业生产可以提高生产率和工作积极性。这种趋势表现之一反映在员工未经上级批准就可以支出的金额。A.T·吉尔尼咨询公司发现,在《财富》公布的前200位效益最好的公司允许部门经理列支两千万美元的支出;在某些规模较小的企业,员工在经过缓慢而又可能令人羞辱的申请批复过程时只允许支出100美元用于试生产革新。

流程变革得到另一成果是对实际的结构设计作出重大的改变。这可能包括从职能型转向分部结构的转变,或形成一种矩阵结构设计,管理者也可考虑重新设计职务或工作程序,或者修订职务说明书、丰富职务内容或实行弹性的工作制。还有一个选择就是修改组织报酬制度。例如,通过采用业绩奖励或利润分享的方案,可以提高对员工的激励力。

## 二、技术革新

管理者也可对将投入转换为产出的技术进行变革。大多数有关管理的早期研究就是着重于技术变革方面的努力。科学管理是基于动作时间研究来推进变革,以提高生产的效率。今天,许多技术变革通常涉及到新的设备、工具和方法的引进,以及实现自动化与计算机化等。

产业内竞争的力量,或者新的发明创造,常常要求管理当局引入新的设备、工具和操作方法。例如,美国的阿尔科(Alcoa)和雷诺兹(Reynolds)这些铝业公司为更加有效地与海外制造商竞争,近年来大规模地推进了工厂的自动化。它们安装了更加有效的处理设备、熔炉和压制机,使每吨铝的制造成本大大降低。

自动化是以机械取代人力的一种技术变革。它开始于工业革命时代,现在仍然继续是管理当局可供选择的一个方案。自动化已经在美国邮政服务领域的邮件分拣以及制造业使用机器人的自动化装配线上得到了推广。

也许近年来最明显的技术变革来自于管理当局的努力扩大计算机化的应用范围。现在许多组织都安装了复杂的管理信息系统。大型超市已经将他们的收款台改造为数据输入终端，这些终端与计算机连接，可以提供实时的库存数据。由于计算机的广泛应用，2003年的办公室与1980年的大不相同了。最典型的体现是，台式机可以运作大量的商用软件，而网络系统的建立则使这些计算机实现了相互通讯联络。

### 三、人的变革

技术革新和机构改革两者都是通过变革生产和工作环境来提高效率。而对于工作人员的变革主要集中在改变他们的劳动技能、对工作的态度、认识和期望。近30年来，在学术研究者和事务管理者中间已经形成了一种很浓厚的兴趣，努力帮助组织中的个人和群体更加有效的一起工作。在下一节的组织发展部分将进一步探讨这种变革途径。

## 第五节 组织发展

### 一、组织发展的定义和目的

许多有计划的变革的目的主要是为了解决当前的具体问题。相反，组织发展（Organizational development, OD）是一种长期的、全面的、更为复杂且代价更大的变革途径，目的是使组织提高到一个更高的层次，同时显著地改进工作人员的工作效率和对工作的满意程度。尽管组织发展常常包括结构变革和技术革新，但其重点在改变企业人员及其工作状况的性质和质量。

严格地讲，组织发展的定义是：在专家的协调帮助下，在应用行为科学理论和技术的指导下，由高层管理人员支持的长远工作计划，通过对企业文化，尤其是对正式或临时工作小组和小组间的文化进行共同有效的分析和组织管理，达到改善整个企业解决问题和更新发展的目的。

上述定义包含了一些重要概念。解决问题过程指的是应付企业生产环境中产生的危险迹象和机遇的方法。更新发展的过程指的是管理人员根据环境的变化对解决问题方法所作的调整。组织发展的目的之一就是改进企业自我更新过程，使管理者能够迅速地调整其管理方式以适应新的环境和解决新的问题。

组织发展的另一个目的是把职权分配给员工，这在共同管理的词语中反映出来。共同管理（collaborative management）是指管理人员不考虑管理结构层次，让员工在决策中发挥更大的作用。为实现这种变革，管理人员必须有意识地改变企业文化，即企业成员所共有的工作态度、价值观和行为方式。

工作小组的建立和授予员工更多的职权这两种质量管理方案经常会促进企业内部相互合作。同时，要求员工发现客户的需求，并且尽量满足客户的需求，员工们把重点放在了客户上，而不是仅仅让老板满意。

另一个主要概念是行为研究（action research），它是指负责机构的代言人广泛了解企业内部哪些地方需要变革,如何帮助企业进行变革。行为研究大致包括:(1)改革工作人员存在的问题;(2)收集支持或反对变革的资料;(3)将这些资料反馈给企业有关人员;(4)有关人员对上述资料进行研究;(5)制定相应的行动计划;(6)实施上述行动计划。

## 二、组织发展的几种方法

负责变革的工作人员可以采用多种方法实施变革计划,根据变革所处的层面和面向的对象,常见的组织发展方法可分为敏感性训练、调查反馈、过程咨询、团队建设和组际发展等,如图8-3所示。贯彻这种变革方法的共同主线是,它们都设法带来组织人员内部或相互关系的改变。

1.敏感性训练(Sensitivity training)。它是一种早期的个人成长技巧训练,后来一度在组织发展中广泛应用,它强调对人际关系的敏感性。敏感性训练通过非结构化的群体互动来改变人的行为方式。该群体由一位专业行为学者和若干参与者共同组成。受训者在训练者的指导下,增强人际交往的敏感程度和提高处理人际关系的技巧。活动中,训练者为受训者提供表达思想和感情的机会,在自由而奔放的环境下,他们可以讨论任何感兴趣的议题。讨论所注重的是个人的积极参与及其互动的过程。

对敏感性训练作为一种变革方法,实证研究已经表明它具有多种的结果。从正面看,这种方法表现在对沟通技巧的迅速改善。

2.调查反馈(Survey feedback)。是对组织成员的态度进行评价,确定其态度和认知中存在的差距,并使用反馈小组中得到的调查信息帮助消除其差距的一种方法。调查问卷通常分发给组织或单位的所有成员填写。问题包括成员对诸如决策制定、沟通效果、单位间的协调、组织的满意度、工作、同事及其直接上司等广泛议题的认识和看法。将调查问卷统计处理后得到的数据制成表格分发给有关的员工,使所提供的信息成为人们确定问题的一个跳板。

图8-3

3.过程咨询(Process consultation)。是咨询者帮助组织成员理解和改进他们在一起工作的方式和技巧,帮助管理者对其必须处理的过程事件形成认知、理解和行动的能力。这些过程事件可能包括工作流程、单位成员间的非正式关系,以及正式的沟通渠道等。咨询者帮助管理者更好的认识他或她的周围、其自身内部或与其他人之间正在发生什么样的事情。咨询者并不负责解决管理者的问题。相反,咨询者只是作为教练,帮助管理者诊断哪些过程需要改进。如果管理者在咨询者的帮助下还不能解决问题,咨询者将协助管理者给自己配备一名具有适当技术知识的专家。

4.团队建设(Team building)。一种在团队水平上,通过诊断团队运行中的障碍,改进团队内部关系,以提高组织效率的方法。

团队建设是一种与过程咨询相关联的方法。通过分析工作小组的活动、资源分配和工作关系以便提高工作效率。例如,这种技巧可以培养一个新的委员会内部成员的团结精神。团队建设面向两种不同的工作小组,一种是由经理和雇员组成的固定的工作小组,它经常被称为家族小组;另一种是为解决某个具体问题或通过合并以及其他结构调整新组成的工作小组,我们称之为特别小组。

对两个小组来说,团队设的目的是找出影响团队业绩的障碍来提高工作效率,能够改进组内部人员间的关系,改善队伍中工作程序,比如交流和任务下达。表8-2简要说明了对上述两种小组所采取的措施。

表8-2　　　　　　　　　　　　团队活动建设

| 活动 | 家庭小组 | 特别小组 |
| --- | --- | --- |
| 分析 | 分析会议:"我们怎么做。" | 分析会议:"我们做到什么程度。" |
| 完成任务 | 解决问题、制定决策、明确职责、确立目标等。 | 特殊问题、职责和目标确定、资源利用等。 |
| 建立和维持交往 | 重点建立有效的人际关系,包括上下级和同事关系。 | 重点解决人际关系和单位部门间的沟通问题,充分利用其他部门人员的条件。 |
| 小组沟通的管理 | 重点了解小组间的沟通和文化。 | 重点解决沟通、决策和分工。 |
| 职能分析和协调 | 确定职能的方法。 | 确定职能的方法。 |

通过团队建设,几乎所有组织的员工关系得到了戏剧性的改变,他们都意识到应该为公司作些什么。在团队建设过程中,有时全组或几个下属小组用一天或更少的时间召开分析会议,找出优势和弱项。实际的团队建设需要在工作现场之外召开更长的分析会。咨询专家通过事前与参会人员见面,然后根据共同提出的议题召开会议。全组仔细研究各个议题,按照轻重缓急排列,仔细研究它们可能产生的影响,最后决定应该采取哪些措施进行必须的变革。过后还要召开会议,对采取行动的结果作出评价。

5.组际发展(Intergroup development)。组际发展的目的是试图改变不同工作小组成员之间的相互看法、认知和成见。例如,两个小组一直存在不良的工作关系。可以让他们分别开列出一份清单,说明有关如下方面的认识:我们如何看待对方?我们如何看待自己?然后,交换两组的清单,讨论有什么相似及不同之处。不同点将得到特别的注意。接着,两个小组考察存在差异的原因,并努力制定出解决办法改进小组间的关系。

### 三、管理创造和革新

当今世界创新精神比以前显得更为重要。也就是说,用新的方法思考,同时对各种完全不同的看法不抱任何偏见。

一些管理学者定义管理创造为产生新的思想,革新是把新的思想引入一家新的公司、一种新开发的产品、一种新的服务项目、一种新的工作程序或是一种新的生产方法。

经济学家约瑟夫·舒比特认为,革新在市场经济中是成功之母,这种观点在今天急剧变化、竞争激烈的市场环境中得到进一步的加强。缺乏创新精神的企业不可能生存。因而，越来越多的企业管理人员在不断寻求激励和培养员工以及整个企业的创新精神的途径。

1. 个人创造力

每个人的创造力各不相同。富有创造力的人要比缺乏创造力的人更加灵活。在解决困难时能够并且愿意灵活地采取相应的措施。他们善于解决比较复杂的问题，他们的思维更加独立，不像缺乏创造力的人在遇到不同意见时仍然固执己见。富有创造力的人随时会对权威意见产生怀疑，随时打破他们认为没有意义的清规戒律。因此，在企业中他们有可能难以管理。但是一旦被有兴趣的问题吸引，他们会长时间的努力工作，而不计较物质奖励。

2. 企业创新精神

每个人把创新精神应用到工作实践中的能力各不相同，企业能够把员工的创新才能应用到新产品、新的生产过程或是新的服务中的能力也各不相同。为了有效地发挥企业创新精神，管理人员应该了解企业创新过程，以便采取措施发扬光大。企业的创新过程包括以下三个阶段：

(1) 新思想的产生。企业里新思想的产生首先并主要取决于工作人员和信息在公司与其环境之间的流动。例如，大部分的技术革新是根据市场环境的变化发生的。如果管理人员没有意识到市场对某种产品的需求或人们对某些现有产品的不满，他们就不可能寻求革新。新来的雇员可能了解供应商或竞争对手使用的不同方法或技术。在企业内部，那些经常接触工作之外信息的人员也是新思想的重要来源。

新的思想如果产生于企业基层就更有可能激发创新。授权给第一线员工并且在宽松的环境中支持他们探索寻求新的方法，是一种有价值的创新手段。

(2) 新思想的发展。新思想主要是与外部接触而产生。与新思想的产生不同，新思想进一步发展需要依靠企业内部文化和运作过程。企业的具体特征、价值观和内部运作过程可以支持也可以阻碍创新思想的推广和应用。

企业的结构也很重要。死板的组织结构影响部门间的沟通，也经常妨碍关键人物意识到问题的存在。由于设立存在障碍，呆板的组织结构还影响管理人员找到解决问题的方法。最近，系统的网络化发展特别有助于管理人员进行综合决策。

(3) 采取行动。企业创新过程的实施阶段包括把解决问题的方法或是把新产品推向市场等步骤。大量的革新活动常常会使短期效益减少，但对长期效益至关紧要。

为了使创新成功，企业必须把相关部门紧密地结合在一起。负责产品设计的必须和行政管理与财务管理人员合作，以有利于有效控制革新成本。管理死板的企业在部门间协调合作会遇到困难，而企业部门间经常进行灵活变化的沟通会很容易互相合作。因此，建立专门工作小组和实行矩阵管理能够促进部门间的沟通与合作，非常适用于新思想、新方法的产生、深化和付诸实践。

3. 创造鼓励企业创新的氛围

众所周知，创新最适于在鼓励产生新思想、新方法的宽松环境中培养。许多管理人员不能接受这种氛围。他们对于不断的变化感到不适，而这恰恰对于创新是必不可少的。他们不能接受这种宽松的氛围，也因为担心规章制度会破坏而造成成本失控。

相反，许多管理人员确实意识到创新的重要性，其创造氛围的方法如下：① 要让企业接受变革；② 积极鼓励提出新的思想；③ 允许更多的交流；④ 宽容对待失败；⑤ 制定明确目的，

# 第八章　组织变革与发展

同时给予充分自由去达到目的;⑥给予认可。

**本章概念**

解冻　　变革　　结构性变革　　组织发展

**问题思考**

1. 试述组织变革的必要性。
2. 如何理解组织成长、环境发展与组织变革?
3. 组织变革的外部动力和内部动力有哪些?
4. 简述组织变革的基本过程。
5. 试论组织变革的阻力与对付阻挠变革的基本方法和策略。
6. 简述组织变革的类型和方法。
7. 什么是组织发展?组织发展的主要方法有哪些?

---

**案例分析**　　津津公司的营销组织再造与流程重组

一、背景陈述

广东津津食品有限公司创建于1985年,地处广州番禺,以休闲食品为主营业务。

1998年以前,"津津"没有营销队伍,只有负责订单、发货、运输的业务部。进入90年代后,市场上冒出无数竞争产品,而且很多企业都建立了自己营销队伍,开发与管理营销网络,并为客户提供更多的市场服务。"津津"的那些老客户(批发客户)逐渐都转做其他产品,订单越来越少,有些干脆彻底放弃了"津津"。自1994年开始,"津津"的食品销售连年下滑,到1997年短短三年间只剩下高峰时期(1.5亿元/年)的30%不到(4700万元/年),已经危及到公司的生存。

为了尽快扭转销售颓势,公司于1998年设立专门的营销管理机构——营销中心,负责全国市场的开发与管理。当年止住了销售下滑势头(约4850万元);次年销售增长近千万元(销售约5800万元);整个公司为之一振。但好景不长:

2000年初,公司年度会议把当年的销售目标确定为7000万(增长1200万元)。遗憾的是,生产系统和销售组织规模都按照7000万元的目标进行配置;结果,2000年的实际销售达成仅6200多万元。

接下来的2001年,尽管采取了各种措施,如:不断增加产品;增加销售人员;开发更多客户;投入更多资金进行促销。

销售仅仅增长约200万元;离"津津"高层的期望太远。

伴随销售增长乏力,其他一些问题也凸现出来并日趋严重,主要如:

● 公司利润严重下滑

设立营销中心之前,尽管销售收入下滑到谷底,但还有800万元到1000万元的利润;近两年,销售费用不断上升,尽管销售收入有所增长,但到2001年,年度亏损500多万元。

● 应收账款日益上升

公司原采用"现款现货"政策,营销中心成立后,为了便于客户开发、尽快扩大销售规模,开始采用"赊销"政策。到2001年底,全国客户的应收账款总额已经达到1700万元。

● 员工怨气载道、士气低落：

在营销中心成立的头两年，整个营销队伍士气高涨；但近2年来抱怨之声四起，士气越来越低落，互相推卸责任。

● 营销队伍中出现严重的腐败现象

不需要太复杂的调查和分析，就能得出结论："津津"公司的根本问题是营销管理体制的问题，是组织和人的问题。

2002～2003年，笔者协助"津津"公司在保持销售收入持续稳定增长的前提下，对营销系统进行了渐进而彻底的变革和优化。

本文仅涉及其中重点变革内容之一——营销组织的再造。

二、现行营销组织和营销管理体制诊断、分析

"津津"2001年的营销组织架构如图1所示：

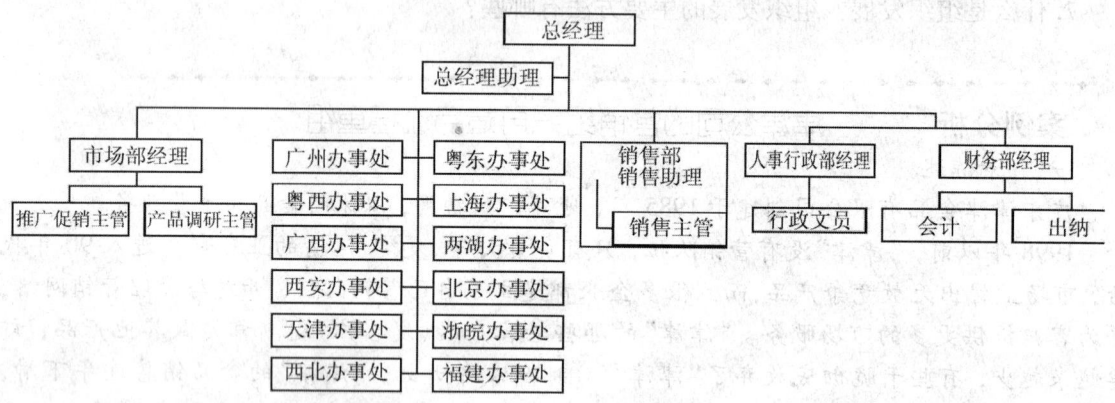

各地区办事处所辖管地区及销售状况如 表1：

| 办事处名称 | 所辖管理区域 | 01年销售额(a)(万元) | 占公司总额比率(b) | 营销费用总额(c)(万元) | 营销费用比率-% |
|---|---|---|---|---|---|
| 广州 | 广州市区、番禺、花都、从化 | 1051 | 16.87% | 130.8 | 12.45% |
| 粤东 | 深圳、东莞、惠州、汕头、潮州、海陆丰地区、、、、、 | 911 | 14.62% | 109.7 | 12.04% |
| 粤西 | 中山、珠海、顺德、佛山、肇庆、清远、江门、开平地区、韶关、、、、 | 805 | 12.92% | 58.2 | 7.23% |
| 广西 | 广西省、海南省、湛江市 | 525 | 8.43% | 52.1 | 9.92% |
| 福建 | 福建省 | 186 | 2.99% | 22.2 | 11.94% |
| 两湖 | 湖北省,湖南省 | 382 | 6.13% | 69.7 | 18.25% |
| 西南 | 四川省\重庆市\云南省\贵州省 | 379 | 6.08% | 65.6 | 17.31% |
| 上海 | 上海市 | 833 | 13.37% | 133.8 | 16.06% |
| 浙皖 | 浙江省、安徽省 | 307 | 4.93% | 58.3 | 18.99% |
| 北京 | 北京市\沈阳市\哈尔滨 | 608 | 9.76% | 81.2 | 13.36% |
| 天津 | 天津市\河北省\太原市 | 131 | 2.10% | 28.3 | 21.60% |
| 西北 | 西安市\兰州\银川 | 113 | 1.81% | 32.1 | 28.41% |
| | 合计 | 6231 | 100.00% | 842 | 13.51% |

在营销中心设立之初,招聘来五大"金刚",派往全国各地开拓市场,他们各自跑马圈地。在后来陆续增设地区办事处的过程中,五大"金刚"便把"瘦"的市场"贡献"出来,"肥"的市场留给了自己;慢慢演变成这样的格局。

地区办事处的组织结构(以两湖、广州两个办事处为例)如表2:

| 办事处 | 所辖城市 | 经销客户数量 | 商场超市业务代表人数 | 批发业务代表 | 商超理货员 | 合计(人数) | 2001年销售额(万元) |
|---|---|---|---|---|---|---|---|
| 两湖经理:1人 | 武汉 | 2 | 2 | 1 | 3 | 6 | 121.8 |
| | 荆州 | 1 | | | 1 | 2 | 16.0 |
| | 襄樊 | 1 | 1 | | 1 | 1 | 12.0 |
| | 黄石 | | | | 1 | 1 | 8.7 |
| | 十堰 | 1 | | | | 8.3 | |
| | 宜昌 | 1 | | | | 1 | 9.3 |
| | 长沙 | 2 | 2 | 1 | 2 | 5 | 107.5 |
| | 株洲 | 1 | 1 | | 1 | 2 | 38.7 |
| | 衡阳 | 1 | | | 1 | 2 | 20.3 |
| | 常德 | 1 | 1 | | | 1 | 15.7 |
| | 岳阳 | 1 | | | 1 | 1 | 8.7 |
| | 怀化 | 1 | | | 1 | 1 | 7.9 |
| | 郴州 | 1 | | | | 1 | 6.1 |
| | 合计 | 15 | 13 | 8 | 21 | 382 | |
| 广州经理:1人 | 广州市区 | 6 | 6 | 4 | 6 | 16 | 906.5 |
| | 番禺 | 2 | 1 | 1 | 2 | 4 | 89.2 |
| | 从化 | 1 | 1 | | | 1 | 25.1 |
| | 花都 | 1 | 1 | | | 1 | 30.2 |
| | 合计 | 10 | 9 | 5 | 8 | 22 | 1051 |

问题诊断:

1. **办事处设置问题**:

● 疏密不均:有的跨几个省份,有的仅仅辖管一个城市;

● 犬牙交错:从地图上看,办事处与办事处所辖管地域之间犬牙交错,很多呈弧形、长条状;按照经验,这会成为跨区窜货的一个重要原因。

● 由于有足够的地域空间,不少地区经理采取简单的"广种薄收"策略:不断开客户,和客户拉关系,向客户压货,以此来维持或扩大销量;每年开一批新客户,"死"一批老客户。

结果:

⊕办事处辖管的地域面积越大,其所管理的单个城市销售额越低!地域面积大、客户多;

但销售业绩并不高,而费用比率普遍较高。

⊕这也是应收货款(包括呆账、坏账)增加的主要原因。

⊕相反地,广州办事处基本被局限在广州市区,他们不得不通过在有限地域进行更密集的分销来争取销售业绩增长——这才是可持续的增长!业绩逐年增长,最终成为占地面积最小,但销售额最大的办事处。

2. 组织权力分配问题:

● 组织权力集中于总经理与地区经理两个岗位;总部员工与地区办事处业务人员均严重授权不足;士气低落。

不少地区办事处经理已渐成"诸侯",操控一切:客户资源、营销投入、分销组织管理等;并以此作为与总部讨价还价的筹码;总部已经"投鼠忌器"。

● 决策链——大多业务决策最终都汇集到总经理——过长,效率低、反映迟钝。

3. 市场管理体制问题:

● "津津"的市场管理体制本质上是地区经理责任承包制:

地区办事处经理年初领取经讨价还价定下的销售目标和费用指标,年底根据目标完成情况获得销售提成。

●总部专业职能部门已形同虚设:

1)缺乏对各地具体市场状况的了解,难以制订切实可行市场策略和分销策略。

2)即使制定策略也难协调各个办事处的贯彻执行。

●公司现行管理体制和流程呈现明显的"黑箱"现象(如图2所示:)

(1)地区市场(办事处)运作成为"黑箱"——总部只能从一端控制投入(产品与费用);然后,接受黑箱另一端的产出(销售额与利润)——黑箱内部的运作信息经地区经理的过滤已经失真。

(2)对于地区分销团队和公司客户而言,公司总部是个"黑箱"——他们只能在一端控制对公司的输入(客户的货款、分销团队的工作努力),然后,接受从公司的输出(销售政策、促销支持等;销售团队成员的报酬)。

(3)两个"黑箱"的对接点上——整个体系的要害所在——是地区办事处经理。

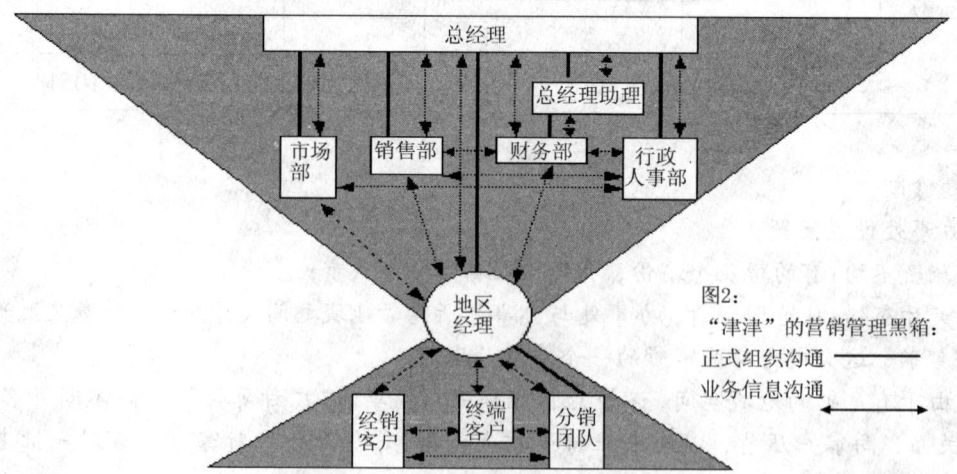

图2:
"津津"的营销管理黑箱:
正式组织沟通 ————
业务信息沟通 ←——→

# 第八章 组织变革与发展

- "黑箱"操作已经滋生了腐败,腐败在不断侵蚀公司资源(利润)、不断侵蚀销售团队的战斗力。
- 整个公司的运作效率与效果依赖于少数员工个人,而不是组织系统——脆弱而危险!

### 三、营销组织变革:Step – By – Step

考虑公司现实状况,为使销售业绩保持稳定增长,使变革的代价尽可能降低;决定一步一步、循序渐进地推进营销组织的变革。

Step 1:营销中心总部职能强化

- 增设全国销售总监一职:

分销策略规划和销售政策制定是总部最核心的功能之一;需要专家型领导。

- 市场部增设品牌传播主管

对于快速消费品而言,通过品牌传播与消费者沟通尤为重要。

强化市场部职能有利于实现"推销"型组织向"营销"型组织的转变。

- 人事行政部改组为人力资源部,增设人事助理一职

强化对分销组织的人力资源管理;

组织的变革将大大增加人力资源职能的工作量(招聘、培训、考核、评价……等);

服务对象将从原来的公司总部员工扩展到全公司所有员工,工作量大大增加。

Step 2:分拆跨省区域办事处,增设城市办事处

以城市为基本业务运作单元——也是独立的绩效考核单元;主要目的是加强分销深度和密度;

根据公司实际情况,将原12个区域办事处或撤或转设成为26个城市办事处;

办事处的内部组织简单化:办事处 = 工作团队(TEAM);

Step 3:设置虚拟的大区——大区经理

全国共设5个大区(东、南、西、北、中):华东、华南、西南、华北、华中;

五位大区经理事实上相当于销售总监助理,协助销售总监管理全国市场,减少营销总部的管理幅度;

大区经理最重要的职责是:

· 指导、协助各办事处提高销售业绩,同时建立合理有效的分销管理模式。

· 协助营销中心总部,完成对全国市场的调研;营销总部制定营销策略提供必要的支持。

Step 4:大区实体化——强化专业化的大区管理平台

正式设立大区,作为区域营销业务管理机构;

设立大区推广专员职位,有利于将"推销"型区域组织向"营销"型区域组织过渡;单纯的"推"销模式事实上已经很难获得更多的消费者和零售商。以市场营销拉动需求吸引顾客的方式才是更高效的销售方法——快速消费品尤其是这样。

设立大区KA〈关键客户〉专员职位。以协助各办事处对现代大型零售渠道进行专业化管理。

至此,营销组织的再造初步告一段落;"津津"公司营销中心新的组织架构如图3:

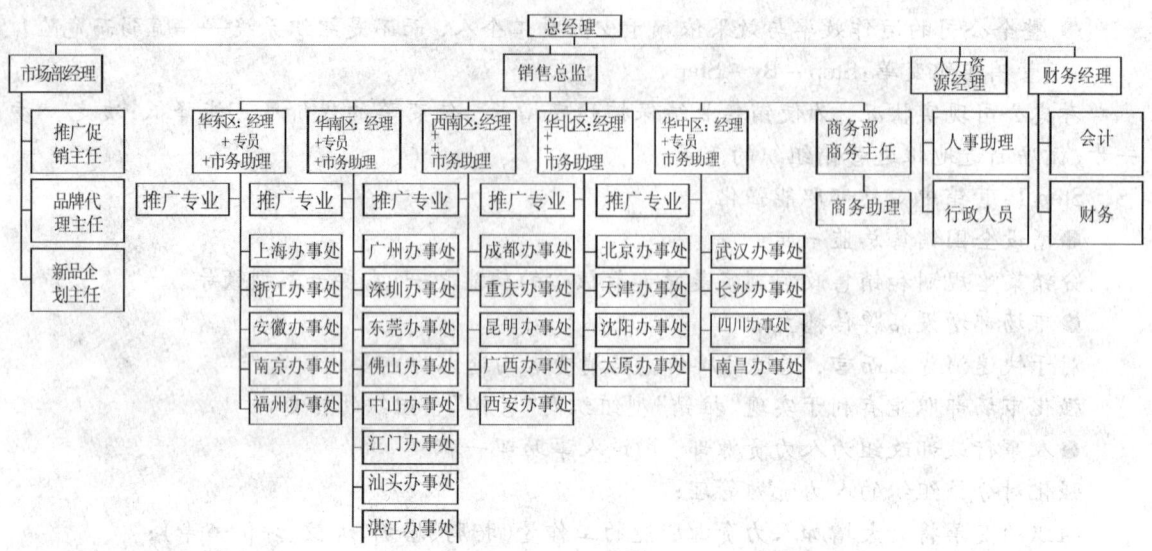

在新的组织架构方案中:营销中心总部、大区、办事处成为三个职责分明的业务营运层次,它们各自的定位和分工如 表3:

表3:

|  | 定位 | 核心职业 | 备注 |
|---|---|---|---|
| 总部(规则制定者) | 政策与策略规划中心 | 市场策略规划;销售政策制定;公司资源调控;财务决算;市场信息处理与分析;新产品企划。 | 从日常、例行的市场业务中摆脱出来。对中长期(1-2年)业绩负责。 |
| 大区(教练与裁判) | 营销管理平台 | 日常业务决策;对办事处进行指导、培训和监督管理;协助办事处建立合理的销售模式。整合客户资源。 | 不直接从事具体的销售业务。对中期(半年到一年)业绩负责; |
| 办事处(球队) | 业务执行平台 | 执行具体的销售和市场推广作业 | 对短期(月度-季度)业绩负责 |

Step 5:组建专业营运小组

在正式的组织架构的基础上,为强化跨部门、跨层级的业务沟通与协调,组建四个专业营运小组,如图4:

| 小组名称 | 组长 | 成员 | 主要任务 |
| --- | --- | --- | --- |
| 策略管理小组 | 总经理 | 销售总监、市场部经理、人力资源部经理、大区经是、财务经理 | (1)定期检讨策略执行状况,纠正偏差;(2)定期研讨市场环境的变化,并根据变化,适当修正策略;(3)修正营运绩效目标。 |
| 市场推广小组 | 市场部经理 | 市场部推广主管、品牌传播主管、大区推广专员 | (1)定期总结检讨市场推广效果,修正推广策略;(2)拟定全国性推广规划;(3)研讨与培训。 |
| 渠道管理小组 | 销售总监 | 市场部经理、大区经理、大区KA专员 | (1)定期总结检讨分销进展状况。调整分销策略(渠道开发、品项分销标准等);(2)拟定全国性分销规划;(3)检讨修订公司销售政策;(4)研讨与培训。 |
| 市场稽查小组 | 财务管理 | 会计、市场部推广主管;商务部商务主管;(销售总监) | (1)稽查各大区、办事处费用开支的合理性和真实性;(2)制定和修正财务管理相关制度规定;(3)向客房宣讲公司财务纪律。 |

通过组建专业营运小组:实现跨职能、跨层级的业务沟通与协调运作;使职能专家的力量在组织中充分发挥;从而,确保业务策略得到实际执行。

四、新、旧组织体系的对比(略)

后记:

营销组织再造(当然,还有营销体系其他方面〈比如薪酬－绩效管理体系〉的改善)的效果:2002年完成销售收入7700万元,2003年约9500万元;2004年的目标15000万元。

资料来源:www.iccun.com

# 第四篇 领导

# 第九章 激励

## 学习目标

★ 通过本章学习，你应该能够：
★ 掌握激励的本质与目的
★ 阐述三种主要激励理论
★ 能够运用激励模型解释激励方法
★ 尝试运用激励理论和模型指导激励实践

**开篇实例**　　美国"硅谷"中的坦丁姆计算机公司的激励制度

美国加州北部"硅谷"（Silicon Valley）地区有一个飞速发展的计算机公司即坦丁姆计算机公司（Tandem Computers）。该公司是詹姆士·特雷比格（James Treybig）1970年创建的，1980年，它每年的销售量已达到3亿多美元。1985年它的销售量已达到10亿美元以上。人们普遍认为，坦丁姆公司的管理是很有特色、极为成功的。

坦丁姆公司地处加州"硅谷"高科技地区，来自各方面的有力竞争相当激烈，由于激烈的竞争环境使公司面临着生存与发展严峻的挑战。也由于詹姆士本人的管理天才和实践，他创造了一套有效而独特的管理自己员工的方法。

他为员工创造了极为良好的工作环境。在公司总部设有专门的橄榄球场地，游泳池，图书阅览室，还有供职工休息的花园和宁静的散步小道等。他规定每周五下午免费为员工提供啤酒。公司还经常定期举办各种酒会、宴会、员工生日庆祝会，同时还举办由女工为裁判的男员工健美比赛等活动，并通过这些活动倾听员工对公司的各种意见和建议；除此之外，他还允许员工有自行选择机动灵活的工作时间的自由。

詹姆士很注意利用经济因素来激励员工，他定期地在员工中拍卖本公司的股票，目前，几乎公司的每个员工都拥有公司的股票。这样就大大地激发了大家为公司努力工作的热情。

詹姆士还要求每个员工都要制订出一个具体的了解公司、学会和掌握公司内部各种工作的计划，以及自己期望能得到的培训和进修、发展的五年战略计划。这样，每个员工都可逐渐了解公司、结合培训和进修学会和掌握公司及本行业中先进的科学技术。为此，大家对公司都有强烈的感情和责任心，平时用不着别人来监督就能自觉地把工作搞好，就自觉地关心公司的利益和发展前途。因为公司的绝大多数员工都拥有公司的股票，所以大家对公司的利益及其成功都极为关心。

詹姆士本人又是一位极为随和、喜欢以非正式的身份进行工作的有才能的管理者，又由于他在公司内对广大管理人员、技术人员和工人中都平等地采用了上述一系列的措施，公司绝大多数人都极为赞成他的做法，公司绝大多数员工都把自己的成长与公司的发展联系起来，并为此而感到满意和自豪。

当然，詹姆士也深深知道，要长期地在人才竞争日趋激烈的环境下维持这样一批倾心工作的员工队伍确定不是一件容易的事情。公司在飞速地发展，而随着公司的扩大，它的生产增长速度相应放慢，也会出现一个更为正式而庞大的管理机构。在这种情况下，又应如何更有效地激励员工呢？这自然是他和公司的管理人员所共同关心的问题。

资料来源：http://manage.org.cn 2005，10，5。

激励问题永远是管理学中的主题之一，詹姆士清楚地知道在人才竞争日趋激烈的环境下维持一批倾心工作的员工队伍确定不是一件容易的事情，这自然是他和公司的管理人员所共同关心的问题。如何更有效地激励员工？在其他企业也同样存在。本章的主要任务就是要阐述如何运用各种激励手段和方式以解决詹姆士的管理难题。本章主要说明三个问：什么是激励——激励的原理和本质；激励的手段和方法；如何激励。

## 第一节 激励概述

激励是一种活动，同时又是一个过程。它的产生有一定的内外因素。激励的起点是需求，由此产生出的动机会引起人们一定的行为，从而对目标的实现产生相关的作用。研究激励，不仅要研究产生激励的诱因，还要研究由此产生的不同的行为。

### 一、激励思想的发展阶段

在西方管理理论中，激励思想大致经过了四个发展阶段：

1. 以"恐吓与惩罚"为主的激励思想，盛行于20世纪以前至20世纪初，以泰勒为代表。这种思想坚持"经济人"的人性假设，以恐吓和惩罚作为激励的主要措施，而以奖赏作为较为次要的措施。

2. 以"奖赏"为主的激励思想，流行于20世纪20年代至40年代，以霍桑实验为代表。这种思想坚持"社会人"的人性假设，更为重视对雇员的关心，提供各种福利和良好的工作条件，以使雇员心情愉快，对工厂"感恩戴德"，从而起到激励的作用。

3. 以"工作中的奖赏"为主的激励思想，二战后开始流行于美国，强调工作本身的激励作用。这种思想实际上是坚持了"自我实现的人"的人性假设，认为有利于员工交往的工作组织形式和工作内容的丰富化就是实现了对员工的激励。

4. 以"激励特征"为主的激励思想，始于20世纪70年代，中心内容是建立具有期望的激励特性的组织。包括设计具有激励特征的工作，培养有利于员工发挥主动性和创造性的组织气氛，建立扁平化的组织结构，注重员工自我激励等。这种思想以"复杂人"的人性假设为基础和前提。

### 二、激励的定义

激励（motivation），是激发、刺激之意，原是心理学的概念，就其本质而言，它是表示某种动机所产生的原因，即发生某种动机所产生的原因。所以，激励是一种精神力量或状态，起加强、激发和推动作用，并且指导和引导人们的行为指向目标。

我们认为，激励就是管理者采用某种有效的措施或手段调动人的积极性的过程，它使人产生一种兴奋的状态并保持下去,在这种状态的支配下,员工的行为效率得以不断提高,其行为趋向并最终高效地完成组织的目标。

激励一般由五个要素组成:(1)激励主体,指施加激励的组织或个人;(2)激励客体,指激励的对象;(3)目标,指主体期望激励客体的行为所实现的成果;(4)激励手段,指能导致激励客体的物质或精神的因素;(5)激励环境,指激励过程所处的环境因素,它会影响激励的效果。

激励按激励的因素可以分为物质激励和精神激励。物质性激励因素指由组织掌握和分配的物质性资源,如工资、奖金、股票、福利津贴等。精神性激励因素指由组织掌握和分配的非物质性资源及激励客体个人掌握的某些非物质性资源。

激励也可分为外在性激励和内在性激励。外在性激励因素指能满足激励客体外在需要的奖酬资源,一般由激励主体掌握和分配,包括物质性激励因素和社会性激励因素。内在性激励因素指能满足激励客体内在需要的奖酬资源,这些资源内在于工作之中,其能否发挥作用主要取决于激励客体自身。

### 三、激励产生的内因和外因

如何对组织中的人或员工进行激励,是建立在对人的运动规律的认识基础上的。而不是孤立存在的,是生活在特定的环境之中的。这个环境包括气候、水土、阳光、空气等自然环境和社会制度、劳动条件、经济地位、文化条件等社会环境。外界环境对人的影响是客观存在的。

因此,激励产生的根本原因,可分为内因和外因。内因由人的认知知识构成,外因则是人所处的环境。从激励基础上人的行为可看成是人自身特点及其所处环境的函数。显然,激励的有效性在于对内因和外因的深刻理解,并使其达成一致。

为了引导人的行为达到激励的目的,管理者既可在了解人的需要的基础上,创造条件促进这些需要的满足,也可以通过采取措施,改变个人的行动的环境。这个环境被研究人员称为人的行动的"力场"。对企业而言,管理者对在"力场"中活动的员工行为的引导,就是要借助各种激励方式,减少阻力,增强驱动力,提高员工的工作效果,从而改善企业经营的效率。

激励的实质是动机的激发过程。为了理解动机是什么,让我们首先指出动机不是什么。为什么这样做呢?因为许多人错误地将动机视为一种个性特质,也就是说某些人具备它,而另一些人则不具备它。其结果使许多实践中的管理者认为,某一员工是没有动机的,是无法被激励的。但是我们的动机知识却指出了这一观点的错误。动机是个人与环境相互作用的结果。虽然人和人在动机驱力上差异很大,但总体来说,动机是随环境条件的变化而变化的。因此,在分析动机的概念时,要记住动机水平不仅因人而异,而且对于同一个人来说还因时而异。

我们将动机定义为:个体通过高水平的努力而实现组织目标的愿望,而这种努力又能满足个体的某些需要。

一般而言,动机指的是为达到任何目标而付出的努力,但在本书中,专门指为达到组织目标而付出的努力,因为我们关注的是与工作相关的行为。在动机的定义中有三个关键要素:努力、组织目标和需要。

努力要素是强度指标。当某人被激励时,他会更为勤奋地工作。但是,如果这种努力不是指向有利于组织的方向,则高努力水平并不一定就会产生令人满意的工作绩效。因此,我们在考虑努力强度的同时，还要考虑努力质量，指向组织目标并与其保持一致的努力才是我们所追求的。

动机可以看作是需要获得满足的过程，如图9-1所示。我们所说的需要指的是一种内部状态，它使某种结果具有吸引力。当需要未被满足时就会产生紧张，进而激发了个体的内驱力，这种内驱力将导致寻求特定目标的行为。如果最终目标实现，则需要得以满足，紧张得以解除。

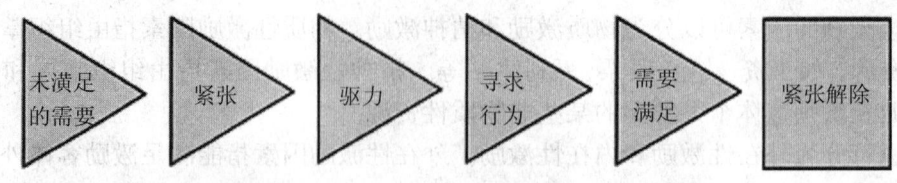

图9-1 动机过程

我们可以这样说，被激励的员工处于紧张状态之中。为了缓解这种紧张，他们努力去工作，紧张程度越大，员工的努力程度越高。如果这种努力能够成功地导致个体需要的满足，它将解除紧张状态。当然，我们在这种感兴趣的是工作行为，因此这种解除紧张的努力也必须是指向组织目标的。所以，在动机的定义中包括了个体的需要必须与组织目标相一致的含义。如果两者不一致，个体可能会产生与组织利益背道而驰的努力行为。一些员工经常在上班时间与朋友长时间聊天，以满足他们的社会需要，这虽然也是高努力水平，但对于组织来说却无价值可言。

### 四、激励的作用

激励是与人的行为过程紧密联系在一起的，激励的作用主要表现在以下三个方面：

1. 需要的强化

人的需要不仅复杂，有时还相互矛盾。不仅不同种类的需要之间存在着矛盾（比如，是花这笔钱来学习业务，还是用它去旅游），即使同类需要之间也存在着矛盾（比如，是先买一台空调呢，还是先购置一套音响）。而激励工作需要强化的是那些有利于组织目标实现的人的需要。例如，一个销售人员可能既想好好地去干一番事业，又想多花点时间享受享受家庭生活，对于处在这种矛盾状况中的销售人员，销售经理通过制定奖励措施，通过说服等手段来激发其事业心，强化其前一种需要，从而使其产生有利于组织目标的行为。事实上，往往人们作出的选择最后并不是完全偏向一种需要，而是多种需要的调和与相互妥协。如何能在这种调和中去强化最有利于组织目标的需要，这里就包含着激励艺术。

2. 动机的引导

强化了需要不一定就能得到预期的行为，因为可能有多种行为都能提供同一满足。如一名销售员想要得到更多的报酬，他可以更加努力地工作以获得更多的提成或奖励，也可以考虑保持现状而业余再兼一份销售工作，甚至干完就跳槽到另一家收入更高的公司，甚至有更糟的情况，他会违反公司的纪律，以不正当的手段谋取更高的收入。这里管理者可以通过说服教育以及相应的激励措施来杜绝其不良动机，从而引导其动机导向对组织目标有利的行为上来。

3. 提供行动条件

要鼓励人行动就应该为他们的行动提供条件，帮助他们实现目标。例如，要让一名销售员提高其销售业绩，就应该为他提供各种产品和客户信息，通过激励措施，让其他有关部门配合他的工作，这样为其实现目标提供良好条件，从而提高他的工作积极性，获取工作业绩。可见为人们提供行动条件也是激励工作的重要作用。

## 第二节 激励理论

在管理学领域，自从行为科学形成以后，人们在应用心理学和社会学方面的知识去探讨如何预测和激发人的动机、满足人的需要、调动人的生产积极性方面，做了大量的工作，产生了许多理论。

### 一、内容型激励理论

为什么人会有某种行为，这是研究激励的一个关键性问题。对此，人们提出许多不同的答案，例如所谓"需求的满足"。每个人都有不同的需求，也都要求得到满足。有了需求，才能促使他有目标导向的行为，以便满足他人需求。例如饥饿的感觉，会使人寻找食物来充饥，或者走去食堂或回家去用餐。由此我们可以勾划出一个简单的激励程序，如图9-2所示。

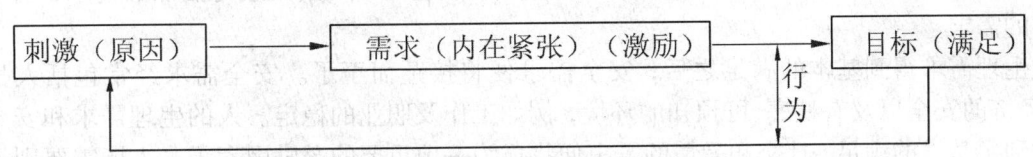

图9-2 简单的激励程序

当然，某人在某时某地的需求决不止一个，但其中能刺激某人产生行为的需求，应该是其中强度最高的一个。一项需求一经满足之后，其重要性随即降低，而另一项需求则将兴起。这就是"内容型激励理论"。内容型激励理论研究的是"什么样的需求会引起激励"这样的问题，它说明了激发、引导、维持和阻止人的行为的因素，旨在了解人的各种需求，解释"什么会使员工努力工作"的问题。

（一）马斯洛的需求层次论

亚伯拉罕·马斯洛提出需求层次理论（The hierarchy of needs theory），认为人类的需求是以层次的形式出现的，由低级的需求开始逐级向上发展到高级的需求。他并且断定，当一组需求得到满足时，这组需求就不再成为激励因素了。他将人的需求分为生理的需求、安定或安全的需求、社交和爱情的需求、自尊与受人尊重的需求以及自我实现的需求。由于每个人的需求各不相同，因此主管人员必须用随机制宜的方法来对待人们的各种需求。在工作中，主管人员要注意判定这些需求的各人个性、愿望和欲望。在任何时候，主管人员都应考虑到人们的各种需求。因为在绝大多数人中，尤其在现代社会，都具有马斯洛需求层次中所列的全部需求（见图9-3）。

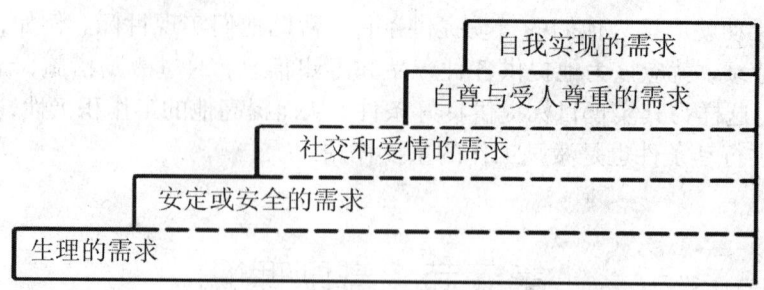

图 9-3　马斯洛需求层次

必须指出，马斯洛本人并没有说过人非得在某一层次的需求获得百分之百的满足之后，次一个层次的需求才能够显示出来。马斯洛曾经说过，事实上，在社会中有许多人，他们的各项基本需求只可能有部分的满足，同时也都有部分不满足，这是常有的事。因此，在人们的需求层次中，应有一个比较确切的描述，即从较低的层次逐级向上，满足的程度百分比逐级减少。举例说，假定某人的生理需求可能只满足了85%，被尊重的需求满足了40%，而其自我实现的需求则仅仅满足了30%。

需求的层次，以生理的需求为基础。生理的需求，即为支持生命之所必需，包括衣食住行等项。一个人倘若缺少了这一类基本生活必需品，那么生理需求将是他主要的激励。马斯洛曾说过："一个人如果同时缺少食物、安全、爱情及价值等项，则其最为强烈的渴求，当推对食物的需求。"

生理需求得到基本的满足之后，安全需求便将接踵而至了。安全需求经常包括人身安全、经济的安全以及有秩序、可预知的环境，例如工作及职业的稳定。人的生理需求和安全需求得到了基本的满足，社交和爱情的需求便将成为一项重要的激励因素了。人皆需要别人的接受、友谊和情谊；也都需要对别人付出其接受、友谊和情谊。人皆需要感受别人对他的需要。为什么独房监禁是一项重罚，便包含有这层道理：剥夺囚犯的社会需求，从心理学上来看，只怕没有比此更重的刑罚了。

人在生理需求、安全需求、社交和爱情需求均已获得了基本上的满足后，自尊需求又成为最突出的需求了。所谓自尊需求是双重的：一方面当事人必须自己感到自己的重要性；另一方面也必须获得他人的认可，以支持他自己的这种感受。他人的认可特别重要，如果不能获得他人的认可，那么当事人也许会觉得他自己是在孤芳自赏了。如果在他周围，人人都明白地表示他确属重要，他就能由此产生自我价值、自信、声望和力量的感受。

在这一份自尊需求有了基本的满足之后，自我实现的需求又接着出现了。自我实现是什么？马斯洛认为是这样一种欲望，即人希望能成就他独特性的自我的欲望，或是人希望能成就其本人所希望成就的欲望。在这一个需求层次中，人希望能实现其全部的潜力，他重视的是自我满足，是自我发展和创造力的发挥。

应该注意的是，马斯洛所列举的需求各层次，绝不是一种刚性的结构。所谓层次，并没有截然的界限，层次与层次之间往往相互叠合，某一项需求的强度逐渐降低，则另一项需求将也许随之而上升。此外，可能有些人的需求始终维持在较低的层次上，而马斯洛提出的各项需求的先后顺序，不一定适合于每一个人，即使两个行业相同的人，也并不见得有同样的需求。

总之，马斯洛的这一理论，其最大的用处在于它指出了个人均有需求。身为主管人员，为了激励下属，必须要了解其下属要满足的是什么需求。但是，不论主管人员采取的是怎样的途径，其措施总是以他对下属所持的假定及对需求与满足的假定为基础的。

(二) 赫茨伯格的双因素论

20世纪50年代后期，美国心理学家赫茨伯格(F. Herzberg)和他在匹兹堡的心理学研究所的研究员，通过一项研究提出了"双因素论"。

他们进行的是这样一项研究：访问了匹兹堡地区的11个工商事业机构的二百多位工程师和会计人员，请他们列举在他们的工作中有哪些是使他们愉快的项目，又有哪些是使他们不愉快的项目；经分析调查所得资料，结果发现，受访人员觉得未能满足的项目，多数与他们的工作环境有关，而他们觉得满意的项目，一般也多属于工作本身。由此进一步分析推导出，一方面是他们对诸如本组织的政策和管理、监督、工作条件、人际关系、薪金、地位、职业安定以及个人生活所需等等，如果得到满足后就没有不满，得不到满足则产生不满。赫茨伯格把这类因素统称为"保健"因素。另一方面是人们对诸如成就、常识(认可)、艰巨的工作、晋升和工作中的成长、责任感等，如果得到满足则感到满意，得不到满足则没有满意感(但不是不满)。他把这一类又统称为"激励"因素(见表9-1)。因此，赫茨伯格认为，只有靠激励因素来调动员工的积极性，才能提高生产效率。这个理论产生后，受到许多人的非议。有人认为，人是复杂的，若是对他的调查仅以满意或不满意作为指标，而且又没有进一步证实满意感和生产率的关系，那么，其调查结果的可信程度是值得怀疑的。但是60年代中期以来，这一理论还是越来越受到人们的注意。这一理论也提示我们，如果主管人员能够注意提供某些条件以及满足保健性需要，也可能会保持组织中人们的一定的士气水平。

表9-1　　　　　　　　　　保健因素与激励因素

| 保健因素(环境) | 激励因素(工作本身) |
| --- | --- |
| 薪金 | 工作本身 |
| 管理方式 | 常识 |
| 地位 | 进步 |
| 安全 | 成长的可能性 |
| 工作环境 | 责任 |
| 政策与行政管理 | 成就 |
| 人际关系 | |

(三) 三种需要理论

美国管理学家麦克莱兰(David C. McCleland)提出激励需求理论认为，人的基本需求有三种，即成就、权力、社交等。所有这三种需求，对管理工作都有特别的联系。

1. 对权力的需求。麦克莱兰发现，具有较高权力欲的人，对施加影响和控制表现出极大的关心；这样的人一般寻求领导者的地位；他们十分健谈、好争辩、直率、头脑冷静、善于提出要求、喜欢讲演、并且爱教训人。

2. 对社交的需求。极需社交的人通常从友爱中得到快乐，并总是设法避免因被某个团体拒之门外带来的痛苦。作为个人他们往往关心保持一种融洽的社会关系；与周围的人保持亲密无间和相互谅解；随时准备安慰和帮助危难中的伙伴；并喜欢与他保持友善关系。

3.对成就的需求。极需成就的人，对成功有一种强烈的要求，同样也强烈担心失败。他们愿意接受挑战，对自己树立具有一定难度的(但不是不能达到的)目标。对待风险采取一定现实主义的态度，宁愿承担所做工作的个人责任，对他们正在进行的工作情况，希望得到明确而又迅速的反馈。他们一般喜欢表现自己。

麦克莱兰的研究表明，对主管人员来说，成就需求比较强烈。因此，这一理论常常应用于对主管人员的激励。他还认为，成就需求可以通过培养来提高。他指出，一个组织的成败，与他们具有高成就需求的人数有关。

### (四)生存、关系、发展理论(ERG)

美国耶鲁大学的克雷顿·奥尔德弗(Clayton. Alderfer)在马斯洛提出的需要层次理论的基础上，进行了更接近实际经验的研究，提出了一种新的人本主义需要理论。

奥尔德弗认为，人们共存在3种核心的需要，即生存(Existence)的需要、相互关系(Relatedness)的需要和成长发展(Growth)的需要，因而这一理论被称为"ERG"理论。第一种，生存的需要与人们基本的物质生存需要有关，它包括马斯洛提出的生理和安全需要。第二种需要是相互关系的需要，即指人们对于保持重要的人际关系的要求。这种社会和地位的需要的满足是在与其他需要相互作用中达成的，它们与马斯洛的社会需要和自尊需要分类中的外在部分是相对应的。最后，奥尔德弗把成长发展的需要独立出来，它表示个人谋求发展的内在愿望，包括马斯洛的自尊需要分类中的内在部分和自我实现层次中所包含的特征。

ERG理论假设激励行为是遵循一定的等级层次的。在这点上虽然和马斯洛提出的观点相类似，但它又有两个重要的区别：第一，ERG理论认为在任何时间里，多种层次的需要会同时发生激励作用。所以它承认人们可能同时受赚钱的欲望(生存的需要)、友谊(关系的需要)和学习新的技能的机会(成长的需要)等多种需要的激励。第二，ERG理论明确提出了"气馁型回归"的概念。马斯洛理论认为人的低层次的需要得到满足后，就会上升为更高层次的需要，受高层次需要的激励。可是奥尔德弗认为，如果上一层次的需要一直得不到满足的话，个人就会感到沮丧，然后回归到对低层次需要的追求。

ERG理论比马斯洛理论更新、更有效地解释了组织中的激励问题。当然，管理人员不应只局限用一两个理论来指导他们对职工的激励工作。但通过对需要层次论的了解，应看到人个人的需要重点是不同的，当某种需要得到满足后，人们可能会改变他们的行为。

## 二、过程型激励理论

过程型激励理论则研究"激励是怎样产生的"问题，解释人的行为是怎样被激发、引导、维持和阻止的，着重分析人们怎样面对各种满足需要的机会以及如何选择正确的激励方法，过程型激励理论解释的是"为什么员工会努力工作"和"怎样才会使员工努力工作"这两个问题。如弗鲁姆的"期望理论"、亚当斯的"公平理论"等。

### (一)期望理论

相比较而言对激励问题进行比较全面研究的，是激励过程的期望理论。期望理论(Expectancy theory of motivation)是美国心理学家弗鲁姆(Victor Vroom)在1964年出版的《工作与激发》一书中首先提出来的。

期望理论的基本内容主要包括弗鲁姆的期望公式和期望模式。

弗鲁姆认为，人总是渴求满足一定的需要并设法达到一定的目标。这个目标在尚未实现时，表现为一种期望，这时目标反过来对个人的动机又是一种激发的力量，而这个激发力量的大小，取决于目标价值（效价）和期望概率（期望值）的乘积。用公式表示为：

激励水平（M）= 目标效价（V）× 期望值（E）

M 表示激发力量，是指调动一个人的积极性，激发人内部潜力的强度。

V 表示目标价值（效价），这是一个心理学概念，是指达到目标对于满足他个人需要的价值。同一目标，由于各个人所处的环境不同，需求不同，其需要的目标价值也就不同。同一个目标对每一个人可能有三种效价：正、零、负。效价越高，激励力量就越大。

E 是期望值，是人们根据过去经验判断自己达到某种目标的可能性是大还是小，即能够达到目标的概率。目标价值大小直接反映人的需要动机强弱，期望概率反映人实现需要和动机的信心强弱。

这个公式说明：假如一个人把某种目标的价值看得很大，估计能实现的概率也很高，那么这个目标激发动机的力量越强烈。

怎样使激发力量达到最好值，弗鲁姆提出了他的期望模式：

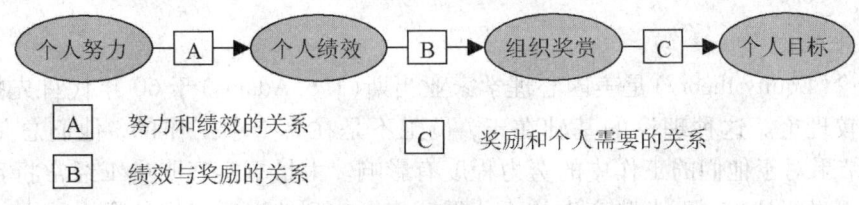

图 9-4　期望模式

在这个期望模式的四个因素中包含了以下三个方面的关系：

A. 努力和绩效的关系。个人感觉到通过一定程度的努力而达到工作绩效的可能性。

B. 绩效与奖励关系。个人对于达到一定工作绩效后即可获得理想的奖赏结果的信任程度。人们总是期望在达到预期成绩后，能够得到适当的合理奖励，如奖金、晋升、提级、表扬等。组织的目标，如果没有相应的有效的物质和精神奖励来强化，时间一长，积极性就会消失。

C. 奖励和个人需要关系。如果工作完成，个人所获得的潜在结果或奖赏对个人的重要性程度。奖励什么要适合各种人的不同需要，要考虑效价。要采取多种形式的奖励，满足各种需要，最大限度地挖掘人的潜力，最有效地提高工作效率。

通过对弗鲁姆的期望模式的分析，我们可以总结出期望理论中所包含的激励产生过程的四个步骤：

第一，员工感到这份工作能提供什么样的结果？这些结果可以是积极的，如工资、人身安全、同事友谊、信任、额外福利、发挥自身潜能或才干的机会等；也可以是消极的，如疲劳、厌倦、挫折、焦虑、严格的监督与约束、失业威胁等。当然，也许实际情况并非如此，但这里我们强调的是员工知觉到的结果，无论他的知觉是否正确。

第二，这些结果对员工的吸引力有多大？他们的评价是积极的、消极的还是中性的？这显然是一个内部的问题，与员工的态度、个性及需要有关。如果员工发现某一结果对他有特别的吸引力,也就是说,他的评价是积极,那么他将努力实现它,而不是放弃工作。对于相同的工作,有些人则可能对其评价消极,从而放弃这一工作,还有人的看法可能是中性的。

第三,这得到这一结果,员工需采取什么样的行动?只有员工清楚明确地知道为达到这一结果必须做些什么时,这一结果才会对员工的工作绩效产生影响。比如,员工需要明确了解地绩效评估中"干得出色"是什么意思?使用什么样的标准评价他的工作绩效。

第四,员工是怎样看待这次工作机会的?在员工衡量了自己可以控制的决定成功的各项能力后,他认为工作成功的可能性有多大?

期望理论对企业安全管理具有启迪作用,它明确地提出职工的激励水平与企业设置的目标效价和可实现的概率有关,这对企业采取措施调动职工的积极性具有现实的意义。首先,企业应重视安全生产目标的结果和奖酬对职工的激励作用,既充分考虑设置目标的合理性,增强大多数职工对实现目标的信心,又设立适当的奖金定额,使安全目标对职工有真正的吸引力。其次,要重视目标效价与个人需要的联系,将满足低层次需要(如发奖金、提高福利待遇等)与满足高层次需要(如加强工作的挑战性、给予某些称号等)结合运用;同时,要通过宣传教育引导职工认识安全生产与其切身利益的一致性,提高职工对安全生产目标及其奖酬效价的认识水平。最后,企业应通过各种方式为职工提高个人能力创造条件,以增加职工对目标的期望值。

## (二)公平理论

公平理论(Equity theory)是美国心理学家亚当斯(J. S. Adams)于60年代首先提出的,也称为社会比较理论。这种理论的基础在于,员工不是在真空中工作的,他们总是在进行比较,比较的结果对于他们的工作中的努力程度有影响。大量事实表明员工经常将自己的付出与所得和他人进行比较,而由此产生的不公平感将影响到他以后付出的努力。

公平理论主要讨论报酬的公平性对人们工作积极性的影响。这一理论认为员工首先考虑自己收入与付出的比率,然后将自己的收入——付出比与相关他人的收入——付出比进行比较。如果员工感觉到自己的比率与他人相同,则为公平状态;如果感到二者的比率不相同,则产生不公平感,也就是说,他们会认为自己的收入过高或过低。这种不公平感出现后,员工们就会试图去纠正它。

人们通常通过两个方面的比较来判断其所获报酬的公平性,即横向比较和纵向比较。所谓横向比较,就是将"自我"与"他人"相比较来判断自己所获报酬的公平性,从而对此做出相对应的反应。纵向比较则是把自己目前的与过去的进行比较。

亚当斯提出"贡献率"的公式,描述员工在横向和纵向两个方面对所获报酬的比较以及对工作态度的影响:

$$Q_A/I_A = Q_B/I_B$$

式中:$I$为个人所投入(付出)的代价,如资历、工龄、教育水平、技能、努力等;$Q$为个人所获取的报酬,如奖金、晋升、荣誉、地位等。

该式简明地表达了影响个体公平感各变量间的关系。从中可以看出,人们并非单纯地将自己的投入或获取与他人进行比较,而是以双方的获取与投入的比值来进行比较,从而衡量自己是否受到公平的对待。若$Q_A/I_A = Q_B/I_B$,人们就会有公平感;若$Q_A/I_A < Q_B/I_B$,人们就会感到不公平,产生委屈感;若$Q_A/I_A > Q_B/I_B$,人们也会感到不公平,产生内疚感。一般而论,人的内疚感的临界阈值较高,而委屈感的临界阈值较低,因此主要是后者对人的影响大。

在公平理论中，员工所选择的与自己进行比较的参照对象(Referents)是一重要变量，我们可以划分出三种参照类型："他人"、"制度"和"自我"。

"他人"包括同一组织中从事相似工作的其他个体，还包括朋友、邻居及同行。员工通过口头、报刊及杂志等渠道获得了有关工资标准、最近的劳工合同方面的信息，并在此基础上将自己的收入与他人进行比较。

"制度"指组织中的薪金政策与程序以及这种制度的运作。

"自我"指的是员工自己在工作中付出与所得的比率。它反映了员工个人的过去经历及交往活动，受到员工过去的工作标准及家庭负担程度的影响。

公平理论认为每个人不仅关心自己的工作努力所得到的绝对报酬，而且还关心自己的报酬与他人的报酬之间的关系。他们对自己的付出与所得和他人的付出与所得之间的关系做出判断。他们以对工作的付出，如努力程度、工作经验、教育程度及能力水平等为根据，比较其所得，如薪金、晋升、认可等因素。如果发现自己的付出——所得比和其他人相比不平衡，就会产生紧张感，这种紧张又会成为他们追求公平和平等的动机基础。

1. 当一个人发现自己受到不公平(利己或损己)待遇时，他往往采取以下几种方式消除心理的不公平感：

(1)力求改变自己的报酬。阿伦(J. Allen)和布鲁斯(K. Bruce)做过一个处于不公平状态下的人怎样改变自己报酬的实验。实验是让大学生被试每两人一组解数学题，一人为解题者，一人为验算者，并告诉他们按解题的速度和正确的程度付报酬，报酬付给两人后，再由他们两人自己分配。在实际解题过程中，解题者和验算者投入的时间量相等，因此公平分配方法是将报酬平分。实验分两次进行。第一次由解题者掌握报酬分配权，第二次由验算者掌握报酬分配权。无论哪一次，没有分配权的人有权对分配者的决定作出5美分的修正。在第一次实验中，绝大多数解题者提出的是公平的分配(平分)，故验算者无异议。在第二次实验中，实验者操纵验算者使分配发生变化，即将得到的1美元40美分分别按85.7%（1美元20美分)、67.9%（95美元)、50%(70美分)、32.1%（45美分)、14.3%（20美分)、3.6%（5美分)、1.4%(2美分)分配给解题者。结果是，得到85.7%和67.9%报酬的解题者，提出要将自己的报酬减少5美分，而所得报酬不足50%的，提出要把自己的报酬增加5美分。只有恰好获得50%报酬的，才没有异议。这说明，解题者不仅在损己不公平(所得报酬不足50%)时，而且在利己不公平(所得报酬超过50%)时，都想通过改变自己的报酬以减少不公平感。

(2)要求改变他人的报酬。这点在上面的实验中也得到了证明。当报酬总额衡定时，要求改变自己的报酬实际上就是要求改变他人的报酬。

(3)设法改变自己的投入。雅各布森(P. R. Jacbson)等人做过处于利己不公平状态下的人的实验。实验是让哥伦比亚大学的学生(被试)参加印刷品校对工作。事先告诉被试校对一页给30美分。实验之前，先检测被试的校对能力，再随机分为3个实验组(3组成员的校对能力实际上大致相等，没有统计学意义上的差别)。实验开始前，实验者告诉第一组被试："测验证明，你们的校对能力并不强。但由于我们要赶任务，所以还是聘请你们。报酬还是事先商定的，即每页30美分。"然后对第二组说："测验证明，你们的校对能力不大强。因此不能按事先商定的支付报酬，只能每页20美分。"最后告诉第三组："测验证明你们的校对能力很强。因此按事先所说每页30美分付钱，这种报酬与有资格从事这项工作的其他人所得的报酬相同。"实验结果证明：第一组觉得自己报酬过多而要改变不公平，于是比其他两组更努力地工作，矫正校样的错误最多。其他两组都觉得自己的投入与报酬相当，没有不公平感，因而在投入上也比较正常。这是利己不公平实验。至于因损己不公平而减少投入的，实际生活中屡见不鲜。

(4) 要求改变他人的投入。处于不公平待遇状态下的人，不仅能通过改变自己的投入和报酬，而且能通过改变他人的投入和报酬消除不公平。因为改变他人的投入，也就改变了他人的投入与报酬之比值，就有可能使其比值与自己的投入与报酬比值接近。

(5) 自我消除不公平感。具体的办法是改变比较对象或知觉方式。前者如换一个投入与报酬比值低于自己的人和自己作比较。后者如重新分析自己的投入，使自己的投入和报酬之比接近比较对象。

在实际生活中，人们到底采用什么样的方法消除不公平感呢？要具体情况具体分析，一般来说，人们根据"彻底"与"少投入"原则作选择。即选择能彻底消除不公平感的方法和用较少投入却能较大程度消除不公平感的方法。

2. 公平理论对报酬分配的建议

(1) 按时间付酬时，收入超过应得报酬的员工的生产率水平，将高于收入公平的员工。按时间付酬能够使员工生产出高质量与高产量的产品，以增加自己收入——付出比率中的付出额，保持公平感。

(2) 按产量付酬，将使员工为实现公平感而加倍努力，这将促使产品的质量或数量得到提高。然而，数量上的提高只能导致更高的不公平，因为每增加一个单位的产品导致了未来的付酬更多，因此，理想的努力方向是指向提高质量而不是数量。

(3) 按时间付酬，对于收入低于应得报酬的员工来说，将降低他们生产的数量或质量。他们的工作努力程度也将降低，而且相比收入公平的员工来说，他们将减少产出数量或降低产出质量。

(4) 按产量付酬时，收入低于应得报酬的员工与收入公平的员工相比，他们的产量高而质量低。在计件付酬时，应对那些只讲产品数量而不管质量好坏的员工，不实施任何奖励，这种方式能够产生公平性。

公平理论揭示了人们公平心态的激励功能，把一个客观存在却不大为人们注意的问题纳入了科学研究领域。但是这种理论还有待深入研究，这主要因为：其一，公平可以消除人们的不满，但它似乎难以激励人们。因为公平感本身是一种心理平衡感，平衡而无冲突，就失去了动力。这在上述一些实验中可找到证明。其二，公平的主观色彩甚浓，因此实际上很难操作，也就难以利用。其三，有利于自己的不公平感也是激励人们的力量。这点也可从上述实验中看出。实际生活中的"倾斜政策"能调动积极性的原因也在于此。因此公平的激励价值也许存在于尽量减少人们损己的不公平感而扩大人们利己的不公平感的策略之中。

### 三、行为改造型激励理论

行为改造型激励理论包括强化理论、挫折理论等，这里我们主要介绍强化理论。

强化理论(*Reinforcement theory*)又是由美国哈佛大学教授、心理学家斯金纳(B. F. Skinner)提出来的。强化理论也叫做行为矫正理论，是斯金纳在对有意识行为特性深入研究的基础上提出的一种新行为主义理论，它是以学习的强化原则为基础的关于理解和修正人的行为的一种学说。此理论认为人的行为具有有意识条件反射的特点，即可以对环境起作用，促使其产生变化,环境的变化(行为结果)又反过来对行为发生影响。因此,当有意识地对某种行为进行肯定强化时,可以促进这种行为重复出现;对某种行为进行否定强化时,可以修正或阻止这种行为的重复出现。因此,人们可以用这种正强化或负强化的办法来影响行为的后果,从而修正其行为,根据这一原理,采用不同的强化方式和手段,可以达到有效激励职工积极行为的目的。

所谓强化,从其最基本的形式来讲,指的是对一种行为的肯定或否定的后果(报酬或惩罚),它至少在一定程度上会决定这种行为在今后是否会重复发生。

强化包括正强化、负强化和自然消退三种类型:

第一种,正强化,又称积极强化。当人们采取某种行为时,能从他人那里得到某种令其感到愉快的结果,这种结果反过来又成为推进人们趋向或重复此种行为的力量。例如,企业用某种具有吸引力的结果(如奖金、休假、晋级、认可、表扬等),以表示对职工努力进行安全生产的行为的肯定,从而增强职工进一步遵守安全规程进行安全生产的行为。

第二种,负强化,又称消极强化。它是指通过某种不符合要求的行为所引起的不愉快的后果,对该行为予以否定。若职工能按所要求的方式行动,就可减少或消除令人不愉快的处境,从而也增大了职工符合要求的行为重复出现的可能性。例如,企业安全管理人员告知工人不遵守安全规程,就要受到批评,甚至得不到安全奖励,于是工人为了避免此种不期望的结果,而认真按操作规程进行安全作业。

惩罚是负强化的一种典型方式,即在消极行为发生后,以某种带有强制性、威慑性的手段(如批评、行政处分、经济处罚等)给人带来不愉快的结果,或者取消现有的令人愉快和满意的条件,以表示对某种不符合要求的行为的否定。

第三种,自然消退,又称衰减。它是指对原先可接受的某种行为强化的撤消。由于在一定时间内不予强化,此行为将自然下降并逐渐消退。例如,企业曾对职工加班加点完成生产定额给予奖酬,后经研究认为这样不利于职工的身体健康和企业的长远利益,因此不再发给奖酬,从而使加班加点的职工逐渐减少。

如上所述,正强化是用于加强所期望的个人行为;负强化和自然消退的目的是为了减少和消除不期望发生的行为。这三种类型的强化相互联系、相互补充,构成了强化的体系,并成为一种制约或影响人的行为的特殊环境因素。

强化理论具体应用的一些行为原则如下:

第一,应以正强化方式为主。正强化比负强化更有效,在强化手段的运用上,应以正强化为主。采用负强化(尤其是惩罚)手段要慎重,负强化应用不当会带来一些消极影响。当然,必要时也要对坏的行为给予惩罚,做到奖惩结合。

第二,注意强化的时效性。采用强化的时间对于强化的效果有较大的影响。要取得最好的激励效果,就应该在行为发生以后尽快采取适当的强化方法。

第三,因人制宜,采用不同的强化方式。由于人的个性特征及其需要层次不尽相同,不同的强化机制和强化物所产生的效应会因人而异。因此,在运用强化手段时,应采用有效的强化方式,并随对象和环境的变化而相应调整。

第四,设立明确而又适当的目标。对于人的激励,首先要设立一个明确的、鼓舞人心而又切实可行的目标,只有目标明确而具体时,才能进行衡量和采取适当的强化措施。而太高的目标会使人感到达到的希望很小,从而难以充分调动人们为达到目标而做出努力的积极性。

### 四、综述与评价

综上所述,在对人的认识的基础上,许多学者对人的需求、行为进行了研究,得出不同的结论。不论结论如何,在研究的目的方面是相同的,即如何激发动机,如何分析需求,如何判定行为。我们可以总结出一般的规律,同样也可以用图9-5表示激励理论模式。

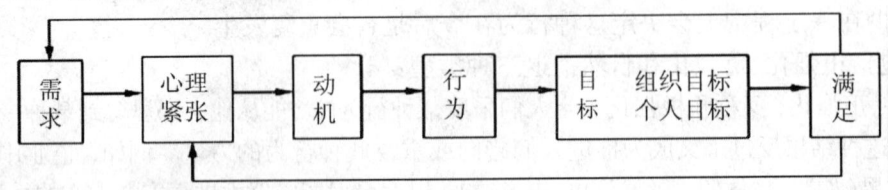

图9-5 激励理论模式

按照这个模式,我们可以看出应从四个方面进行工作,以求达到激励的目的:

(一)从研究和满足人的需求方面来调动组织成员的积极性

研究人们的需求,目的就是在完成组织目标的前提下,尽可能满足个人需求。只有这样,才能调动积极性,这是因为组织把人们的利益联系在一起了。离开了组织就无法满足个人的需求。

(二)从目标设置上研究如何调动积极性

目标的设置不是简单的事,要从目标设置上给人以期望,由此激发其内在的动机。因而目标应该是鼓舞人心的,同时又不能脱离特定的环境。若所制定的目标能使人感到切实可行,那么,人们的积极性就可以调动和保持较长时间和稳定。

(三)强化动机,也即刺激

对人的行为的肯定或否定都可引起强化作用。肯定是正强化;否定是负强化。人们的行为并不完全符合组织利益,因此,强化的作用就是使人们自觉地去维护组织利益,从而实现或满足个人的需求。

(四)及时反馈

从模式中也可理解,主管人员应时刻掌握这个过程的各个环节的详细情况,从而把握人们的目的,恰当地选择领导方式,以充分发挥激励的作用。

根据这个模式或理论,许多学者从不同的角度的研究,就获得不同的结论。这些激励理论各有各的特点,也有不足之处。我们学习就博采众长,融会贯通,真正掌握激励理论、方法、技巧,使之在指导与领导工作中起到应有的作用。

---

**相关链接**　　　　　　　无效的激励不如不激励
**病历——这家企业为什么留不住人**

VK公司原来是一家校办企业,主要生产一种为其他电器配套的机电部件,产品有较大的市场空间。从1994年到1997年,公司的经营业绩一直不理想。1997年,企业实施了改制,变成了一家民营企业。此后,公司凭借技术实力和灵活的机制,取得了良好的效益,产品不仅为多家国内大型电器公司配套,而且还有相当数量的出口,一时成了所在区的纳税大户。

但是，伴随市场成功而来的却是公司内部管理上的一系列麻烦。尽管员工的工作条件和报酬比起其他企业来都已经相当不错，但管理人员、技术人员乃至熟练工人都在不断地流失；在岗的员工也大都缺乏工作热情。这给公司的发展乃至生存带来了极大的威胁。

为什么会出现这样的问题呢？从以下几个具体事例也许能窥见公司的人力资源管理和员工激励方面存在的问题：

"红包事件"——公司改制时，保留了"员工编制"这一提法（尽管这个"编制"是公司自己定的，而非原来的国家事业单位编制），这就使公司有了三种不同"身份"的员工，即"工人"、"在编职工"和"特聘员工"。其中，"工人"是通过正规渠道雇佣的外来务工人员；"在编职工"是与公司正式签订过劳动合同的员工，是公司的技术骨干和管理人员，他们中一部分是改制前的职工，一部分是改制后聘用的；"特聘员工"则是向社会聘用的高级人才，有专职的，也有兼职的。一次，公司在发放奖金时，"工人"和"在编职工"的奖金是正式造表公开发放的，而"特聘员工"是以红包形式"背靠背"发放的，并且"特聘员工"所得是"在编职工"的2~3倍。但这件事的实际效果却是大大挫伤了员工，特别是"特聘员工"的工作积极性。他们中一部分人感到公司没有把他们当作"自己人"，而更多的人则误认为"在编职工"肯定也得到了红包，作为公司的"自己人"，所得数额一定比"特聘员工"更多，自己的辛苦付出没有得到公司的认可。公司多花的钱不但没有换来员工的凝聚力，反而"买"来了"离心力"。

"人尽其用法则"——公司高层领导的"爱才"是出了名的，公司在"招才"上舍得花钱，但在如何"用才"上，却不尽如人意。公司的职能机构设置很简单，厂长室下设了生产科、技术科和综合科。生产科长兼任主要生产车间主任，还兼管供应；财务、统计、文秘等均压缩在综合科；市场则由副总经理直管。因此，职能科室成员往往是"一位多职"，如会计师同时还可能是文秘，又要做接待等等。这本来体现了用人机制的灵活和高效。但是，这种"一位多职"又不稳定。一项任务交给谁完成，十分随意。又由于职责与分工不明确，最终也就无从考核。于是多数科员为减轻自己的工作强度，纷纷降低了工作效率，以免显得过于"空闲"而被额外"加码"。

"评比出矛盾"——公司定期对员工进行考评，整个考评工作由各部门分别作出，但公司规定不论工作如何，必须分出A、B、C三等，并将考评结果与待遇挂钩。这使得员工之间产生不少矛盾。

诊断——企业激励机制存在的问题是造成人才流失的重要原因

VK公司出现的问题在中小型民营企业中具有典型性。由于其直接后果是组织效率下降和人员的流失，这反过来又加剧了企业对员工的不信任和对人员培养的忽视，从而制约了企业的长期稳定与发展。

当前，民营企业已经在数个国民经济中占有十分重要的地位。然而，众多的中小型民营企业在依靠其灵活机制不断取得效益的同时，也遇到了不少问题。其中，员工激励问题就是一个常常让企业领导层感到棘手的问题，但是它又关系到企业的发展壮大，有时甚至关系到企业的生存。

透过上述事例，我们可以看出，与VK公司相似的中小型民营企业存在以下几个问题：

问题一，以"经济人观"看待全体员工。

在这种观点支持下，企业往往简单地以经济利益作为驱动员工的惟一手段，而忽略了员工的归属需要和成就追求，不重视企业内部的人际关系，更不会利用客观存在的非正式组织提高组织的凝聚力和效率。

问题二,"灵活性"与"随意性"划等号。企业领导缺少一种稳定的、有连续性的行为规则,类似问题的处理往往因时、因人而不同。这一方面使员工感到企业在对待不同人员时缺乏公正,另一方面又有"鞭打快牛"的不良效果。组织效率的下降是必然的。

问题三,人力资源管理无序。企业一般没有对各项工作进行认真分析,设岗缺乏科学性,对人员的招收和使用不作预测和规划。

问题四,缺乏沟通,反馈不及时。企业将它与员工的关系视为契约关系,重视工作,但不重视人际关系,企业缺乏领导与职工、职工与职工相互沟通的机制;由于员工得不到对自己行为评价意见的及时反馈,工作的激情衰减很快;加之考评中采用"强制分档,末位受损"的危险规则,员工不仅得不到"激励",反而衍生出许多新的矛盾。员工对工作不满意是在情理之中的。

尽管企业人才流失的原因是多方面的,但企业激励机制存在的问题必然是造成人才流失的重要原因之一。

处方——"优秀的机制比所有制更重要"

用德鲁克的话说,"优秀的机制比所有制更重要"。要使民营企业机制的灵活性充分发挥作用,应从以下几个方面入手:

第一,建立必要的人力资源管理制度,在工作分析的基础上,结合自身特点设置岗位,明确岗位职能与责任。这样不但可以有效避免工作指派上的随意性,而且能克服招人用人的盲目性,也为员工业绩考核提供了客观公正的依据,有利于充分发挥组织效率。不少中小型民营企业的内部管理失效,归根到底就是没有建立相应的管理制度。事实上,制度化和灵活性是相辅相成的,关键在于将灵活的机制纳入制度之中。同时,制度必须有利于组织的协调,坚决摒弃"末位淘汰制"之类严重挫伤员工积极性的制度。

第二,关心员工发展和成长,引入员工"职业生涯设计"等导向机制。在了解员工个人愿望的前提下,企业帮助员工设计好自己的职业目标并努力创造实现目标的条件,这样既可以提高员工工作的努力程度,又可以提高员工对企业的归属感。对于一部分高级人才,可以用"期权制"等方式来处理他们与企业的关系,这将有利于企业的长期稳定发展和壮大。

第三,充分认识和利用非正式组织,增强企业活力。作为中小型企业,它的一切资源都很有限,因此,领导层在关心工作的同时,必须高度重视人际关系。这样可以利用客观存在的非正式组织,达到个人目标与组织目标相统一的目的。

第四,建立沟通与反馈机制。从个体的角度来考察,员工有一种及时了解上级对自己工作评价的需求,当这种信息不能及时反馈员工时,他们一方面会迷失行动方向,即不知道自己的工作方法究竟是否正确,从而彷徨不前;另一方面,他们会感到自己的工作不被组织重视,从而失去工作动力。由此可见,建立一种制度化和非制度化相结合的沟通与反馈机制十分重要。机制上的灵活性是民营企业的优势。但同时,规范化不足又是中小型民营企业的最大欠缺。规范有序,可以减少组织"能量"的浪费,灵活、人性化可以增强组织的内在动力。规范与灵活的结合,应当成为人力资源管理和激励工作的追求目标。

资料来源:www.caij.cn

## 第三节 激励的原则与艺术

所有的激励理论都是一般而言的,而每个员工都有自己特性,他们的需求、个性、期望、目标等个体变量各不相同。因而领导者根据激励理论处理激励实务时,必须针对部下的不同特点采用不同的方法。其中常用的主要有四种:工作激励、成果激励、批评激励以及培训教育激励。工作激励是指通过分配恰当的工作来激发职工内在的工作热情;成果激励是指在正确评估工作成果的基础上给职工以合理奖惩,以保证职工行为的良性循环;批评激励是指通过批评来激发职工改正错误行为的信心和决心;培训教育激励则是指通过思想、文化教育和技术知识培训,通过提高职工的素质来增强其进取精神、激发其工作热情。

### 一、一般性原则

(一)委以恰当工作,激发职工内在的工作热情

对职工委以恰当的工作,以求激发职工的工作热情,这主要包括两方面的内容:一是工作的分配要尽量考虑到职工的特长和爱好,使人尽其才,人尽其用;二是要使工作的要求既富有挑战性,又能为职工所接受。

1. 工作的分配要能考虑到职工的特长和爱好

给职工分配适当的工作,首先要把工作的知识和能力要求同工人的自身条件结合起来。企业生产经营活动中有许多道不同的工序和工作。这些不同的工作对人的知识和能力的要求是不同的。同时,每个人的文化知识水平和工作能力也是有差异的。合理地分配工作就是根据工作的要求和个人的特点,把工作与人有机地结合起来。也就是说,要根据人的特要来安排工作。

根据工作的特长安排工作就是要从"这个职工能做什么",而不是从"他不能做什么"这个角度来考虑问题,领导者应该知道,每个人都有自己的优势和劣势。一方面,技术再高的人,也总有自己的不足之处。全才是难求的,因为人的精力是有限的,在通常情况下,人们只能把自己有限精力集中于一个或少数几个领域钻研,所以总有一些领域是涉足不到的;另一方面,水平再低的人,也总有某个或某些独到之处。这就是"尺有所短,寸有所长"。善于用人,就是要认真研究每个人"长"在何处,"短"在何方,用其长而避其短,使每个人都能充分负荷。

给每个人分配适当的工作,还要求能在条件允许的情况下,把分配给每个人的工作与其兴趣尽量结合起来。兴趣和爱好是最好的老师。当一个人对某项工作真正感兴趣,爱上了这项工作时,他便会千方百计地去钻研、去克服困难、去努力把这项工作做好。

2. 工作的分配要能激发职工内在的工作热情

分配适当的工作,不仅要使工作的性质和内容符合职工的特点,照顾到职工的爱好,而且还要使工作的要求和目标富有一定的挑战性,能真正激起职工奋发向上的精神。怎样才能使工作分配达到激励的效果呢?我们认为分配的工作要求略高于执行者的实际能力,即执行的实际能力略低于(既不太低,又不过高)工作的要求。

假定某一工作 $X$ 需要的能力水平为 $N$。领导得为保险起见,为使工作立即有效,会把这

项任务交给一位能力远远高于任务要求的工人去做。这个工人完全了解为完成这项任务应做哪些工作，而且知道如何去做这些工作。假定他的能力为 $N^{+++}$。但是一当了解了任务的实质，他马上会感觉到自己的潜力没发挥。随着时间的推移，他可能对任务越来越不感兴趣，越来越不满意，感到厌倦。

与此相反，从迅速提高工人技术水平和工作能力这个角度出发，领导者或许会把这项任务交给一个工作能力远远低于要求的工人去完成。假定这个工人的能力水平为 $N^{---}$。则接到任务时，工人也许会努力去做，以期成功。但经过几次努力未获成果以后，就会感到完成这项任务是自己力所不能及的，从而会灰心丧气，不愿再做新的尝试。

正确的方法应该是把这项任务交给一个能力略低于要求的人（$N^-$），如果这个人愿意思考和努力，则工作可以完成，目标可以达到。同时还可在工作中提高其工作能力。上述推理可用图9-6来概括。

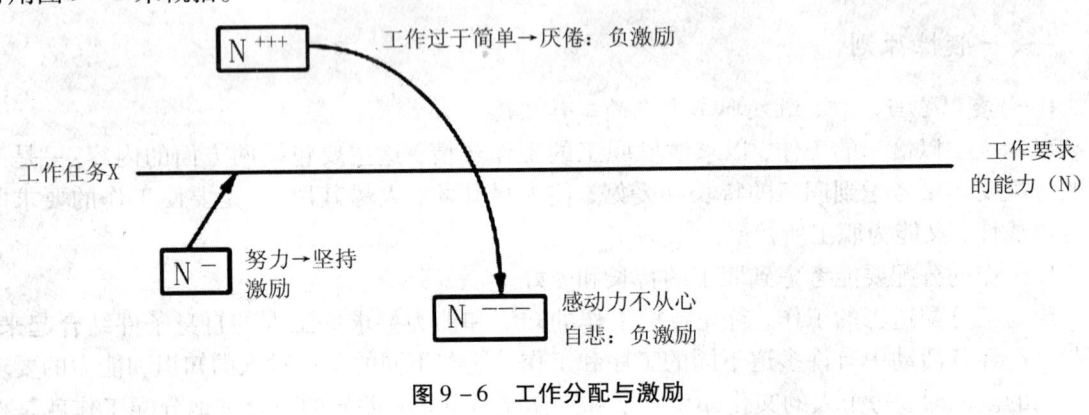

图9-6　工作分配与激励

### （二）正确评价工作，合理给予报酬，促进良性循环

正确评价职工的工作成果，在此基础上给每个职工以合理的报酬，这也是激发职工的一个重要因素。

工作报酬有两种：一种是物质上的，另一种是精神上的。物质上的报酬主要是指工资或奖金；精神上的报酬主要指通过各种形式的表扬，授以一定荣誉，或对工作结果不理想者提出批评，其中物质报酬是基础，应给予充分重视。

对职工来说，无论是物质方面的，还是精神上的，报酬的作用都可以是两方面的：一是通过报酬可以看出领导对自己这个阶段工作所做的评价，在某种意义上也反映了自己的领导心目中的地位；另一方面，报酬的获得可以使职工进行工作的原动力——需要得到满足（如精神上的表扬可以满足职工的荣誉感需要），或者可以提供满足需要的手段（物质报酬可以供职工去购买满足生理需要的生活用品）。在这同时，职工还会自觉或不自觉地总结这项工作与获得报酬的经验，以决定下个阶段在工作中应采取什么样的态度和表现。也就是说，对工作结果的评价和对报酬的付与会影响人们在下一循环的行为。

从报酬的作用来分，可发分为正报酬（奖）与负报酬（惩）。无论是物质上还是精神上的奖惩，都会影响人们的行为。因此，要从工作报酬的角度来持续、有效地调动职工的积极性、激发职工的工作热情，关键是要正确使用奖和惩这两种工具，即要做到"赏罚分明，赏要合理，罚要合情"。

1. "赏"——合理

俗使职工保持较高的工作热情，须使工作报酬公平合理。

职工是如何评价报酬的合理性的？一般来说，他们是经过两个层次的比较后才得出报酬合理与否的结论的。

首先职工要在自己的个人水平上进行比较。这个层次的比较也是两方面的。一方面把自己所付出的代价与自己的所得进行比较，即检查（所得/代价）的结果，>1？=1？或<1？如果>1，那么所得大于付出，值得继续干下去；如果=1，所得等于付出；如果<1则会感到得不偿失，下次干的积极性就没有了。另一方面把自己的过去和现在进行比较，比较两个不同时期的所获与代价之比，现在比以前增大了，还是缩小了，则会感叹"今不如昔"；而增大，则会得到鼓舞。

然后是拿自己与别人进行比较，即比较与（自己的所得/自己的贡献）与（他人的所得/他人的贡献）这两个比是否相等。如果比较的结果是前者小于后者，那么就会感到不公平，认为自己辛辛苦苦干，还不如别人轻轻松松混，下次再也不这么"卖力"了！当然，如果比较的结果是前者大于后者，那么心里会暗自高兴的，但高兴之余，也会觉得受之有愧，因而会更加努力地工作，但感到很少的人积极性会受到影响，实际上不可能使所有的人都感到公平，只能使大数人大体上公平就行了。少数人可能就是要有意使其特别低一点或者特别高一点，甚至高很多。只要合理就能取得激励效果。

上述关于职工对报酬合理性评价的分析，要使职工感到报酬公平合理，就必须贯彻按劳分配的原则，把职工的劳动报酬和劳动成果挂起钩来。不同的劳动成果应采用不同的评价标准，不同的报酬形式，相同的劳动成果采用相同的评价标准和相同的报酬形式。总经理、厂长、工程技术人员和工人就应采取不同的评价标准和不同的报酬形式。

2. "罚"——合情

合理地"赏"对于保持和激发职工的工作热情是必要的。但仅有精神上的表扬与物质上的奖励还是不够的。领导者还必须有效地去"罚"。

"罚"的形式是多样的，常用的有：批评、罚款、行政处分（包括：记过、撤职、降级、除名、开除等）。"罚"的目的都是为了"惩前毖后"，使员工不要再犯类似错误。任何惩罚都应有"火炉效应"，即当你用手去触摸火炉时，立即会感到灼痛，迅速把手缩回来，你及其他人都将由此得到教训，以后不能再用手"触摸火炉"。为了提高"罚"的效果，必须掌握四条规则：

（1）即时处理。违规与惩处间隔时间越短，效果愈好。

（2）事先警告。要让每个员工事先都知道做了哪些违规行为一定会招致惩罚，并接受这种规定。

（3）人人平等。在惩罚面前人人平等，无论是谁违规后必然招致同样的惩罚。

（4）对事不对人。任何惩罚都只针对违规行为，而绝不要考虑违规者个人的情况。这一点在我国注重儒家文化讲究人情的氛围中最难做到。

真正做到这四条规则，员工就会认为惩罚是公正的，就会起到火炉效应，就会自学地不去触犯有关规定。

（三）掌握批评武器，化消极为积极

在管理实践中，大量违规行为和不良现象都可通过批评加以化解。批评是管理者最常用的武器，批评不像罚款和行政处分那样"无情"，它通过批评者与被批评者的语言和感情的交流，帮助违规者认识错误，产生信心，改正错误，从深层次上起到激励作用，化消极因素为积极因素。

领导者要正确地使用批评这个武器，使批评收到理想的效果，必须注意以下几点：

1. 明确批评目的

在进行批评之前，要明确批评的目的。在不同情况下，对不同对象进行的批评，可以有不同的目的，如：

——帮助批评对象认识行为可能或已经产生的有害结果；

——帮助批评对象下次不再犯同样的错误；

——帮助批评对象补救这次错误造成的不利结果；

——帮助批评对象认识错误的原因，并使之认识到本来可以把事情办得好些，从而恢复自己的信心。

2. 了解错误的事实

明确了批评的目的，还须了解要批评的事实，才能正式进行批评。了解错误的事实，就是要知道错在何处，何事错了，何时错的，如何发生的，何人做错的，为何会做错等。了解了错误的事实才可以在批评中有的放矢，这样才会使批评有说服力，不抽象笼统。

3. 注意批评方法

(1) 要注意对事不对人。批评一个人，应是针对某一事而发，而不是针对其本人而发。针对一个人本身发出批评，可能使批评对象觉得领导对自己全盘否定。而且对人而发，好像一个人出了问题是和他的特性分不开的，而不是由于某种特殊原因，因而可能造成批评对象的反感，听不进去。相反，如果仅对问题而发，对某一事进行批评，并且说明根据对方的条件，本来可以做得好些。这样，对方听起来舒服，容易接受，而且有信心去纠正问题。

(2) 要注意选择适当的用语。批评语言要尽量使对方感觉到你在帮助他，而不是在批评他。要在批评中给对方以启发，比如说，用"如果是我的话，我会怎么做"去批评，其效果要比直截了当地指责"你的方法不对，路子不对……"好些。

(3) 选择适当的场合。除非特殊情况，一般不提倡在公开场合"杀鸡儆猴"。因为这样容易使受批评的职工难堪，会损伤他的自尊心，从而极易引起反感。因此，要尽可能地在个别场合向对方指出问题所在，给予批评。选择适当的场合，还指要在双方都心平气和的时候，两人都能平静地坐下来讨论问题，分析问题的原因的时候进行。

(4) 注意选择适当的批评时间。西方有些企业管理学家认为，不要在午饭前和下班后批评工人。午饭前的批评，有时会引起受批评者的不快，从而不仅会影响食欲、影响他的身体健康，而且有把不满情绪从饭桌上带到工作中近而蔓延的危险；而在下班后，人们一般都急匆匆地赶回去，对批评不会十分留心，因此不会收到好的效果。

4. 注意批评的效果

注意批评的效果。一方面是指批评者的批评过程中和批评结束时，要了解批评对象是否明白了批评的目的，是否明白了对他的要求，是否明白了应该如何去做（错在何处，下次应该怎样才能避免重犯）。注意批评的效果，还应注意批评后的检查。批评的目的在于帮助职工改正行为。因此，领导者的批评工作不应随着谈话的结束而中止。要使批评收到有效的结果，还要注意批评后的追踪检查，以保证职工在工作中确实避免重犯类似的错误。

(四)加强教育培训,提高职工素质,以增强他们的进取精神

职工在参与企业活动中的工作热情和劳动积极性通常与他们的自身素质有极大的关系。一般来说,自身素质好的人,进取精神较强,对高层次的追求较多,在工作中对自我实现的要求较高,因此,比较容易自我激励,能够表现出高昂的士气和工作热情。所以,通过教育和培训,以提高他们的自身素质,从而增强他们自我激励的能力,也是领导在激励和引导下属行为时通常可以采用的一种重要手段。

职工的素质主要包括思想政治觉悟和业务技能两个内容。因此,提高职工素质的激励的方法也就是主要表现在思想政治教育和业务技术知识和能力培训两方面。

通过思想政治工作调动职工积极性,是我国企业管理的优良传统,必须在新的形势下发扬和光大。通过对职工进行科学的世界观的教育,可以帮助他们克服旧制度和旧意识的影响,正确认识自身的社会地位的变化及肩负的历史使命,使他们树立正确的人生观、价值观和道德观,形成崇高的理想和抱负,从而为他们在工作中富于进取精神、积极努力、表现出高昂的工作热情提供良好的基础。

为了保证思想政治教育收到预期的效果,领导者在进行这方面的工作时,要注意遵循下述基本原则:要坚持以经济建设为中心,使思想政治工作为经济建设服务;要理论联系实际,防止空头理论、空洞说教;要平等对待职工,坚持民主原则,防止以教育者或"教训者"自居;要注意批评与表扬相结合,但以表扬为主;要在注意提高职工思想认识的同时,切实解决职工在工作和生活中遇到的实际困难;不仅要注意教育别人,更应严格要求自己,要以身作则,用行动去影响职工。只有在上述原则指导下进行的思想政治教育,才对职工具有吸引力、说服力,从而有可能达到预期的激励效果。

培养和启动职工的自我激励机制,不仅要强调思想政治教育,还要注意专业知识和技术能力的培训。进取心与个人的业务素质是相互促进的:强烈的进取心会促使职工努力地掌握新的知识和工作技能,从而可以实现个人素质的更加完善。反过来,良好的业务素质使个人有较多的成功机会,能够较多地带来心理上的满足。而成功以及由此带来的心理满足的体验会促使个人追求在事业上攀登新的高峰,从而会激发他们努力去掌握更多的新知识和新技能。

为了促进职工素质的提高,从而进取精神的增强,领导者应根据企业经营和职工个人的特点有计划、有重点、有组织、有针对性地进行培训工作。比如,对于管理干部,既要注意通过理论学习,使他们掌握现代化管理的新知识和新方法,也要注意实践中的培训,提高他们解决和处理实际经营管理问题的能力;对于生产工人,既要注意文化知识教育,提高他们的文化水平,也要结合本职工作,进行作业方法改进训练或相关作业的基本技能训练,以提高他们的作业技能;对于工程技术人员,既要注意采取各种方式,使他们及时了解本学科发展动态,掌握学科发展的最新知识,也要注意让他们有更多地运用新知识的机会,以使他们利用掌握的最新科技知识为企业的技术、工艺、材料、产品创新等做出贡献。有计划地派送职工到培训基地或学校脱产学习,到国外考察学习,这一行动本身就能有力地使职工感知组织对他的重视和期望,从而极大地提高他们的责任心和积极性。总之,只有从业务理论知识和实际操作技能这两个角度,根据工作和职工的特点,去组织培训工作,才有可能提高职工素质,增强进取精神,从而激发劳动积极性。

从上述激励手段及其运用的介绍中可以看出,不论是工作激励,还是任务激励,或是培

训教育激励,它们都是外在激励与内在激励的统一。我们或许可以说,通过改善工作内容、工作环境和工作条件等外在因素,以促使职工内在地产生奋发向上的进取精神和努力工作的积极性,这就是领导者激励工作的本质特征。

---

**相关链接**　　　　管理者不得不知的激励五种技巧

1. 先教后用激励技巧

在做某件事之前,要打好基础,以得到他人的意见或同意。这一词意给予我们的启发是,在施以激励之前,必须先对人员进行启发、教育,使他们明白要求和规则,这样在采用激励方法时,他们才不至于感到突然,尤其是对于处罚不感到冤枉。所以,最好的管理方法是启发,而不是惩罚。

2. 公平激励技巧

解放前,宝元通百货公司完全由考核结果来决定提升与受奖。考核的内容包括"意志、才能、工作、行动"四个方面,半年评比一次,评比的依据主要是组长和门市纠察人员在日记中专设"人事"一栏,每天记录售货员在这四方面的表现。经过这样的考核,职工就有可能由每月 0.5 元的工资一步步往上爬,一直爬到宝元通"九等三十六级"的顶峰。主任级以上职员就是通过这样的考核逐步提升起来的。这一做法就给人一种印象:凡是能力较强而又积极工作的,在宝元通必有出头之日,凡是考核成绩不好的人,绝无侥幸提升的可能,表现极差者甚至有被辞退或者开除的危险。正因为如此,宝元通规定每年将总盈余的 31.5% 分配给全体职工,在具体进行分配时才没有发生多大的困难,大家基本上无异议。

充分利用激励制度就可能极大地调动企业职工的积极性,保证企业各项工作的顺利进行。要保证激励制度的顺利执行,就应当像宝元通一样,不唯亲、不唯上、不唯己,只唯实,公平相待。

3. 注重现实表现激励技巧

西洛斯·梅考克是美国国际农机公司创始人,世界第一部收割机的发明者。有一次,一个老工人违反了工作制度,酗酒闹事。按照公司有关管理制度的有关条款,他应受到开除的处分,梅考克在管理上人员作出的决定上签署了赞同意见。决定一发布,那位老工人立刻火冒三丈,他委屈地说:"当年公司债务累累时,我与你患难与共。3 个月不拿工作也毫无怨言,而今犯了这点错就把老子开除,真是一点情分也不讲!"梅考克平静地对他说:"你知不知道这是公司,是有规范的地方……这不是你我两个人的私事,我只能按规定办事,一个也不能例外。"

在实施激励方法时,应该像梅考克一样,只注重激励对象的现实表现,将现实表现同过去的情况分开来看,当奖则奖,该罚就罚。

4. 适时激励技巧

美国一家名为福克斯波罗的公司,专门生产精密仪器设备等高技术产品。在创业初期,一次在技术改造上碰到了若不及时解决就会影响企业生存的难题。一天晚上,正当公司总裁为此冥思苦想时,一位科学家闯进办公室阐述他的解决办法。总裁听罢,觉得其构思确实非同一般,便想立即给予嘉奖。他在抽屉中翻找了好一阵,最后拿着一件东西躬身递给科学家说:"这个给你!"这东西非金非银,而仅仅是一只香蕉。这是他当时所能找到的惟一奖品了,而科学家也为此感动。因为这表示他所取得的成果已得到了领导人的承认。从此以后,该公司授予攻克重大技术难题的技术人员一只金制香蕉形别针。

行为和肯定性激励的适时性表现为"赏不逾时"的及时性,公司总裁在没有别的东西,只有一只香蕉也要拿出来作为奖品。这们做至少有两个好处:一是当事人的行为受到肯定后,有利于他继续重复所希望出现的行为。这正如小孩学走路时,当他走出一步姿态并不雅的第一步后,就立即鼓励他走出第二步、第三步,直到他真正学会走路为止。二是使其他人看到,只要按制度要求去做,就可以立刻受奖,这说明制度和领导是可信赖的,因而大家就会争相努力,以获得肯定性的奖赏。

5. 适度激励技巧

有人对能通宵达旦玩游戏机者不可理解,但一当自己去玩时,也往往废寝忘食,原因何在?游戏机上电脑程序的编制是由于由简到繁、由易到难的原则,在每一个具体的程序中,操作者在与电脑相较量时不能轻而易举地获胜。但经过一段时间操作之后又能够过一些关。这样稍有努力就进,不努力就退的若得若失的情况对操作者最具有吸引力。

游戏机的事例说明了激励标准有个适度性问题,保持了这个度,就能使激励对象乐此不疲地努力。反之,如果激励对象的行为太容易达到被奖励和被处罚的界限,那么,这套激励方法就会使激励对象失去兴趣,达不到激励的目的。所以说:"赏罚不中则众不咸"。

资料来源:www.chinahrd.net

## 二、绩效考评与激励

绩效考评是对员工的工作绩效进行评价,评价的结果对员工个人有相当大的影响,因为它关系到员工的奖金、工资、晋升等因素。绩效考评的最终目的是改善员工的工作表现,以达到企业的经营目标,并提高员工的满意程度和未来的成就感。绩效评估就如一把双刃剑,做好了可激活整个企业;反之,就会产生诸多问题,进而导致许多意想不到的后果。可以这么说,绩效考评已经成为一种重要的激励手段。

(一)绩效考评与组织竞争优势

有效的绩效评估和考核能够以多种途径提高员工工作绩效并由此产生竞争优势。

1. 指引员工的行为

一个设计和实施良好的绩效评估和考核系统价值无穷,它们通过集中注意力于计划完成过程中员工各自的进展情况去加强组织的战略经营计划,员工知道了公司对他们期望什么,进而把他们的行为引导到适当的方向。

2. 监督员工的行为

良好的评估考核系统给经理们提供了一个系统地监督其下属工作绩效的方法。这样的监督能使经理们通过承认和奖励员工良好的工作绩效以激励员工达到标准。

3. 作出正确的奖酬决策

以准确评估为基础的薪资决策能够通过提高员工士气和动机去增强竞争优势。

4. 保证依法行事

如果有一套完整的评估考核系统,那么,根据此系统结果所作的有关如降级、升级、解雇和薪资分红的决策，就能减少相关的诉讼，即使诉讼发生，企业也容易使法庭确信，关于某人雇佣情况的决策是公平的。也就是说，决策是以工作绩效的评价为依据的。

5. 降低员工的不满意度和流失率

如果员工得到他们认为不准确或不公平的工作评价，他们就会感到十分气愤和失望，导致他们寻求别的工作环境而流动出去，另一方面，有效的绩效评估能够帮助组织留住员工特别是优秀的员工。因为他们渴望在一个他们认为公平、上进而有朝气的氛围中工作，而有效的绩效考评措施显然有益于这种感觉的形成。

由以上几个方面可以看出，有效的绩效考评体系可以提高员工的满意度和进取心，从而提高其工作绩效，这又从整体上提高了组织的绩效水平和竞争力。

（二）怎样使绩效考评发挥良好激励效果

绩效考评往往是各级管理者的较棘手的事情，因为涉及员工的切身利益，如果处理不好，很容易引起员工的抱怨，挫伤员工的积极性，甚至在员工之间造成矛盾，怎样使绩效考评从正面发挥激励作用，应当注意以下几点：

1. 选取适当的考评内容和方法

选取适当的考评内容和方法，应根据各部门的工作性质、标准而定。如营业部门以考核工作效果和业绩为主，职能部门以考核工作行为为主。考评内容要有侧重和针对性，考评的方法可采取多种形式，以减少误差。

2. 明确考评标准

明确考评标准，应以岗位职责和工作规范为依据，能量化的尽可能量化，以便于考核、测定和记录，有可能的岗位应以每天的考评记录作为月考评的参考，避免主观随意性、得出准确的考评结果。

3. 考评结果的反馈

考评结果应向被考评员工反馈，并听取员工的反馈、说明、申诉，通过上下级之间的沟通，管理者可以及时了解员工的实际工作情况和更深层次的原因，员工也可以了解上级对自己工作的看法、评价及要求，随时采取纠正措施。

4. 增加考评的民主性和透明度

考绩要达到使员工心服口服，诚心接受，确非易事，事实上，民主性常常是实现客观公正的必要条件，透明度即考核标准与程序向员工交底，考核结果要向员工反馈，这对激励员工有重要的积极作用。

## 本章概念

激励　　需要层次理论　　双因素理论　　期望理论　　动机　　公平理论

## 问题思考

1. 什么是动机？简述其产生过程。
2. 什么是激励？简述其过程与作用。
3. 简述马斯洛的需求层次论、赫茨伯格的双因素论、期望理论、公平理论和激励需求理论的主要内容。
4. 怎样使绩效考评发挥良好激励效果？

# 第九章 激励

**案例分析**

## 成功源于科学的激励方法——巴斯夫公司激励员工的五项原则

如何有效地生产粮食是人类一直面临的重大问题。据估计,全世界每年竟有1/3的粮食因受到病虫和杂草危害而遭受损失。120年前,于德国路德维希港创立的巴斯夫公司,就是一直为发现和生产各种农业化学品而孜孜不倦地工作的。目前,巴斯夫公司经营着世界最大的化工厂,并在35个国家中拥有300多家分公司和合资经营企业及各种工厂,拥有雇员13万人。

巴斯夫公司之所以能够在百年经营中兴旺不衰,在很大程度上归功于它在长期的发展中确立的激励员工的五项基本原则。具体地讲,这五项基本原则是:

1. 职工分配的工作要适合他们的工作能力和工作量

不同的人有不同的工作能力,不同的工作也同样要求有不同工作能力的人。企业家的任务在于尽可能地保证所分配的工作适合每一位职员的兴趣和工作能力。巴斯夫公司采取四种方法做好这方面的工作。(1)数名高级经理人员共同接见每一位新雇员,以对他的兴趣、工作能力有确切的了解;(2)除公司定期评价工作表现外,公司内部应有正确的工作说明和要求规范;(3)利用电子数据库贮存了有关工作要求和职工能力的资料和数据;(4)利用"委任状",由高级经理人员小组向董事会推荐提升到领导职务的候选人。

2. 论功行赏

每位职工都对公司的一切成就做出了自己的贡献,这些贡献与许多因素有关,如和职工的教育水平、工作经验、工作成绩等有关,但最主要的因素是职工的个人表现。

巴斯夫公司的原则是:职工的工资收入必须看他的工作表现而定。他们认为,一个公平的薪酬制度是高度刺激劳动力的先决条件,工作表现得越好,报酬也就越高。因此,为了激发个人的工作表现,工资差异是必要的。另外,公司还根据职工表现提供不同的福利,例如膳食补助金、住房、公司股票等等。

3. 通过基本和高级的训练计划,提高职工的工作能力,并且从公司内部选拔有资格担任领导工作的人才

除了适当的工资和薪酬之外,巴斯夫公司还提供广泛的训练计划,由专门的部门负责管理,为公司内人员提供本公司和其他公司的课程。公司的组织结构十分明确,职工们可以获得关于升职的可能途径的资料,而且每个人都了解自己在哪个岗位。该公司习惯于从公司内部选拔经理人员,这就保护了有才能的职工,因此,他们保持很高的积极性,而且明白有真正的升职机会。

4. 不断改善工作环境和安全条件

一个适宜的工作环境,对刺激劳动力十分重要。如果工作环境适宜,职工们感到舒适,就会有更佳的工作表现。因此,巴斯夫公司在工厂附近设立各种专用汽车设施,并设立弹性的工作时间。公司内有11家食堂和饭店,每年提供400万顿膳食。每个工作地点都保持清洁,并为体力劳动者设盥洗室。这些深得公司雇员的好感。

巴斯夫公司建立了一大批保证安全的标准设施,由专门的部门负责,例如:医务部、消防队、工厂高级警卫等。他们都明白预防胜于补救。因此,全部劳动力都要定时给与安全指导,

还提供必要的防护设施。公司经常提供各种安全设施，并日夜测量环境污染和噪声。各大楼中每一层都有一名经过专门安全训练的职工轮流值班，负责安全。意外事故发生率最低的那些车间，会得到安全奖。所有这些措施，使公司内意外事故发生率降到很低的水平，使职工有一种安全感。1984 年，巴斯夫公司在环境保护方面耗费了 7 亿马克的资金，相当于公司销售净额的 3.5%。

  5. 实行抱合作态度的领导方法

  巴斯夫公司领导认为，在处理人事关系中，激励劳动力的最主要原则之一是抱合作态度的领导方法。上级领导应象自己也被领导一样，积极投入工作，并在相互尊重的气氛中合作。巴斯夫公司给领导者规定的任务是商定工作指标、委派工作、收集情报、检查工作、解决矛盾、评定下属职工和提高他们的工作水平。

  在巴斯夫公司，如果上级领导人委派了工作，就亲自检查，职工本身也自行检查中期工作和最终工作结果。在解决矛盾和纠纷时，只有当各单位自行解决矛盾的尝试失败后，才由更上一级的领导人解决。

  巴斯夫公司要求每一位领导人的主要任务就是根据所交付的工作任务、工作能力和表现评价下属职工，同时应让职员都感觉到自己在为企业完成任务的过程中所起的作用。如果巴斯夫公司刺激劳动力的整个范畴简单的表达出来，那就是"多赞扬，少责备"。他们认为，一个人工作做得越多，犯错误的机会也就越多，如果不允许别人犯错误，甚至惩罚犯错误人，那么雇员就会尽量少做工作，避免犯错误。在这种情况下，最"优秀"的雇员当然是什么事情也不做的人了。

  巴斯夫公司的多年经验表明，抱合作态度的领导方法，由于能使雇员更积极地投入工作和参与决策，因此，这是一个为达到更高生产率而刺激劳动力的优越途径。该公司由于贯彻了上述五项基本原则，近 10 年来销售额增长了 5 倍。目前，巴斯夫公司生产的产品品种达 6000 种之多，每年还有数以万计的新产品投入市场出售。

  讨论题：

  1. 试分析巴斯夫公司的五项激励原则起到的作用（请结合有关激励理论）。

  2. 巴斯夫公司的"抱合作态度的领导方法"，给公司带来了很高的效益。你认为在中国企业中能有效的实行吗？请阐述。

  资料来源：本案例转引自 http://www.beidabiz.com

# 第十章 领　导

**学习目标**

★ 学完本章后，你应该能够：
★ 定义领导并阐明领导与管理的异同；
★ 阐明权力实质与类型；
★ 阐明领导特性论的核心思想；
★ 讨论并评价领导风格论的方法；
★ 列举并阐释影响领导的主要权变因素；
★ 讨论领导理论的新进展。

---

**开篇实例**　　　　　毛泽东的5大人格魅力

　　毛泽东作为中国共产党第一代领导集体的核心，胜利地领导了一场结束中国数千年的剥削制度而开辟社会主义、共产主义久远未来的革命。他的非凡伟绩、光辉思想，无论在他的生前还是故后，总是超越时代、泽被后世，深深地影响和教育着一代又一代的人们。毛泽东之所以有如此非凡成就，与其人格魅力分不开。

　　喜欢挑战的一生。毛泽东一生挑战自然，挑战对手，挑战社会，挑战世界。越是面临挑战，就越是冷静。"与天奋斗，其乐无穷；与地奋斗，其乐无穷；与人奋斗，其乐无穷。"这段脍炙人口的名句，就是他人生的写照。

　　不循常规的性格。"有虎气也有猴气"，这是毛泽东对自己性格的评价。前者表现为权威、霸气、豪放、严厉、庄重，后者表现为即兴随意，浪漫洒脱，不拘成规，灵活多变。正因为他的这种性格，在重大关头才有了惊世骇俗之举，如四渡赤水、转战陕北、挺进大别山……

　　重情重义的品行。毛泽东那块在重庆谈判时郭沫若送的一直戴到去世的手表，那首祭奠爱妻的《蝶恋花》词，那封致恩师徐特立的信，以及他那赶赴陈毅追悼会的匆匆身影，听到百姓受灾时流下的热泪，与斯诺和胡志明等国际友人真诚的交往……都记载着一位伟大而普通的领袖的喜怒哀乐、情深义长。

　　文采纵横的才气。"我有读不完的书，每天不读书就无法生活。"毛泽东一生与书卷为伴——《资治通鉴》读了17遍，《红楼梦》读了5遍，通读了4000万字的《二十四史》……他的诗书见解独到，他的字迹纵逸豪放，他的语言生动形象，他的讲话妙趣横生……身为全军统帅，他一生不曾发过一枪，但最终用笔杆子加枪杆子打败了对手。

　　旷达生死的精神。对于生老病死，毛泽东以一个唯物主义者的姿态旷达地对待它，"人总是要死的，毛泽东是人，所以毛泽东是会死的"。"我在世吃鱼比较多，我死后把我火化，骨灰撒到长江里喂鱼。你就对鱼说：鱼儿呀，毛泽东给你们赔不是来了，他生前吃了你们，现在你们吃他吧，你们吃肥了好去为人民服务。这叫物质不灭定律"。

资料来源：新华，西安晚报. 2003年12月25日。

---

　　当人们的谈论领导理论时总是兴奋不已，他们想知道是什么造就了一个杰出的领袖，不同行业各个层次的经理人对这个话题都感兴趣。他们相信，对这个问题回答将有助于改进组

织绩效和获得个人事业的成功。他们希望获得这样的技能，以便从普通的管理者成长为真正的领导者。毛泽东无疑是一个杰出的领导者。正是组织中领导者的领导使得各种事情得以发生和发展。

计划、组织、领导、控制是管理的四大基本职能，因此，领导也是管理研究的重要领域，为了有效地管理，必须有效地领导。本章将从领导的概念入手，分析领导者影响力的实质、来源和运用；介绍三个有代表性的领导理论，即领导特性理论，领导风格理论和领导权变理论；最后对领导类型的演变作简单介绍。

## 第一节　领导与权力

### 一、领导的含义

虽然有不少种关于领导的解释，但由于不同的人注重于领导的不同侧面，故对领导的概念存在不同的解释，到目前为止，仍没有一个明确、统一的定义。

关于领导的含义，有三种主要类型的解释：第一种，将领导理解为一种行为，认为领导是影响人们自动为实现群体目标而努力的一种行为；第二种，将领导理解为一种能力，认为领导是影响他人追求一定目标的能力；第三种，将领导理解为一个动态的过程，认为领导是对制定和完成组织目标的各种活动施加影响的过程，并认为这个过程是领导者个人品质、被领导者个人品质和某种特定环境函数。

我们认为，所谓领导，就是激励、引导和影响个人或组织，在一定的条件下，实现组织目标的行动过程。这一定义包含以下的含义。

（1）领导一定要与所领导的群体或组织中的其他人发生联系，这些人包括其直接的下属，也可能还包括组织中的其他成员。他们可能心甘情愿地服从或被迫无奈地屈服于该导者的权力，使自己处于被领导者的地位。

（2）权力在领导其他成员中的分配是不平等的。领导者拥有相对强大的权力，使他得以影响组织中其他成员的行为，而其他成员却没有这样的权力，或者拥有的权力并不足改变其被领导地位。

（3）领导者能对组织成员产生各种影响。领导者具有指导下属活动的法定权力，不仅能够指导下属"做什么"，而且能够影响下属"如何做"。领导者能够通过影响被领导者，使其表现出某种符合组织期望的行为。领导的本质就是组织成员的追随与服从，才使领导人员在组织中的地位得以确立，并使领导过程成为可能，而下属和组织的其他成员追随与服从某些领导人指导的原因，就在于这些被他们所信任的领导人能够满足他们的愿望和需求，巧妙地将组织成员的个人愿望和需求的满足与组织目标的实现结合起来。这些不仅在很大程度上表明领导工作不可避免地要与沟通、激励发生关系，也揭示了领导工作本身所包含的艺术性。

（4）领导的目的是影响被领导者为实现组织目标作出努力，而不是更多地体现出个人的权威。组织需要建立领导权威，但独裁的领导方式通常不是最有效的领导方式。有效的领导者应该赋予被领导者在执行组织任务的过程中，能发挥主动性和创造性。领导是一个有目的的活动过程。这一活动过程的成效取决于领导者、被领导者和环境三种因素，即领导 = $f$(领导者、被领导者、环境)。领导者是领导活动的主体,领导者必须有下属的追随和服从。没有部下,领导者谈不上领导。成功和有效的领导活动还取决于有利的环境因素。领导者必须依据组织内外的环境因素,因地、因时、因人制宜地开展领导活动。

我们在探讨领导含义的过程中,需要正确认识到领导和领导者是不同的两个概念。领导者是担任某项职务、扮演组织中的一种角色的个人,而领导则是领导者一系列领导行为的统一,是在一种特定环境下领导者与被领导者之间的关系的体现。一个组织可以指定或选出一个领导者,但却不能指定或选出某种领导行为。在企业或组织中,每个人都扮演着一定的角色,而领导者的角色要求其具备许多不同于其他角色的素质,具备了这种素质并采取了角色要求的各种行为,便构成了领导的过程。

同时也需正确认识到领导和管理是不同的两个概念。从本质上说,管理更多的是建立在系统规范的、强制性权力基础上实现组织目标的行为。而领导则不同,领导尽管需要组织系统规范的、强制性权力基础,但是,领导更多是建立在个人影响力的基础之上。因此,一个人可能既是领导者,又是管理者。但是,有时一个人是领导者却并不一定是管理者。非正式组织最具影响力的人就是典型的例子。组织没有赋予他们职位和权力,他们不承担管理工作,但是他们却能引导和影响非正式组织的成员。同样,一个人可能是管理者,却并不一定是领导者。领导的关键在于有被领导者的追随和服从。有些具有职权的管理者可能没有几个部下服从他。因此,他只是管理者而不是领导者。在理想状况下,所有的管理者都应是领导者。显然,组织要创造好的工作绩效,应尽可能选择好领导者,本章的领导者指的是那些能够影响他人并拥有管理权力的人。

**相关链接**　　　　　领导者经常犯的 10 种错误

金无足赤,人无完人,领导者也不例外。

即使是再高明的领导者,也免不了犯错,从而影响管理效果和经营业绩。以下列出一些领导者常犯的错误。

1. 把面子、地位看得比结果还重要。长期位居领导者的"高位",往往会自然而然地产生一些优越感。当领导者带着这种优越感处理事情时,常常会过多的关注自己的面子和地位,甚至于超过事情本身可能产生的后果。避免这种错误的最好办法就是让团队中的所有成员完全明确你的业务目标和任务,如此一来,你就很难再为了面子、地位和权威而用主观和表面上的理由来敷衍自己和别人。

2. 有意无意地拉帮结派。许多团队的领导者更信任也更习惯起用自己所熟悉和喜欢的人,或是以前的部下或同事,而与结识不久或前任领导者的员工之间总有一堵无形的墙,长此以往,便在组织中形成了不同的群体。也许这种结果并非你刻意造成,也不是你愿意看到的,但结果却在不经意中形成了。两条建议可帮助你阻止组织中帮派的形成:用统一的标准来对待所有团队成员;用更多的时间和精力加强与那些"另类"的员工,促进组织融合,这一点极为重要,因为大多数的"另类"员工也会以一种"另类"的眼光看你对待他们的态度和行为,只有你付出额外的努力,他们才会明显地感受到。

3. 为了情面,甚至放弃原则和责任。作为领导者,由于你和下属有着良好的个人关系,以至于在分配任务或追究责任时,有时候你会发现碍于情面,难于启齿,甚至会放弃一些基本的原则，或是让他们逃脱责任。要解决这个问题，你应该和下属保持合理的距离，并将工作和私人关系明确分开；另外，你应该发展另外的关系网络，使自己不必太依赖于建立在工作关系上的友情，这样做无论是对公司还是对个人都是有利的。

4. 将权力看得比什么都重要。有些领导者喜欢将权力紧紧攥在手中，生怕有一点闪失，以至于大事小事都亲历亲为，不敢授权给下属和员工。这要一来，领导者本人劳累过度不说，更重要的是眉毛胡子一把抓，却将最重要的工作给耽误了；而且，下属还不会买你的账，对你还会产生许多怨愤。要进行有效、适度的授权，最重要的是要有权力下放的意识，另外还需要一些技巧。

5. 永无休止地等待信息以做决策。有些领导者，特别是一些注重逻辑和分析的领导者，他们在进行决策时，常常会不停地问："还有没有进一步的信息？""能不能再做一些调查"，迟迟不能做出最后决定。正是在这一次又一次地问询中，许多宝贵的决策机会就这样丧失了。其实，许多管理决策永远也没有最佳答案。要避免犯这样的错误，建议你为每一次决策设定一个最后的时间期限，并且让所有人都知道这一期限，以迫使自己在最后期限到来之间做出决策。

6. 过于强调一致。在一些领导者期望获得完全的一致，而对团队内的争论并不欢迎。然而，员工间善意的争论对产生建设性的意见不仅是必要的，而且是非常重要的。有些公司，如英特尔甚至鼓励这种"建设性的争论"。员工善意的争论正说明了他们对公司及团队的关注，如果你不想打击他们的积极性，就应该对他们的争议采取更为开放的态度，允许他们进行争论。当他们因意见相左而变得情绪激动时，你最好的处理方式就是坐在一旁做一个好听众，而不是总给他们泼冷水。

7. 不愿提供看起来卑微的服务。总有一些领导者认为为下属及员工提供服务，特别是需要动手的劳动，有损领导的威严。事实上，为别人提供服务是领导者的重要工作，优秀的领导者在适当的场合都愿意做平常可能由普通员工去做的工作，他们从不认为在会议间隙为员工端茶递水是一件羞耻的事。大凡最伟大的领导人，都是大家的仆人，这可是所有人都必须承认的事实。

8. 为了权威而尽力掩饰自己的弱点。领导者通常认为，如果自己的下属了解自己的弱点或劣势，就会轻易地向自己发出挑战，从而使自己丧失权威。但事实恰好相反，调查表明，员工并不像领导者想像的那样总是盯住上司的缺点，他们深知每一个人都会有不足，即使是领导者也不例外；而且调查还发现，绝大多数公司成功的领导人之所以受人拥戴，原因就是人们曾看到他最脆弱的时刻。因此，你完全没有必要刻意隐藏自己的弱点，而应该向员工展露完整的你，让他们得以全面认识和了解你，这丝毫不会影响你的权威，反而会增强他们对你的信任。

9. 害怕下属取而代之。有些平庸的领导者总是担心自己的下属取代他的位置，因此他们根本不愿培养下属，也不愿与下属分享知识和关键信息，更不会将重要工作交给他们认为最有可能取代他的有能力的下属。殊不知，领导者越是担心，越是这样做，那么这种担心就会越快变为现实。能干的领导者懂得培养接班人，他们从不惧怕下属超过自己。当然，他们自己也从不会放松学习，争取更快的进步。他们深知，只有培养出合格的能取代自己的下属，自己才可能获得进一步发展和晋升的机会。

10. 不愿意分享。领导者所取得的大多数工作成果都是依靠他人和团队的共同努力获得的，但有些领导者却极为自私地将集体的荣誉和奖励据为己有。当然，这样做必然会遭到下属的不满。真正优秀的领导者从不这样做，相反，他会和所有团队成员分享所取得的任何成功、荣誉和利益。

资料来源：戴一鸣. 中国管理传播网，2006 年 7 月 27 日。

## 二、权力的实质

权力本身是一个中性概念，它既可以被用来达到不良的目的，也可以帮助管理者实现组织的目标。权力是组织生活的现实，永不会消失。所谓权力，指的是一个人($A$)用以影响另一个人($B$)的能力。这个定义中实际上假定，尽管 $B$ 对自己的行为有一定的自主权，但出于对 $A$ 在某些方面资源的依赖，使得 $A$ 能借此影响 $B$ 去做他在别的情况下不会去做的事。

可见，依赖关系是一个人可以对另一个人行使权力的基础。$B$ 对 $A$ 的依赖性越强，则在他们的相互关系中 $A$ 所拥有的权力就越大。当你拥有他人需要的某种东西，而你是惟一的控制者时，你就使他们依赖于你，你便因此而获得了对他们的权力。依赖性的大小与资源的可替代性大小成反比的。如果某种资源充足，拥有这种资源不会增加你的权力。如果每个人都极富智慧，那么智慧就没有什么特殊价值了。正如西方谚语所讲："在失明者的国度里独眼者就是国王"。如果你能通过控制信息、尊严或其他别人渴望的东西，并形成垄断，那么，对此有所需求的人将依赖于你。反过来说，你手中撑握的资源越多，别人手中的权力就越小，这可以说明为什么大多数组织要开发出多个供应商而不只与一家厂商保持业务关系。此外还可说明为什么许多人都渴望在金钱上保持独立，因为金钱上的独立能减少他人支配我们的权力。所以，如果说"影响"是权力的表现和权力使用的结果，那么从权力的来源来看，权力就是对资源拥有者的一种依赖性。依赖和权力关系的建立，是与 $A$ 相对于 $B$ 而言，$A$ 所拥有的资源的重要性、稀缺性且不可替代性相关联的。

第一，如果没人对你掌握的资源感兴趣，那就谈不上什么依赖。因此，要想产生依赖，必须使他们感到你撑握的资源是重要的。据有关研究显示，组织总是力图避免不确定性的发生。因此，那些能够减少组织不确定性的个人或群体将被认为控制了组织的重要资源。像 *Intel* 这样的公司，是高技术导向的，为保持其产品的质量和技术方面的领先优势，他们不得不依赖于他们的工程师。因此，在 *Intel* 公司，工程师们是一个很有权力的群体。而对于 *P&G* 公司来说，市场就是一切，因此市场人员是最有权力的职业群体。这些例子不仅说明减少不确定性的能力确实提高一个群体的重要性进而提高其权力。而且也说明了重要性是依情境的不同而变化的，不同组织情况不一样。毫无疑问，随着时间的推移，同一组织的情境也会因时而变。

第二，这种被看中的资源是否稀缺，也是形成权力的另一个条件。假如某种资源非常充足，则拥有这种资源实际上并不会增加这个人的权力。对富豪来说，金钱就不是一种能影响他的行为的权力基础。因此，稀缺的资源才能使他人依赖于你。这足以说明为什么组织中拥有重要知识的低级别员工能在高级别员工面前获得权威，因为高级别员工缺乏这种重要的知识，使得高级别员工不得不依赖这些拥有稀缺资源的低级别的员工。

第三，资源的不可替代性也是权力关系形成的一个重要条件，一种资源越是没有替代物,则该资源的控制者所拥有的权力就越大。如果某员工发现本组织内的工作设计使得所有员工都在分工明细基础上从事着特定技能的工作,而在他所工作的岗位上,除了他可以做好目前的工作外,还有其他员工也能做到。也就是说,该工作要求具备的技能在很多员工身上都可以找到,而且这些员工的技能都非常完备,这种情况下,他就丧失了索要高报酬的能力,而他的主管人员就会发现,有时以解雇作为威胁手段方式影响这位下属的行为就成为可能。

资源的重要性、稀缺性和不可替代性,三者共同决定了权力与依赖关系的性质和强度。权力最重要的方面在于它是依赖的函数。如果你掌握的资源是重要的、稀缺的且不可替代的,那么人们对你的依赖将会增加,你拥有的权力相应亦会增大。

### 三、权力的类型

现实生活中,一个人掌握的资源往往不只一种,因而权力的来源也就可能相当广泛。根据权力来源的基础和使用方式的不同,可以将权力划分为如下几种类型。

1. 惩罚权

惩罚权是建立在惧怕基础上的,一个人如果不服从的话就可能产生消极的后果,出于对这种后果的惧怕,这个人就对强制性权力做出了反应。这种权力取决于使用或威胁使用生理的处罚,如肉体的痛苦,精神上的打击,对基本的生理及安全需要的控制。

当一个持枪歹徒闯入一家银行,用枪顶着出纳员的脑袋,要他交出所有的钱,出纳被迫就范。歹徒的权力基础就是强制,荷枪实弹使他获得了这种强制性权力,因为人们都惧怕失去某些他们十分珍惜的东西——生命。

从组织的角度来看,当下属意识到违背上级的指示或意愿会导致某种惩罚,如降薪、扣发奖金、分配不称心的工作、降低待遇、免职等,领导者对其下属就拥有了强制性权力,下属就会被动地遵循其领导。但是研究表明,领导者对下属采用的强制权力越大,强制性措施越严厉,下属人员对他的不满和敌意会越强烈。当然,并非一定要成为管理者才拥有强制权。

2. 奖励权

奖励权是指提供奖金、加薪、表扬、升职或其他任何令人愉悦的东西的权力。一个人假如能给他们以特殊的利益或奖赏,我们就可想而知能与他关系密切是大有益处的。你的主管无疑拥有这样的权力,企业中的人事处长对一般员工,大学中拥有排课权的教务秘书对教师,课程讲授老师对学生,市场上供不应求的原材料生产厂家对购买企业,都具有奖赏性权力。作为领导者在运用奖励权时必须注意五个方面:一是奖励的标准,奖励必须确定明确、合理的标准。既要有刺激和推动作用,又不能高不可攀。标准和效果密切相关,不可忽视。二是奖励的形式。奖励的主要形式是精神奖励和物质奖励,应注意相互结合、合理运用。三是奖励的对象。奖励对象不能由领导者个人确定。四是奖励的宣布。公开宣布的奖励会产生良好的群众心理效应。五是奖励后的工作。领导者在奖励宣布后,还要善于利用先进典型的经验和事迹教育全体人员,同时也要继续培养和保护先进。

与强制性权力一样,你不一定非要成为管理者才能通过奖赏性权力来施加影响,诸如友好、接受和赞扬之类的奖赏,组织中的任何一个人都可以使用。由于人们在组织中追求这些东西,如果你具有给予或取消这类奖赏的能力,你就拥有了权力,其大小取决于人们追求这些东西的程度。

3. 法定权

法定权又叫职位权,是由组织正式授予领导者在组织中的职位所引起的,指挥他人并促使他们服从的权力。法定权是领导者职权大小的标志,是其他各种权力运用的基础。法定权具有四个突出的特点:一是具有层次性特点。职权的大小是由职位的高低而确定的,职位高的权力大,职位低的权力小。二是具有固定性特点。法定权是由法律或有关政策规章相对固定下来的,有职就有权,失职就失权。三是自主性特点。当领导者的某一法定权被确定下来后,领导者也就相应地取得了在职权范围内相对独立用权的条件。四是单向性的特点。法定权具有极强的线性约束力,只能支配职权范围内的下属。依据法定权的特点,领导者在运用法定权时应注意两点:一要独立负责。利用法定权独立地负责工作就是要求领导者在一定的理论指导下,有系统、有步骤、有方法地实施领导者行为,在自己的职权范围内运用法定权。二要正确指挥。领导者能否正确指挥下属,是检查领导者法定权力运用好坏的一个重要标志。

4. 专长权

专长权来源于专长、技能和知识。由于世界的发展日益取决于技术的发展,专门的知识技能也由此成为权力的主要来源之一。随着工作越分越细和专业化的增强,我们目标的实现就越依赖于专家。正因为我们知道医生具有特殊的技能,医生才具有了专家性权力,我们大多数人都听从于医嘱。你也应该认识到计算机专家、财务专家、心理学专家以及其他各种专家都会因为他们的技能而获得一定的专家性权力。

5. 感情统摄权

感情统摄权是一种由于领导者的表率作用,赢得被领导者发自内心的信任、支持和尊重的一种权力。这是与个人品质、魅力、经历、背景等相关的权力。一个具有独特的个人特质和超凡魅力的人,会使你认同他、景仰他、崇拜他,以至达到你要模仿他的行为和态度的地步,这就是他对你拥有参照性权力。参照性权力可以解释为何人们愿斥巨资请名人做产品广告。领导者运用参照性权力要把握好三个环节:第一是工作要兢兢业业,勤奋工作,勇于创新,要求下属做到的自己要首先做到。第二是作风上要深入群众,联系群众,坚持实事求是。第三是生活上不以权谋私,不搞特殊化。

我们不妨将以上五种权力归纳为两大类。

第一类是制度权,即与职位相关的权力。这种权力是由上级和组织赋予的,并由法律制度明文规定,故称为制度权。制度权不依任何任职者的不同而变动。有职位者就有制度权,无职位者就无制度权。制度权的基本内容,包括对组织活动的合法的决定和指控权,以及对组织成员的奖赏和强制权。组织成员往往由于压力而不得不服从于这种权力。

第二类是与领导者个人有关的权力。这种权力不是由领导者在组织中的职位产生的,而是领导者由于自身的某些特殊条件才具有的。例如,领导者具有高尚的品德、丰富的经验、卓越的专业能力,良好的人际关系,特殊的个人经历和背景,以及善于创造一个激励人的工作环境,以满足组织成员的需要等等。这种来自于个人的权力,通常是在组织成员自愿接受的情况下产生的影响力,因而易于赢得组织成员发自内心的长时期的敬重和服从。

显然,有效的领导者不仅要依靠制度权,还必须具有个人内在的影响力,这样才会使被领导者心悦诚服,才能更好地进行领导。

四、权力的运用

有一项调查,它要求165名经理人员每人写一篇文章,描述一件事情,说明在这件事情中他(她)们是如何影响他们的上司、同事和下属的。从他们的答卷中收集到了370种方法,这些方法被分成14大类,这些答案经概括整理,制成了包含58项问题的调查问卷,并用以向750名员工进行调查。被调查者不仅要回答在工作中他们是如何影响他人,而且还要求回答影响他人的可能原因,调查结果(见表10-1)使我们对管理者如何运用权力策略增大其影响力有较深入的认识。

1. 权力运用的策略

调查结果可分为七种运用权力策略。

第一种,合理化——指用事实或数据使要表达的想法符合逻辑或显得合理。

第二种,友情——提出请求之前,先进行吹捧,表现得友好而谦恭。

第三种,结盟——指争取组织中他人的拥护,以使他人支持自己的要求。

第四种,谈判——通过谈判使双方均受益。

第五种,硬性的指示——直接使用强制的方式,如要求服从、重复提醒、命令,并指出制度要求服从。

第六种,高层权威——从上级那儿获得支持来强化要求。

第七种,规范的约束力——运用组织制定的奖惩规定,如工资增长与否,是否能获得良好的绩效评估或停止晋升等。

研究者发现人们并不是均等地运用这七种策略,最常用的策略是合理化(不管这种影响是自下而上还是自上而下)。

2. 影响管理者运用权力策略的因素

研究者发现影响管理者运用权力策略的四个权变因素。

一是管理者的相对权力。那些被视为掌握了有价值的资源的管理者和被认为占据支配地位的管理者,运用权力策略多于那些权力相对较小的管理者,有权力的管理者比权力较小的管理者频繁地使用硬性指示。我们可以推断,大多数管理者都试图采用简单的要求和合理化。硬性的指示是备用的策略,当影响对象拒绝或看起来不太愿意服从时才用这种策略。对权力的抗拒导致管理者使用更直接的策略,典型的例子是由提出简单的要求转为坚持必须满足要求,但权力较小的管理者如遇到抵制,更容易停止行动,因为他感到要进行强硬的指示对他来说代价太大。

表10-1 按使用频率高低排序的运用权力策略

| | 管理者影响上级 | 管理者影响下级 |
|---|---|---|
| 高使用率<br>↑<br>低使用率 | 合理化<br>结盟<br>友情<br>谈判<br>硬性指示<br>高层权威 | 合理化<br>硬性指示<br>友情<br>结盟<br>谈判<br>高层权威<br>规范的约束力 |

(说明:对上级的影响中删去了规范的约束力)

二是管理者试图影响他人目的。当管理者想从上级那里获取些好处时,他们更多地依赖甜言蜜语并促进与上司的友好关系,也就是说,他们使用友情。当他们想说服上级接受新建议时，往往使用合理化的策略。这种运用权力策略与目标的匹配同样也适用于处理对下属的影响。比如管理者运用合理化的方法给下级灌输自己的思想并运用情感的手段来赢得下属的好感。

三是管理者对被影响者服从于他的程度期望。管理者对成功的期望也影响他对运用权力策略的选择，过去的经验表明，成功率很高时，他往往运用简单的要求来获得服从；当成功不太容易预测时，管理者更愿运用硬性指示和法规的力量来达到他们的目的。

四是组织文化。我们知道，组织文化各有特色，差异很大。例如，在一些组织中，人们关系很和谐、轻松、相互支持；另一些组织则很正规、很保守。因此，组织文化对管理者权力策略的选择有极大影响。某些组织文化鼓励管理者使用友情策略；而有一些则鼓励合理化；还有一些组织依赖规范的约束力和硬性的指示。所以，组织本身会影响管理者所使用权力策略的可接受程度。

## 第二节 领导特性理论

领导理论根据其研究的角度和内容可分为三类，即领导特性理论、领导风格理论和领导权变理论。

领导特性理论是指研究领导者的个人特性对领导成败的影响。西方研究领导者素质的成果被叫做"领导特性理论"，它集中回答了这样的问题：领导者应具备哪些素质？怎样正确地挑选领导者？这种理论首先是由心理学家开始研究的，它们的出发点是：根据领导效果的好坏，找出好的领导人与差的领导人在个人品质上或特性方面有哪些差异，由此确定优秀的领导人应具备哪些特性，这种理论的假设前提是，领导者的个人特性是决定领导效能的关键。研究者认为，只要找出成功领导人应具备的特点，再考虑某个组织中的领导者是否具备这些特点，就能断定他是不是一个优秀的领导人。这种归纳分析法成了研究领导特性的基本方法。按对领导特性来源所作出的不同解释，可分为传统特性理论和现代特性理论。

### 一、传统特性理论

传统特性理论认为，领导者所具有的特性是天生的，是由遗传决定的，不具备天生领导特性的人，就不能当领导。古希腊时代的哲学家亚里士多德就认为，人从出生之日起就已注定了他们是治人还是治于人。

采用心理测试方法评价领导者特性，是从第一次世界大战开始时进行的。当时美国心理学会鼓励心理学家从事美国军人的选拔工作，当时所采用的工具是阿发（$Alpha$）智力测验。

第一次世界大战结束后，心理学家尝试将相同的技术与方法应用于工业系统，这就导致了人事测验运动，并借助评价领导者特性来选拔领导者。

除了通过测验来发现领导者的品质特征外，品质理论的支持者们在现实生活中，也找到了一些证据。例如，一般领导者的社交性、坚持性、创造性、协调性、处理问题能力等方面都超过了普通人。此外，处于领导地位的领导者，其个性特征也有别于普通人。

美国心理学家吉伯在1969年的研究报告中指出，天才的领导者应具备善言辞；外表英俊潇洒；智力过人；具有自信心；心理健康；有支配他人倾向；外向而敏感等七项天生的特性。

1974年斯托格迪尔在《领导手册》一书中,进一步提出了领导特性应包括:才智;强烈的责任心和完成任务的内驱力;坚持追求目标的性格;大胆主动的独创精神;自信心;合作性;乐意承担决策和行动的后果;能忍受挫折;社交能力和影响别人行为的能力;处理事务的能力等十个方面。

传统特性理论,从调查研究和心理测验两方面,概括地描述了领导者的许多特性,让我们看到有效领导者与某些特性相关,因而这无疑是一个重要进步。

但是,持这种理论观点的人,完全把领导者的素质说成是与生俱来的,带有唯心主义色彩,现在已很少有人赞同这样的观点。

事实上社会中许多具有天才领导特性的人,因为环境因素而没有当上领导者;而一些不具备天才领导特性的人,在环境与教育实践中却逐渐锻炼成了一名有效的领导者。

二、现代特性理论

现代特性理论研究者密切联系管理实践,改进研究方法,从动态的角度深入研究领导者的品质特性,他们认为领导者的特性和品质是在实践中形成的,是可以通过教育训练培养的。

美国管理学家埃德温·吉赛利在20世纪70年代提出了影响领导效率的八种品质(个性)特征和五种激励特征。八种品质特征是:才智能力大小;独创性(创造与开拓);果断性,决断能力强弱;自信心强弱;指挥能力大小;成熟程度高低;是否受下级爱戴和亲近;男性或女性。五种激励方面的特征是:对职业成就的需要;自我实现的需要;对权力的需要;对金钱报酬的需要;对安全(工作稳定性)的需要。吉赛利认为,影响领导效率最重要的因素有指挥力、职业成就与自我实现的需要、才能、自信心,决断能力等;其次是对工作稳定性和金钱报酬的需要,同下级亲近、创造和开拓、成熟程度等;至于性别则关系不大。

日本企业要求企业管理人员应具备十项品德和十项能力。十项品德是:使命感,责任心,依赖性,积极性,忠诚老实,进取心,忍耐性,公平,热情,勇气。十项能力是:思维决策能力,规划能力,判断能力,创造能力,洞察能力,劝说能力,对人理解能力,解决问题能力,培养下级能力,调动积极性能力。

还有其他一些类似的研究。按照领导特性理论的观点,领导者之所以成为领导者,是由于他们具有与众不同的优秀品质和特殊能力,研究领导问题主要是研究领导者应具有哪些优秀品质和能力,并据此来培养、选拔和考核领导者。

然而特性理论并未取得多大的成功,我们认为至少有五方面原因:第一,领导特性包罗万象,说法不一,人们并未找到一些特质因素总能对领导者与下属以及有效领导者与无效领导者进行区分;第二,它忽略了下属的需要;第三,它没有指明各种特性之间关系的重要性;第四,它没有对因与果进行区分(到底是领导者的自信导致了成功,还是领导者的成功建立了自信);第五,它忽视了情境因素。单纯的特性对解释领导来说并不充分,具备恰当的特性,只能使个体更有可能成为有效的领导者,但它还需要采取有效的活动。而且,在一种情境下正确的活动在另一种情境下却未必正确,特性理论在这些方面的欠缺使得研究者的注意力转向其他方向。

当然,这并非说这些理论毫无用处。一些研究表明,某些个人品质与领导者有效性之间确实存在相互联系。例如,一些研究发现领导者确实具有高度的才智,广泛的社会兴趣,取得成功的强烈愿意;以及对职工极端关心和尊重。另一些研究发现个人才智、管理能力、首创性、自信以及个性等,与领导的有效性有重要的关系。另外,这个理论系统地分析了领导者应具有的能力、品质和为人处事的方式,向领导者提出了要求和希望,这对我们培养、选择和考核领导者是有帮助的。

**相关链接**　　　　　领导:别再沉溺于管理了!

通用电器前总裁杰克·韦尔奇在任职期间,曾大声呼吁:"别再沉溺于管理了,赶紧领导吧。"如果说10年前我们还不明白韦尔奇话的含义,那么今天我们重温这句警世之言,多少应该能感到其中的分量和教益。在国内外市场已经竞争到白热化、众多中国企业已经进入成熟期并准备向海外市场发展之时,迅速地、全面地提升企业高层领导的综合领导素质和能力,变得尤为重要。那么,一个卓越的领导者与一个管理者在领导品质上有哪些重大区别呢?美国《领导力》的作者库泽斯和波斯纳在过去的20年中分三个不同阶段对7500人调查后发现,尽管经历不同、行业不同、专业不同,卓越的领导人身上有着四项突出的共有素质:真诚待人、远见卓识、胜任其职、鼓舞人心。

选择真诚作为领导者品质的人在每次调查中都占据了第一位。真诚是领导者区别于管理者的一个最为重要的特征。一个微观管理者可能为了完成任务而采用不同的方式,有时甚至可以不择手段,但对一个领导者来讲,真诚是一种美德,是一种原则,更是获得追随者的一种能力。领导者区别于经理人的第二个重要品质就是前瞻性。一个管理者的重要职责是组织、秩序、履行和落实;而一个优秀的领导者需要视野和眼光,一种对未来趋向的把握,一种辨别企业方向的特殊技能,一种看到事务本质的能力,一种可以在变化无穷的环境中作出战略选择的决策力。远见卓识并不是先知先觉,而是在公司面临危机之时镇定地、扎实地指明公司的发展方向,确定公司的未来战略目标。华为总裁任正非在过去的几年中,深深意识到中国企业国际化的重要性,提出了著名的"靴子"论,聘请各国专家到华为,为公司国际化战略出谋划策,在公司范围认真、踏实地研究海外经营的战略和跨国文化理念,成功运用"农村包围城市"的国际化发展战略。早在公元前4世纪,苏格拉底就讲过:"职业素养和专业能力是承担领导者职责的先决条件。"有能力的领导者可以吸引、影响大批的追随者。能力主要是指领导者过去的成功业绩,早年的经验和做事的能力。在现代管理中,领导者要有专业技能、人际沟通和事务分析三方面的综合能力,这种能力随着领导者的职位的不同不断发生变化,与一般管理者的能力表现出差异。在日趋复杂的组织中,领导者的人际交流能力、激发他人热情的能力、组织团队共同进步学习的能力,都是卓越的领导者所不能缺乏的。与冷静理性的管理者不同,卓越的领导者通常表现出火一般的热情和激情。他们往往充满活力,对未来充满梦想和信念。伟大的领导者在组织遇到困境时,能够看到希望,看到前途,充满信心地扭转乾坤。面临挑战,他们不会因为惧怕而踌躇不前。他们的热情和乐观上进的情绪,能够深深感染着周围的每一个人。

任何一家像样的企业的核心高层,大都需要各种不同类型的人才,即管理型人才和领导型人才。任何一位像样企业的高管,也大都会认为自己管理和领导才能兼而有之。但事实上,千军易得,一将难求,帅才更少之又少,这也是卓越企业如此凤毛麟角的原因所在。一位优秀管理者不等于是一位卓越的领导者。企业有其生命周期,在企业初创期,领导力是成功的关键;随着企业业务和盈利模式逐步成型,专业化的管理流程需要稳定的组织和管理能力,但企业和行业的未来是不确定的,当企业面对变动的环境时,特别需要的是拥有领导力的领导者。

资料来源:商务周刊.2005年7月11日.

## 第三节 领导风格理论

由于在特性理论的矿山中未能掘到金子,20世纪60年代以后,研究者们开始将注意力从领导者的内在素质转移到领导者的外在行为上。领导风格理论认为,领导是领导者推动和影响集体成员或下属,引导他们的行为按领导者预期的方向发展,为共同的目标而努力,因此,它必然涉及领导者与其下属成员之间的相互关系。行为科学对领导行为的研究主要考虑两种因素,即领导者对工作的关心和对人的关心。这就要求人们不要仅仅考察领导者的个人特性,而必须着重考察领导者的行为对其下属成员的影响,找出领导行为中的哪些因素在影响下属成员的行为和集体工作成效。也就是说领导的作用是通过领导者的特定行为表现出来的,并主张判断领导者好坏的标准应是其领导行为,而不是其内在素质。由于对工作和人的关心重视程度不同,就形成了各种不同的领导风格,下面主要介绍有代表性的领导风格理论。

### 一、四型领导方式论

以伦西斯·利克特(R. Likert)为首的美国密执安大学社会调查研究中心,从1947年开始通过对大量企业的调查访问和长期研究,根据领导者在运用自身权力过程中所表现出来的专制独裁程度的高低,以及民主参与程度的强弱,他们把领导方式归纳为四种类型。这些研究成果后来写进了《管理的新模式》(1961)和《人民组织》(1967)两部著作中。他们的研究成果通常又被称为"密执安研究"。

(一)专制——权威式

领导者非常专制,这种领导方式的特征是:权力集中于最上层,上级对下属没有信心,缺乏信任,下属根本不能参与决策,也没有任何发言权,下属对组织目标没有责任感,组织内部几乎不存在相互协作关系;上级经常以威胁、恐吓、惩罚以及偶尔的奖励来激发下属人员的工作意识,沟通采取自上而下的方式。

(二)开明——权威式

采用这种领导方式的领导者对下属有一定信任和信心,其特点是:领导者仍然是专制的但采取了家长式的恩赐领导方式;权力控制在最上层;但也授予中下层部分权力;领导人对下属有主仆之间的那种信赖关系,一般员工都不参与决策,但有时也能听取他们的某些意见,下属人员对组织目标几乎没有责任感,组织中极少有相互协作的关系;运用奖励和有形、无形的惩罚调动下属人员;有一定程度的自下而上的沟通。

(三)协商式

这种领导方式的领导对下属抱有相当大但并不是完全的信任,其特征是:沟通是上下双向的,但重要的问题的决定权仍掌握在上层手中,下属只能对某些特定问题参与决策;大部分组织成员,尤其是上层人员对组织目标具有责任感;主要运用奖励,偶尔也运用惩罚手段激励下属人员。

(四)群体参与式

在一切问题上,领导对下属人员都能完全信任,其特点是:上下之间对工作问题可以自由地交换意见,上级都尽力听取和采纳下属人员的意见,组织内形成了紧密的协作关系;以参与决策、经济报酬、自主地设定目标、自我评价等手段调动下属人员,因而组织的各类成员对组织目标都具有真正的责任感,实行集体参与、自我管理。

根据利克特的研究,由于员工参与管理的程度不同,以及在实践中相互支持程度的不同,生产率高的企业大都采取群体参与式的领导方式,生产率低的企业大都采取专制－权威式的领导方式。因此,利克特大力提倡专制－权威式、开明－权威式的领导方式要向协商式和群体参与式的领导方式转变。单纯依靠奖惩来调动员工的积极性的管理方式已过时,只有依靠民主管理,从心理因素来调动员工积极性,才能使其潜能得以充分发挥。因此领导都要诚心实意而不是虚情假意地让员工参与管理。要看到员工的智慧,相信他们愿意做好工作。独裁式管理永远也不能达到民主管理体制所能达到的生产率水平,民主管理体制能使员工对工作产生高度满足感。有效的领导者是注重于面向下属的,他们依靠信息沟通使所有部门和人员像一个整体那样行事,使群体的所有成员,包括主管人员在内,都形成一种相互支持的关系,正是在这种关系之中,他们才会感到在需求、愿望、目标和期望方面存在真正的共同利益。由于群体参与式采取了从内在激励员工的办法,所以,利克特认为它是领导一个群体的最为有效的方式。

## 二、领导行为的连续统一体理论

坦南鲍母(R. Tannenbaum)与施密特(W. H. Schmidt)在1985年3月至4月号的《哈佛商业评论》上发表了《怎样选择领导模式》一文,提出了"领导行为连续统一体"理论。他们指出领导行为是包含了各种领导方式的连续统一体,在独裁式的领导行为和民主式的领导行为两种极端的领导方式中间,还有多种领导方式。他们在其模型中列举了七种有代表性的领导风格,模型如图10-1所示。

图10-1的左端是独裁型的领导行为,右端是民主型的领导行为,这是两个极端。基于领导者权力来源的看法不同,独裁型的领导者认为权力来自于职位,人生来懒惰而没有潜力,因而一切决定均需由领导者亲自作出;而民主型的领导则认为,权力来自于群体的授予和承认,人受到激励时能自觉、自治、发挥创造力,因此决策可以公开讨论,集体决策。另外,独裁型领导比较重视工作,并运用权力,支配影响下级,下属的自由度较小;而民主型领导重视群体关系,给予下属以较大的自由度。如图10-1所示,领导行为连续统一体模型中从左至右,领导者运用职权逐渐减少,下属的自由度逐渐加大,从以工作为重逐渐变为以关系为重。图10-1的下方依据领导者把权力授予下属的的程度不同、决策的方式不同,形成一系列领导方式。可供选择的领导方式不是有民主与独裁两种,而是有多种。

坦南鲍母与施密特认为,说不上哪种领导方式是正确的,哪种方式是错误的。领导应当根据具体情况,考虑各种因素选择图10-1的某种领导行为。在这个意识上,领导行为连续统一体也是一种情境理论。

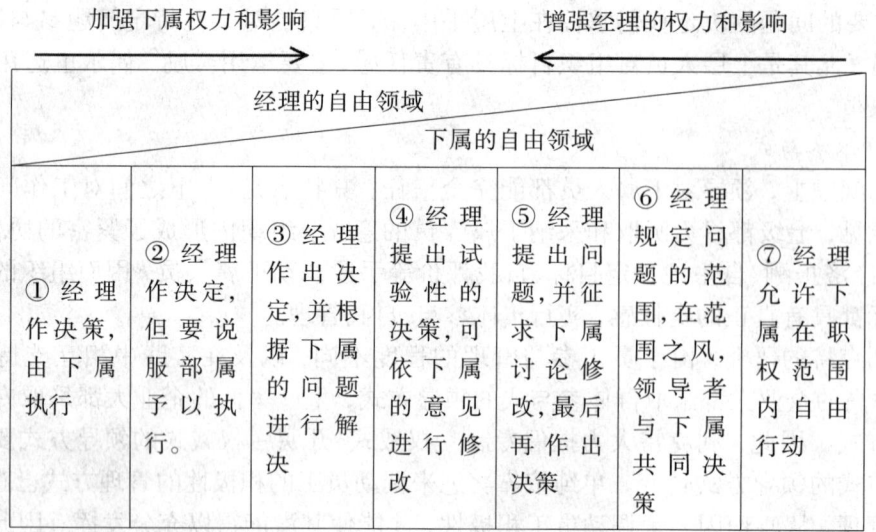

图10-1 领导行为连续统一模型

领导行为连续统一体理论从权力的来源和应用、部属参与决策的程度,为我们划分出多种领导行为,这对我们研究领导方式是有益的。但是在图中把独裁和以工作为重、将民主和以关系为重联系在一起,并且等同起来,将领导的职权与下属的自由度互相对立起来,而且仅从领导的决策过程、群众的参与程度来划分领导方式,这些都是不全面的。

### 三、领导行为四分图理论

这是美国俄亥俄州立大学工商企业研究所的斯托格第(Ralph M. Stogdill)和沙特尔(Carroll L. Shartle)两位教授通过对大型组织的领导行为进行一系列调查研究后,他们用高度概括的方法,对一千多种描述领导行为的因素进行筛选,最后归并为两类主要领导行为:主导型结构(Initiating Structure)和体谅型结构(Consideration)。

主导型结构,指由领导确立组织目标和抓好组织,严格要求下属,确保其努力达成目标。体谅型结构,指领导和下属的相互关系为相互信任,相互尊重,上级关心并考虑下属的意见和感情,通过参与管理来调动人的积极性。那些能造成一种互相信任的工作气氛、尊重下级意见、关心职工的领导者,在体谅这一因素上得分就高。斯托格第等认为,上述两种因素不是互斥的,可以而且应该把它们结合起来。两种因素的结合可以有多种情况。他们首创用两根轴线的图标法来表示领导行为,如图10-2所示。

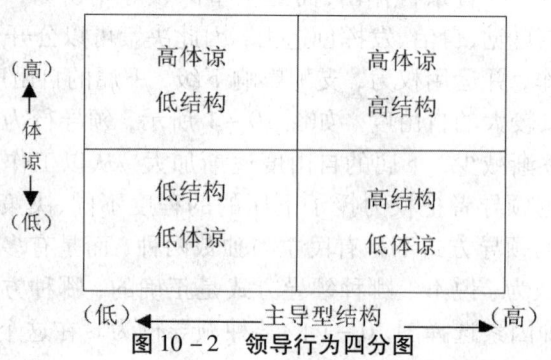

图10-2 领导行为四分图

领导行为四分图表示出主导结构与体谅这两个因素的多种结合情况。

他们认为,领导者必须在组织的要求和职工的个人需要、主导结构和体谅之间加以调节,以找出最恰当的领导方式。斯托格第等人的研究为"管理方格理论"的研究奠定了基础。

### 四、管理方格理论

在俄亥俄州立大学研究出的领导行为四分图的基础上,美国管理学家罗伯特·布莱克和穆顿于1964年提出的管理方格理论指出,以任务为中心和以人员为中心的领导风格反映了两种最基本类型的领导行为。在这两种行为极端的基本类型之间,还存在着多种中间形式。这两个方面并不是相互排斥,非此即彼的,它们可以按不同的程度结合在一起。关心任务和关心人员不过是同一事物的两个方面。即对人关心并不意味着必定忽视任务,同理,对任务的重视也不意味着必定缺少对人的关心,领导者可以根据现实需要和可能,对任务或人表现出不同程度的关心,基于这一思路,布莱克和穆顿设计出了两维坐标图,即管理方格图(见图10-3)。

在管理方格图中,横坐标表示领导者对生产的关心程度,纵坐标表示领导者对人的关心程度。纵横坐标上各有9个不同刻度,表示对人或生产(任务)的不同关心程度,这样,两者的组合就形成81种管理方格,分别代表81种不同的领导方式。其中有五种典型的组合状态,即1-1、1-9、9-1、9-9和5-5。反映出典型的5种领导方式。

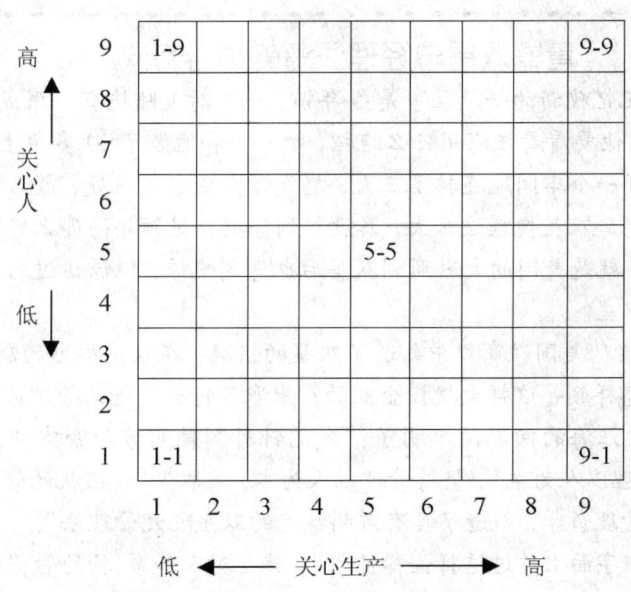

图10-3 管理方格图

1. (1-1)为贫乏型的管理,这种方式下的领导者对员工和生产均表现出极度的漠不关心,领导效果最差。

2. (1-9)为乡村俱乐部式的管理,领导者充分注意搞好人际关系,注意对职工的支持与体谅,形成和谐的组织气氛,但对任务、效率、规章制度、指挥监督很少关心。

3. (9-1)为任务式的管理,领导者的注意力集中于完成任务的效率,但不关心人的因素,对下属的士气和发展很少注意。

4.(9-9)为团队式管理,领导者对生产和人都极为关心,努力协调各项活动,生产任务完成得好,职工关系协调,士气旺盛,职工个人目标与企业目标相结合,形成一种团结协作的管理方式。

5.(5-5)为中间式管理,对人和生产都有适度的关心,保持完成任务和满足职工需要之间的平衡,追求正常的效率和令人满意的士气,倾向于维持现状。

管理方格理论,对于培养有效的管理者是有用的工具,它提供了一个衡量管理者所处领导形态的模式,使管理者较清楚地认识到自己的领导方式,并指出改进的方向。但上述五种典型的领导方式仅仅是理论上的概括,在实际工作,很难出现这样一些特殊的领导方式。

到底哪一种领导方式最佳呢?布莱克和穆顿组织了许多研讨会,参加者绝大部分人认为(9-9)型最佳,但也有不少人认为(9-1)型最佳,还有人认为(5-5)型最佳。布莱克和穆顿指出,哪种领导方式最佳要看实际工作情况,最有效的领导方式不是一成不变的,要依情况而定。

领导者倾向于采用何种领导方式,往往与他们对人性的认识有关,也要视具体的工作环境而定。领导者在紧急状态下可能是十分专断的。如在火灾现场,消防队长很难花很长的时间同消防队员商量灭火的最好方式。而同科研人员打交道的领导者则可能在研究和试验过程中给科研人员以更充分的自由。

### 相关链接　　　青岛双星总经理汪海的领导方式

青岛双星人至今仍记忆犹新的一段往事是:5年前,一个对大陆抱有很深成见的老台商气冲冲地来找双星总经理汪海,他要看看汪海用什么绝招,把一个和他做了20多年生意的美国大客户抢走了。他在双星一个车间一个车间地连转了三天,怒气慢慢变成了服气,最后,他抓住汪海的手,发自内心地说道:"真没想到双星规模这么大,真没想到你把双星领导得那么好!"

不光老台商没想到,就是美国的大鞋商到双星后也感到吃惊,但惊讶过后,则把他们在韩国、菲律宾的订货单拿到了双星。

纽约《世界鞋报》记者从美国鞋商口中知道了双星的情况,在双星举办的新闻发布会上,他问总经理汪海:"请问您是怎样领导这样大规模企业的?采取了什么先进的管理办法?"

对于美国人的疑问,汪海的回答简单明了:"我们针对制鞋业劳动密集型,手工操作的特点,提出'人是兴厂之本,管理以人为主',坚持管理以人为本,采取了'超微机的管理',并且形成了一整套自己的管理理论和管理哲学,创造了具有鲜明特色的双星九九管理法"。

对于管理,汪海曾在字面上作过这样诠释:"管",就是对人和事、物的管;"理",就是在管的基础上去建立新的章法、理顺各种关系。一句话,就是要人去管要人去理。

双星公司总经理曾专门研究了日本松下公司的管理,他发现松下公司取得成功,除了得力于组织机构、管理技巧、科学技术外,更重要的是得力于其经营理念,一种"繁荣、幸福、和平"的企业文化。它把人的历史传统、价值标准、道德规范、生活观念等统一于企业内部共同目标之下,使企业如大家庭般上下忠诚和谐。他更发现松下的这套东西不过是秉承中国的"诚意正心、修身齐家、治国天下"的儒家思想。

汪海开始琢磨:徒尚如此,况师乎?社会主义市场经济,必然要受传统文化的影响,而传统文化又必然要接受现代市场经济意识的洗礼。

经过认真思考和分析，汪海紧紧抓住了"人"这个决定因素，以对人的九项管理为纵轴，以对生产经营的九项管理为横轴，为双星的管理勾画出一个直角坐标，提炼出物质文明与精神文明互相促进的"双星九九管理法"。

在人的管理上，双星人要达到三环、三轮原则。他们继承传统、借鉴国外的以及创造自己的，以此三环来刻意求新；他们把思想教育当前轮，经济手段、行政手段做后轮，同步运行，共同提高。在生产经营上，双星人实行三分、三联、三开发。他们分级管理法、分层承包、分开算账，以此增加了企业的活力；他们搞加工联产、销售联营、股份联合，进一步扩大了企业的实力；他们进行人才、技术产品和市场的全方位开发，使双星在市场上提高了竞争力。

汪海在实施九九管理法的纵横交叉中，终于找到了把人与物管理相结合的最佳组合点。

现在，双星公司总经理汪海又在积极探索新的领导方式，力争把双星公司带入国际大公司行列，实现"世界的鞋业在中国，中国的鞋业在双星"的宏伟战略目标。

资料来源：丁杰，领导科学. 华中科技大学出版社，2003年版第82页.

## 第四节 领导权变理论

领导的作用在于领导人们的行为，而人们的行为又受其动机和态度等因素以及客观环境的影响，因此，讨论领导效能就不能脱离人们的动机和态度，以及当时当地所处的环境。决不能以为某一种领导方式可以普遍应用于所有的情况和所有的人群；相反，必须把这种环境因素，包括组织人员的动机与态度同时考虑。这就是研究领导问题的权变（或情境）理论的基本观点。下面具体介绍三种有代表性的领导权变理论。

### 一、菲德勒模型

美国管理学家费雷德·菲德勒在大量研究的基础上提出了有效领导的权变模型。他认为普遍适用于各种情景的领导模式并不存在，任何领导方式均可能有效，其有效性完全取决于领导方式与所处的环境是否适应，即有效的群体绩效取决于下属相互作用、领导者风格、情景以及下属状况对领导者的影响程度等等。这是一个较为全面的领导理论。

菲德勒认为，影响领导成功的关键因素之一是领导者的基本风格。菲德勒以一种被称为"你最不喜欢的同事"的问卷调查，来反映和测定领导者的领导风格。他把领导方式分为两大类：以人为主（关系导向）和以工作为主（任务导向）。一个领导者如对其最不喜欢的同事仍能给予较高的评价，那说明他对人宽容、体谅，提倡人与人之间的友好关系，是宽容型的关系导向型领导，有民主式的领导风格，他的 $LPC$ 值就较高；如果对其最不喜欢的同事给予很低的评价，则是以工作任务为中心的领导者，领导风格是专制型的，惯于命令和控制，他的 $LPC$ 值就低。

菲德勒把领导的环境，具体细化为三种情景因素：

（1）领导者与下属的关系。它是指领导者与其组织成员的关系。如果双方高度信任、互相尊重、互相支持和友好，则相互关系是好的；反之，则是差的。

(2)任务结构。它是指组织工作的程序化、明确化程度,如工作的目标、方法、步骤等是否清楚,有无含糊不清之处等。如果工作是例行性的、明确的、容易理解以及有章可循的,则任务结构属于明确的或高的;反之,则属不明确或低的。

(3)职位权力。它是指领导者的职位所能提供的权力和权威是否明确、充分,在上级和整个组织中所得到的支持是否有力,对雇员解雇、晋升和报酬等的影响程度的大小。

菲德勒将三个环境变数组合成八种情况,对1200个团体进行了观察,收集了将领导风格与工作环境关联起来的数据,得出了在各种不同情况下的有效领导方式,其结果如图10-4。

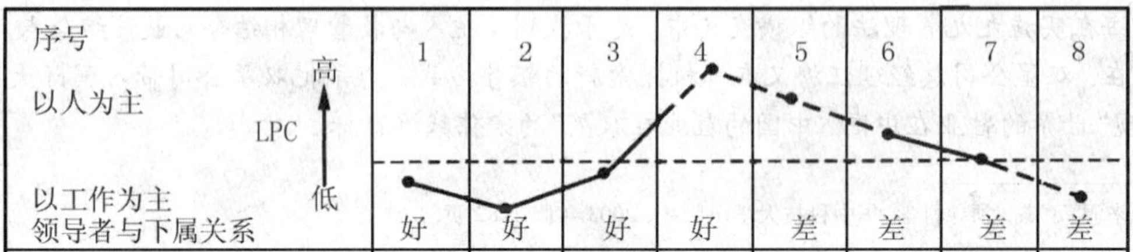

| 序号 | 1 | 2 | 3 | 4 | 5 | 6 | 7 | 8 |
|---|---|---|---|---|---|---|---|---|
| 以人为主 / 以工作为主 LPC | | | | | | | | |
| 领导者与下属关系 | 好 | 好 | 好 | 好 | 差 | 差 | 差 | 差 |
| 任务结构 | 明确 | 明确 | 不明确 | 不明确 | 明确 | 明确 | 不明确 | 不明确 |
| 职业位权力 | 强 | 弱 | 强 | 弱 | 强 | 弱 | 强 | 弱 |
| 环境对领导者是否有利 | 有利 | 有利 | 有利 | 适中 | 适中 | 适中 | 适中 | 不利 |

**图10-4 菲德勒模型**

菲德勒认为,对于各种领导情形而言,只要领导风格能与之适应,都能取得良好的效果。在对领导者最有利和最不利的情况下(例如1、2、3、8),采用任务导向型领导方式,其效果较好;在对领导者中等有利的情况下(如4、5、6、7)采用关系导向型领导方式效果较好。

值得注意的一点是,菲德勒认为一个人的领导风格是固定不变的,这意味着如果情境要求任务取向型的领导者,而在此领导职位上却是关系取向型的领导者,要想达到最佳结果,则要么改变情景,要么替换领导者。也就是说,领导者不可能改变自身的风格去适应变化的情景。

菲德勒认为,要提高领导的有效性,应从两方面着手:一是先确定某工作环境中哪种领导者工作起来更有效,然后选择具有这种领导风格的管理者担任领导工作,或通过培训使其具备工作环境要求的领导风格;二是先确定某管理者习惯的领导风格,然后改变他所处的工作环境(即在上下级关系、任务结构、职位权力等方面做些改变),使新的环境适合领导者自己的风格。例如,现有一任务取向的领导者处在第4类型情境中,如果该领导者能显著加强他的职权,即在第3类型中活动,则该领导者与情境的匹配十分恰当,从而会获得更高的群体绩效。

同时,菲德勒认为,第一种方法是传统的人员招聘和培训方式,而第二种方法(按管理者自己固有的领导风格分配他们担任适当的领导工作)可能比第一种方法(即让管理者改变自己的领导风格以适应工作)更容易做到。这说明,组织设计和变革(即改变组织环境)可能成为一种非常有用的工具,使得管理阶层的领导潜能得以更充分的利用和发挥。

总之,有大量的研究对菲德勒模型的总体效度进行了考查,并取得了十分积极的结果,也就是说,有相当多的证据支持这一模型。但是这一模型也存在一些欠缺,一些研究人员对LPC尺度如何度量提出疑问(如作答者的LPC分数并不稳定),这些权变量对实践者来说也过于复杂。其他人则批评该模型中的领导者不能改变他们风格的这一前提。

### 相关链接　　　　　　　　成功的领导风格

海—麦克伯咨询公司从来自世界各地的 20000 多个经理中随机抽查了 3871 个,并从中整理出了成功经理的一些特点。调查显示,大约有六种不同的领导风格,每一种都来自不同的情商因素。任何一种风格单独使用,都会对公司、部门或小组的工作有直接影响,同时也影响到经济效益。这项调查最重要的成果是,成功的经理往往并不仅仅依赖于一种领导风格,而是根据企业状况,在不同的时期使用不同的领导风格。这六种领导风格分别是强制型、权威型、合作型、民主型、方向制定型和教练型,它们对工作氛围也有影响。工作氛围指的是影响一个组织的工作环境的六个关键因素:组织的灵活性、员工对组织的责任感、人们制定标准的水平、绩效反馈的准确性及对奖励的适应性、员工对任务和企业价值的明确性以及对共同目标的忠诚性。工作氛围并不是业绩的惟一影响因素,经济条件及竞争的动力也对业绩有很大的影响。调查的结果显示,工作氛围的影响大约占三分之二,而这也是一个非常容易被忽略的因素。

包括这项研究在内的许多研究表明,一个领导越能展现出多种风格,他将会越成功。如果一个领导能掌握四种以上的风格,尤其是其中的权威型、民主型、合作型和教练型风格,他将会得到最好的工作氛围和绩效,当然成功的领导还要学会根据情境需要灵活选用合适的领导风格。实际上,很少有领导能同时具备这些领导风格,能在正确的时间和场合恰当运用这些风格的人就更少了。补救方式可以是领导与具备他所欠缺风格的人共同组建团队,或者是扩展自己的领导风格。

资料来源:魏海燕,企业管理.2001 年第 8 期.

## 二、途径 — 目标理论

途径-目标理论是由加拿大多伦多大学教授埃文斯及其同事豪斯等提出和发展的。此理论以期望理论及领导行为四分图为依据,提出领导的主要职能是为下属在工作中提供获得满足需要的机会,并为下属搞清哪些行为能导致目标的实现并获得有价值的奖励。简言之,即领导应指明达成目标的途径。

(一)领导行为

豪斯认为"高结构"和"高体谅"的组合不一定是最有效的领导方式,还需考虑环境因素。在 1974 年他与米切尔发表的论文中提出了四种领导行为:

1. 指示性的领导行为

让下属明确任务的具体要求,怎么做,及安排好工作日程,决策都由领导作出(此方式类似于主导型结构和任务导向型行为)。

2. 支持型领导行为

与下属友善相处,领导平易近人,关心下属的福利,公平待人(与体谅型或关系导向型相似)。

3. 参与型领导行为

与下属商量,征询下属的建议,允许参与决策。

### 4. 成就导向型领导行为

提出有挑战性的目标，要求下属有高水平的表现，鼓励下属并对下属的能力表示出充分的信心。

与菲德勒理论不同的是，途径—目标理论认为领导人的风格和行为是能改变的，并使之适应特定的情景。有时领导人可根据不同的情况分别采用不同的领导方式。如一个新上任的项目经理，开始他可用指令型的方式，建立明确的任务结构，并明确告诉下属做些什么；随后他可采取支持型的行为来增强群体的凝聚力和形成积极的群众氛围；当项目小组成员对任务更熟悉后并遇到新问题时，则可让下属一起参与并作出一些决定；最后则可运用成就导向型行为来鼓励下属不断取得更高的成就。

### （二）情景因素

和其他领导情景理论一样，途径-目标理论提出领导方式要适应情景因素。该理论特别关注两类情景因素，一类是下属的个人特点，另一类为工作场所的环境特点。

#### 1. 个人特点

个人特点主要包括下属对自身能力的认识以及其控制轨迹这两个重要特点。假如下属认为自己能力不强，则他们更喜欢指令型领导；反之，有的人自视甚高，则可能对指令型的领导行为表示不满。控制轨迹也属个性特征。持受内因控制认识的个人相信一切结果都是通过自身的努力和行为所产生的；而持受外因控制认识的个人则往往把发生结果归因于运气、命运或"制度"。相信内因决定论的人喜欢参与型的领导行为，相信外因决定论的人则宁可指令型的领导。管理者对下属的个人特点是难以影响并改变它的，但是管理人员对于环境的塑造及针对不同的个性采取不同的领导方式是完全可能的。

#### 2. 环境特点

环境因素非下属所能控制，它包括任务结构、职权制度和工作群体的情况。当任务结构很明确时，如采用指令型领导行为效果就差，对于一些很平常的工作，人们并不需要其上司老是喋喋不休地吩咐如何去做；正式职权制度是另一个重要的环境特点，如果正式职权都规定得很明确，则下属会更欢迎非指令性的领导行为；工作群体的性质也会影响领导行为，如果工作群体为个人提供了社会上的支持和满足，则支持性的领导行为就显得多余了；反之，个人则会从领导人那里而寻求这类支持。

基本的途径—目标模型如图10-5所示。

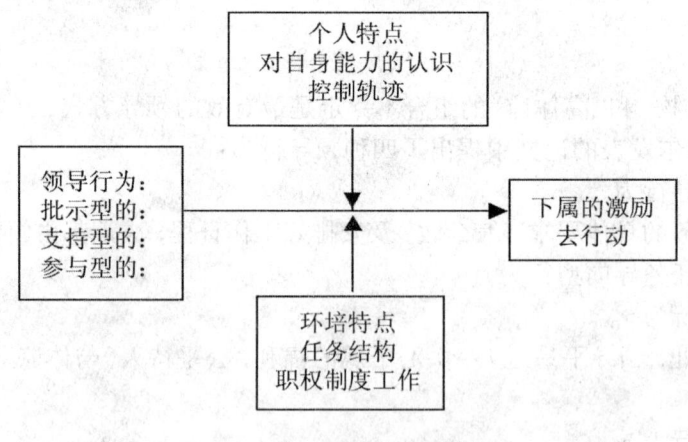

图10-5　途径—目标模型

图10-5表明，领导人的行为会影响下属的工作动机，而个人和环境特点也会影响这种关系的性质。途径-目标领导理论是一种动态的理论，就目前来看尚不够完善，此理论的原意是以一般的术语来表达的一种理论框架，以便能更进一步探索其相互间的各种关系，随着将来研究中的新发现，这理论也将得到修正。途径-目标理论对领导过程作了合理良好的描述，沿着这一研究方向，将会使我们发现更多有关领导与激励之间的联系。

### 三、领导生命周期理论

领导生命周期理论是由美国管理学家科曼（A. K. Korman）于1966年首先提出，后经赫西（Paul Hersey）和布兰·查德（Kenneth Blan Chard）加以发展形成的。赫西和布兰·查德认为，领导的有效性取决于工作行为、关系行为和下属的成熟程度。领导有效性的研究中之所以重视下属，是因为不管领导者做什么，其有效性都取决于下属的行为，是下属决定接受还是拒绝领导者，而很多领导理论都忽视或低估了这一因素的重要性。从这一点来看，该理论是一个重视下属的权变领导理论。

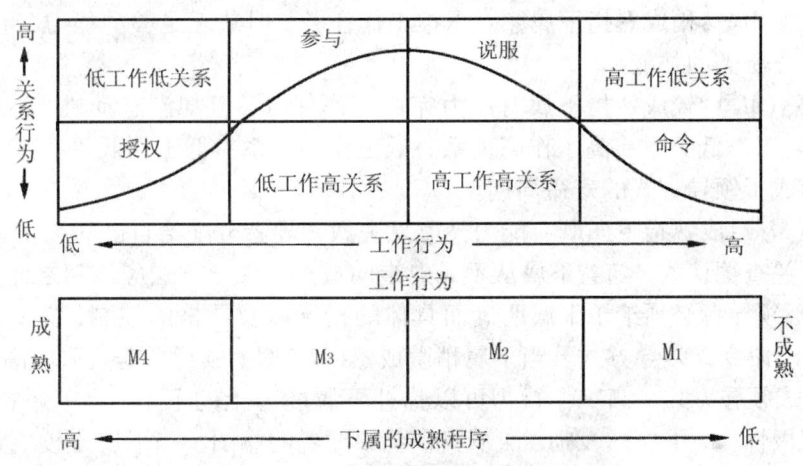

图10-6 领导生命周期理论

"领导生命周期理论"以领导的"四分图理论"和"管理方格理论"为基础，同时又结合了阿吉瑞斯的"不成熟——成熟理论"。它在前两者的二维结构的基础上，又加上了成熟程度这一因素，形成了一个由工作行为、关系行为和成熟程度组成的三维结构，如图10-6所示。

其中：

工作行为是指领导者和下属为完成任务而形成的交往形式，代表领导者对下属完成任务的关注程度；

关系行为是指领导者给下属以帮助和支持的程度；

成熟程度，是指人们对自己的行为承担责任的能力和意愿的大小。它包括两个要素：工作成熟度和心理成熟度。工作成熟度指一个人的知识和技能，如果一个人拥有足够的知识、能力和经验完成他的工作任务而不需要他人的指导，则其工作成熟就高，反之则低。心理成熟度指一个人做某事的意愿和动机，如果一个人能自觉地去做某事而无需太多的外部激励，则其心理成熟就高，反之则低。

1. 领导方式

由工作行为和关系行为相组合，形成四种情况，对应着四种领导方式：

(1) 高工作低关系——命令式：领导者对下属的工作进行详细、具体的指导，告诉下属应该干什么、怎么干、何时干、何地干等，它强调直接指挥。

(2) 高工作高关系——说服式：领导者既给下属以一一的指导，又注意激发和鼓励其积极性。

(3) 低工作高关系——参与式：领导者与下属就工作问题共同决策，领导者着重为下属提供便利条件，搞好协调沟通。

(4) 低工作低关系——授权式：领导者提供极少的指导或支持，援予下属一定的权力，由下属自己独立地开展工作完成任务。

2. 成熟程度分类

同时，赫西和布兰查德又把成熟程度分为四个等级：

(1) 不成熟($M_1$)：不成熟指下属对工作任务缺乏接受的意愿和承担的能力，既不能胜任工作又不被信任。

(2) 稍成熟($M_2$)：稍成熟指下属愿意承担工作任务，但缺乏足够的能力，他们有积极性，却没有完成任务所需的技能。

(3) 较成熟($M_3$)：较成熟指下属有能力完成工作任务，但却没有动机，不愿去做。领导行为应当按"高工作低关系→高工作高关系→低工作高关系→低工作低关系"逐步推移，这种推移变化就形成了领导方式的寿命周期。

(4) 成熟($M_4$)：成熟指下属既有能力又愿意去做领导者分配给自己的工作。

赫西和布兰查德认为，随着下属从不成熟走向成熟，领导方式应该随之而变。当下属不成熟($M_1$)时，领导者必须给予下属明确而具体的指导以及严格的控制，需要采取高工作低关系的行为，即命令式领导方式。当下属稍微成熟($M_2$)时，领导者需要采取高工作高关系的行为，即说服式领导方式。高工作行为可以弥补下属能力上的不足，高关系行为可以保护、激发下属的积极性，引导和鼓励下属领会领导者的意图。当下属比较成熟($M_3$)时，由于下属能胜任工作，但却没有动机，或不愿意领导者对他们有过多的指示和约束，因此领导者的主要任务是做好激励工作，了解下属的需要和动机，通过提高下属的满足感来发挥其积极性，宜采用低工作高关系的行为，即参与式领导方式。当下属成熟($M_4$)时，由于下属既有能力又愿意承担工作、担负责任，因此领导者可以只给下属明确目标、提出要求，由下属自我管理，此时可采用低工作低关系的行为，即授权式领导方式。

总之，"领导生命周期理论"揭示出，随着下属成熟程度的提高，领导者应相应地改变自己的领导方式。从另一方面来说，对于不同成熟程度的下属，领导者应该采用不同的领导方式。

### 四、超 Y 理论

权变理论强调领导方式的有效性取决于领导方式与环境变化的适应性，也有不少学者认为，领导方式是否成功和有效，其决定因素之一是领导者对被领导者人性的认识程度。他们认为，如果一个领导对被领导者的人性有一个正确认识和估计，则有可能产生成功而有效的领导行为；如果一个领导者对被领导者的基本人性缺乏正确认识和态度，就不可能有成功而有效的领导行为。

关于人性问题，是由美国学者麦克雷格（Douglas M. Me Gregor）提出的，称之为"X、Y理论"。

（一）X理论

1957年，美国行为科学家麦克雷格在《管理评论》杂志上发表了题为《企业中的人性方面》的文章，文中麦克雷格把传统管理理论中对人性的看法称为X理论。这一理论的要点是：

第一，一般人的天性是厌恶工作，懒惰，并尽可能地逃避工作，希望工作越少越好；第二，大多数人缺乏雄心壮志，宁肯服从，怕负责任，没有抱负，愿意贪图享受与安逸；第三，人并不是非常聪明，容易受人欺骗，常有盲从的特点；第四，在领导方式上必须进行严格的监督、控制，并以惩罚相威胁，认为只有这样才有可能使人们为完成目标而努力。

持"X理论"的观点，只注重依靠订立各种严格的工作规范，加强各种法规的控制，用强硬的方法，并由此产生一系列软硬兼施的措施，根据X理论主张，肯定形成专制的领导方式。

（二）Y理论

麦克雷格认为，X理论并不符合现实生活中的许多情况。X理论对人类本性的假设是消极的、错误的，以X理论为指导并不能有效地完成组织目标，因此，根据他对人类本性的认识，提出了与X理论相对的Y理论。

Y理论的要点是：第一，一般人并不是天生就厌恶工作，而是把工作看成同娱乐、休闲一样自然，问题是看在什么条件下工作，当人们对工作感到满足时，就会自愿工作，而当人们感到工作是一种惩罚时，人们就会逃避工作；第二，人们在执行任务中能够自我指挥和自我控制，所以，监督、控制和惩罚并不是实现企业目标的最有效方法；第三，人总是希望自己的工作取得成就和成功，人们进行自我指挥和自我控制的动力来自于他们对需要的满足，尤其是实现自我需要的满足程度；第四，人们有丰富的想像力、智慧和创造力，他们能够独立地解决工作中的问题。在现代工业条件下，一般人的潜力只利用了一部分。

麦克雷格认为，按照理Y论，领导方式上应该是创造条件，以满足被领导者的尊严需要和自我实现的需要，让他们担负更多的责任，使他们发挥潜力，自我控制，达到个人与组织目标的一体化。

当然，麦克雷格的Y理论并不是科学实验的产物的社会观。因此也不能一概而论。

（三）超"Y理论"

一般来说，X、Y理论是对于人性假设的两种对立理论。X理论并不是普遍适应，Y理论也不是一无是处，应该针对不同的情况，灵活选择运用。这种根据情势变数选择不同人性假设作为领导依据就是所谓的超Y理论。

美国学者莫尔斯和洛斯卡做了这样的试验：他们挑选了两个工厂和两个研究所。一组用X理论为指导，试验结果表明，工厂的工作效率高，研究所的工作效率低。另一组用Y理论为指导，试验结果却表明，研究所的工作效率高，而工厂的工作效率低。

上述实验说明，工作效率的高低，与单位的工作性质、组织形式、不同工作者的特点有密切关系。工厂采用流水线生产，劳动重复、单调，这种工厂如果缺乏工作安排和规程，如果没有严格的监督和控制，就无法进行正常的生产活动，因而以X理论为指导的工厂效率较高，以Y理论为指导的工厂效率较低。而在研究所中，则需要放手让研究人员较自由地从事选题和研究，否则反而会束缚研究人员的积极性。因而以Y理论为指导的研究所效率高，而以X理论为指导的研究所工作效率就较低。这说明有同一种人性假设指导不同的类型单位，或同一类型的单位用不同人性假设理论指导，所得结果不同。因此，工作单位的性质不同，组成成员不同，其领导方式应有所不同。事实上，每个人都有不同的能力和不同的需求，可以依自己的能力和需求，对不同的领导方式作出不同反应。因此，领导者所采用的最有效的领导方式就必须实际情况出发，适合不同特点的领导方式。

## 第五节 领导理论研究的新进展

20世纪末21世纪初，经济的发展、企业管理理论的演进为领导理论开拓了更为广阔的研究空间。西方当代各种领导理论学派的建立并不是以单一的标准和原则为基准的，而是建立在更加综合、更加现代的管理理念之上。但仍未形成一个完整的科学体系。当前比较有代表性的理论有以下几种。

### 一、性别与领导

随着越来越多的女性进入管理层，以及一些妇女在争取成为管理者和晋升过程中所面临的问题，促使研究人员在性别与领导方面进行了大量研究。总体的结结论是，男性与女性确实采用不同的领导风格。女性相当于男性倾向于采用更加民主型或参与型的风格，而较少采用专制型或指导型的风格，女性更善于鼓励参与，共享权力与信息，并努力提高下属的自我价值。她们通过包容进行领导，并依靠她们的领袖魅力、专业知识和人际交往技能来影响下属，女性倾向于运用变革型的领导方方式，通过将员工的自身利益转化为组织目标而激励他人。

男性则更乐于使用指示型、命令加控制型的领导风格。他们以自己岗位所赋予的正式权力作为影响的基础。男性善于运用事务型领导方式，通过奖励优异的成绩和惩罚不良工作进行领导。

研究者发现，在男性主导的工作中，女性领导者更为民主的倾向减弱了。显然，此时男性领导者所塑造的组织的群体规范大大超过了女性领导者的个人偏好，因而女性在这些工作中放弃了她们本身的领导风格而以更为专制的领导作风采取行动。

由于男性在传统中一直处于组织的主要领导岗位，因此人们可能会认为男性与女性的差异必定对男性更为有利。但是，事实并不尽然。在今天的组织中，组织结构的灵活性、团队组织形式、组织成员间的信任和信息共享的特点迅速地取代了传统的僵化的组织结构、个人主义的竞争、对下属的监督和控制以及信息的保密特点。当今的管理者认真听取下属的意见，充分激励和支持他们的下属，而不是去控制他们。总体来说，女性做这些事似乎比男性更为出色。比如，组织中目前越来越多地使用交叉职能的团队，这意味着有效的管理者必须成为高水平的谈判者。女性的领导风格使她们在谈判方面更为有利。她们并不像男性那样过分看重输赢和竞争，而是在持续关系的背景下进行谈判——她们努力使对方从自己的角度上把自己也看做是个成功者。

前面提供的研究证据显示出在性别与领导风格之间的总体关系。但是，并不是所有的女性领导者都偏好民主型风格，也有不少男性采取变革型的领导方式。因此，当我们以性别来标识领导风格时应十分慎重。比如，"女性化的领导风格"这种提法常常导致了更多的含糊而不是清晰明确。另外,我们所论述的研究指的是领导的风格,而非领导的效力。何种风格有效还取决于情境。因此,即使男性与女性在领导风格上有所不同,也不应凭空认为某一种风格总比另一种风格更好。

最后一点,一些人比其他人在调整领导风格以适应不同情境方面更为灵活。因此,如果认为性别因素在领导中提供了一种行为倾向可能更为恰当。

**相关链接　　　　　企业领导者的男女差异**

与男性相比,身居企业高层的女性更擅长解决实际问题,但缺乏对未来的预测能力。

从公司的董事会上到谈判桌前,越来越多女性的出现已经打破了男性在商业领域的垄断,并用实际行动证明了自己的存在。作为商业社会中曾经的绝对统治者,男性如何评价今天闯入其中的女性企业领导者,而女性又将如何适应一个原本只属于男性的商业世界?

针对"企业领导者的性别差异"这个问题,《中国企业家》杂志近期分别对男性和女性企业领导者进行了问卷调查。

结果显示:作为企业领导者,男性更喜欢思考未来,而女性则更加务实。从男女企业家彼此的评价来看,男性对女性的评价要低于女性对男性的评价,而且女性在从事企业领导工作中显得不够自信。

男性眼中的女企业家:敬业但缺乏远见

女性眼中的男企业家:竞争力强但诚信不足

对于女性企业家而言,她们让男性同行最佩服的地方就是她们的"敬业精神"。根据此次调查的结果显示,在一个包括了与企业管理有关的"19项能力/素质",满分为7分的打分中,男企业家为女企业家打出的最高分就是"敬业精神",得分为5.714分,而排在第二和第三位的分别是"诚信度"以及"公关能力",得分分别为5.429分和5.389分。

而在女企业家眼中,男企业家身上最优秀的"能力/素质"就是他们的"竞争能力",女企业家为其打出了5.886的高分,其次就是"远见与洞察力"和"敬业精神",得分分别为5.706分和5.629分。

比较男女企业家得分情况,女企业家"远见以及洞察力"方面的能力比较欠缺。这一项的得分上,女性明显低于男性,仅得到3.471分,是男企业家给女企业家打出的最低分。而根据女企业家的评价,男企业家在对未来的预见上,能力明显强于女性,比较女企业家为男企业家打出的5.706分,比女企业家得分高出2.235分,是男女企业家得分中差距最大的一项。但与女企业家相比,男企业家稍显诚信不足,在"诚信度"这一项上,女企业家的得分是5.429分,而男企业家只得到4.914分,低了0.514分,是男企业家与女企业家得分差距最大的一项。

根据打分的结果,在所有"19项能力/素质"评价中,男女企业家得分差距最小的就是"理财能力",其中男企业家得到5.088分,而女企业家得到5.083分,仅相差0.005分。

在女企业家看来,男企业家的"人事管理"以及"沟通"的能力相对较弱,在这两项上,女企业家仅为男企业家打出4.657分和4.771分,分别排在男企业家得分的倒数第一和第二位。而女企业家的最低得分,除了"远见以及洞察力"外,就是"决策、计划"以及"创新能力",得分均为3.743分,排在倒数第二位。

从总体上看,在男女企业家对于彼此的19项评价中,男企业家对女企业家的评价明显偏低。综合所有得分,女企业家19项的平均得分仅为4.486分,而男企业家的平均得分为5.260分。在男企业家对女企业家的评价中,得分在5分以上的只有5项,而在4分以下的同样有5项。但是女企业家对男企业家的评价,共有15项得分在5分以上,而且没有一项得分在4分以下。

资料来源:中国企业家,2005年第3期

## 二、事务型领导与变革型领导

对事务领导和变革型领导的研究也发展了领导的新理论。人们通常认为事务型领导更适合市场持续扩大和较少竞争的年代。管理者基本上是按照常规和传统管理企业,很少做出什么改革。变革型领导往往出现在动荡、困难重重和快速变革的时代。但是变革型领导并非是事务型领导的替代物,变革型领导是事务型领导的进一步发展,他通常更能激励、唤醒和鼓舞员工为达到群体目标而付出大的努力,做出超过预期的绩效来。

变革型领导注重变革、创新和开创新事业。其领导过程是有系统、有目的、有组织地寻求变革和系统分析,以把资源投入到生产率更高的领域。他们试图通过行动来实现他们为组织设计的前景,以激发出组织的活力。通常他们必须直面应对冷漠、对变革的抵制以及雇员间各种原因导致的紧张关系;同时他们还需承受外界环境对组织构成的巨大压力,诸如市场份额的丧失、财务上的严重拮据。因此,这些领导应具备如下特殊素质。

(1) 倡导变革。他们把变革组织视为己任并经常思考"我在组织中做些什么才能与众不同并成为别人学习的楷模"。

(2) 有胆有识。他们是"谨慎的风险承担者",为了组织更大的利益,他们不满足于现状,并甘冒一定的风险。在采取行动中智能双全,一方面能面对现实,另一方面敢于揭露事实的真相。

(3) 信任他人。这些领导者对他人的需要很敏感,在处理人的问题上有一整套准则,他们信任别人,同时也为他人所信任并得到他人的承诺。这些领导者更像团队中的一名教练、指挥或顾问,鼓舞他人使事情得以发生。

(4) 追求价值。变革型领导有一整套明确的价值观,更为重要的是他们能以身作则,他们知道奋斗的目标并清楚怎样采取行动来实现它。

(5) 终身学习。变革型领导知道学无止境。他们善于从错误中学习和吸取教训,并愿意变革。

(6) 缜密思考。他们有能力处理复杂的不确定性,能用缜密的思维模型、理论,提出原理,检验假设和预计可能发生的后果。

(7) 创造愿景。变革型领导有远见,有理想,并能把他们的理想具体化、从而使他人也能接受这些理想。他们也能设身处地地为他人着想,所以能理解他人的感受以及知道怎样打动他人的心。他们关心下属的日常生活和发展的需要,引入新观念、新机制,激励和鼓舞下属为实现群体目标而努力。

变革型领导在工业界、军事界和政治界都可以找到。如亨利·福特,实现了他的理想——制造出人们买得起的、大批量生产的汽车;乔治·巴顿将军改变了第三军;李·艾柯卡使克莱斯勒公司起死回生。研究表明,变革型领导及其对下属满意度和行为的影响遍及世界各国,包括中国、英国、日本以及德国和埃及。

### 三、价值领导理论

在知识经济环境下以豪斯教授为代表的学者对 70 年代以后的领导学理论和实验进行了高度的综合,90 年代初提出了以价值为基础的领导学理论。

基于价值的领导管理是相对于制度管理而言的,该理论认为:领导者与其下属之间是以价值观为基础的关系。领导者通过明确表达愿景,向组织和工作注入价值观,使它们与跟随者所持有的价值观和情感产生共鸣。从而唤醒跟随者对集体和集体愿景的认同,实现跟随者自我功效和自我价值的提高。

传统的领导者对下属的激励主要以应急式的物质和经济报酬以及处罚为基础。而对知识型企业的知识型员工,采用这些激励方式是不合适的。知识型员工都受过很好的教育,易于接受新事物,更关心人生的价值,希望把自己投入到有价值的事业中去!企业的领导者可以通过向企业注入核心价值观,建立以此价值观为核心的企业文化,唤起员工的共鸣,从而实现对企业基于价值观的领导。

### 四、群体领导方式理论

该理论是在 1972 年美国学者詹尼斯提出的群体思维概念的基础上发展而来的。现有群体思维研究表明,群体思维涉及群体成员的心理活动和行为过程,由于不同的文化对人类行为将产生不同的价值判断标准,所以建立在北美文化基础上的群体思维研究,其结论不一定适合其他文化价值的国家。

在群体思维的跨文化研究中,荷兰文化协作研究所所长霍夫斯坦特用四个变量来研究社会文化差异,分别是:权力级差接受程度、不确定性规避、个人主义、集体主义和阳刚/阴柔文化。

对组织的领导方式影响最大的因素是个人主义、集体主义和权力级差接受程度。权力级差接受程度是指社会组织或群体成员接受权力分配不平等的程度。能够接受这种不平等的程度越大,则称为高权力级差接受程度;反之,就是低权力级差接受程度。在个人主义盛行的国家,其组织中的群体领导方式是建立在个人利益与控制基础之上的。领导者为了达到自己的个人目的,常常会借助于一些直接和强有力的方式来控制局势,掌握主动。同时,如果组织中存在着低权力级差接受程度,则会造成组织成员在这种领导方式下的冲突和对抗。因此,在领导风格方面,以高个人主义和低权力级差接受为特征的美国群体更容易出现喜欢控制、命令和引导的领导风格。日本的领导方式相对于美国来说,是一种更加平等的、避免对抗的风格,这种情形下的领导,会在群体中造成一种相对和谐、公平的氛围。但有时会因为过分强调和谐而产生一些含糊不清、责任不明的情况。中国的领导风格与日本的比较相近,但是领导在群体中的权威又相对较高,领导方式也更直接一些。

### 五、纵向配对关联理论

该理论由丹瑟鲁提出,其实质是领导与下级个人之间的关系各不相同,导致领导风格的差异。也就是说,关系决定领导风格。

所谓"纵向配对关联是指一位领导与一位下级组成的一对人之间的关系。这种关系基本上可分为两大类"圈内"的自己人的关系和"圈外"的非自己人的关系。前者,领导者对下级会给予责任较重的任务,较多的帮助、支持和信任,较多影响决策的机会,而下级则报之以超过需要的干劲和贡献,承担更大的责任。因此,双方的行为依靠的是这种非正式的人际交换关系而不是正式岗位职权的运用。后者,领导者与下属之间是一种雇佣性,以接受上级的正式职权来换取付给的工资福利的交换性关系,没有密切的私人友谊,但正式的就业合同能够提供有保障的生活。

由"圈内"型的上下级关系决定的领导方式能使职工有更多的参与,获得更高的工作满意度,从而保证较低的缺勤和离职率。但是,在评定下级绩效方面"圈内"型关系比"圈外"型关系较多地欠缺客观性。

### 六、魅力型领导理论

魅力型领导理论指出,被领导者将领导者的特定行为归因为英雄行为或超凡行为,包括极端高度的自信、支配力和坚定的信念。该理论的根源可以追溯到20世纪初期马克斯·韦伯提出的魅力型领导的概念以及20世纪70年代豪斯对魅力型领导的发展。但是,韦伯和豪斯都是以对政治和宗教领袖的分析为基础研究魅力型领导特征的,真正从分析企业界领导人入手来研究魅力型领导是从巴斯提出改造型领导理论开始的。

富于领袖魅力的领导者对下属具有某种影响力,这种影响力来自:第一,为下属建立一个令人憧憬的目标,例如马丁·路德·金有一个对更美好世界的梦想,肯尼迪宣称要把人类送上月球等;第二,形成某种公司价值体系;第三,信任下属从而赢得下属的尊重。他们总是创造一种变革的环境,努力为追随者建立起一种富于竞争、成功与信任,并传递高度期望值的氛围。他们都是善于雄辩的演讲者,显示出高超的语言技巧,而这种技巧能够帮助他们激励和鼓舞群众。沃特·迪斯尼能用讲故事的方式迷倒人们,他具有巨大的创造才能,并把高品味、甘冒风险和创新所具有的重要价值观逐渐灌输到组织中去。

拥有这些品质的领导者能激发起其追随者的信任、信心、接受、服从、同喜同悲、钦佩及他们更高的工作绩效。在大量的群体、组织中和各种管理层次上,在众多国家中,都能找到领袖魅力型领导方式的积极效果的证据。美国西南航空公司的 *CEO* 赫伯·凯勒赫尔就是一位具有领袖气质的公司领导,他鼓励员工打破常规,保持独立性和工作时心情愉快。

### 本章概念

领导　　　领导者　　　权力　　　授权
人性假设　　领导特性理论　　领导作风理论　　四型领导论
管理方格证　　菲德勒模型　　领导生命周期的理论
工作成熟度　　心理成熟度　　X 理论　　Y 理论
超 Y 理论　　途径-目标理论　　价值领导理论　　魅力型领导理论

### 问题与思考

1. 如何正确地理解领导者在例外处理中并不会破坏规章制度的严肃性?
2. 对领导者的研究有多种途径,主要有领导素质的研究途径,领导行为的研究途径和领导情景的研究途径，一个管理者通过对这些成果的学习有何意义？

3. 请你对领导理论的发展过程进行总结与分析，并提出自己的看法与评价。

4. 根据本章的内容，作为名刚刚进入工作岗位的大学生，你将如何尽可能地扩大权力。

5. 如果一个企业的"一把手"总觉得别人跟不上他(她)的发展思路，你认为产生这一现象的主要原因是什么？可采用什么解决措施。

6. 人们普遍认为，搞好国有企业必须解决好企业的"一把手"问题，而在管理学理论中，民主领导方式得到广泛称赞，试说明这二者有何联系。

7. 创业型管理者与守业型管理者在行为特征方面存在何种差别？

8. 若是一个企业的一把手逢人总是说自己的企业没有可用的人才，你认为主要原因是什么？长此以往将对该企业产生什么后果？

### 案例分析　　　王嘉廉：领导精英的人

1998年5月13日，"北京高新技术产业周"拉开帷幕。会上，美国CA有限公司和日本富士通有限公司联合宣布，共同推出二者合作开发的中文版Jasmine。这是两家高科技领域内的精英公司，实力相当雄厚。CA是年营业额达45亿美元的世界商用软件界翘楚；富士通是年销售额逾360亿美元的信息技术产业巨人。二者联袂亮相，自然给会议带来不小的轰动。然而，这其中更为引人关注并为新闻界所追逐的，却是一位以往在国内并不声名显赫的美籍华人——王嘉廉先生。

如果用业绩来衡量，王嘉廉应在当今最成功的企业家之列，而且成就非凡。1976年，王嘉廉抱着"技术必须服务于商业"的信念，赤手空拳与三位员工创建了CA公司。21年后，CA已成为在43个国家拥有11000名员工，市场资本近300亿美元，年营业额达45亿美元的软件王国。CA曾被美国《财富》杂志评为美国最有价值的100家公司之一。他的成功，让羁旅异乡的华人感到骄傲，像80年代叱咤美国电脑界的王安一样，王嘉廉在办高技术企业上的非凡成就，证明了华人在海外除了开饭店、洗衣房外，在其他事情上也能超人出众。

从白手起家到缔造出年营业额高达45亿美元的软件公司，CA的实力与潜力为公众所称道。虽说不能完全用金钱来衡量一个人的价值与成就，但45亿美元这如天文的数字，又怎能不叫人称赞王嘉廉的才能与聪慧，不对他成功背后的原因与动力感到好奇。

一个成功企业的成长过程，是一个渐渐形成自身独有风格的过程。而这一风格，又往往与领导者的作风与独特的领导方式有着最直接的联系。

王嘉廉的个性非常突出，有着过人的精力，动作麻利，工作效率高，说话心直口快不拐弯抹角。因而也就有了"积极进取"、"坚定不移"、"温和"、"桀骜不驯"、"激情"、"冷静"、"斗志高昂"等描述他的词汇不断在众多报刊上出现。美国广播公司曾标榜他是"具独创性、最有效率的主管之一"。他领航的CA如同一台高速运转而又井然有序的大机器，又像一个温情和睦、充满活力的大家庭。

王嘉廉最讨厌也最怕官僚系统，视其为腐蚀人心、摧毁企业的罪魁祸首，因而在他身上，你看不到老板架子。他要员工有话直说，有困难直接找他。为了破除官僚系统，CA公司每年四月有一次"大地震"——人事组织的变动。你今年在某一部门工作，明年就会被调到另一个部门工作，今年你在这个国家任职，明年又会被换到另一个国家。这种岗位的互换制，不仅使员工总是在面对挑战的环境中自我成长、成为精英，更重要的在于激发出员工个人的潜能与才智，使他们自觉地体会到团队精神和整体表现才是把握成功的关键。

王嘉廉建立的CA，是一个没有等级观念的公司，这里的工作方式是追求高效而不是拘于形式。CA的每一个部门都有自主权，做决策可以直通最高主管而无需浪费在写报告上。像许多大公司一样，CA也有大大小小开不完的主管会议。但这些会议并非是例行或事先安排好的，而是根据实际需要随时召开。在CA的一次重要会议现场，看到的是在其他公司看不到的情景：一大群高级主管正准备开会，有些人手持咖啡、早点；有些人交头接耳；有的人忙着把笔记本电脑连接在大电视屏幕上。这里没有传统和正规的会议规则，会议的气氛时而轻松，时而激烈。他们可以声嘶力竭地争论，毫无忌惮地彼此交换意见，在碰到意见不同时，任何人都可以打断董事长、上司的话而不会被视为冒犯。讨论的过程不是单向的，王嘉廉的话亦不会被员工奉为圣旨。双方一来一往的激辩，其他人有不同的意见也不时地切入，没有所谓的发言次序。这种介于"正经"与"不正经"之间的沟通方式，刺激了大家的参与感、强化了每个人的思考能力。两个多小时的会议上，只有嗓门提高的声音，却见不到有人打盹儿、打哈欠，而王嘉廉不时冒出的幽默比喻，更是动不动让大家笑得人仰马翻。于是，一个生硬的电脑议题便在轻松与活泼的气氛中，得出了一个共识，找出了一个完善的解决方案，而这一方案很可能会给CA增添一大笔收益。

王嘉廉把今日CA的成功归功于公司大量的出色人才。然而在软件界，聪慧的一流人才俯拾即得，无人不想坐立山头。能够把这些聪明过人的人吸引在一起共同为CA效力，这本身就是一件难度很高又很能说明问题的事情。难怪有人说，王嘉廉不仅自身是一个了不起的人才，而且还是一块能吸引人才的强力"磁石"。

王嘉廉提拔人才不看重学位，而是看他的工作热诚与能力。他认为拥有硕士学位或名校出身者，并不一定就是最适合在CA工作的人，学校教的东西并不等于实际。CA最迫切需要的是具有自发精神、不畏挑战而又善于因地制宜的人。CA最重要的哲学之一是："有失败的权力"。王嘉廉告诉员工，犯错误没有关系，但谁都没有权力掩饰过失，因而相互指责、推卸责任的现象不会在CA出现。员工敢于冒险、独立思考、不怕发表自己的看法，每一个人都不会忙着掩饰自己的过失，这是CA和许多大公司不同的地方。"我们并不比其他公司的人聪明，但不同的是，我们节省下许多相互指责的时间来从错误中学到教训，不断成长。在CA工作的人，多是自动自发，希望共同为CA闯出一番天地的人。"王嘉廉以此为傲。

在美国电脑界大公司工作，员工们能得到很高的薪金待遇，而CA给员工的薪金报酬甚至比世界头号电脑公司IBM还高出三分之一。"你必须给予他们报偿，而且重重地报偿他们。当你找到一个全心投入的工作者时，付他两倍的代价，因为他可以顶三个人的工作。"在CA总部大楼内，甚至设有第一流的幼儿园、篮球场、健身房等福利设施。王嘉廉认为，尽可能的向员工提供丰厚的薪金与福利待遇，是CA一直在努力做的，因为只有为员工提供一个轻松愉快、毫无压力的"大家庭"式的温馨环境，才能激励他们热爱公司，并以主人翁的态度对待工作。在美国的大公司中，CA这种以人为本的企业文化，使人感到是中国文化传统的影响，因而有人称CA公司是"颇具东方色彩的西方公司。"

尽管在规模与待遇上CA颇显大公司实力，但在经营上却把自己当小公司来经营，这是他们一直努力保持的心态。"因为一旦你将自己视为大公司，你就会失去工作的积极性与乐趣，因而尽管我们的确是电脑软件界规模最大的公司之一，但在思考及工作的方式上，都是以小公司为基准的"。王嘉廉说。

成功绝不是偶然的,大凡成功的人比未成功的人还勤勉努力。但对此,王嘉廉却有着不同于一般人的理解:"我不像人想像中的有很大的工作压力。对我来说,工作如同游戏,已成为我生命的一部分。"他说。热爱自己的工作,因而繁忙的工作也就变成了自己兴趣所致的"努力游戏"。成功只是对这种努力绩效的一种印证,而由努力中得来的愉快与乐趣,才是对生命的回报。

资料来源:和丕禅,现代企业经营管理案例[M].高等教育出版社,2003,7。

**思考题:**
1. 请概括王嘉廉的领导风格。
2. 王嘉廉的领导风格对于他的成功有什么作用?
3. 如果把王嘉廉的领导风格与领导方式直接移植到浙江温州的打火机厂,可能会产生什么结果?为什么?
4. 王嘉廉最值得企业管理者学习的是哪一点?为什么?

# 第十一章 沟 通

**学习目标**

通过本章学习，你应该能够：

掌握沟通的含义与过程；

了解沟通的心理；

了解各种沟通的优缺点；

尝试运用相关理论指导克服沟通障碍。

**开篇实例** 架起组织内部员工沟通的金桥 ——摩托罗拉的做法及启示

摩托罗拉公司以生产寻呼机和手提电话而著称，在通讯业内可谓"大哥大"。1997年，拥有15万员工的摩托罗拉公司销售总额达298亿美元，利润额12亿美元，1997年度《财富》排名93位，而1996年度它还在百名之外（101位）。

也许大家忘不了摩托罗拉寻呼机的广告语："摩托罗拉寻呼机，随时随地传信息。"摩托罗拉的产品成为人们相互沟通、传递信息的友好使者，好似无数座无形的沟通之桥架设于芸芸众生之间。摩托罗拉自身内部员工间沟通又如何呢？

摩托罗拉早在30年前就认识到意见沟通的重要性，并不断实践和完善沟通制度。公司的沟通系统建立在这样一个基本原则上：自然人或法人一旦购买了公司股票，他就成为关联者，有权得到包括公司财务报告在内的公司完整资料，甚至涉及某些商业机密的管理资料。

摩托罗拉的管理者注意到不同职位的人需要不同的沟通方式。上司预期下级向他报告，同级希望和同级分享，下级需要上级的指示。配合组织结构，依据信息流通的方向，沟通系统可分为上行沟通、下行沟通和平行沟通。摩托罗拉的沟通系统因此分为三部分：一是每月召开的员工协调例会（上行沟通）；二是每年举办的主管汇报会（下行沟通）；三是每年举办的员工大会（平行沟通）。

一、员工协调例会和意见箱

30年前，摩托罗拉公司就开始施行员工协调例会制度。在会议中，管理人员和员工聚集一堂，商讨彼此关心的问题。在公司的总部、各分部、各基层都组织协调会议。这看起来有些类似法院，逐层逐级反映上去，以公司总部的首席代表会议为最高机构，员工协调会议是标准的上行沟通途径。公司内共有几百个这样的组织。如果在沟通过程中，有些问题不能在基层协调会上得到解决，则会逐级反映上去，直到有圆满答复，基层协调会上讨论的可以是很具体、很现实的琐碎小事。但如果是有关公司的总政策，那就一定要在首席代表会上才能拍板决定。为保证员工意见能迅速逐级反映上去，基层员工协调会议应先于高层协调会议召开。

摩托罗拉员工协调会议上都讨论些什么呢？下面摘编几条纪要。

问①：公司规定工作满5年后才能有一个月的带薪休假，能否放宽规定将期限缩短？

答：公司在员工福利待遇方面做了很多工作，诸如团体保险、退休金计划、医疗保险制度等。对于员工休假计划,管理层将继续秉承以往精神,仔细考虑这一问题。随后呈报上级,如获批准,将马上实行。

问②:公司自助食堂菜价偏高、味道太过辛辣、可否加以改进?

答:食堂菜价偏高是由于近期本地菜农罢工,菜源紧张所致,公司总务部正加紧联系外地新鲜蔬菜,相信菜价会相应调低。另外,食堂将再招聘一名厨师以丰富品种,满足员工不同口味。

## 二、主管汇报会

摩托罗拉公司的下行沟通形式是主管汇报会。它类似于管理层的述职报告会,所不同的是,述职报告面对公司董事会,主管汇报会面对全部员工。

主管汇报会每年举办一次,公司管理层经过一年的工作,把经营的成果和当前的问题整理成报告,对广大员工作个交代。报告公司发展状况、经营业绩、财务分析、员工福利改善、面临挑战、公司管理。它由上层传至下层。

在1995年主管报告会上,当时董事长罗伯加尔温通报以下情况:60%的雇员达不到美国七年级的数学水平,所以管理层下令将工资额的1.5%用于培训,这一比例后来上升到4%。投入大量财力,向每个员工每年提供至少40小时培训时间,并在大约2000年,将培训时间增加4倍。

## 三、员工大会

摩托罗拉的员工大会,也是比较有特色的。它是一种平等沟通方式,是平等阶层之间的沟通,例如部门经理与部门经理之间,科员与科员之间,大多是不同部门间地位相当的员工。员工大会时间大约3小时,由总公司委派代表主持会议,各部门均参加,先由主席作报告,然后开始讨论,员工大会不同于员工协调会。提问一定要有一般性、全局性,有关私人、个人的问题是禁止提出的,对提问一律尽快解答。

下面列举一些纪要,对大会内容可窥一斑。

问①:目前经济滑坡,各大公司纷纷裁减员工,摩托罗拉是否也有此打算?

答:目前经济不景气是事实,但通讯行业蒸蒸日上,海外市场前景看好,本公司在短时间内并无解雇员工的计划,只要员工勤奋工作,公司会给予公正待遇的。

问②:现在公司将员工的退休保险基金投资于证券市场,是否太过冒险?如果证券市场行情看跌,员工遭受损失怎么办?

答:公司将退休保险基金投资于证券市场是经过深思熟虑的。我们比较了几种常用的投资方式,还是觉得投资于证券市场较易实现保值增值。为规避证券市场风险,公司专门委托了几位财务专家,挑选了几个收益稳定的证券品种进行投资,避开了价格波动较大的股票。正常情况下是可以维护收益的。另外,公司将讨论设定一个最低年收益率,例如7%,来担保员工的利益。

除以上正式沟通外,公司还开辟了其他一些非正式的沟通渠道。例如不定期举办野餐会,了解熟悉每一个员工。

资料来源:www.wanfangdata.com.cn

摩托罗拉早在30年前就认识到意见沟通的重要性,并不断实践和完善沟通制度,也成就今天的摩托罗拉。沟通渗透于组织管理活动的各个方面,沟通不仅是组织经营管理中的润滑剂,更是组织落实经营管理思想的重要工具。沟通是组织有效性的一个核心成分,也是管理者的一项重要职能。组织中存在着大量的问题,往往是由于沟通不畅而造成的。因此,有效沟通对于管理者来说不容忽视,组织必须建立合理的沟通机制,加强对沟通活动的管理,以确保各项工作的顺利进行,组织目标得以实现。

# 第一节 沟通概述

## 一、沟通与管理

沟通,并不是什么新鲜名词,有了人类的出现,就有沟通的产生,有人的地方,就有沟通的存在。但没有任何时候像今天,沟通变得如此重要,我们经常需要与家人、朋友、同事、领导、客户沟通等等。只要你不是在一个孤岛上,只要你生活在这个社会上,你就需要与人沟通、交流,只要有人存在,就少不了沟通,可谓沟通无处不在。

沟通(communication)是指信息(message)在两个或者两个以上的人群中传递和理解的过程。由定义可知,沟通首先是一个信息传递的过程,传递是沟通发生的出发点,信息没有被传递,沟通也就不会发生。此外,沟通的进行还要有对信息的理解,信息被理解了沟通才能成功。两个来自不同国家的人如果都使用对方听不懂得母语进行交流,沟通就无法进行。所以真正的沟通既包括信息成功的传递,也包括接受者对信息准确的理解。

管理的过程其实是一个通过发挥各种管理功能,充分调动人的积极性,提高机构的效能,实现企业共同目标的过程。因此从一定意义上讲,沟通就是管理的本质,管理离不开沟通。著名组织管理学家巴纳德认为"沟通是把一个组织中的成员联系在一起,以实现共同目标的手段"。没有沟通,就没有管理。美国通用电气(GE)公司的前CEO杰克·韦尔奇认为当今的企业比以往任何一个时期更需要沟通,对企业来讲,可谓沟通时代的来临。享誉世界的美国未来学家约翰·奈斯比特指出未来竞争是管理的竞争,竞争的焦点在于每个社会组织内部成员之间及其外部组织的有效沟通上。

有两个数字可以很直观地反映沟通在企业里的重要性,就是两个70%。第一个70%,是指企业的管理者,实际上70%的时间用在沟通上。第二个70%,是指企业中70%的问题是由于沟通障碍引起的。比如,企业常见的效率低下的问题,往往是有了问题后,大家没有沟通或不懂得沟通所引起的。

另一项调查表明,在企业中,生产工人每小时进行16～46分钟的沟通信息活动;对于基层管理人员来说,他们工作时间的20%～50%用于同各种人进行语言沟通,如果加上各种方式的文字性沟通,诸如写报告,最高可达64%;而经理人员在工作时间内则有66%～89%的时间用于语言沟通,企业领导人经常开会,找人谈话,下基层,其中很大一部分属于沟通信息的内容。由此可见,组织中的每个人都有大量的时间在进行着沟通。

## 二、沟通在管理活动中的作用

现代组织处于一个复杂的网络关系之中，员工之间、各部门之间、组织上下级之间、工作团队之间以及组织之间、组织与客户之间无不存在着广泛的沟通，他们特别需要彼此进行沟通，互相理解，互通信息。沟通在管理中的具体作用主要体现在以下几方面：

1. 沟通促进信息的流通和获取，有助于使个人和组织做出正确的决策。任何组织机构的决策过程，都是把情报信息转变为行动的过程，准确可靠而迅速地收集、处理、传递和使用情报信息是决策的基础。任何决策都会涉及到干什么、怎么干、何时干等问题。每当遇到这些急需解决的问题，管理者就需要从广泛的沟通中获取大量的信息情报，然后进行决策，或建议有关人员做出决策，以迅速解决问题。

2. 沟通促使组织员工协调有效地工作，增强组织的凝聚力。组织中各个部门和各个职务是相互依存的，依存性越大，对协调的需要越高，而协调只有通过沟通才能实现。缺乏恰当的沟通，管理者对下属的知道也不会充分，下属就可能对分配给他们的任务和要求他们完成的工作有错误的理解，使工作任务不能正确圆满地完成，导致企业在效益方面的损失。

3. 沟通有利于领导者激励下属，建立良好的人际关系和组织氛围，提高员工的士气。除了技术性和协调性的信息外，企业员工还需要鼓励性的信息。良好的沟通可以使领导者了解员工的需要，关心员工的疾苦，在决策中就会考虑员工的要求，以提高他们的工作热情。人一般都会要求对自己的工作能力有一个恰当的评价。如果领导的表扬、认可或者满意能够通过各种渠道及时传递给员工，就会造成某种工作激励。同时，企业内部良好的人际关系更离不开沟通。思想上和感情上的沟通可以增进彼此的了解，消除误解、隔阂和猜忌，即使不能达到完全理解，至少也可取得谅解，使企业有和谐的组织氛围，所谓"大家心往一处想，劲往一处使"就是有效沟通的结果。

4. 沟通能够加强组织与外部环境的联系。组织必然要和客户、政府、社会团体、公众、原材料供应商、竞争者发生各种各样的联系。组织为了满足客户的需要，需要对客户的需求特点有充分的了解，组织的生产经营也必须遵守政府的法规法令，组织要担负一定的社会责任，也需要从银行金融机构获得资金支持，以较低的成本获得较好的原材料，并且在市场中取得竞争优势，这些活动无一不依赖于有效的沟通。良好的沟通使组织更好的了解外部环境的变化进而做出相应的调整，更好的适应环境。

5. 沟通有助于拓展员工的思维，提高员工的工作能力。一个人无论其多么优秀，他的能力都是很有限的。个人拥有的知识、技能和经验往往会限制个人的思维和行为，尤其是在面临新的环境和新的问题时，如果只是固执己见、墨守陈规，就很难有效地开展工作。而如果通过与别人的进行良好的沟通，可以从中获取更加全面的相关信息，进而拓展自己的思维，改变原有的思考方式和工作方法，提高工作能力，促进组织的发展。

6. 沟通有利于加强组织的文化建设。塑造优秀的企业文化并非一朝一夕，需要长期的努力方可见效，在这个努力的过程中，建立一个畅通的内部沟通机制是必不可少的。一个良好的沟通机制将能有效地整合情感要素，充分尊重员工的感情需求，使员工能够达成精神层面的充分交流，把心理话和内心情感尽量表达出来，调整好自己的位置、行为的位置和心态的位置，从而在员工内心深处激发起对企业的向心力、凝聚力和归属感，创造一种良好的和谐的积极向上的企业文化氛围。通过充分的沟通与交流，可以降低企业文化建设过程中的阻力，有利于企业文化快速传播和植根于每位员工的心中。

　　总而言之，企业内部良好的沟通文化可以使所有员工真实地感受到沟通的快乐和绩效。加强企业内部的沟通管理，既可以使管理层工作更加轻松，也可以使普通员工大幅度提高工作绩效，同时还可以增强组织的竞争力，因此组织应该从战略意义上重视沟通！

---

### 相关链接

#### 管理者必看的沟通电影《千里走单骑》

　　《千里走单骑》是一部由张艺谋导演的继《英雄》、《十面埋伏》之后"回归真实"中的一部好影片。影片中主人公在丽江确有其人，几个演员由真人扮演，据说老谋子是无意间获悉这个故事，被这个故事感动，所以才决定将它搬上影幕。

　　故事描述的是日本高田先生（高仓健扮演）因为某些原因和自己的儿子高田健一十几年没说过话，获悉儿子患病住院前去探望，儿子却拒绝见面。为了完成儿子最后的夙愿，千里迢迢，只身一人跑到中国丽江拍李加民的面具戏《千里走单骑》。而此时李加民因为伤人被判刑关进监狱，高田先生费尽周折，想方设法走进监狱拍李加民的戏，而李加民因为想自己未见过面的儿子（私生子），痛哭流涕，演不下去。高田先生决定去他儿子（扬扬）所在的石头村把他接过来，让他们父子见见面，而这中间又发生了一幕幕故事，结果是扬扬半路出逃，不愿见这个未见过面的、"天上掉下来的父亲"，高田先生从这件事中终于找到健一不愿意见他的原因，此时，健一在医院已患肝癌去世，临终前得知父亲去中国为自己拍戏，原谅了自己的父亲，故事情节甚是曲折感人。

　　故事中所体现出更多的是"沟通"二字。其实，父亲与儿子、大人与小孩何尝不像老板与员工、管理者与被管理者，道理大同小异。

　　很多大人（父亲）常常想当然，做很多事、很多决定全然不顾小孩（员工）的感受，认为让你怎么样你就怎么样，小孩子家什么都不懂，不用去理会他，孰不知，小孩也有自己的想法、感受，违心地去做自己不愿意、不喜欢去做的事，又怎能做好，结果当然不如人意，从中体会到沟通的重要性。要顾及小孩的感受，知道他们心里在想什么，为什么不愿意去做，而非单方面下命令，把小孩呼来唤去，拨来拨去，觉得小孩难管，不听话，不知原因何在，缺乏的就是沟通。小孩（员工）的感受也应受到尊重。

　　现实生活当中，我们很多管理者（家长）经常带着一幅面具，不苟言笑，天天绷着脸，要和员工保持"不远不近、不即不离的距离"，要保持自己的威严，好让员工害怕自己，下命令好执行，不给下属露出自己的真实面目，让员工"捉摸不透"自己，"玩员工于股掌之上"，使自己更具有权威。事实上，让员工敬你比让员工怕你更重要，更有分量。管理者领导和管理下属更多的是自己的人格魅力，而非单单仰仗法定的权力，动不动开除、罚款相要挟，让下属"战战兢兢"，不敢和透漏表达自己的真实想法、真实情况，使员工"敬而远之"，始终保持着一条看不见的"鸿沟"，隔着一堵"墙"。

　　管理者要学着摘下自己的面具，以真实面目示人。要学会沟通，了解下属的想法，知其所想，方能知其所求，"对症下药"。不同员工、不同阶段，用不同的领导风格和管理方式，有的放矢，使效果更好。要与下属坦诚相待，制定管理制度时科学、合理、公平，坚持原则，公事公办，对事不对人，要以人为本。不仅有话要说出来，而且要学会倾听，掌握倾听的技巧，做与到各个层面深度沟通,充分的双向互动交流。

沟通是一位优秀管理者的基本技能。管理的过程就是沟通的过程,管理的实质就是沟通,不会沟通就不会管理。掌握沟通这把"利剑",我们无往而不胜。

资料来源:www.mie168.com/manage

### 三、沟通的过程

从外在形式上看,沟通是一个信息传递的过程。信息要在发送者和接受者之间被传送。信息首先被转化成信号形式(编码),然后通过媒介或通道传送至接受者,由接受者将收到的信号再转译过来(解码),完成了信息由一个人到另一个人的传递过程。图 11-1 反映了沟通的过程。完整的沟通过程包括以下几方面:

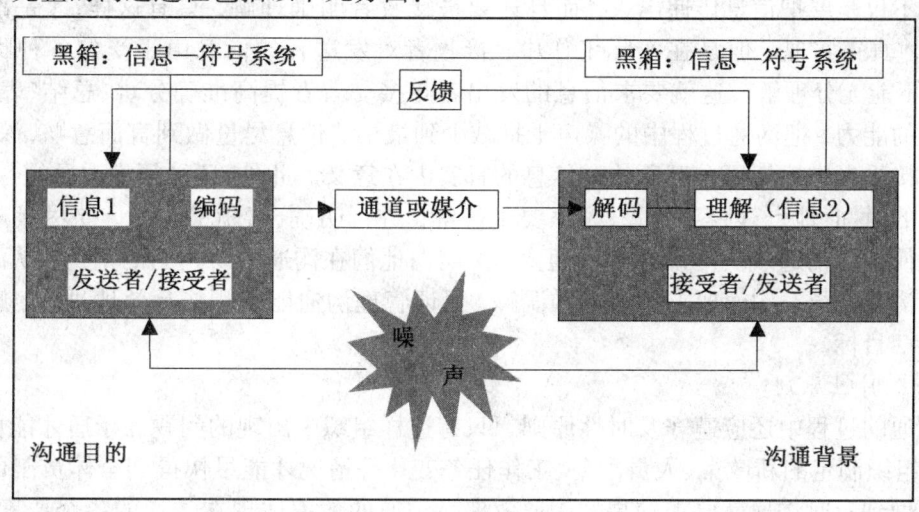

图 11-1  沟通的过程

1. 发送者和接收者。信息的传递是沟通的核心,这意味至少存在着一个信息的发送者和信息的接受者,传递才能完成。在完整的沟通过程中,二者的地位不是固定的,即信息的发送者在下一个信息传递过程中会成为信息的接受者,正是这种地位的互相转换和信息传递的循环往复才使得沟通得以进行。

2. 通道或媒介。在沟通过程中,信息需要利用各种工具和方式进行传递。随着科技的发展,人们可以借用的沟通工具越来越多,沟通方式也更加灵活。衡量一种沟通媒介的要素主要看:(1)反馈的使用和迅速程度;(2)对接收者环境信息的个性化;(3)传递线索的能力。人们可以根据需要选择最合适的工具进行沟通。

3. 信息。信息包括传递的数据和给予数据特定含义的编码符号(语言和非言语),语言和非言语符号自身没有任何意义,它们的意义是由发出者、接收者及情境或环境所创造,发送者的想法、观点和资料都可以成为要传递的信息。信息的质量高低要受到发送者知识、技能、态度、信念和价值观等多方面因素的影响。

4. 编码。赋予发送的信息以个性化的意义。语言和知识能力是编码的关键因素。

5. 解码。赋予接收到的信息以个性化的含义。

6. 反馈。接收者对信息的反应,即反馈接受者把收到并理解了的信息返送发送者,以便发送者对接受者是否正确理解了信息进行核实,通过反馈发送者来了解接受者对信息的理解情况,它使沟通成为一个动态的、双向的过程。

7. 噪声。噪声是指对信息的传送、接收或反馈造成干扰和扭曲的因素,噪声的来源是多方面的,人为的或客观的。噪声的存在会影响接受者对信息的理解,使得沟通的效率大为降低。

8. 沟通的目的和背景。沟通的目的和背景是沟通活动进行的基础,它影响着沟通的方式和过程。

## 四、沟通的原则和要求

### (一)准确性原则

沟通不仅是要把信息传递出去,而且还要被接收者明确理解,只有这样,才是准确的信息,沟通才真正实现。但是在实际工作中,接收者对发送者的信息由于受到各种噪声的影响,往往不能充分理解。这就要求信息的发出者与接受者者提高准确分辨、总结、表达、传递管理信息的能力,把沟通过程中的噪声干扰减少到最小。信息尽量做到言简意赅,深入浅出,便于信息接受者准确把握自己所传递信息的真实内在意义。此外,还必须将沟通的各项事宜,如把沟通的时间、地点、内容、方式、频率要求等等,进行明确、清晰的告示,要尽量避免含糊不清。要使全体沟通成员准确理解沟通要求,明白他们在沟通中所担当的角色,从而最大限度地排除沟通成员对沟通要求的模糊和误解,保证管理沟通能够顺畅高效地进行,顺利达到沟通的预期目标。

### (二)及时性原则

在沟通的过程中还应遵守及时性原则。只有这样组织中出现的问题和矛盾才能更快地得到解决,组织制定的新政策、人员配备、工作任务变化等情况才能尽快得到全体员工的理解和支持。要做到及时沟通就要求较高的沟通效率。沟通的效率体现在沟通的各个要素与环节。如编码有编码的效率,发送有发送的效率,渠道有渠道的效率,接受有接受的效率,解码也有解码的效率,就连噪音也有其效率:噪音高,必然影响沟通达到更高效率;噪音低,在客观上有利于提高沟通效率。以远程正式书面沟通渠道效率为例。远程正式书面沟通在现代至少可以采用以下几种渠道:一是业务信件;二是业务传真;三是电子邮件等等。在一般正常情况下,电子邮件沟通效率最高,传真次之,信件较差。所有这些沟通过程的要素与环节的效率,最后都反映到整个沟通活动上来,构成了组织沟通活动的总体效率。

### (三)完整性原则

沟通的完整性原则强调的是沟通过程的完整无缺。企业在设置沟通模式时,必须注意使每一个沟通行为过程均要素齐全,环节齐全,既要有明确的信息发送者和接受者,还要有具体的沟通渠道和方式,尤其是不能缺少必要的反馈过程。只有沟通的过程完整无缺,管理信息的流动才能畅通无阻、沟通的职能才能够充分实现。

### (四)灵活性原则

组织内的沟通的形式应该是灵活多变的,并不是所有的沟通都需要是正式的。事实上,在实际中大量的沟通是非正式的。当然,只有当管理者使用非正式的渠道来补充正式渠道的信息沟通时,才会产生最佳的沟通效果。非正式渠道传递信息的原因是一些信息不适合用正式渠道来传递。所以，企业应该鼓励管理者采用非正式的渠道传达并发送和接收必要的信息，以辅助正式渠道做好管理沟通和协调工作，为达到企业目标做出共同努力。

（五）互动性原则

在沟通过程中，沟通的双方或多方（信息发出者和接受者）应当全部进入沟通系统和沟通角色，沟通必须是双向的交流过程，而不应当是单向或其中一方信息处于封闭或半封闭状态。也就是说，成功的管理沟通必须是在沟通主体之间互动的，双方处于平等交流地位的沟通。而不是一方强迫另一方接受自己的信息，或人为地拒绝接受对方的信息，即双方均应当对沟通同时具有适当、及时、同步的反应，互相理解，充分把握住了对方所传达信息的意义，这样才能保证沟通的顺利完成。

（六）连续性原则

大多数沟通行为过程都不是一次沟通就可以一劳永逸地完成沟通工作任务，而是要通过反反复复多次的沟通，才能较好地履行和完成沟通的工作职责。这就要求在沟通过程中保持沟通在时间、沟通模式、沟通内容上的连续性。时间上的连续性要求沟通行为要持续地进行，而沟通模式上的连续性原则要求沟通者选择合适高效简捷模式，并且要考虑到人们的习惯，尽量使其具备操作上的连续性。内容上的连续性与模式上的连续性均是从提高沟通的熟练与效率角度出发考虑问题。

## 第二节　人际沟通和组织沟通

沟通包括了人际沟通（interpersonal communication）和组织沟通（organizational communication）两大方面。组织沟通是人际沟通在组织活动中的一种表现和应用形式，主要指组织中沟通的各种方式、网络和系统。

### 一、人际沟通

人际沟通是指存在于两人或多人之间的沟通，是一种最常见的沟通形式，普遍存在于组织的经营活动中，它是组织沟通的基础。组织中的人际沟通是指组织中的个体成员如何将个体目标和组织目标相联系的过程。每个组织都有数人、数十人、数百人甚至更多的人组成，他们在从事着组织内许许多多的具体工作。由于个体地位、能力和利益的差异，她们对企业目标的理解、所感受的信息和工作的方式都不尽相同，这就使得各个体的目标有可能偏离企业的总目标，甚至完全背道而驰。因此有效的人际沟通在组织活动中是必不可少的，它可以更好地协调组织相关人员更好地完成工作。

人际沟通活动中常用的沟通形式有：口头沟通、文字沟通、非言语沟通和电子媒介沟通。

（一）口头沟通（oral communication）

利用口语进行沟通是这是运用最为广泛的沟通方式，它是一种高度个人化地交流思想、内容和情感的方式，它可以是面对面的谈话，也可以是通过一些现代化语音工具进行，常见的口头沟通方式有：交谈、讲座、讨论会、电话、语音聊天等。

口头沟通为沟通双方提供了更多的平等交换意见的可能性。人们通过沟通信息的内容培育相互之间的理解。但它也有局限性。一是语义，不同的词对不同的人有不同的意义；二是语音，语调使意思变得复杂，不利于意思的传递。意思会因人的态度、意愿和感知而被偷换。人们推知的意思可能是正确的也可能是不正确的。据估计，在口头沟通中最终原汁原味地保留下来的内容不超过原来信息的20%。有关研究表明，知识丰富、自信、发音清晰、语调和善、诚意、逻辑性强、有同情心、心态开放、诚实、仪表好、幽默、机智、友善等都能有效促进口头沟通。

（二）文字沟通（written communication）

当组织或管理者的信息必须广泛地向他人传播或信息必须保留时，以报告、备忘录、信函、电传、信件等文字形式就是一般情况下口语形式往往所无法替代的。文字形式可以使沟通者精确地表达他所想传递的信息，并有机会在给接受者发送之前充分地准备、组织这则信息。此外，文字形式所传达信息的准确性高，书面材料是准确而可信的依据，比起口头沟通要正式。文字沟通也存在一些问题，比如，编写文字材料比较费时，在有些情况下不能得到及时的反馈，有关的部门没有机会对该信息进行讨论等等。现代通讯技术能够在一定程度上解决这些问题。但在一个有数千名职员的大型企业中，文字沟通可能是最方便的沟通途径。

采用文字进行沟通的原则有以下几个方面：(1)文字要简洁，尽可能采用简单的用语，删除不必要的用语和想法。(2)如果文件较长，应在文件之前加目录或摘要。(3)合理组织内容，一般最重要的信息要放在最前面。(4)要有一个清楚明确的标题。

（三）非言语形式（nonverbal communication）

它是不经由言语表达的沟通，一些极具意义的沟通既非口头形式也非文字形式。如十字路口的红灯、学校里的铃声等都有效的向人们传递了信息。非言语沟通的信息意义十分明确、内涵丰富，含义隐含灵活，但是也具有传递距离有限、界限模糊、只能意会不能言传等等缺陷。

非言语沟通常见形式有三种，即肢体语言沟通、副语言沟通、物体操纵即道具沟通。其中最为人熟知的就是肢体语言了，它是指传达意义的手势、脸部表情和其他肢体动作。比如，微笑、愤怒和温和的表情所传递同一个信息的效果是截然不同的。此外，利用空间沟通人与人之间的距离远近，是站着还是坐着，以及办公室的设备和摆设等等，均会影响到沟通。在各种组织中，不同的地位和权力通常由空间的安排显示出来，高层管理者一般拥有宽敞、视野良好以及高品位摆设的办公室，不同档次的宾馆及餐饮业也可以通过空间的信息表达出来。利用衣着沟通人们衣着的不同可给对方传达一定的信息。因为衣着可明显影响人们对不同的地位、不同的身份、不同的群体的认知。

非言语沟通往往会伴随着口头沟通进行，所以它往往会对有效沟通造成极大影响，这一点在沟通中必须引起足够的重视。在沟通过程中我们既要观察理解对方的非语言信息，也要适当地发出自己的非语言信息，这样就可以了解对方的真实意图、情绪，以便能适时采取应对措施，引导出想要的结果，同时也可以更快更好地表达自己的信息用意，轻松地达成沟通目的。

（四）电子媒介沟通

我们现在依赖各种各样复杂的电子媒介来传递信息。除了常见的媒介（如电话电报、邮政等）之外，我们还拥有闭路电视、计算机、静电复印机、传真机、移动电话等一系列电子设备，将这些设备与言语和纸张结合起来就产生了更有效的沟通方式。其中发展最快的应该是互联网了。人们可以通过计算机网络快速传递书面及口头信息。如电子邮件迅速而廉价，并可以同时将一份信息传递给若干人;网络聊天工具不仅用于人们的休闲娱乐中,也成了组织内开展工作的一种有效的沟通方法。视觉感知是影响思想的一个很有潜力的工具。人们更易于理解并保留视觉印象而不是文字印象。由于人脑保留视觉形象的时间比保留语音文字的时间长,所以,现代通讯技术可作为一个极好的工具用来支持和强化其他形式的沟通。正在出现的"信息高速公路"就是一个例子,它能为增强沟通效果发挥重要的作用,有利于在一个语境下,理解信息传播者的真实含义。

二、组织沟通

(一)正式沟通(formal communication)与非正式沟通(informal communication)

1. 正式沟通及其特点。正式沟通是指在组织系统内,依据一定的组织原则、通过组织正式组织系统渠道所进行的信息传递与交流。例如组织与组织之间的公函来往,组织内部的文件传达、召开会议,上下级之间的定期的情报交换等。另外,团体所组织的参观访问、技术交流、市场调查等也在此列。正式沟通畅通无阻,组织的生产经营活动及管理活动的才会井然有序,反之,整个组织将陷入紊乱甚至瘫痪状态。因此,正式沟通渠道必须灵敏而高效。

正式沟通的优点是比较严肃正规、约束力强、权威性高、参与沟通的人员普遍具有较强的责任心和义务感,从而易保持所沟通的信息的准确性及保密性、沟通效果好。重要的信息、文件和政策的传达、组织的决策等,一般都采取这种沟通方式。其缺点是对组织机构依赖性较强、依靠组织系统层层的传递而造成速度迟缓,沟通形式刻板,如果组织管理层次多,沟通渠道长,容易导致信息失真,造成信息损失。

2. 非正式沟通及其特点。非正式沟通指的是正式沟通渠道以外的信息传递和交流。这类沟通主要是通过个人之间的接触来进行的,它不受组织监督,自由选择沟通渠道,比较灵活方便。例如组织成员私下交流、朋友聚会、工会组织的文娱活动、个人走访,传播谣言和小道消息等都属于非正式沟通。非正式沟通中往往能表露人们的真实想法和动机,还能提供组织没有预料的或难以获得的信息。

与正式沟通相比,非正式沟通有以下特点:(1)信息传递速度较快。由于这些信息与职工的利益相关或者是他们比较感兴趣的问题,再加上没有正式沟通的那种繁琐的程序,信息传播速度大大加快。(2)信息比较准确。据国外研究表明,它的准确率可高达95%。一般来说,非正式沟通中信息的失真主要来源于形式上的不完整,而不是提供无中生有的谣言。人们常把非正式沟通与谣言混为一谈,这是缺乏根据的。(3)能够缓解工作压力,增进人际关系,更符合员工的实际需要。由于非正式沟通的形式和内容自由,不是基于管理者的权威,也不受组织制度的制约,而是出于职工的愿望和需要,因此,这种沟通常常是积极的,卓有成效,并且可以满足职工们的安全的需要,社交的需要,尊重的需要。(4)沟通效率较高。非正式沟通一般是有选择地、针对个人的兴趣传播信息,正式沟通则常常将信息传递给本人不需要它们的人。(5)非正式沟通有一定的片面性。非正式沟通中的信息常常被夸大、曲解,因而需要慎重对待。

非正式沟通的优点是,沟通形式不拘,直接明了,速度很快,容易及时了解到正式沟通难以提供的"内幕新闻"。非正式沟通能够发挥作用的基础,是团体中良好的人际关系。其缺点表现在,非正式沟通难以控制,传递的信息不确切,易于失真、曲解,而且,它可能导致小集团、小圈子,影响人心稳定和团体的凝聚力。

非正式沟通是正式沟通的有机补充。在许多组织中，决策时利用的情报大部分是由非正式信息系统传递的。同正式沟通相比，非正式沟通往往能更灵活迅速的适应事态的变化，省略许多繁琐的程序；并且常常能提供大量的通过正式沟通渠道难以获得的信息，真实的反映员工的思想、态度和动机。因此，这种动机往往能够对管理决策起重要作用。

（二）组织沟通的信息流向

1. 向上沟通（upward communication）。向上沟通主要是指组织员工和基层管理人员通过一定的渠道与管理决策层所进行的沟通交流，在这个过程中，信息是由下属人员向上层管理者传递。如下级向上级反映意见、汇报工作情况、提出意见和要求、解决与客户或同事发生的纠纷等。向上沟通是管理者了解下属和一般员工对于工作、同事及整个组织的意见及想法的重要途径。

向上沟通常有两种表达形式：一是层层传递，即依据一定的组织原则和组织程序逐级向上反映，下属和自己的直接上级领导进行沟通。如员工和班长、班长和车间主任的沟通等。这种沟通形式在组织中较为普遍。二是越级反映。是指组织员工向比自己的职位高两级或以上的领导反映，如基层员工和车间主任、基层员工和公司总经理的沟通都属于此类。这种沟通形式的使用较少，往往是在紧急事件发生或员工和直接上司产生沟通障碍时才会出现。

向上沟通的优点是：员工可以直接把自己的意见向领导反映，获得一定程度的心理满足，并且使问题得到实际的帮助和解决；管理者也可以利用这种方式了解企业的经营状况，与下属形成良好的关系，改进自己的工作，提高管理的水平。向上沟通的缺点是：在沟通过程中，下属因级别不同造成心理距离，形成一些心理障碍，在沟通过程中不能畅所欲言；还有些员工由于担心自己的意见会遭到领导的嘲笑或打击报复，不愿反映工作中出现的各种问题。有时，由于特殊的心理因素，经过层层过滤，导致信息严重失真甚至扭曲，出现适得其反的结果。因此向上沟通常常效率不佳。上行沟通畅通无阻，各层次管理人员才能及时了解工作进展的真实情况，了解员工的需要和要求，体察员工的不满和怨言，了解工作中存在的问题，从而有针对性地做出相应的决策。为此上行沟通中应防止信息层层"过滤"，尽量保证真实性和准确性。

2. 向下沟通（downward communication）。向下沟通是指信息自上而下的沟通，即管理者通过向下沟通的方式传送各种指令及政策给组织的下层，其中传递的信息一般包括：(1)企业战略有目标。(2)管理制度和政策。(3)有关工作的指示。(4)工作内容的描述。(5)工作程序。(6)有关员工绩效的反馈。(7)组织举行的各种临时活动。向下沟通渠道的优点是，下行沟通顺畅可以帮助下级主管部门和组织成员明确工作的任务、组织的目标要求和领导的意图，增强员工的责任感和归属感。它也可以增强上下级之间的联系，协调组织内部各个层次的活动，加强组织原则和纪律性，使组织各项工作正常的进行下去。向下沟通渠道的缺点是，如果这种渠道使用过多，会在下属中造成高高在上、独裁专横的印象，使下属产生心理抵触情绪，影响团体的士气。此外，由于来自最高决策层的信息需要经过层层传递，容易被耽误、搁置，有可能出现事后信息曲解、失真的情况，对组织工作产生负面的影响。

就比较而言，向下沟通比较容易，居高临下，甚至可以借助于组织广播台、电视台、组织网络平等传播工具进行广泛宣传，信息更容易被传递和理解；向上沟通则困难一些，它要求基层领导深入实际，及时反映情况，做细致的工作，拓展各种沟通渠道，鼓励和带动下属员工的积极性。一般来说，传统的管理方式偏重于向下沟通，管理风格趋于专制；而现代管理方式则是向下沟通与向上沟通并用,强调信息反馈,增加员工参与管理的机会。

3. 水平沟通(lateral communication),又称为横向沟通。水平沟通指的是组织内部平行机构之间或同一层级人员之间的信息交流。如组织内部各职能部门之间、车间之间、班组之间、员工之间的信息交流。在企业管理中,水平沟通又可具体的划分为四种类型。一是高层管理人员之间的信息沟通;二是企业内各部门之间的信息沟通;三是中层管理人员之间的信息沟通;四是一般员工之间的信息沟通。通常采取非正式沟通的形式,组织很多政策和规章制度的制定前,不同部门的管理人员之间往往会进行多次的非正式沟通。

横向沟通具有很多优点:第一,它可以使办事程序、手续简化,节省时间,提高工作效率。第二,它可以加强各部门之间的联系、了解、协作与团结,减少各部门之间的矛盾和冲突,有助于培养整体观念和合作精神。第三,它可以增加职工之间的互谅互让,培养员工之间的友谊,改善人际关系满足职工的社会需要,使职工提高工作兴趣,改善工作态度。其缺点表现在,横向沟通头绪过多,信息量大,易于造成混乱。此外,横向沟通尤其是个体之间的沟通也可能成为员工发牢骚、传播小道消息的一条途径,造成涣散团体士气、不利于团结的消极影响。

4. 斜向沟通(diagonal communication)。是指处于不同层次的没有直接隶属关系的成员之间的沟通,这种沟通往往发生在同时跨工作部门和组织层次的员工之间。如人力资源主管就员工的工作业绩和员工所在班组长这种沟通了解情况时,就是在进行斜向沟通,因为这两个人既不在同一部门又不在同一组织层次。斜向沟通常常发生在项目型结构和团队结构的组织中。斜向沟通方式有利于加速信息的流动,提高工作的效率。

这四种沟通方式并存于组织活动中。上行、下行沟通都属于纵向沟通,应尽量缩短沟通渠道,以保证信息传递的快速与准确;横向的平行沟通应尽量做到广泛和及时,以保证协调一致和人际和谐。同时,为加速信息流动可灵活运用斜向沟通。

(三)组织沟通的网络

沟通网络(communication networks)是组织沟通信息的纵向和横向集合而成的各种形态。许多的信息往往都是经过多种渠道、多个环节的传递,才最终到达接受者。沟通的网络主要有五种典型的理想化的形式。这五种基本沟通网络就是链式、轮式、Y式、环式、全通道式。图中每一对字母之间的联线代表一个双向交流通道。见图11-2。

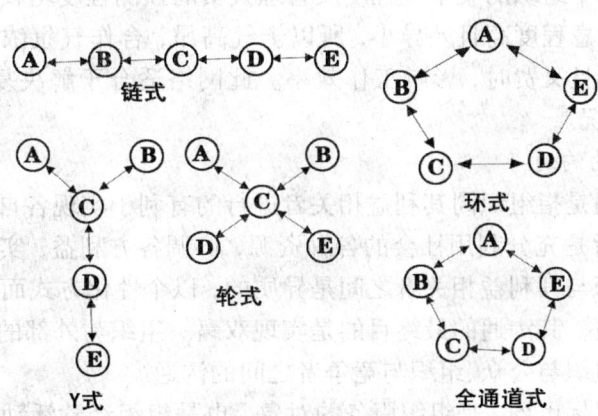

图11-2 五种沟通网络形态

1. 链式沟通。这是一个平行网络,这种沟通方式表示上下级之间单个等级链的沟通。它可以是上行的沟通,也可以是下行的沟通。它是一种单线的、顺序传递的犹如链条状的沟通网络形态。在组织中,这种形式的沟通信息是按照组织的层级设置纵向传递的,属于控制性结构。在这种沟通网络中,沟通信息经过层层传递、筛选,容易失真;各个信息传递者所接收的信息差异很大,平均满意程度有较大差距。

2. 环式沟通。此形态可以看成是链式形态的一个封闭式控制结构,表示5个人之间依次联络和沟通,其中每个人都可以同时与两侧的人沟通信息,也就是组织内的所有成员之间都不分彼此的依次传递信息。在这个沟通网络中,大家地位平等,不存在信息沟通中的领导或中心人物。因此,组织的集中化程度和领导人的预测程度比较低,畅通渠道不多,组织中的成员具有比较一致的满意度,组织士气高昂。

3. Y式沟通这是一个纵向沟通网络,其中只有一个成员位于沟通的中心,成为沟通的媒介,成为网络中拥有信息而具有权威感和满足感的人。这一网络大体相当于组织领导、秘书班子再到下级管理人员或一般成员之间的纵向关系,即组织领导从秘书处收集信息和建议,形成决定后再向下级人员传达命令的这样一种信息联系方式。这种网络的集中化程度高,解决问题速度快;组织中领导人员预测程度较高;除中心人员外,组织成员的平均满意程度较低;易导致信息曲解或失真,影响组织中成员的士气,阻碍组织提高工作效率。此网络适用于管理人员工作任务十分繁重、需要有人选择信息、提供决策依据、节省时间而又要对组织实行有效的控制的情况。

4. 轮式沟通。这种网络只有一个成员是各种信息的汇集点与传递中心,信息由他向周围多线传递,其结构形状像轮盘。在组织中,大体相当于一个主管领导直接管理几个部门的权威控制系统,所有信息都是通过他们共同的领导人进行传递和交流。此网络集中化程度高,解决问题的速度快,管理人员的预测程度高,因此,它是加强组织控制、争时间、抢速度的一个有效的方法。但沟通的渠道很少,组织成员的满意程度低,士气低落。这种网络属于控制网络,领导者在成为信息交流和控制中心的同时可能面临着信息超载的负担。如果组织接受紧急攻关任务,要求进行严密控制,则可采取这种网络。

5. 全通道式沟通。这是一个开放式的网络系统。其中每个成员都有一定的信息沟通联系,彼此了解。此网络中组织的集中化程度及管理人员的预测程度均较低。由于沟通渠道很多,组织成员的平均满意程度高且差异小,所以士气高昂,合作气氛浓厚。但是沟通渠道太多也容易造成混乱,而且又费时,影响工作效率。此网络适合于解决复杂问题、增强组织合作精神、提高士气的情况。

(四)组织与外部的沟通

组织与外部的沟通是指组织同其利益相关者进行的有利于实现各自组织目标的信息交流和传递的过程。其宗旨是充分利用社会的各种资源,协调各方利益,实现组织共生的可持续性发展。其前提是组织与其利益相关者之间是异质的,以个性化方式而存在。组织信息沟通的对方都有存在的价值。其沟通的最终目的是实现双赢。组织与外部的沟通主要包括组织与顾客、组织与供应商、组织与公众、组织与竞争者之间的沟通。

顾客就是组织的目标市场,是组织服务的对象,也是组织经营活动的出发点和归宿。组织的一切经营活动都应以满足顾客的需要为中心。建立与顾客的良好沟通则是组织实现满足顾客需要的重要途径。良好的沟通可以使组织了解顾客的需求特征、购买行为,以及他们对产品和服务的满意程度和市场的变化,从而不断改进组织各方面的工作更好地适应和满足顾客的需求。

中间商是协助组织把产品和服务提供给最终购买者的机构。组织与中间商的关系直接影响着产品的销售。中间商对市场、顾客和产品情况都有着很全面直接的了解,这些情况无疑对组织有很重大的价值。通过沟通使组织与中间商建立良好的关系,使各种信息得以及时反馈,此外,还有助于鼓励中间商更加出色的完成组织产品的分销工作,保证分晓渠道的顺畅。

供应商对组织的经营活动也有着实质性的影响,它所提供的原材料情况直接影响产品的数量、质量和成本。组织为保持与供应商的良好的合作关系,必须加强与供应商的沟通和交流,及时了解供应商的变化和动态。公众是指对组织实现其目标的能力有实际或潜在利害关系和影响力的团体或个人。如金融机构、媒介、政府、社会团体、社区居民和组织等等。组织必须采取积极的措施与各方面进行沟通,力求保持和主要公众的良好关系,以树立良好的组织形象,获得广泛的公众支持,进而保证组织经营的顺利进行。

任何组织都会面对形形色色的竞争对手。面对激励的市场竞争,组织应借助一切可以利用的机会和渠道和竞争者进行适时的交流沟通,能够更多地了解到竞争者和产品市场的情况,如现在很多行业协会或论坛都提供了这样一个机会。这些情况往往是其他手段了解不到的。只有这样才能更好地做到知己知彼,在竞争中取得优势。

20世纪90年代以来,随着企业战略联盟的兴起,组织间的沟通日益成为组织沟通中重要的一环。企业竞争战略的形式之一就是战略联盟。这种合作形式是一种具有清楚明确的"积聚性理念"的多边合作伙伴关系。它以松散的组织方式为特征,在自愿加盟的基础上,以共同的方式,拓展未来的竞争空间,实现"双赢"或"全赢"的市场目的。管理学家们称21世纪的企业竞争主要是企业联盟以及联盟基础上企业网络的竞争。由于这种战略既跨越了资产的约束又跨越了地域的限制,因此这种战略一旦运作起来,其优势是多方面的。西方大多数跨国公司在世界各地广泛采取这种合作战略。而战略联盟的成功与否,在一定程度上取决于战略联盟存在过程的沟通效果。管理这种战略,通常是要建立特别的联络委员会,这一机构一般是由各联盟企业的最高管理层管理负责的。它的主要职责是协调联盟的运行并且监督合作伙伴共同领域中的新动向,加强组织间沟通,以使联盟切实为各成员企业创造价值。组织间沟通的重要基础,一般不是建立市场交易关系基础上的契约关系,而是建立相互信任的互惠关系。如果沟通的主要目标是有关践约和履约的问题,那么组织间的关系就会走向纯粹的市场交易关系,进而失去组织间沟通的本来意义。在经济活动全球化和技术进步日益加快的背景中,组织间沟通对企业联盟正起着越来越重要的作用。有效的组织沟通是巩固战略联盟,增强企业竞争力的重要手段。

## 第三节 有效沟通的障碍及其克服

### 一、有效沟通及其特征

有效沟通,简单地说就是传递和交流信息的可靠性和准确性高,它表明了沟通主体(发送者和接受者)对内外噪音的抵抗能力。一个有效的沟通不仅要求信息发送者清晰地表达信息的内涵，以便信息接收者能确切理解，它还要求信息发送者重视信息接收者的反应并根据其反应及时修正信息的传递，免除不必要的误解，二者缺一不可。有效沟通一般具备以下特征：

1. 有效沟通的信息具有真实性。有效沟通必须是有真实的意义信息被传递，如果传递的信息是无意义的、不真实的，会浪费大量的人力、物力资源，甚至有可能带来负面影响。

2. 有效沟通的信息具有完整性。有效沟通的信息在传递过程中是完整无损的。信息既没有被任意添加，也没有被任意减少或扭曲。

3. 有效沟通的主体具有共时性。有效沟通的信息是由适当的主体发出，并通过适当的渠道传递给适当的另一主体接受，这二者缺一不可。此外，信息接受者必须真正了解或体验或理解管理信息发出者所发出信息的真正含义或意义。

4. 有效管理沟通的代码具有相同性。有效管理沟通的主体传递信息时，使用的是相同的信息代码系统，即信息在发出者那边是以何种代码被编码的，在接受者那里也必须以相同的代码系统来对接受到的信息代码进行解码。

5. 有效沟通的及时性。有效的沟通要求沟通的主体及时地传递信息并给予及时地反馈，提高沟通的效率。任何信息传递和反馈的延迟都会影响沟通的效果。

6. 有效的沟通的渠道是适当的。有效的沟通需要将信息通过适当和必要的沟通渠道进行传递。不同的信息对于传递渠道的选择是有要求的。正确地选择适当的沟通渠道有助于理想地进行沟通，而错误的渠道选择则会产生信息遗失、误读或信息扭曲，导致管理沟通受挫或失败。

7. 有效沟通方式具有灵活性。同一个问题可以用不同的方式进行沟通，不同的时间、地点和场合，沟通方式不是固定不变的，适当的沟通方式会带来更好的沟通效果。

8. 有效沟通的结果和目标具有一致性。最终评价一次沟通的有效性应该以沟通的结果是否与沟通的目标相一致为标准，即沟通应该能够解决组织所面临的现实问题，促进组织的高效运转。

## 二、影响组织有效沟通的因素

在现实的组织活动中，往往不能达到最有效的沟通。由于存在着外界干扰及其他种种原因，不同的人之间、不同的部门和组织之间常常横隔着一道道无形的"墙"，妨碍彼此的沟通。尽管现代化的通讯设备非常神奇，但却无法穿透这种看不见的"墙"。如果沟通的渠道长期堵塞，信息不交流，感情不融洽，关系不协调，就会影响工作，甚至阻碍了整个组织的经营活动的顺利进行。影响有效沟通主要有以下几个方面的因素：

（一）个人因素

个人因素主要包括两大类。一是有选择地接受；另一是沟通技巧的差异。

所谓有选择地接受，是指人们会根据自己的需要、动机、经验、背景及其他个人特点拒绝或片面地接受与他们的期望不相一致的信息。研究表明，人们往往听或看他们感情上有所准备的东西，或他们想听或看到的东西，甚至只愿意接受中听的，拒绝不中听的信息。有人曾做过这样的一个试验，请一家公司的23位主管回答"假如你是公司总裁，你认为哪个问题最重要"，结果每个主管都认为从全公司角度出发，自己所负责的部门最重要。销售经理说营销是个大问题，生产经理认为产品是生命，人事经理则回答说现代的管理人是中心。这个试验进一步表明：
(1) 人们只看到他们擅长看到的东西；
(2) 由于复杂的事物可以从各种角度去观察，人们所选择的角度强烈地影响了他们认识问题的能力和方法。

因此，管理人员应该懂得：
(1) 由于各主管人员的偏见在所难免，在做最后决定的时候必须在更高层次上进行协调；
(2) 各部门间如果没有有效的沟通，冲突是不可避免的，因为每个部门主管都认为其他部门的主管不了解"真实"的情况。

除了人们接受能力有所差异外，许多人运用沟通的技巧也很不相同。例如，有的人不能口头上完美地表述，但却能够用文字清晰而简洁地写出来；另一些人口头表达能力很强，但不善于听取意见；还有一些人阅读较慢，并且理解起来比较困难。所有这些问题都妨碍进行有效的沟通。

(二) 组织因素
组织因素具体包括：人际因素、结构因素和文化因素。

1. 人际因素。人际因素主要包括沟通双方的相互信任、沟通双方在组织中的角色地位以及他们之间的相似程度。

信息在社会中的传播是通过独特的"信任"和"不信任"的"过滤器"进行的。这个过滤器能起到这样的作用：如果没有信任，完全真实的信息可能变成不可接受的，而不真实的信息倒可能变成可接受的。一般来说只有受到对方的信任的人而发出的信息，才可能完全为对方所接受。因此有效的信息沟通要以相互信任为前提，这样，才能使向上反映的情况得到重视，向下传达的决策迅速实施。管理者在进行信息沟通时，应该不带成见的听取意见，鼓励下级充分阐明自己的见解，这样才能做到思想和感情上的真正沟通，才能接收到全面可靠的情报，才能做出明智的判断与决策。

在组织内的每一个人，都有其不同的组织角色。例如上层管理者、中层或基层管理人员和员工，其组织角色不同；又如不同职能部门的工作者，也会由于本身属于销售、生产或财务部门，表现为不同的组织角色。由于所担任的组织角色不同，就会产生不同的态度和观点与不同的利害关系，因而每逢接触到什么新的信息时，就会依本身的态度或利害加以评估，因此导致不同的意见和结论。另外，由于在组织中所处的地位差别会造成沟通者疏远感和畏惧感。组织工作的成败在很大程度上取决于上级与上级、领导与员工之间的全面有效的沟通合作。但在很多情况下，这些合作往往会因下属的恐惧心理以及沟通双方的个人心理品质而形成障碍。如果主管过分威严，给人造成难以接近、甚至恐惧的感觉，或者一些管理人员的高高在上、自以为是的心理，不愿了解员工的真正的想法，这都会影响信息沟通的正常进行。

沟通的有效性还与沟通双方间的相似性有着直接的关系。具有相似的个性特征、文化习俗、知识技术水平和职位的人沟通起来更加容易，而且这种相似性越强，他们就越容易达成共识。

2. 结构因素。在管理中，合理的组织机构有利于信息沟通。但是，如果组织机构过于庞大，中间层次太多，那么，信息从最高决策传递到下属单位不仅容易产生信息的失真，而且还会浪费大量时间，影响信息的及时性。同时，自上而下的信息沟通，如果中间层次过多，同样也浪费时间，影响效率。有的学者统计，如果一个信息在高层管理者那里的正确性是

100%，到了信息的接受者手里可能只剩下20%的正确性。这是因为，在进行这种信息沟通时，各级主管部门都会花时间把接受到的信息自己甄别，一层一层的过滤，然后有可能将断章取义的信息上报。此外，在甄选过程中，还掺杂了大量的主观因素，尤其是当发送的信息涉及到传递者本身时，往往会由于心理方面的原因，造成信息失真。这种情况也会使信息的提供者畏而怯步，不愿提供关键的信息。因此，如果组织机构臃肿，机构设置不合理，各部门之间职责不清，分工不明，形成多头领导，或因人设事，人浮于事，就会给沟通双方造成一定的心理压力，影响沟通的进行。

3. 文化因素。个人所处的社会群体也会对沟通产生重要的影响，特别当这种沟通违背这个群体的文化惯例时，表现尤为强烈。一个人的态度很大程度上依赖于他所属群体的观点和态度，特别是在他很珍惜在这个群体中的成员这一身份时。研究表明："在一个群体中最珍视其成员身份的人，他们的观点最不易受那些违反原则的沟通的影响。"这就表明对一个群体的归附程度和这个群体文化准则的内部化之间有着直接的关系。而组织中的沟通正是在一定的组织文化背景下进行的信息的双向的传递过程，因此组织文化因素在组织沟通的有效实现过程中起着关键的作用。组织文化上的不同可表现在思维模式、信念、价值观及共同的风俗习惯等方面，也可表现为信息处理方式的不同。这些都会直接影响到组织中无时无刻不在进行的沟通活动。一个良好的组织文化为沟通活动的进行创造了融洽和谐的氛围，人们对企业各种事物的认知一致，价值判断很容易达成一致，信息的处理和传递更加的直接快速，提高了沟通的效率。一种开放、民主、平等、创新的组织文化，会使成员之间相互信任和友爱，他们可以开诚布公、畅所欲言地进行广泛充分的交流，这将大大增加沟通的有效性。而一个封闭、保守、条规严格的文化体系中，人们之间缺乏应有的信任和坦诚，他们不敢公开发表自己的言论，也不愿去理解他人，以至于深度交流和有效沟通的渠道被一层厚厚的心墙给封堵上了。

（三）技术因素

影响有效沟通的技术因素主要是指沟通双方在进行信息传递时所使用的各种方法和技术。大多数沟通的有效性依赖于沟通者所使用的方法和技术。同样的一个内容使用不同的沟通方式会产生截然不同的效果，如一位领导要表现对某位下属的工作不满意，可以使用公开宣布或私人谈话的方式，后者显然更能够好得让下属认识到自己的不足之处，并愿意积极改进。繁杂的会议、冗长的报告也都影响着有效沟通的进行。计算机网络系统和无线通信技术无疑是当前对沟通有着最重要影响的技术了，如电子邮件、即时信息、音频邮件、传真、电子数据交换、电话会议、可视会议、内部互联网、外部互联网以及移动电话和笔记本电脑等都是。这些信息技术的应用已从根本上改变了人们沟通的方式，它使组织成员间的沟通和信息交换已经不再受空间和时间的约束，信息的传递更加的快捷方便。现代化的组织正越来越多地依赖于这些新的媒介工具进行沟通。但随之而来的也有很多的问题，如计算机病毒、网络黑客的入侵导致的组织内部数据信息被盗取和破坏，组织内部网络无法正常运行。垃圾邮件也困扰着人们对信息的处理、网络速度的快慢会直接影响到信息的传递、移动信号的好坏也决定了人们能否随时随地及时地收到信息。这些问题都会成为有效沟通的障碍。

三、如何克服沟通中的障碍

1. 明了沟通的重要性，正确对待沟通。管理人员十分重视计划、组织、领导和控制，对沟通常有疏忽，认为信息的上传下达有了组织系统就可以了，对非正式沟通中的"小道消息"常常采取压制的态度。上述种种现象都表明沟通没有得到应有的重视,重新确立沟通的地位是刻不容缓的事情。

2. 要学会"听"。对管理人员来说,"听"决不是件轻而易举的事情。"听"不进去一般有下列三种表现:①根本不"听";②只"听"一部分;③不正确地"听"。如何才能较好地"听"呢?表11-3列出了一些要点。

表11-3　　　　　　　　　　　　"听"的艺术

| 要 | 不要 |
| --- | --- |
| 1. 表现出兴趣 | 1. 争辩 |
| 2. 全神贯注 | 2. 打断 |
| 3. 该沉默时必须沉默 | 3. 从事与谈话无关的活动 |
| 4. 选择安静的地方 | 4. 过快地或提前作出判断 |
| 5. 留适当的时间用于辩论 | 5. 草率地给出结论 |
| 6. 注意非语言暗示 | 6. 让别人的情绪直接影响你 |
| 7. 当你没听清楚时,请以疑问的方式重复一遍 | |
| 8. 当你发觉遗漏时,直截了当地问 | |

3. 创造一个相互信任,有利于沟通的小环境。经理人员不仅要获得下属的信任,而且要得到上级和同僚们的信任。他们必须明白:信任不是人为的或天上掉下来的,而是诚心诚意争取来的。

4. 缩短信息传递链,拓宽沟通渠道,保证信息的畅通无阻和完整性。信息传递链过长,减慢了流通速度并造成信息失真,这是人所共知的事实。减少组织机构重叠,层次过多,确实是必须要做的事情。此外,在利用正式沟通渠道的同时,可开辟高级管理人员至低级管理人员的非正式沟通渠道,以便于信息的传递。

5. 建立特别委员会,定期加强上下级的沟通。特别委员会由管理人员和第一线的工人组成,定期相互讨论各种问题。国外的特别委员会通常每年碰头两至六次,并且会前有正式的会议议题,会后公开讨论结果。会中如有问题不能解决,可上报高级管理人员。

6. 职工代表大会。每年一度的职工代表大会为厂长汇报工作提供了良机。厂长将就企业过去一年取得的成绩、存在的问题,以及未来的发展等重大问题通报全体员工,而职工也可以就自己所关心的问题与厂长进行面对面的沟通和交流。

7. 非管理工作组。当企业发生重大问题,引起上下关注时,管理人员可以授命组成非管理工作组。该工作组由一部分管理人员和一部分职工自愿参加,利用一定的工作时间,调查企业的问题,并向最高主管部门汇报。最高管理阶层也要定期公布他们的报告,就某些重大问题或"热点"问题在全企业范围内进行沟通。

8. 加强平行沟通,促进横向交流。一般说来,企业内部的沟通以与命令链相符的垂直居多,部门间、车间间、工作小组间的横向交流较少,而平等沟通却能加强横向的合作。具体说来,可以定期举行由各部门负责人参加的工作会议,其主题是允许他们相互汇报本部门的工作、对其他部门的要求等等,以便强化横向合作。

### 四、实现有效沟通的模式

1. 运用反馈

很多沟通问题是直接由于误解或不准确造成的。如果管理者在沟通过程中使用反馈回路，则会减少这些问题的发生。这里的反馈可以是言语的，也可以是非言语的。

当管理者问接受者："你明白我的话了吗？"所得到的答复代表着反馈。但反馈不仅仅包括是或否的回答。为了核实信息是否按原有意图被接受，管理者可以询问有关该信息的一系列问题。但最好的办法是，让接受者用自己的话复述信息。如果管理者听到的复述正如本意，则可增强理解与精确性。反馈还包括比直接提问和对信息进行概括更精细的方法。综合评论可以使管理者了解接受者对信息的反应。

当然，反馈不必一定以言语的方式表达。行动比言语更为明确。比如，销售主管要求所有下属必须填好上月的销售报告，当有人未能按期上交此报告时，管理者就得到了反馈。这一反馈表明销售主管对自己的指令应该阐述得更清楚。同理，当你面对一群人演讲时，你总在观察他们的眼睛及其他非言语线索以了解他们是否在接受你的信息。

2. 简化语言

由于语言可能成为沟通障碍，因此管理者应该选择措辞并组织信息，以使信息清楚明确，易于接受者理解。管理者不仅需要简化语言，还要考虑到信息所指向的听众，以使所用的语言适合于接受者。记住，有效的沟通不仅需要信息被接收，而且需要信息被理解。通过简化语言并注意使用与听众一致的言语方式可以提高理解效果。比如，医院的管理者在沟通时应尽量使用清晰易懂的词汇，并且对医务人员传递信息时所用的语言应和对办公室工作人员不同。在所有的人都理解其意义的群体内的行话会使沟通十分便利，但在本群众之外使用行话则会造成无穷问题。

3. 积极倾听

当别人说话时，我们在听，但很多情况下我们并不是在倾听。倾听是对信息进行积极主动的搜寻，而单纯的听则是被动的。在倾听时，接受者和改善者双方都在思考。

我们中的不少人并不是好听众。为什么？因为做到这一点很困难，而且常常当个体有主动性时才会做得更为有效。事实上，积极倾听（Active listening）常常比说话更容易引起疲劳，因为它要求脑力的投入，要求集中全部注意力。我们说话的速度是平均每分钟150个词汇，而倾听的能力则是每分钟可接受将近1000个词汇。二者之间的差值显然留给了大脑充足的时间，使其有机会神游四方。

让自己处于发送者的位置，可以提高积极倾听的效果。不同的发送者在态度、兴趣、需求和期望方面各有不同，因此移情更易于理解信息的真正内涵。一个移情的听众并不急于对信息的内容进行判定，而是先认真聆听他人所说。这使得信息不会因为过早而不成熟的判断或解释而失真，从而提高了自己获得信息完整意义的能力。

4. 抑制情绪

如果认为管理者总是以完全理性化的方式进行沟通，那太天真了。我们知道情绪能使信息的传递严重受阻或失真。当管理者对某件事十分失望时，很可能会对所接受的信息发生误解，并在表述自己信息时不够清晰和准确。那么管理者应该如何行事呢？最简单的办法是暂停进一步的沟通直到恢复平静。

**5. 注意非言语提示**

我们说行动比言语更明确，因此很重要的一点是注意你的行动，确保它们和语言相匹配并起到强化语言的作用。非言语信息在沟通中占据很大比重，因此，有效的沟通者十分注意自己的非言语提示，保证它们也同样传达了所期望的信息。

---

**相关链接　　　　　如何使沟通更顺畅**

有资料表明，企业管理者70%的时间用在沟通上。开会、谈判、谈话、做报告是最常见的沟通方式，对外拜访、约见等。另外企业中70%的问题是由于沟通障碍引起的，无论是工作效率低，还是执行力差，领导力不高等，归根结底都与沟通有关。因此，提高管理沟通水平显得特别重要。那么，如何使沟通更顺畅呢？

(一)首先让管理者意识到沟通的重要性

沟通是管理的高境界，许多企业管理问题多是由于沟通不畅引起的。良好的沟通可以使人际关系和谐，顺利完成工作任务，达成绩效目标。沟通不良则会导致生产力、品质与服务不佳，使得成本增加。

(二)公司内建立良性的沟通机制

沟通的实现有赖与良好的机制，包括正式渠道、非正式渠道。员工不会做你期望他去做的事，只会去做奖罚去做的事和考核他去做事，因此引入沟通机制很重要。应纳入制度化、轨道化，使信息更快、更顺畅，达到高效高能的目的。

(三)从"头"开始抓沟通

企业的老总、老板是个相当重要的人物。老总必须以开放的心态来做沟通，来制定沟通机制。公司文化即老板文化，他直接决定是否能建立良性机制，构建一个开放的沟通机制。老总以身作则在公司内部构建起"开放的、分享的"企业文化。

(四)以良好的心态与员工沟通

与员工沟通必须把自己放在与员工同等的位置上，"开诚布公"、"推心置腹"、"设身处地"，否则当大家位置不同就会产生心理障碍，致使沟通不成功。沟通应抱有"五心"，即尊重的心、合作的心、服务的心、赏识的心、分享的心。只有具有这"五心"，才能使沟通效果更佳，尊重员工，学会赏识员工，与员工在工作中不断地分享知识、分享经验、分享目标、分享一切值得分享的东西。

管理其实很简单：只要与员工保持良好的沟通，让员工参与进来，自下而上，而不是自上而下，在企业内部形成运行的机制，就可实现真正的管理。只要大家目标一致，群策群力，众志成城，企业所有的目标都会实现。那样，公司赚的钱会更多，员工也将会干得更有劲、更快乐，企业将会越做越强，越做越大，为社会创造的财富也就越多。

资料来源：www.chinavalue.net

## 第四节 冲突与谈判

### 一、冲突的起源

冲突是指由于某种差异而引起的抵触、争执或争斗的对立状态。人与人之间由于利益、观点、掌握的信息或对事件的理解都可能存在差异，有差异就可能引起冲突。不管这种差异是否真实存在，只要一方感觉到有差异就会发生冲突。冲突的形式可以从最温和最微妙的抵触到最激烈的罢工、骚乱和战争。

人们之间存在差异的原因是多种多样的，但大体上可归纳为三类。

（一）沟通差异

由于文化和历史背景不同、语义困难、误解及沟通过程中噪声的干扰都可能造成人们之间意见不一致。沟通不良是产生冲突的重要原因，但不是主要的。

（二）结构差异

观察管理中经常发生的冲突绝大多数是由组织结构的差异引起的。由于分工造成组织结构中垂直方向和水平方向各系统、各层次、各部门、各单位、各不同岗位的分化。组织愈庞大、愈复杂，组织分化愈细密、组织整合愈困难。由于信息不对称和利益不一致，人们之间在计划目标、实施方法、绩效评价、资源分配、劳动报酬、奖惩等许多问题上都会产生不同看法，这种差异是由组织结构本身造成的。为了本单位的利益和荣誉许多人都会理直气壮地与其他单位甚至上级组织发生冲突。不少管理者，甚至把挑起这种冲突看作是自己的职责，或作为建立自己威望的手段。几乎每个管理者都会经常面临着与同事或下属之间的冲突。

（三）个体差异

每个人的社会背景、教育程度、阅历、修养，塑造了每个人各不相同的性格、价值观和作风。人们之间这种个体差异造成了合作和沟通的困难往往也是容易成为导致某些冲突的根源。

### 二、冲突管理

传统观点往往只看到冲突的消极影响，把冲突当作组织内部矛盾、斗争、不团结的征兆。因而管理者总是极力消除回避或掩饰冲突。事实上由于沟通差异、结构差异和个体差异的客观存在，冲突也就不可避免地存在于一切组织之中。我们不仅应当承认冲突是正当现象，并且要看到冲突的积极作用。任何一个组织如果没有冲突或很少冲突，任何事情都意见一致，这个组织必将非常冷漠、对环境变化反应迟钝、缺乏创新、万马齐喑、死水一潭。当然如果冲突过多过激也造成混乱、涣散、分裂和无政府状态。

所以组织应保持适度的冲突，使组织养成批评自我批评、不断创新、努力进取的风气，组织就会出现人人心情舒畅，奋发向上的局面，组织就有旺盛的生命力。这就是管理者冲突管理的使命。

当组织缺乏冲突时，管理者应细心地寻找原因，问问自己是否过于看重决策的"意见一致"？是否过分强调"团结、友谊和支持比什么都重要"？是否处理问题过于"中庸"？在用人、奖励、惩罚时，是否过于关注不同意见？或者你是否走到另一极，过于独断专行？是否压制打击过批评者？或者对不同意见者态度过于严厉？最后，你要静下来扪心自问，我是否已被"点头称是的人们"所包围？为了促进冲突，管理者除改变自身的思想观念和工作作风外，还要有意识地鼓励、支持、任用，晋升持不同意见的人。有时为了引起冲突听到不同意见右有意散布一点"小道消息"作为探测气球、问路之石，也可通过引进外人，调整机构等方法改变组织的现状。

缺乏冲突时，希望有冲突，真有冲突时，又有可能害怕冲突，"叶公好龙"这是许多管理者通病。处理冲突实际上是一种艺术，优秀的管理者通常这样处理冲突：

1. 谨慎地选择你想处理的冲突。管理者可能面临许多冲突。其中，有些冲突非常琐碎，不值得花很多时间去处理；有些冲突虽很重要但不是自己力所能及的，不宜插手。有些冲突难度很大，要花很多时间和精力，未必有好的回报，不要轻易介入。管理者应当选择那些群众关心、影响面大、对推进工作、打开局面、增强凝聚力、建设组织文化有意义、有价值的事件，亲自抓，一抓到底。其他冲突均可尽量回避，事事时时都冲到第一线的人并不是真正的优秀管理者。

2. 仔细研究冲突双方的代表人物。是哪些人卷入了冲突？冲突双方的观点是什么？差异在哪里？双方真正感兴趣的是什么？代表人物的人格特点、价值观、经历和资源因素如何？

3. 深入了解冲突的根源。不仅了解公开的表层的冲突原因，还要深入了解深层的、没有说出来的原因。可能是多种原因交叉作用的结果，如果是这样，还要进一步分析各种原因作用的强度。

4. 妥善地选择处理办法。通常的处理办法有五种：回避、迁就、强制、妥协、合作。当冲突无关紧要时，或当冲突双方情绪极为激动，需要时间恢复平静进，可采用回避策略；当维持和谐关系十分重要时，可采用迁就策略；当必须对重大事件或紧急事件进行迅速处理时，可采用强制策略，用行政命令方式牺牲某一方利益处理后，再慢慢做安抚工作。当冲突双方势均力敌、争执不下需采取权宜之计时，只好双方都作出一些让步，实现妥协；当事件十分重大，双方不可能妥协，经过开诚布公的谈判，走向对双方均有利的合作，或双赢的解决方式。

### 三、谈判

#### （一）谈判的方法

谈判是双方或多方实现某种目标就有关条件达成协议的过程。这种目标可能是为了实现某种战略或策略的合作；可能是为了争取某种待遇或地位，也可能是为了减税或贷款；可能是为了弥合相互的分歧而走向联合，也可能是为了明确各自的权益而走向独立。市场经济本身就是一种契约经济，一切有目的经济活动，一切有意义的经济关系都要通过谈判来建立。管理者总是面对无数的谈判对手。

谈判有两种基本方法，零和谈判和双赢谈判。

1. 零和谈判：就是有输有赢的谈判，一方所得就是另一方所失，一方赢就是另一方输。零和谈判为什么能成功？这是因为双方的目标都有弹性并有重迭区存在，重迭区就双方和解达成协议的基础。

2. 双赢谈判：要求双方对另一方的需求十分敏感，各自都比较开放和灵活，双方都对另一方有足够的了解和信任。在此基础上通过开诚布公的谈判，就可能找到双赢的方案，从而建立起牢固的长期的合作关系。

优秀的管理者通常是这样进行重要的谈判：

（1）理性分析谈判的事件。抛弃历史和感情上的纠葛，理性地判别信息、依据的真伪、分析事件的是非曲直、分析双方未来的得失。

（2）理解你的谈判对手。他的制约因素是什么？他的真实意图是什么？他的战略是什么？他的兴奋点和抑制点在哪里？

（3）抱着诚意开始谈判。态度不卑不亢，条件合情合理，提法易于接受，必要时可以主动作出让步（也许只是一个小小的让步）。尽可能寻找双赢的解决方案。

（4）坚定与灵活相结合。对自己目标的基本要求要坚持，对双方最初的意见（如报价）不必太在意，那多半只是一种试探，有极大的伸缩余地。当陷入僵局时，应采取暂停、冷处理后再谈，或争取第三方调停，尽可能避免破裂。

（二）有效谈判的技能

有效谈判的技能可以总结为以下六个方面。

1. 研究你的对手

尽可能多地获得有关对手的兴趣和目标方面的信息。比如，你必须满足什么样的客户？他采取什么样的战略？这些信息会帮助你更好地理解对手的行为，预测他对你的报价的反应，并按照他的兴趣构建解决方式。

2. 以积极主动的表示开始谈判

研究表明，让步可能得到回报并最终达成协议。因此，以积极主动的表示开始谈判——也许只是一个小小的让步，但它会得到对方同样让步的报酬。

3. 针对问题，不针对个人

着眼于谈判问题本身，而不针对对手的个人特点。当谈判进行得十分棘手时，应避免攻击对手的倾向。你不同意的是对手的看法和观点，而不是他个人。应把事与人区分开来，不要使差异人格化。

4. 不要太在意最初的报价

仅仅把最初的报价作为谈判的出发点，每个人都有自己最初的看法，它们是很极端、很理想化的，仅仅如此。

5. 重视赢－所赢解决方法

如果条件许可，最好寻求综合的解决办法。按照对手的兴趣构建选择，并寻求能够使你和对手均成功的解决办法。

6. 以开放的态度接纳第三方的帮助

当谈判陷程度对峙的僵局时，应考虑求助于中立的第三方的帮助。调停人能帮助各方取得和解，但其不强求达成协议；仲裁人则听取各方的争论，最后强加一种解决方法；和解人则更为不正式，其扮演着沟通管道的作用，在各方之间传递信息、解释信息并澄清误解。

## 四、危机管理

（一）危机的出现

在市场竞争日趋激烈的今天，危机无时无刻不在威胁着企业的生存。危机是指危及企业形象和生存的突发性、灾难性事故与事件。它通常会给企业和公众带来较大损失，严重破坏企业形象,甚至使企业陷入困境。国外不少大公司均将目光投向危机管理,我国的企业由于都还比较年轻,对危机管理一直不太重视。因此加强企业的危机管理已迫在眉睫,提高管理者的危机意识更是刻不容缓。

为了加强对危机的认识,我们来看看这两个公司对危机截然不同的处理方法和态度以及结果:

日本雪印乳业公司是业界声誉卓著、信用可靠的一家公司。2000年6月27日,其商品低脂牛奶发生饮用者食物中毒现象。不应该的是,事隔两天之后,6月29日雪印才公开承认有此事实。更不应该的是,直到7月26日雪印才以在报纸上的整版广告形式向社会大众致歉,并就其散漫管理认错。并且,由于发生问题的原因说明颠三倒四,公众并不买账。

日本雪印由于危机处理不够迅速,产品回收与信息公开太慢,对应措施不力,直接的损失是营业额大幅下滑,停工两周造成的损失估计就有110亿日元,而年度营业收入则估计有5550亿日元。更为不利的是,一向受信赖的雪印品牌受损程度严重,据专家之言,雪印品牌破产、信用扫地,要恢复原有信誉需十年之久。

与日本雪印乳业公司不同美国强生公司对危机的处理采取了另一种态度。

1982年9月底,美国强生公司的拳头产品"泰莱诺尔",由于部分药品受污染,导致人员死亡。事情发生后,强生公司最高领导层认为这不仅影响着强生公司在公众和消费者中的信誉,更重要的是消费者的生命安全受到威胁。强生公司立即抽调大批人员对所有药品进行检验,结果显示在全部800万片药剂中受污染的药品只源于一批药品,总计不超过75片,最终死亡人员也确定为7人,并且全部在芝加哥地区,不会对全美其他地区有丝毫影响,但强生公司最高层却认为不应对公众隐瞒事情的真相,应向全美公众公开这件不幸的事情。于是迅速启动公司的最高危机方案"做最坏的打算方案"。把预警消息通过媒介发向全国。事后,强生公司还在很短的时间内就收回了数百瓶这种药。很显然,强生公司为了消费者的利益而自身承担了巨大的损失。后来,强生公司重新向市场投放了该产品,并设计了抗污染包装,还向受损失的公司和个人免费提供。

事情发生后的5个月内,强生公司就夺回了该药品原所占市场的70%。不仅如此,由于公司的诚意和努力得到了社会公众和新闻界的认可,使得强生公司在这场危机中转危为安,公司的美誉度和知名度有了进一步的提高。

(二)危机处理的过程

1. 危机的避免

危机的避免要求管理者有长远战略性的眼光,敏锐的洞察力,认清事物发展的规律和趋势。譬如最近以来,我国产品出口屡遇"红灯",前有浙江的西兰花被日本以农药残余超标而禁止进口,后有欧盟关于打火机的CR法规,还有涉及多个行业的反倾销调查,对我国企业产生了相当大的冲击。企业如果能认识到绿色壁垒和技术壁垒日益盛行这一趋势,就能避免许多经济环境改变给企业带来的危机。

2. 危机的准备

任何事物的准备工作都是很重要的,危机的准备也不例外。危机管理着重于防范,要求企业平时就建立危机管理系统,强化危机意识,尽可能将危机消灭在潜伏期,做到防微杜渐。建立一套规范、全面的风险评估系统和危机管理预警系统是很有必要的。

首先,在企业内部设置危机管理小组。危机管理小组成员主要是公司内部人员,也可聘请外部顾问。小组的成员应尽可能选择熟知企业和本行业内外部环境、有较高职位的管理人员和专业人员参加。他们应该具有反应敏捷、善于沟通、处乱不惊等素质，而且要有亲和力，以便于通览全局、迅速作出决策。小组的领导人并不一定是公司总裁，但必须由在公司内部有相当影响力，能够有效控制、推动小组工作运行的人担任。

其次，强化危机意识，发现危机前兆，分析预测危机情境，将危机消除于潜伏期。美国微软公司提出的"微软公司距离破产只有十个月"，小天鹅公司实施的末日管理，其目的都是为了强化危机意识，在企业内部营造一种危机氛围。企业危机管理小组要十分关注与企业经营相关的宏观与微观因素的变化趋势，及时发现危机前兆，争取主动，尽可能将危机消除在潜伏期。

第三，企业要从危机征兆中透视企业生存的危机，预先制定科学而周密的危机应变计划。在国家法律法规和公司政策允许的范围内制定相应的危机处理策略和计划，计划应具体、明确、有针对性，也不要过于拘泥，保持一定的灵活性，最后形成书面方案，使之制度化和规范化。为保证危机处理计划的全面性和客观性，可聘请专业人员主持或协同编撰。

最后，进行危机管理的培训和实战训练演习。企业应定期就企业的经济环境和企业经营状况面临的危机对相关部门管理人员进行培训，强化危机管理意识；再由部门管理人员对其下属培训，直至每一位员工都了解企业的处境，增强员工的危机感，让他们更加清楚地知道企业的生死存亡和每一位员工息息相关。实战训练演习能提高企业全体人员对企业潜在威胁的警惕性，增加处理危机的经验。

3. 危机的控制与处理

危机发生后，当事人应保持清醒的头脑，采取有效的措施，隔离危机，不让事态继续蔓延，同时迅速找出危机发生的原因并进行处理。

首先，危机处理小组全面介入，迅速启动危机应变计划，做到临危不乱，反应快捷，处理及时。危机发生时，企业必须认识到，只有诚恳才是挽救企业的惟一途径，推脱责任或置之不理只能招致外界的更大反感，因此企业必须在最短时间发表坦诚声明，向社会公众表明对此事件的态度及将采取的解决措施，以便在最短时间内建立可信度和权威感。危机处理小组随后应立即全面细致地调查事件的前因后果，迅速制定明确的危机处理方案，及时向外界宣布调查的进展情况。公司要想取得长远利益，在控制危机时就应更多地关注消费者的利益而不仅仅是公司的短期利益，应设身处地为公众着想，把公众的利益放在首位，尽量为受危机影响的公众弥补损失，这样不仅有利于维护企业的形象，也是妥善处理危机的关键。

其次，以真诚对待每一位消费者，不要有任何偏袒。任何被动的处理方式都会引发公众的不信任感。1999 年，日本东芝公司在东芝笔记本 FDC 案件的处理中对美国和中国用户"厚彼薄此"的做法，招致了中国用户的极大不满，导致了东芝笔记本电脑在中国的销售状况呈一派颓势，消费者对东芝的信任和东芝的品牌形象都大打折扣。如果东芝公司在美国用户起诉时迅速处理全球范围的产品，就不会被炒得如此沸沸扬扬，损失也会小得多。

第三，在被媒体聚焦之前，应将事实告之公众，赢得公众的信赖。如果蓄意隐瞒什么，一旦外界通过别种手段了解到事实真相，将会使企业陷于非常被动的局面。三菱汽车频发的事故引起舆论警觉后，又爆出该公司 23 年来蓄意隐瞒客户投诉的消息，结果三菱被迫在全球范围内召回近百万辆问题汽车，在蒙受巨大经济损失的同时，也失去了消费者的信任，而这种损失是无法用金钱估算的。

第四,争取新闻界的理解与合作,掌握宣传报道的主动权。危机发生后,企业一方面应以最快速度派出得力人员调查事故起因,安抚受害者,尽力缩小危机波及的范围;另一方面应主动与政府部门和新闻媒介,尤其是与具有公正性和权威性的传媒联系,说明事实真相,尽力取得政府机构和传媒的支持和谅解。1997年当百事可乐的软饮料罐中发现了注射器时,百事公司迅速邀请了5家电视台、公证机构以及政府质检部门参加其对公众的演示活动,证明这些异物只可能是由购买者放进去的,结果,公众的喧闹很快便平息了。

第五,第三方协助调查。在危机处理小组全面介入时,最好邀请公证机构或权威人士辅助调查,以赢取公众的信任。事实证明,在很多情况下,权威的介入将对危机处理起决定性作用。雀巢公司的"奶粉风波"恶化后,成立了一个由10人组成的专门小组,监督该公司执行世界卫生组织规定的情况。这些人中有著名医学家、教授、大众领袖乃至国际政策专家。此举大大加强了公司在大众心中的可信度。

**4. 危机的恢复**

危机一旦被控制住后,管理者和相关部门要着手于危机的恢复管理,充分利用有效资源,尽力将企业的财产、设备、工作流程和组织中的人调整到最佳状态。通常在经历危机情景之后,人和物都会遭受不同程度的冲击和影响,不可能快速地完全恢复到危机发生以前的正常状态。在一些危机情景中,遭受危机影响的企业可通过转变经营决策、技术创新、改进工作流程、提高效率以及利益攸关者的忠诚度等有关措施,来集中力量致力于改善企业的经营效果。

**5. 从危机中获得收益**

一些新兴企业遭遇危机后很容易瘫痪,因为他们缺乏危机管理经验。危机管理过程中理论起指导作用,实践是宝贵的经验。只有掌握了处理危机的理论,才不至于在处理危机时出现更多的失误,造成企业不必要的损失;只有经历过危机的企业,才会更成熟地处理危机,将损失控制在最小的范围内。正如人们常说的,越是在危机时刻,才越能展示出一个优秀企业的整体素质和综合实力。危机处理得恰当,可以使企业的损失降到最低,甚至有可能提高企业的知名度和产品的信誉度,从而带来长远的经济利益。

(三)成功的危机管理的要素

对于当代企业来说,成功的危机管理包括三个关键因素:

**1. 危机管理制度化**

企业内部应该有制度化、系统化的有关危机管理和灾难恢复方面的业务流程和组织机构。这些流程在业务正常时不起作用,但是危机发生时会及时启动并有效运转,对危机的处理发挥重要作用。这样一来,一旦危机出现,各部门、机构、员工知道做什么、说什么,而不必依靠某一个关键人物的急中生智力挽狂澜。

在危机发生时,一个企业要照顾的方方面面何其多、要处理的工作何其繁杂,而这一切都需要在极短时间内完成。如果事前没有周全的计划、能够立即付诸实施的制度和流程、能够立即投入角色并展开工作的人员,则可以预见,在危机发生时反应迟缓、内外部混乱都将无法避免。

国际上一些大公司在危机发生时往往能够应付自如,其关键之一是制度化的危机处理机制,从而在发生危机时可以快速启动相应机制,全面而井然有序地开展工作。

企业业务规模越大,危机造成的损失就可能越高,危机处理工作的难度也越大。因此大公司特别需要制定一整套全面、系统、可操作的危机管理制度和处理机制，以备不测之需。

那么企业如何做到危机管理制度化？

总结许多国际大企业的成功经验，如下几点特别值得借鉴，即成文的危机管理制度、有效的组织管理机制、良好的人力资源储备和具有危机意识的企业文化。

危机属于非常事件，企业无法按照现有制度来应对，必须事先拟订成文的有关危机事件的处理程序与应对计划，从而保证在危机发生时全体员工遵守共同的处理原则和方法，避免发生管理混乱。

危机管理需要有效的组织保障，即确保企业内信息通道畅通、信息能得到及时反馈、各部门及人员责权清晰、有专门的危机反应机构和专门授权。一旦发生危机先兆均能得到及时的关注和妥善的处理；而在危机处理时这种组织保障的有效性将更加明显。

在业务流程方面，企业可以针对可能发生的危机进行流程"再造"。例如德勤咨询曾经协助北美一家大型汽车公司对90个业务流程进行危机相关分析，对其中的30个"至关重要"的业务流程就可能发生的重大危险进行重新设计，使这些流程不仅能满足企业正常运作时的要求，而且能够承受可能发生的一些重大危机，或者可以在危机时进行快速灾难恢复。

企业在资源方面也应进行相应储备以进行危机处理准备，特别是人力资源方面。例如上面所举的轮胎公司的危机处理案例中，由于对参与危机处理人员的素质要求很高，不仅需要企业内部的人力资源保证，还需要借助外脑进行危机处理，包括公关顾问、管理顾问、财务顾问、政府官员等等。

如果不提前对此进行准备，则在危机发生时很难找到合适人员，甚至可能严重影响危机处理效果。

当然，以上这些制度化的先进经验都需要企业具有"危机意识"。在当今这个充满变化和不确定性的世界，危机可能随时发生，并可能对一个公司产生致命影响，只要看看美国的"9·11"和2003年的SARS"非典"就知道这不是危言耸听。因此好的企业应该在其企业文化中注入一定的危机感，使员工对危机有合理的心理准备。这种心理准备可以通过系统化的培训、研讨会和危机处理演习等来逐步培养。

2. 高层领导的重视与直接参与

无论是危机预防还是处理，企业最高领导对危机的重视和直接参与都极其重要，如果领导人意识不到其重要性，则一旦危机发生很有可能会对企业造成灾难性的打击。

这一点在中国表现得尤为突出。

由于中国企业更多趋向于人治，企业高层的不重视往往直接导致整个企业对危机麻木不仁、反应迟缓。这首先表现在这种企业缺乏良好的预防措施和手段，因而不能有效预防可能发生的危机；其次危机发生时，企业各部门反应迟钝，延误战机。

企业高层的直接参与和领导是有效解决危机的关键。担任危机领导小组组长（或称为"首席危机官"）的一般应该是企业一把手，或者是具备足够决策权的高层领导。因为危机处理工作通常是跨部门、跨地域的，不仅会对许多正常的业务流程和企业政策进行改动，还要及时进行信息与资源的调拨分配。这种跨部门的工作是任何一个部门性管理人员都无法胜任的，而必须由能够支配协调各个部门的领导出面才能够"摆平"。

2003年SARS处理由国家领导人亲自负责指挥之后才逐渐走上正轨，正是因为SARS的危机处理涉及到中央政府和地方政府各个相关部门，仅仅依靠少数相关部门的权限是根本不够的。

危机处理工作对内涉及到从后勤、生产、营销到财务、法律、人事等各个部门，对外不仅需要与政府与媒体打交道，还要与消费者、客户、供应商、渠道商、股东、债权银行、工会等方方面面进行沟通。如果没有企业高层领导的统一指挥协调，很难想像这么多部门可能做到能口径一致、步调一致、协作支持并快速行动。

3. 完善的信息系统

随着信息技术日益广泛地被应用于政府和企业管理，良好的管理信息系统对企业危机管理的作用也日益明显。

信息系统作为预警机制的重要工具，能帮助在苗头出现早期及时识别和发现危机，并快速果断地进行处理，从而防患于未然。在危机处理时信息系统有助于有效诊断危机原因、及时汇总和传达相关信息，并有助于企业各部门统一口径，协调作业。

良好的畅通的信息系统可以帮助政府做出正确的决策，避免猜测和谣言带来的社会不稳定，保证关键物资的充足供应，从而最大程度地减少危机造成的危害。

以鞋业巨头耐克为例，其90%的鞋在亚洲生产，而其中38%在中国制造。在 *SARS* 疫情加重、到中国的旅行受到限制之时，耐克的生产工厂却基本没受影响，因为耐克通过现代化的通信设施实施遥控式管理。总部的设计师采用计算机辅助设计软件开发新鞋样，通过网络将之传给亚洲的加工厂，或通过快递公司把鞋样发给生产商。同时，耐克总部的设计师、检测师与大洋彼岸的加工商可以通过可识电话能进行直接的交流，以保证生产出的产品式样和质量满足设计要求。

---

**相关链接**　　　　　　　　　**危机管理 *6F* 原则**

矿难频发、环境污染、产品安全、个人情感、事业挫折……，从政府部门到商业企业，从公众人物到平凡百姓，任何组织和个人都已不能脱离开危机的影子。危机公关和危机事件的应对已成为企业管理者们不可回避的挑战，危机管理也成为继市场营销、战略规划、人力资源等传统课题之后又一企业管理热点。没有经历过危机考验的企业不算是真正成功的企业，没有危机意识的人更可不能成为优秀管理者。笔者在长期对企业危机管理的关注和实践中，总结归纳了危机管理的 6F 原则及相关典型案例，并推出"危机管理 6F 原则与经典案例系列"，期盼与业界朋友共同分享交流。

危机管理 6F 原则：

*Forecast*（事先预测）原则

*Fast*（迅速反应）原则

*Fact*（尊重事实）原则

*Face*（承担责任）原则

*Frank*（坦诚沟通）原则

*Flexible*（灵活变通）原则

---

资料来源：www.chinavalue.net

## 本章概念

沟通　　向上沟通　　向下沟通　　水平沟通　　斜向沟通　　链式沟通
环式沟通　　Y式沟通　　轮式沟通　　全通道式沟通　　冲突

## 问题思考

1. 简述沟通的性质及重要性。
2. 试述沟通的过程和沟通的类别。
3. 非正式沟通的特点有哪些？
4. 管理人员应该怎样对待非正式沟通？
5. 有效沟通的障碍主要有哪些？
6. 书面和口头沟通各有哪些优点？
7. 简论如何克服沟通中的障碍？
8. 简述实现有效沟通的模式？
9. 什么是冲突？冲突产生的原因主要有哪些？
10. 作为管理者，你会怎样进行冲突管理？
11. 有效谈判的技能主要有哪些？
12. 试论危机管理。

### 案例分析　　欧典地板风波，媒体与公众的狂欢

2006年3月15日，一个在建材业被反复提及的装饰材料品牌，一个号称在德国拥有百年基业的地板品牌，"欧典"地板轰然倒地。"德国欧典创建于1903年"，"在欧洲拥有一个研发中心、5个生产基地，产品行销全球80多个国家"，"欧典在德国巴伐利亚州罗森海姆市拥有占地超过50万平方米的办公和生产厂区"……在央视今年的"3·15"晚会上，号称"连续6年零投诉"、"世界最好的"欧典地板被曝光。

案例回放：

3月15日，中央电视台3·15晚会揭开"欧典"地板的黑幕："号称行销全球80多个国家，源自德国，著名品牌地板德国欧典总部其实根本不存在，存在严重欺诈消费者行为。"欧典企业并不存在所谓的"欧典德国总公司"，德国总部与欧典也没有任何产权隶属关系。

3月16日，各地欧典专卖店开始纷纷撤柜，工商部门称等待总局对此事件定性，消费者索赔以及对欧典的处罚均要等待定性以后。

3月16日下午，"欧典"品牌拥有者北京欧德装饰材料有限责任公司（欧典地板）对外界做出回应，将事件解释为"欧典对企业形象宣传层面所出现的失误"，但同时表示"欧典地板的质量是绝对值得信赖的，是符合国家产品质量标准的合格产品"。

"欧典"事件迅速引发木地板行业整体信任危机，3月25日中国木地板行业诚信宣言新闻发布会在北京举行。来自全国各地的木地板企业集体向社会作出承诺。

2006年4月14日，中消协副秘书长董京生就此事件首次表态："在欧典地板问题上，中消协确实存在失察。"

4月15日，北京工商部门经过调查认定欧典公司属"夸大企业形象对外宣传"，违反《广告法》和《反不正当竞争法》，对其处以747.3776万元的罚款。欧典地板也在各地重新恢复销

售,但消费者获得双倍赔偿愿望落空。

案例点评:

从3月中旬开始,关于欧典的各类新闻几乎每天都占据着媒体的大量版面。在一个多月的时间里,欧典事件的发展却经历了山穷水复、柳暗花明、峰回路转、尘埃落定,其剧情可谓跌宕起伏、精彩纷呈。正如一位媒体记者所言:"欧典事件是一场媒体的狂欢"。在掏出了近800万元的罚款后,沸沸扬扬的欧典事件终于告一段落。回头看看这一危机事件,在这个事件发展中,消费者比执法部门关注,各地板商比消费者关注,而各家媒体比地板商关注。

从事件的背景来看,欧典事件是近年来少有的引发媒体追杀和公众关注的本土品牌危机案例,其影响力也远在巨能钙双氧水、光明牛奶等事件之上。事发后,不少业内人士纷纷给欧典的危机公关支招,但不论第一时间做出反应也好,统一信息发布口径也好,或是转移公众焦点也好,都很难拯救深陷舆论漩涡的欧典。这种形势下,即便用世界上最好的危机公关公司来抢救,也是无济于事。事实上,被中国最具权威和影响力的媒体中央电视台在3月15日这样的敏感日期曝光,欧典公司基本上已没有危机公关的空间,在全国媒体的连环声讨中,欧典的所有的宣传,都被痛打得体无完肤;面对义愤填膺的消费者,欧典的解释显得那样苍白无力。

从企业方面的危机应对来看,整个事件中欧典始终保持了一种低调的姿态。事实上,欧典公司所能做的便是道歉和承认错误。好在它也明白这个道理,一不抵赖二不掩盖。除了3月16日就事件发表正式声明承认事实外,3月20日欧典总裁闫培金又郑重向全国消费者致歉。在工商部门的处罚结果出来后,欧典方面也相当配合,既不申请复议,也不再次起诉,其态度之好几乎出乎人们意料。除了必要的声明、道歉外,几乎没多少公关活动。在我看来,正是这种低调的方式挽救了欧典。

从事件的最终结果来看,欧典事件对建材类产品、中消协、工商管理机构等行业和政府部门的影响甚至大于对欧典公司自身。欧典事件发生后,遭遇信任危机的地板企业开始了集体"危机公关",不少企业还费尽心思地打起了"质量牌"和"亲情牌"。地板行业正在经历前所未有的寒冬,行业的洗牌已经开始,小品牌现在销售寥寥,消费者购买力向几个知名品牌集中。同时,欧典事件也直接导致中消协诚信度严重滑坡,中消协已经使用6年的"3·15"标志认证工作在今年"3·15"晚会之后也已经全面停止。

对于欧典公司来说,既然犯了错误,欺骗了全国人民的感情,从承担责任的角度来说,欧典理所当然地要向消费者公开道歉,交纳罚金。当然,除了很"德国"的高端品牌形象扫地之外,欧典公司的实际损失并不大。但同时,欧典的虚假宣传,固然可恨,但还不到伪劣害人,病入膏肓的地步。抛开夸大宣传不说,欧典的产品质量本身还是比较过硬的。"有关部门"的检测结果显示欧典产品质量符合国家标准。更何况,欧典还被认证为"连续6年零投诉"、"3.15标志"产品等等。既然不是产品质量问题,事发之初媒体们普遍预测的消费者将获得双倍赔偿也最终落空。甚至,欧典地板的品牌知名度在经历这样一场风波后不降反升。更有媒体戏言:800万元的罚款,不仅给了欧典多次免费发布"新闻"的机会,全国几乎所有媒体争相关注,现在更是用"通稿"的形式向社会宣布"质量过硬",这显然要比单纯的广告要有效得多。

案例反思:

欧典事件,不只是一个普通的企业组织危机案例,更是一个影响深远的社会事件。

从企业自身的管理发展来看,欧典事件的发生缘于品牌定位的失误,因为太强调"德国",一旦被人抓住了把柄,就无法回避,这才导致了危机的发生。无论是谁向媒体透露了欧典德国总部子虚乌有的线索,都无法排除欧典自身在品牌定位上的失策。当企业发展到一定程度,欧典应该学会及时转换品牌的内涵和外延,而逐渐淡去其作为德国"舶来品"在消费者心中的地位。

从企业的外部发展环境来看,一直来中国的本土品牌缺乏一种温暖的生长环境。一个品牌的成长,需要付出比非品牌更多的成本。但与宝洁、麦当劳、雀巢等国际化品牌相比,本土品牌显得异常脆弱。爱多、秦池、春兰等一个个曾经风光无限的品牌都纷纷倒下。对于本国品牌,与西方传媒不同,国内许多媒体的报道态度,往往是不保护、不同情、不督促、不理性,而是惟恐天下不乱。一个好不容易成长起来的本土品牌,往往在媒体和舆论的群起而攻之下,成为弱势,奄奄一息。这样的事例还很多,前有三株、巨能钙、金正,今有欧典。

可以说,欧典事件不仅是企业本身的丑闻,还是建材业的整体行业丑闻,是市场秩序混乱的丑闻,更是众多权威机构、监管部门渎职的丑闻。对此,企业本身自然有责任;政府有关部门也有责任;在事件中过于沉迷新闻炒作的一些媒体有责任;甚至,部分崇洋媚外的消费者们也负有一定的责任。

所以,这不仅是一个普通的企业危机事件,而是市场体系和整个社会的诚信危机。欧典事件,值得每一个国人深思。

资料来源:http://manage.org.cn

# 第五篇

## 控制

# 第十二章 一般控制

**学习目标**

★ 通过本章学习，你应该能够：
★ 了解控制的含义；
★ 掌握控制的方法；
★ 理解控制的目的与作用；
★ 了解控制与计划和组织之间的关系；
★ 掌握控制的类型、过程以及如何进行有效控制。

---

**开篇实例** 　　　　　麦当劳公司的控制系统

麦当劳公司以经营快餐闻名遐迩，在40多个国家里，每天都有1800多万人光顾麦当劳。麦当劳金色的拱门允诺：每个餐厅的菜单基本相同，而且"质量超群、服务优良、清洁卫生、货真价实"。它的产品、加工和烹制程序乃至厨房布置，都是标准化的、严格控制。它曾经撤消过在法国的第一批特许经营权，因为他们尽管盈利可观，但未能达到快速服务和清洁方面的标准。

麦当劳的各分店都由当地人所有和经营管理。善于在快餐饮食业中维持产品质量和服务水平是其经营成功的关键，因此，麦当劳公司在采取特许连锁店经营这种战略开辟分店和实现地域扩张的同时，就特别注意对各连锁店的管理控制。如果管理控制不当，使顾客吃不到对味的汉堡或受到不友善的接待，其后果就不仅是这家分店将失去这批顾客及其周围人光顾的问题，还会波及影响到其他分店的生意，乃至损害整个公司的信誉。为此，麦当劳公司制定了一套全面、周密的控制办法。

麦当劳公司主要通过授予特许权的方式来开辟连锁分店。其考虑之一，就是使购买特许经营权的人在成为分店经理人员的同时也成为该分店的所有者，从而在直接分享利润的激励机制中把分店经营得更出色。特许经营使麦当劳公司在独特的激励机制中形成了对其扩展中的业务的强有力控制。麦当劳公司在出售其特许经营权时非常慎重，总是通过各方面调查了解后挑选那些具有卓越经营管理才能的人作为店主，而且事后如发现其能力不符合要求则撤回这一授权。

麦当劳公司还通过详细的程序、规则和条例规定，使分布在世界各地的所有麦当劳分店的经营者和员工们都遵循一种标准化、规范化的作业。麦当劳公司对制作汉堡、炸土豆条、招待顾客和清理餐桌等工作都事先进行详实的动作研究，确定各项工作开展的最好方式，然后再编成书面的规定，用以指导各分店管理人员和一般员工的行为。公司在芝加哥开办了专门的培训中心——汉堡包大学，要求所有的特许经营者在开业之前都接受为期一个月的强化培训，回去之后，他们还被要求对所有工作人员进行培训，确保公司的规章条例得到准确的理解和贯彻执行。

为了确保所有特许经营分店都能按统一的要求开展活动，麦当劳公司总部的管理人员还经常走访、巡视世界各地的经营店,进行直接的监督和控制。例如,有一次巡视中发现某家分店自行主张,在店厅里摆放电视机和其他物品以吸引顾客,这种做法因与麦当劳的风格不一致,立即得到了纠正。除了直接控制外,麦当劳公司还定期对各分店的经营业绩进行考评。为此,各分店要及时提供有关营业额和经营成本、利润等方面的信息,这样总部管理人员就能把握各分店经营的动态和出现的问题,以便商讨和采取改进的对策。

麦当劳公司的再一个控制手段,是在所有经营分店中塑造公司独特的组织文化,这就是大家熟知的"质量超群、服务优良、清洁卫生、货真价实"口号所体现的文化价值观。麦当劳公司的共享价值观建设,不仅在世界各地的分店,在上上下下的员工中进行,而且还将公司的一个主要利益团体——顾客也包括进这支建设队伍中。麦当劳的顾客虽然要求自我服务,但公司特别重视满足顾客的要求,如为他们的孩子开设游戏场所、提供快乐餐厅和组织生日聚会等,以形成家庭式的氛围,这样既吸引了孩子们,也增强了成年人对公司的忠诚感。

资料来源:www. 202. 115. 21. 138

麦当劳公司全球扩张战略的实现与麦当劳公司所创设的管理控制系统是密不可分的,可以说有效的管理控制是麦当劳公司成功经营的基本保证。我们之所以举麦当劳公司的控制系统为例,一方面是由于麦当劳公司对我们可以说是耳熟能详,另一方面它确实有许多经验值得我们借鉴。并且我们还能够从中引出有关组织控制的几个重要问题。

本章我们将主要讨论控制的含义、作用、控制的分类与程序、控制的基本方法等问题。

## 第一节 控制概述

### 一、控制的概念与作用

1. 控制的含义

什么叫控制,不同的学科对它的理解也不尽相同。在控制论中,它是指人们根据给定的条件和预定的目的,改变和创造条件,使事物沿着可能性空间内确定的方向(或状态)发展。这个概念是严谨而晦涩的。前苏联的控制论学者列尔涅尔($A \cdot R \cdot HepHep$)对控制给出了这样的定义:"为了改善某个或某些对象的功能或发展,需要获得并使用信息,以这种信息为基础而选出的,加于该对象上的作用"。直观地通俗解释就是控制者(施控者)对控制对象(受控者)施加某种主动的影响,以保持控制对象所处状态的稳定性或促使事物以一种向另一种预期的转换。

从管理学的角度来看,控制就是指为了实现组织目标,以计划为标准,由管理者对被管理者的行为活动进行检查、监督、调整等的管理活动过程。控制的概念主要包括如下四点内容:

(1)控制是管理过程的一个阶段,它将组织活动维持在容许的限度内,它的标准来自人们的期望。

(2)控制是一个发现问题、分析问题和解决问题的全过程。组织开展业务活动,由于受到内外环境的影响以及解决问题的能力的限制，实际执行结果与预定目标很难完全一致。因此，管理者应该及时发现偏差，找出偏差的原因并采取纠偏措施。

(3)控制职能的完成需要一个科学的程序——建立控制标准、实际绩效与标准进行比较、纠正偏差。

(4)控制的目的是使组织管理系统以更加符合需要的方式运行，使它更可靠、更便利和更经济。

在现代管理活动中，控制既是一次管理循环的终点，是保证计划得以实现和组织按既定的路线发展管理的职能，又是新一轮管理循环的起点，要保证组织的活动按照计划进行，控制是必不可少的。

2. 控制在管理中的作用

管理的一种重要任务，就是保证计划目标的实现。管理动态性决定了在计划执行的过程中，由于各种内外因素的干扰，实际行动偏离计划的事是时常发生的、必然的，控制的目的是使实施过程与计划相一致。

(1)控制是组织适应环境的重要保障。一个组织要想生存发展，就必须适应环境。任何组织的计划都是在确定计划前提条件的基础上制定的。通过控制活动，管理者可以及时了解环境变化的程度和原因，从而采取有效的调整行动，使得组织与环境相适应。

(2)控制是提高管理水平、限制偏差积累的有效手段。控制则是组织发现错误、纠正错误的重要手段。通过控制可以发现管理活动中存在的问题，并且使得这些问题得到解决。因此，控制工作是提高组织管理水平的有效手段。

(3)控制是强化成员责任心的重要手段。要使组织成员尽职尽责，切实地负起责任来，就必须让他们知道他们的职责是什么，他们的绩效如何评价和考核，以及在评价的过程中有效的绩效标准是什么。通过控制工作，可以不断地对下级的工作进行评估，给其造成持续不断的压力和连续不断的激励，从而使其更好地负起责任来，高效地完成所承担的任务。

当然，要实施有效地控制，必须具备三个前提条件：首先要有明确的计划。控制与计划是同一个问题的两个方面。计划是控制的依据，没有计划，就无法进行控制。其次要有健全的组织机构。通过建立专职控制职能的组织机构，配备专门的人员并授予其权力，明确其责任，可解决由谁来控制的问题。因此，明确的组织结构的存在是控制工作的又一个前提。同样，组织结构越明确、越完整，控制工作就越有效。再次控制要依据及时有效的信息。控制必须依据有效的信息，没有准确、全面和及时的信息，就难以保证控制的有效性。为了保证获得有效的信息，在组织中必须建立完善的信息收集传递网络和机制，从而保证信息的畅通。

二、管理控制的基本特征

1. 目标性

同其他管理工作一样，控制工作也具有明确的目的性特征。管理控制无论是着眼于纠正执行中的偏差还是调整计划以适应环境的变化，都是紧紧地围绕组织的根本目标进行的。换言之，管理控制并不是管理者主观任意的行为，它总是受到一定的目标指引，服务于达成组织特定目标的需要。控制工作的意义就体现在，它通过发挥"纠偏"和"调适"两方面的功能，促使组织更有效地实现其根本的目标。

### 2. 整体性

首先，从开展控制工作的主体看，完成计划和实现组织目标是组织全体成员共同的责任，因此管理控制不仅仅是管理人员的职责，也是组织全体成员的共同职责。让全体成员共同参与管理控制工作，也有利于增进对控制工作的理解，更有效地开展管理控制工作。其次，从控制的对象来看，管理控制覆盖组织活动的各个方面，人、财、物、时间、信息等资源，各层次、各部门、各单位的工作以及企业生产经营的各个不同阶段等，都是管理控制的对象。最后，管理控制需要把整个组织的活动作为一个整体看待，使各方面的控制协调一致，以达到整体的优化。

### 3. 动态性

管理控制不同于一般的机械、物理控制。后者是一种高度程序化的控制，具有稳定性特征，组织则不是静态的，其外部环境和内部条件随时都在发生着变化，从而决定了控制对象、控制标准和方法不可能固定不变。管理控制应具有动态的特征，这样才能够保证和提高控制工作的灵活性和有效性。

### 4. 人性

组织中的管理控制是由具体的人执行的，本质上是对人的行为的一种控制。与物理、机械、生物及其他方面的控制不同，管理控制不可忽视其中的人性因素。管理控制不仅仅是监督，更重要的是通过指导和帮助切实提高员工工作能力和自控能力。管理者可以制定偏差纠正计划，但这种计划要靠员工去实施，只有当员工认识到纠正偏差的必要性并具备纠正能力时，偏差才会真正被纠正。通过控制工作，管理者可以帮助员工分析偏差产生的原因，端正员工的工作态度，指导他们采取纠正的措施。这样，既能达到控制的目的，又能提高员工的工作能力和自我控制能力。

## 三、控制过程

控制过程可分为三个阶段：确定控制标准、衡量实际成效、分析偏差并予以纠正。

图 12-1 反映了一个完整的控制过程。

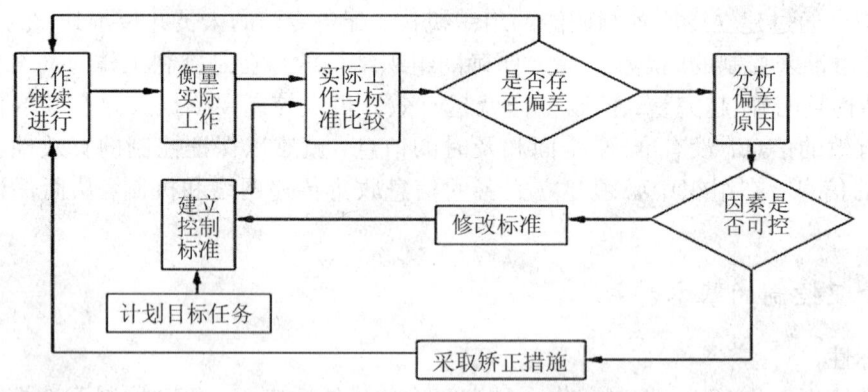

图 13-1 控制过程示意图

### 1. 确定控制标准

控制标准的确定是控制能否有效实行的关键。没有切实可行的控制标准，控制就可能流于形式。

标准就是计量实际或预期工作成果的尺度。确定控制标准，首先应该明确控制的对象，也就是体现目标特性、影响目标实现的要素。由于计划是进行控制的依据，所以从逻辑上讲，控制标准来源于计划，但因为计划是为实现某一决策目标而制定的综合性的行动方案，往往只是一个行动纲领，不可能有具体的实施过程。因此，标准来源于计划但不同于计划。

标准可分为定量标准和定性标准。前者包括实物量标准、货币标准、时间标准和综合标准（如劳动生产率、市场占有率等）。后者只是用于某些不能用数量衡量的方面，只能用一些定性的描述，如企业的信誉等。

管理控制标准要求简单明了，可以定量，容易测定。

2. 衡量实际成效

这一步是将实际工作成绩与控制标准进行比较，对工作做出客观的评价，从中发现二者的偏差，为进一步采取控制措施提供全面准确的信息。

这就要求我们知道衡量什么和怎样衡量，即衡量的对象和方法。

（1）衡量的对象。其实并不是计划实施的所有步骤都要进行控制，而是要选择一些关键点进行控制。关键点就是计划实施过程中起决定作用的点或者容易出偏差的点，起转折作用的点，变化大不易掌握的点，有示范作用的点等。具体哪些是关键点，应具体问题具体分析。但作为管理者应该清楚，你衡量的对象是什么就决定了人们追求什么，它是一个导向，这正如"楚王爱细腰，宫中犹饿死"。

（2）衡量的方法。计划的执行情况和问题处理的信息一般通过听取口头回报、书面回报和进行直接观察等方式获得，管理者通过这些渠道了解所需要的信息，并以此来衡量实际工作业绩。这些方法各有其优缺点，可以结合起来使用。

3. 分析偏差，并予以纠正

通过衡量实际成效，如果有较大偏差，则要分析造成偏差的原因并采取措施加以纠正。一般说来，造成偏差的原因不外乎计划操作、外部环境发生重大变化和计划不合理等三大原因。

（1）计划操作原因。当由于计划执行者的自身原因发生偏差时，如工作不认真、缺乏责任心、不执行相应的规章制度等，这时可采取如重申规章制度、明确责任、按规定处罚有关人员；或调整工作人员、加强员工培训、改组领导班子等措施。

（2）外部环境发生重大变化。当外部环境发生重大变化而发生偏差时，如国家政策法规发生变化、某个大客户或供应商突然破产、自然界不可抗拒的灾害等，由于这些因素是企业所不能控制的，所以只能采取一些补救措施或变换目标。

（3）计划不合理。有时制定计划不切合实际，如我国在建国初期提出用较短的时间"赶英超美"，这是管理者在制定计划时脱离实际、盲目乐观、好高骛远，把目标定得太高。这时应根据实际情况，及时调整目标，调整到合理的水平。也有时在制定目标时，过于保守，把目标定得过低，起不到激励作用，也应进行调整。

但应该注意不能凭一时冲动，随意更改计划，那样计划就将失去存在意义，也谈不上有效控制了。

### 四、有效控制的原则

为了使控制工作更加切实有效,组织建立的控制系统应遵循以下几条原则:

1. 控制应反映计划的要求

控制的目的是为了保证计划得到顺利实现。不同的计划具有不同的特点,这就要求必须针对计划的具体特点,选择控制对象、制定控制标准、选择适宜的衡量方式。例如,对成本计划的控制信息主要是各部门、各单位甚至各种产品在生产经营过程中发生的费用;对产品销售计划的控制,则要收集销售产品的品种、规格、数量和交货期的情况。控制工作越是考虑到各种计划的特点,就越能更好地发挥作用。

2. 组织适宜性原则

控制工作需要依靠组织中的各单位、各部门及全体成员来实施。所以,控制系统和控制方法应当与组织的特点相适应。

控制还应当反映组织结构的类型和特征。组织结构既然明确规定了企业内每个人所担任的职务和相应的职责权限,因而它也就可以成为确定计划执行职权和产生偏差责任的依据。有效的管理控制必须要能够反映一个组织的结构状况并通过健全的组织结构予以保证,否则,只能是空谈。健全的组织结构有两方面的含义:一方面,要能在组织中将反映实际情况和工作状态的信息迅速地上传下达,保证联络渠道的畅通;另一方面,要做到责权分明,使组织结构中的每个部门、每个人都能切实担负起自己的责任。否则,偏差一旦出现就难以纠正,控制也就不可能得以实现。

3. 控制关键点原则

管理者在一个完整的计划执行过程中选出一定的关键点,把处于关键点的工作预期成果及其影响因素作为控制的重点,这样的控制才最有效。这样,管理人员不必完全了解计划执行中的全部具体细节,就能达到对工作有效控制的目的。

作为一位负责的管理人员,可能会希望自己对所管理的领域有个全面的了解和把握,但组织中的工作活动往往错综复杂、涉及面广,谁也无法对每一方面、每一件事均予以控制。因此,根据"关键的少数,次要的多数"的统计规律,找出和确定最能反映或体现经营成果的关键因素,并加以控制,这就可以成为一种有效的控制方法。因此,管理者必须具有识别关键控制点的能力,集中精力控制好关键控制点,就能取得事半功倍的成效。

4. 例外情况原则

控制应强调例外。这里的例外情况是指那些发生了显著变化的因素。管理者将计划实施中的例外情况作为控制工作重点,可以使他们把有限的精力集中在真正需要引起注意和重视的问题上,使控制更加有效。不过,例外并不能仅仅依据偏差数值的大小来确定,而要考虑客观的实际情况。在同一个组织中,对于不同类别的工作,一定额度的偏差所反映的事态严重程度并不一样。有时,管理费用高于预算的5%可能无关紧要,而产品合格率下降1%却可能出现产品严重滞销问题。所以,在实际工作中,例外原则必须与控制关键问题的原则结合起来,注意关键问题上的例外的情况。

5. 灵活性原则

灵活的控制是指控制系统能适应主客观条件的变化,持续地发挥作用。控制工作本身是变化的,其依据的标准、衡量工作所用的方法等都可能会随着情况的变化而变化。如果事先制定的计划因为预见不到的情况而无法执行，而事先设计的控制系统仍在如期运转，那将会在错误的道路上越走越远。例如，假设预算是根据一定的销售量制定的，那么，如果实际销售量远远高于或低于测量的销售量，原来的预算就会变得毫无意义。这时就要求修改甚至重新制定预算，并根据新的预算制定合适的控制标准。灵活性原则不仅仅适用于计划错误的情况，也适用于执行正确的计划是工作不当的情况。

6. 经济效益原则

任何控制工作都需要付出代价，只有那些带来的收益大于付出的代价的控制工作才是值得开展的。为了提高控制工作的经济性，管理人员必须正确选择真正需要控制的关键因素，而不是事无巨细，对所有因素统统进行控制。同时，控制工作一定要坚持适度性的原则，控制系统不是越复杂越好，控制力度也不是越大越好。控制系统越复杂、控制工作力度越大，只意味着控制的投入越大，而且，在许多情况下，这种投入的增加并不一定会导致计划的更顺利实施。

7. 全局性原则

在组织控制过程中，各个部门和成员都在为实现其个别和局部的目标而活动。有些管理人员在实施控制的过程中，往往从本部门的利益出发，只求实现本部门的工作目标，而忽视了组织的整体目标。组织在将规则程序和预算这些低层次的计划作为控制标准时，最容易发生目标与手段相置换的问题。本来，规则程序和预算只是组织实现高层次计划目标的手段，但在实际控制过程中，有关人员对这些手段的关注可能超过对实现组织目标的关注，或者忘记了这些手段性措施只是为实现组织目标服务的，以致出现了为遵守规定或完成预算而不顾实际控制效果的种种刻板、僵硬、扭曲的行为。控制的功能障碍也就由此产生。当人们丧失了识别组织整体目标的能力时，往往会出现"不是组织在运用控制职能，而是控制在束缚着组织"的不正常现象。因此，管理者在控制工作过程中特别要注意到次一层级控制标准的从属性和服务性地位，这点对于成功、有效地实施控制至关重要。

8. 自我控制原则

组织控制工作的本质是对人的控制，控制措施只有落实到每一位组织成员的工作中才能真正发挥作用。如果每一位员工都能够根据组织整体目标的要求在工作中自觉的从事控制工作，那么控制工作的效果将大大提高。

自我控制具有很多优点。首先，自我控制有助于发挥员工的主动性、积极性和创造性。自我控制是员工主动控制自己的工作活动，是自愿的。这样，他们在工作中便能潜心钻研技术，对工作中出现的问题会主动设法去解决。其次，自我控制可以减轻管理人员的负担，减少企业控制费用的支出。再次，自我控制有助于提高控制的及时性和准确性。实际工作人员可以及时准确地掌握工作情况的第一手材料，因而能及时准确地采取措施，矫正偏差。

当然，鼓励和引导员工进行自我控制，并不意味着对员工可以放任自流。员工的工作目标必须服从于组织的整体目标、并有助于组织整体目标的实现。管理者要从整体目标的要求出发，经常检查各单位和员工的工作效果，并将其纳入企业的全面控制系统之中。

## 第二节 控制的类型

依据分类角度的不同,管理控制可以有多种分类方法。对控制的分类不仅可以加深对控制方式内涵的理解,也为根据具体情况选择适当的控制方式提供了思路和依据。

### 一、前馈控制、同期控制与反馈控制

管理中的控制活动可以发生在被控制行动开始之前、进行中或结束之后,根据控制信息获取的方式和时点不同可将管理控制划分为前馈控制、同期控制和反馈控制三类,三种控制方式的基本特点如图12-2所示。

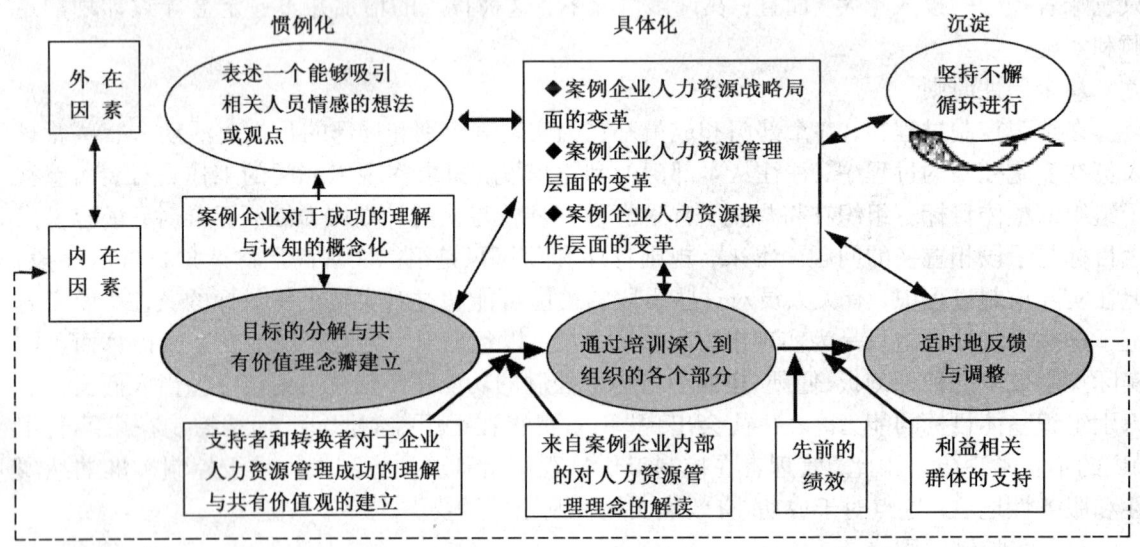

图12-2 控制类型

1. 前馈控制

前馈控制亦称事前控制或预先控制,是在工作正式开始前对工作中可能产生的偏差进行预测和估计并采取防范措施,将可能的偏差消除于产生之前的控制方式。如:在正式生产过程开始前预测生产过程中可能发生的质量问题并采取预防措施,为保证产品质量对进厂原材料进行检验,对员工进行上岗前培训;组织制定一系列规章制度和行为规范让员工遵守,以保证工作的顺利进行等,都属于前馈控制。前馈控制是一种防患于未然的控制。

相对于其他的控制方式,前馈控制的优点表现在:首先,前馈控制是在工作开始之前进行的,可以防患于未然,避免了偏差发生造成的实际损失;其次,前馈控制是在工作开始之前针对某项计划行动所依赖的条件进行控制,不针对具体人员,因而不易造成直接的冲突,易于被员工接受并付诸实施。

但是,前馈控制的有效实施需要比较严格的条件。例如,管理人员必须掌握关于工作过程的充分、及时和准确的信息,准确了解前馈控制因素对计划开展工作的影响。考虑到未来的不确定性和信息成本,在现实中要做到这些是十分困难的,因此,为保证控制工作达到令人满意的效果,组织必须综合运用其他的控制方式。

## 2. 同期控制

同期控制也称同步控制或现场控制,是与实际工作同步进行的控制。同期控制是基层主管人员的主要控制工作方法,因此也是控制工作的基础。基层主管人员的管理能力和业务水平常常通过同期控制方式表现出来。

同期控制具有监督和指导两方面作用。监督是指按照预定的计划和标准检查正在进行的工作,及时纠正偏差以保证计划的正确执行;指导是指管理者亲临现场,针对工作中出现的问题,根据自己的经验指导下属改进工作,或与下属共同商讨,使他们能及时、正确地完成所规定的任务。

同期控制的优点在于具有指导的作用,有助于提高工作人员的工作能力和自我控制能力。但是,同期控制也有很多弊端。首先,同期控制的应用范围较窄。一般来说,对于便于计量的工作较易进行同期控制,例如标准化的生产操作,而对一些难以计量的工作,例如研究性工作,则无能为力;其次,同期控制容易使被控制者产生挫折感,在控制者与被控制者之间形成对立情绪,伤害被控制者的工作积极性;再次,同期控制方式的运用直接受到管理者的时间、精力和业务水平的制约,管理者不可能时时事事都进行现场控制,因而仅限于在关键项目上使用这种控制方式。

## 3. 反馈控制

反馈控制又称事后控制,是在工作结束或行为发生之后进行的控制活动。反馈控制的重点集中于已完成工作或行为的结果上,通过对已形成的结果进行测量、比较和分析,发现其与计划标准之间存在的偏差,分析产生偏差的原因,针对性地拟定解决措施,并应用于今后的工作中以避免同样错误的发生。比如,企业发现不合格产品后追究当事人的责任且制定防范再次出现质量事故的新规章;发现产品销路不畅而相应做出减产、转产或加强促销的决定,以及学校对违纪学生进行处罚等,都属于反馈控制。

反馈控制的主要弊端是,在矫正措施实施之前,偏差、损失已经产生,只能"亡羊补牢"。但反馈控制可以避免下一次同类活动发生类似的问题;可以消除偏差对后续活动过程的消极影响,如产品在出厂前进行最终的质量检验,剔除不合格品,可避免这些产品流入市场后对品牌信誉和顾客使用所造成的不利影响;可以总结经验教训,了解工作失误的原因,为下一轮工作的正确开展提供依据;反馈控制还是对员工进行奖惩的依据。因此,在实际工作中,反馈控制得到了相当广泛的应用。

总的说来,三种控制方式都各有优缺点。有效的管理控制不能只依靠某一种控制方式,而必须根据特定情况将各种控制方式结合起来使用,以取得良好的综合控制效果。

---

**相关链接**　　　　　　　　扁鹊论医术

扁鹊的医术魏文王问名医扁鹊说:"你们家兄弟三人,都精于医术,到底哪一位最好呢?"扁鹊答:"长兄最好,中兄次之,我最差。"文王再问:"那么为什么你最出名呢?"扁鹊答:"长兄治病,是治病于病情发作之前。由于一般人不知道他事先能铲除病因,所以他的名气无法传出去;中兄治病,是治病于病情初起时。一般人以为他只能治轻微的小病,所以他的名气只及本乡里。而我是治病于病情严重之时。一般人都看到我在经脉上穿针管放血、在皮肤上敷药等大手术,所以以为我的医术高明,名气因此响遍全国。"

## 二、间接控制与直接控制

按照控制的原因与结果分类，管理控制可以分为间接控制与直接控制。

### 1. 间接控制

所谓间接控制是指着眼于发现工作中的偏差，分析产生的原因，并追究其个人责任使之改进未来的工作。间接控制的优点在于它能纠正管理人员由于缺乏知识、经验和判断力所造成的管理上的失误和偏差，并能帮助主管人员总结经验、吸取教训，增加知识、经验，提高判断能力和管理水平。

要保证间接控制方法的有效必须满足一些严格的条件，如工作成效可以准确的计量；能够明确人们对工作成效的具体责任；出现的偏差能够被及时发现；有关部门或人员将会采取纠正措施。如果以上条件不能完全满足，则间接控制很难有效发挥作用。例如：有许多管理工作的成效是很难计量的，如主管人员的决策能力，预见性和领导水平等；有时主管人员可能不愿意花费时间和费用去调查分析造成偏差的事实的真相；有许多偏离计划的误差并不能预先估计并及时发现，而往往发现过迟以至于难以采取有效的矫正措施；有时即使发现了误差产生的原因，但由于大家相互推卸责任而没有人愿意采取纠正措施；等等。

此外，间接控制对于那些由于未来的不确定性因素造成的工作偏差也是无能为力的。故间接控制并不是普遍有效的控制方法，仍存在许多不完善之处。

### 2. 直接控制

相对于间接控制而言，直接控制是通过提高管理人员的素质来进行控制工作的。所谓直接控制即着眼于培养更好的主管人员，使他们能够熟练的应用管理的概念、技术和原理，能以系统的观点来进行和改善他们的管理工作，从而防止出现因管理不善而造成的不良后果。

直接控制的主要优点包括，首先，主管人员管理素质的提高使决策和计划更加科学，管理者对计划和目标的理解更加准确、深刻，为开展有效的控制工作奠定了良好基础；其次，直接控制可以提高管理人员的控制技能，更加及时、准确的发现偏差，并及时采取矫正措施；第三，直接控制有助于培养管理人员的自我控制意识，提高自我控制能力，增强控制工作的主动性和自觉性；第四，有效的直接控制可以减少间接控制发生的费用和导致的损失；最后，直接控制的实施使管理人员的管理水平和业务能力不断提高，有助于培养主管人员在下属中的威望，减小控制工作的阻力。

需要注意的是，直接控制虽然克服了间接控制的许多缺陷，但直接控制的实施也是有条件的，管理人员素质和工作水平的提高是一个长期的、不断努力的过程，也需要支付很高的成本。此外，与间接控制一样，直接控制的有效实施同样需要一套严密、科学的管理制度作为保证。例如，对主管人员工作绩效的客观公正的考核、评价等。

## 三、制度控制与文化控制

从领导的角度出发，可将控制的内容分为制度控制和文化控制。

### 1. 制度控制

通过制度进行控制，主要是要把握好在组织框架内授权的运用。

管理者通过授权给下属，领导成千上万的员工个体和员工团队，做出直接影响到他们工作的关键性的业务决策。他们进行财务预算，安排工作负荷，管理库存，解决质量问题以及各种类似活动。直到最近,这些工作才被认为是管理工作不可分割的一部分。

事实上,授权与控制的关系具有科学性和艺术性。组织必须在合理授权的过程中建立反馈控制机制。

仅有授权而不实施反馈控制会招致许多麻烦。最可能出现的问题是下属会滥用他所获得的权限。建立控制机制以监督下属的工作进程增加了及早发现重大问题的可能性,并能保证任务按时、按预期的要求完成。

理想情况下,在进行任务分配时就应确立控制机制。首先要对任务完成的具体时间达成协议,而后确定进度日期,在这些时间里下属需要汇报工作进展情况以及遇到的主要困难。控制机制还可以通过定期抽查得以补充,以确保下属没有滥用权力,执行了组织政策,符合适当的工作程序等。

当然,物极必反,如果控制过度,则剥夺了下属建立自信的机会,授权所带来的许多激励效果也会丧失。总之,一个设计优良的控制机制会使下属少犯错误,并在重大错误来临之际使你迅速警觉。

2. 文化控制

在组织的文化控制中,创新的作用尤其突出。

20 世纪 90 年代企业经理们面对的一个主要问题是,如何在一个要求灵活性和创新性的企业中施加足够的控制。面对日趋成熟的消费者和竞争激烈的市场环境,企业必须领导员工们的主动精神去寻求机遇,对消费者的需求作出反应。但是对于一些机遇的寻求也会使得业务面临极大的风险,或是引发一些可能影响企业道德的行为。

让我们来看看过去几年成为人们关注中心的管理控制失调所引发的灾难:西尔斯公司在承认向消费者推荐不必要的维护服务之后被罚款 6000 万美元;渣打银行在涉及一次不正当的股票交易之后被永远禁止参与香港股票市场的业务。类似事例还有很多。在每一个事例中,企业员工都是打破了现有的控制机制,使企业的业务陷入危机。而企业因此在声誉、罚款、业务损失、错失的机遇以及管理精力分散等方面遭受的损失是不可忽视的。

当接受权力委任的员工们被鼓励着去重新定义自己的工作方式时,企业高级经理们应该如何保护他们的公司,避免出现控制上的失误呢?他们怎样才能确保自己具备企业家素质的下属不会令运营良好的业务遭遇危机?一种方案是回到 50 年代和 60 年代所建立的作为控制基础的那种机械官僚体制上去。然而,在大多数市场环境变化莫测、竞争日趋激烈的今天,经理们不能将所有的时间和努力用来确保所有的人都听从命令。力图仅仅通过招募优秀的员工、实施恰当的鼓励机制的简单方法来实现控制也是不切实际的。事实上,经理们必须鼓励员工们以主导过程改进,寻求创新的方式来面对消费者的需求——但是要通过一种可控的方式。

如果说传统的诊断型控制系统允许经理们确保重要的目标得以有效实现的话,在今天的商业环境中,信仰系统、禁区系统和交互式控制系统这三个控制杠杆系统也是同样重要的。信仰系统将权力委交给员工个人,并鼓励他们寻求新的机遇。它们宣传核心的企业价值,并激励所有的参与者为企业的目标做出承诺。禁区系统建立游戏的规则,同时明确员工们必须避免的行为和危险。交互式控制系统使得经理们能够关注于战略决策的未知领域,在竞争条件变化时了解相应的威胁和机遇,并预先做出反应。

总之,系统的管理者不仅要根据创新的规律和特点的要求,对自己的工作进行创新,而且更主要的是组织下属的创新。组织创新，不是去计划和安排某个成员在某个时间去从事某种创新活动——这在某些时候也许是必要的，但更要为部属的创新提供条件、创造环境，有效地组织系统内部的创新，同时也要保证创新的措施是有效的，不会导致管理失效，这就是创新中的控制——文化制控。

## 第三节　控制方法

### 一、预算控制

预算是以财务术语（如收入、费用以及资金等），或者以非财务术语（如直接工时、材料、实物销售量和生产量等来表明组织的预期成果，它是用数字编制的反映组织在未来某一个时期的综合计划。预算可以称作是"数字化"或"货币化"的计划，它通过财务形式把计划分解落实到组织的各层次和各部门中去，使主管人员能清楚地了解哪些资金由谁来使用、计划将涉及到哪些部门和人员、多少费用、多少收入，以及实物的投入量和产出量等。预算的种类很多，概括起来可以分为以下几种：

1. 收支预算

收支预算是指组织在预算期内以货币单位表示的收入和经营费用支出的计划，收入预算必须尽可能准确地估计各项收入的数量和时间，并努力提高其实现的可靠性。

2. 实物量预算

这是一种以实物单位来表示的预算，是货币量收支预算的重要补充。常用的实物量预算的单位包括直接工时数、台时数、原材料数量、面积、重量和体积等。

3. 资本支出预算

资本支出预算概括了专门用于厂房、机器、设备、库存和其他一些项目的资本支出。由于资本通常是企业最有限制性的因素之一，而且这类预算数额大、回收周期长，因此需要慎重考虑，单独列支，并将它与组织的长期计划工作密切结合起来。

4. 负债预算

这是指考虑一定时期的资产、债务和资本等账户的情况，设计筹资方式、途径和数量以及还款时间、方式和能力，防止出现"资不抵债"的情况，保持财务收支的平衡。从某种意义上说，这种预算是组织中最重要的一种控制。

5. 总预算

通过编制预算汇总表，可以用于公司的全面业绩控制。它把各部门的预算集中起来，反映了公司的各项计划，从中可以看到销售额、成本、利润、资本的运用、投资利润率及其相互关系。总预算可以向最高管理层反映出各个部门为了实现公司总的奋斗目标而运行的具体情况。

为了克服预算存在的不足，使预算在控制中更加有效，有必要采用可变的或灵活的预算方案，主要有弹性预算、滚动预算和零基预算等，这里不再一一介绍。

## 二、非预算控制方法

### 1. 审计法

审计是一种常用的控制方法,财务审计与管理审计是审计控制的主要内容。所谓财务审计是以财务活动为中心内容,以检查并核实账目、凭证、财物、债务以及结算关系等客观事物为手段,以判断财务报表中所列出的综合的会计事项是否正确无误,报表本身是否可以信赖为目的的控制方法。通过这种审计还可以判明财务活动是否符合财经政策和法令。所谓管理审计是检查一个单位或部门管理工作的好坏,评价人力、物力和财力的组织及利用的有效性。其目的在于通过改进管理工作来提高经济效益。

### 2. 统计报告法

统计报告法是使用统计方法对大量的数据资料进行汇总、整理、分析,以各种统计报表的形式及分析报告,自下而上向组织中有关管理者提供控制信息。使用这种方法,要求企业具备良好的基础工作,有健全的原始记录和统计资料。管理者通过阅读和分析统计报表及有关资料,找出问题、分析问题并解决问题。

### 3. 财务报表分析

财务报表是用于反映企业经营的期末财务状况和计划期内的经营成果的数字表。财务报表分析,也称经营分析,就是以财务报表为依据来判断企业经营的好坏,并分析企业经营的优劣势。它主要包括:利润率分析,指分析企业收益状况的好坏;流动性分析,指分析企业负债与支付能力是否相适应,资金的周转状况和收支状况是否良好等;生产率分析,指分析企业在计划期间内生产出多少新的价值,又是如何进行分配将其变为人工成本、应付利息和净利润的。

财务报表分析法主要有实际数字法和比率法两种。实际数字法是用财务报表分析中的实际数字来分析,但有时这种绝对的数字因为可比性问题,不能准确地反映企业的不同时期或不同企业间的实际水平。比率法是求出实际数字的各种比率后再进行分析,因为是用相对数进行分析,所以,体现出了对比的科学准确性,比较常用。

## 三、作业控制

作业控制是为了保证各项作业计划的顺利进行而做的一系列工作。一般包括成本控制、质量控制、采购库存控制等。

### 1. 成本全面控制

成本全面控制是在对系统的所有工作做全面详细分析后,层层分解成本指标,以其作为衡量控制标准。也就是说,以成本为控制主线,确保在预定成本下获得预期目标利润。

### 2. 质量控制

为保证产品质量符合规定标准要求和满足用户使用目的,企业需要在产品设计、试制、生产制造直至使用的全过程中,进行全员参加的、事后检验和预先控制有机结合的、从最终产品的质量到产品赖以形成的工作的质量,全方位抓好质量管理。

20世纪80年代,随着国际竞争的加剧和顾客期望值的提升,许多企业采用全面质量管理(TQM)的方法来控制质量,把质量观念渗透到企业的每一项活动中,以实现持续的改进。全面质量管理有四大特征:

（1）全过程的质量管理。即质量管理不仅仅在生产过程，而且应"始于市场，终于市场"，从产品设计开始，直至产品进入市场，以及售后服务等，质量管理都应贯穿其中。

（2）全企业的质量管理。质量管理不仅仅是质量管理部门的事情，它和全企业各个部门都休戚相关，因为产品质量是做出来的，不是检验出来的，故每项工作都与质量相关。

（3）全员的质量管理。即每个部门的工作质量，决定于每个职工的工作质量，所以每个职工都要保证质量，为此，由职工成立了很多质量小组，专门研究在部门或工段的质量问题。

（4）全面科学的质量管理方法。它以统计分析方法为基础，综合应用各种质量管理方法，工作步骤按"计划——执行——检查——处理"（PDCA）四步循环进行。

**3. 库存控制**

企业的生产要正常连续地进行，供应流不能断，需要一定的库存，但库存占用了大量的流动资金。库存增加，不仅占用生产面积，还会造成保管费用上升、资金周转减慢、材料腐烂变质等；库存过少，又容易造成生产过程因停工待料而中断，产成品因储备不足而造成脱销损失等。所以，做好库存控制是非常重要的。

库存控制主要要解决这些问题:哪些物资要有库存？哪些应多存？哪些应少存？何时订货？订多少？等等。

（1）库存什么。企业生产所需物质应根据数量和资金占用等情况分别对待，其中常用方法有ABC法。ABC分类法是根据80-20原则制定的，其基本思想是少数的关键因素起决定性作用。A类资金占用比重很大，但品种较少；C类则相反，品种较多，但资金占用比重很小；B类介于二者之间。通过分类，对各类物质实行不同的管理。A类是库存控制的重点，应严格控制库存数量，严格盘点，采购间隔期尽量短，以利于加速资金周转；C类可适当延长采购间隔期，简化管理；B类控制方式可根据具体情况，采取适当的管理方式。

（2）库存量控制。库存量的控制要考虑总体采购资金、服务质量等因素。企业可控制采购间隔期或是采购批量来满足需要；也可设定一个订货点来控制，当库存量低于订货点时就需要再次订货了。

（3）JIT生产方式。虽然库存被认为是必需的，但库存给许多企业带来了极大的烦恼。基于此，日本丰田汽车公司的准时生产在这方面作出了良好的成绩，甚至被称为"无库存生产方式"。JIT用"拉动式"的"看板管理"在生产现场控制生产进度，使之达到准时生产的目的。"拉动式"生产方式根据市场需求制定生产计划后，只对最后的生产工序工作中心发出指令，最后工序工作中心根据需要向它的前道工序工作中心发出指令，这样按反工艺顺序逐级"拉动"。在生产现场，其"拉动"靠"看板"来实现，每一张看板代表一定的数量，很容易计算和检查。它实际上是将库存放在现场，由看板数量确定各零配件的库存数量，每当生产运行平稳后，就减少一些看板数量，使得生产中的一些问题暴露出来，从而采取措施，加以改进。

## 本章概念

控制　　　前馈控制　　　现场控制　　　反馈控制　　　预算控制　　　非预算控制

## 问题思考

1. 组织主要的控制方法有哪些？
2. 如何增强预算的灵活性？

3. 简述前馈控制、现场控制和反馈控制的优缺点。

## 案例分析　　　　　　　　　　哈勃望远镜

经过长达15年的精心准备，耗资15亿美元的哈勃太空望远镜最后终于在1990年4月发射升空。但是，美国国家航天局仍然发现望远镜的主镜片存在缺陷。由于直径达94.5英寸的主镜片的中心过于平坦，导致成像模糊。因此望远镜对遥远的星体无法像预期那样清晰地聚焦，结果造成一半以上的实验和许多观察项目无法进行。

更让人觉得可悲的是，如果有一点更细心的控制，这些是完全可以避免的。镜片的生产商珀金斯－埃默公司，使用了一个有缺陷的光学模板生产如此精密的镜片。具体原因是，在镜片生产过程中，进行检验的一种无反射校正装置没设置好。校正装置上的1.3毫米的误差导致镜片研磨、抛光成了误差形状。但是没有人发现这个错误。具有讽刺意味的是，与其他许多NSSA项目所不同的是，这一次并没有时间上的压力，而是有足够充分的时间来发现望远镜上的错误。实际上，镜片的粗磨在1978年就开始了，直到1981年才抛光完毕，此后，由于"挑战者号"航天飞机的失事，完工后望远镜又在地上待了两年。

美国国家航天局(NASA)中负责哈勃项目的官员，对望远镜制造中的细节根本不关心。事后航天管理局中一个6人组成的调查委员会的负责人说"至少有三次明显的证据说明问题的存在，但这三次机会都失去了"。

问题：1. 什么是控制？说明控制在管理中的作用。

2. 如何设计良好的控制系统？

---

资料来源：www.ceceo.cn

# 第十三章　管理客体的分类控制

## 学习目标

★ 学完本章后，你应该能够：
★ 了解衡量人力资源的投资价值的指标；
★ 清楚资金控制的内容及特点；
★ 资金控制的常用指标的含义及运用；
★ 掌握物资定额控制方法；
★ 阐述产权控制的基本内容；
★ 掌握生产控制的主要内容和方法；
★ 掌握营销控制的几种基本方法。

---

### 开篇实例　　　　　　德隆末路的内在必然性

德隆问题的根本原因在于德隆透过"类金融控股公司"结合产业与金融资本的发展模式和多元化经营策略的失误，资金链条的紧张是其发展模式和经营策略的必然结果，外部金融环境的变化只是德隆问题暴发的催化剂而已。

首先，德隆的发展模式具有内在的缺陷，德隆的战略目标无疑和其他民营企业一样，是要"做大做强"，其模式是以产业和金融为两翼，互相配合，共同前进。但是，实业与金融毕竟性质不同，产业整合效益的速度，总体上说无法跟得上金融扩张的速度。因此，这就产生了结构性的差异。风险的把握，完全在于其两者之间的平衡。

为达到这种平衡，早期的德隆通常的做法是：先控股一家上市公司，通过这个窗口融资，投入产业发展，提高公司业绩，然后再融资进入下一个循环。可以说这是一种资金利用率非常高的运营手法，通过杠杆作用充分利用资本市场的融资功能来壮大自己。但是，单单通过直接融资是远远不能达到德隆的战略目标的。

随着德隆系产业的扩大（据不完全统计，德隆系有177个子公司和孙公司），德隆必须依赖大量银行贷款才能维持资金链条，支持其发展战略。因此，德隆通过将持有的法人股抵押贷款，或者通过所属公司互相担保贷款来解决资金问题。例如，湘火炬、合金投资、新疆屯河3家公司的债务规模在德隆入主后均大幅度攀升，多家对外担保额超过了净资产的100%。

此外，德隆先后介入金新信托、厦门联合信托、北方证券、新疆金融租赁、新世纪金融租赁等多家非银行金融机构以及长沙、南昌等地的商业银行，希望把风险都控制在内部。德隆以各种项目及关联公司之名，从这些金融机构中取得资金。

据监管部门自2002年年底以来的调查，德隆在整个银行体系的贷款额高达200亿～300亿元，主要在四大国有银行。如果加上委托理财，证券公司三方协议委托投资等，德隆占压的银行资金高达四五百亿元，在银行贷款越来越多的情况下，一旦产业整合不利，银行紧缩贷款，那么德隆的资金链条立刻出现险象。

德隆这种产业、金融并举的模式自身就蕴涵着极大的风险。唐万里本人现在也意识到这个问题了,他公开表示德隆在长、中、短投资组合及其对投资节奏的把握的确欠佳,德隆过去注重了横向的、内容方面的互补性的投资,如金融和产业、产业链之间的互补,而忽略了在投资节奏方面的结构安排,即长、中、短期投资的比例结构不尽合理,长期投资的比重过大,影响了资产的流动性;更多地看到富有诱惑力的投资机会和产业整合机遇,忽视了公司速度成长带来的潜在风险。

资料来源:郎咸平,新西部.2004 年第 7 期第 66 页.

在现代管理系统中,人、财、物等要素的组合是多种多样的,时空变化和环境对组织影响很大,组织结构错综复杂,随机因素很多。为了求得组织在竞争中的生存和发展,实现既定的目标,不进行控制工作是不可想像的。而在对组织客体进行控制时,就必须考虑所有客体之间的联系,否则就将可能出现德隆末路的结果。本章我们将分节讨论对人力资源控制、资金控制、实物控制、产权控制、生产作业控制以及营销控制等要素的分类控制,以使读者对管理客体的分类控制有一个较为全面的认识。

# 第一节 人力资源控制

企业的人力资源是企业从事生产经营活动所需要的具有劳动能力的人员。人是生产力中最基本、最活跃的因素,一定数量和一定质量的劳动者是企业进行生产经营活动的必要条件,是影响企业劳动生产率高低、效益好坏的重要因素。在市场经济激烈竞争中,人力资源,尤其是各种专门人才的去留,是关系到企业经济效益乃至经营成败的关键。

传统的劳动人事管理强调以"工作"为核心,人对工作要具有适应性,对员工工作绩效的考核取决于工作要求,工资分配的标准则取决于工作特征。这种人事管理对 90 年代初期中国企业的发展起了巨大的推动作用,但也存在不可避免的局限性:如果仅仅是以"工作"为核心,则可能抑制人的能动性,不利于工作质量的改进和工作效率的提高;其次,这种人事管理往往注重事务操作,不利于开发员工的潜在能力。现代化人事管理即人力资源管理与控制,就是要以"人"为中心,寻求"人"与"工作"相互适应的契合点,将"人"的发展与企业的发展有机地联系起来。管理领域这种人性回归思想,是现代人力资源管理最突出的标志之一。那么,如何从传统的劳动人事管理过渡到人力资源开发上来呢?最重要的就要做好人力资源的规划工作。人力资源的规划工作为企业对人员的考核录用、培训开发、晋升、调整、工资等提供可靠的信息和依据。

一、过程理论——人力资源控制的新视角

关于企业人力资源战略变革与控制的理论解释,目前主要可以从两个方面去理解:即变量理论(*variance theory*)和过程理论(*process theory*)。变量理论是传统的用于研究战略管理变革领域的方法。是用已经发生的变革影响因素(如 $X_1$、$X_2$)作为自变量来解释战略变革的程度 $Z$(即因变量)。但是这种方法过分地关注了事件的结果,忽视了事件发生的过程及其具体的运作方式。而具有多元分析和层次分析特征的过程理论则可以通过将变量理论整合进其分析框架中,从而实现对整个事件的行为、战略选择、情感认知、战略变革的效果等进行总体的评价。过程理论具有四个方面的特征:① 具有不同层次分析的内在连接性,包括社会层次、经济层次、产业层次和组织层次;② 具有不同时间维度的内在连接性,包括过去的、现在的和将来的;③ 能够动态地展现战略管理的内容和行为;④ 具有丰富的因果关系循环特征。显然,过程理论为我们提供了进行人力资源控制的逻辑主线和新的研究视角。(见图13-1)。

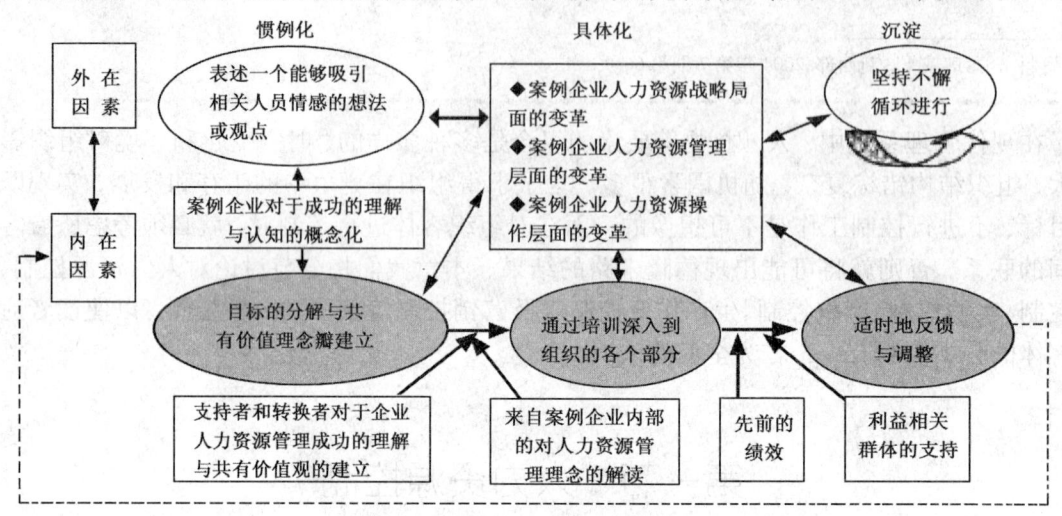

图13-1 基于过程理论的人力资源控制体系

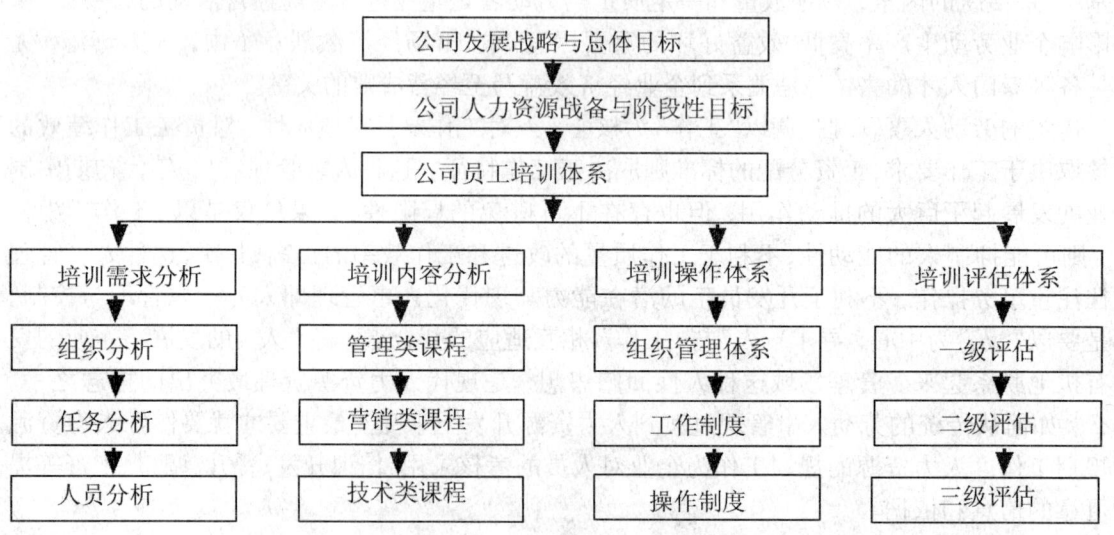

图13-2 面向过程控制的企业员工培训体系

## 二、基于过程理论的人力资源控制的系统构成

1. 通过目标分解建立共有的人力资源战略目标分解体系

人力资源规划是为使企业稳定地拥有一定质量和必要数量的人力,实现包括个人利益在

内的该组织目标而拟订的一整套措施,包括总目标和阶段性目标。

人力资源规划的总目标是计划期内人力资源开发利用的总政策、实施步骤及总预算的安排,包括三层含义:① 从组织的目标与任务出发,要求企业人力资源的质量、数量和结构符合其特定的生产资料和生产技术条件的要求;② 在实现组织目标的同时,也要满足个人的利益;③保证人力资源与未来组织发展各阶段的动态适应。表13-1设计了某企业人力资源战略目标分解体系。

2. 通过培训体系促进组织成员的认知与解读

一个组织在实现其战略目标方面的长久成功,取决于其成员对于战略实施成效的理解与信服,以及这种预期与战略需要相一致的程度。企业员工培训体系的构建,首先,要考虑企业的总体战略,为企业总体发展战略服务;其次,要根据企业总体的人力资源发展战略制定员工培训体系;最后,从过程控制来看,培训体系是企业将其共有的价值观念深入贯彻到组织各个部分的最为直接和有效的途径。结合前面的理论分析,我们设计出了如图13-3所示的面向过程控制的员工培训体系架构。

3. 通过人力资源信息系统进行适时反馈与调整

在人力资源控制过程中,由企业人力资源战略引导,人力资源管理体系既对外部环境和内部体系产生反应,也反过来塑造了外部环境和企业内部人力资源管理体系的状态与路径。即变量间的相互作用造就了其组成部分与发展的形式。所有内外部的相互作用影响了企业人力资源管理的绩效,反过来也被企业绩效所影响。伴随着信息技术和计算机的日益发达,企业人力资源管理信息系统的功能也将得到更加充分地释放(见图13-3)。人力资源变革的过程控制,通过强调动态的变量含义及其关系、相互的因果关系、在控制系统内与组织之间的整合,延伸了企业人力资源价值网络的变量关系框架,并特别强调了联系不同变量、自我影响、在不同时间与不同变量的过程与历史发展路径。该系统通过承认其他认知的、有效的、社会的和政治的影响来打开人力资源战略管理决策的"黑箱",扩展了理性规划行动的含义,使得人力资源系统的动态能力可以更好地转化为企业持续的竞争优势。

表13-1　　　　　　　　　　企业人力资源战略目标分解体系

| 规划或计划分类 | 目标 | 政策或办法、制度 | 预算 |
| --- | --- | --- | --- |
| 总体规划 | 总体目标:人员的层次、年龄、素质结构,人员总量及分类,绩效目标,战略性人才培训目标等 | 基本政策(扩员或收缩政策,人才培养政策,改革既定政策,管理方式及职责)等 | 总预算 |
| 人员补充计划 | 类型与数量、结构 | 人员来源、任职要求、基本待遇 | 招聘、选拔费用 |
| 人员使用计划 | 各部门定岗定员的标准、绩效考评目标、轮岗制度目标 | 任职资格考核办法,聘用制度,轮岗考核制度,解聘方法 | 工次、福利、奖酬预算 |
| 老职工安排计划 | 减低老龄化程度,提高业务水平,隆低劳动力成本,发挥老专业人才的帮教作用 | 老职工退休政策、解聘程序、聘用担任顾问、调研员、督导员的政策办法 | 安置费、人员重置费、聘用老职工的津贴等 |

续表

| 规划或计划分类 | 目标 | 政策或办法、制度 | 预算 |
| --- | --- | --- | --- |
| 员工职业开发与职业发展计划 | 提高员工的业务水平,减少离职跳槽率,激励与提高满意度 | 职业开发政策、员工发展的终身教育计划、"长处"发展措施 | 教育培养费、考察调研费 |
| 绩效评估及激励计划 | 提供绩效评估目标,提高士气与信心 | 激励政策、奖酬政策、工资政策、评估考核体系与办法 | 增资预算、奖金预算 |
| 劳动关系、团队建设计划 | 改善管理人员与员工关系,提高员工主人翁意识与满意感,团队目标导向 | 参与管理的政策与办法,"合理化建设"奖励方法,团队建设的政策与措施 | 群众性团体组织活动的经费支持、奖励基金 |
| 教育培训计划 | 长期培训计划(三、五年)目标:素质提高与层次提高;短期培训计划(几个月到一年)目标:技能提高,创新观念的培育等 | 培训时间、考核的方法与对培训资格认定的程序与使用办法 | 培训费及间接误工费 |

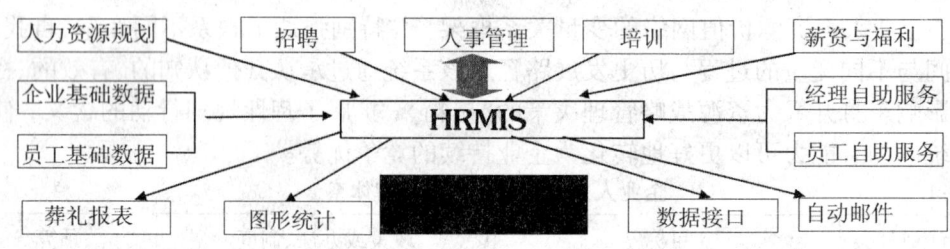

图13-3　面向过程控制的企业人力资源管理信息系统

**相关链接**　　　　　　　人力资源流失风险预控

风险之一:带走关键技术。企业中掌握关键技术的人才跳槽,会将企业的关键技术带走,特别是有技术专利员工的流失,对企业的影响更大。在英特尔公司创业初期,为该公司设计第一代微处理器并创造巨大市场的著名设计师费根在关键时刻带了两名骨干技术人员离开英特尔公司,自己创办了一个公司,这对英特尔公司来说是个沉重的打击。

防范策略:建立研发与技术团队,不要过分依赖某一个或少数几个技术人员或工程师。如果是多人共同发明的技术,申请专利时应将参加人员的名字都尽可能多地写上去,使专利权为大家所拥有。

风险之二:带走客户与市场。与企业客户直接打交道的销售人员掌握客户的第一手资料,与客户保持良好的交往,甚至与顾客的关系非常密切,这些员工离开企业时,经常会带走一批或大部分客户,甚至将客户带给竞争对手,使企业失去客户和市场。某国际大公司的中国销售公司经理因对公司人事调整安排不满,带着手下多名销售人员离开公司,同时也带走大量客户,使该公司在中国的销售几乎崩溃。

防范策略:建立客户信息数据库,实施客户关系管理,使客户为公司享有和使用。实施品牌战略,依靠品牌的知名度和美誉度来吸引顾客,让客户信任的是你的品牌,而不是个别的销售人员。一个因为能够为客户提供更高价值(与竞争对手相比)而具有较高知名度和美誉度的企业是不怕销售人员跳槽而带走客户和市场的。

风险之三:岗位空缺。人才流失直接的后果就是岗位空缺,关键岗位的空缺会使企业无法正常运转。

防范策略:运用战略性人力资源管理思想,做好人力资源规划工作。对关键岗位而言,管理人员持续计划是一个较好的方法,实施干部储备制度,平时注意培养有潜力的管理岗位接班人。

风险之四:带走一批员工,企业崩溃。企业中关键人才在员工中往往具有较大的影响力和感召力,甚至有一批忠实的追随者。因此,经常发生的情况是,某位关键人物如总经理或部门经理等的离开会带走一批员工,结果会使企业瘫痪。原小霸王公司的一位总经理由于与控股方在管理思想上有严重分歧,带走一批技术骨干及管理人才另立门户,致使小霸王公司陷入困境。

防范策略:选拔、聘用具有不同背景的员工,采取多元化的管理,增强组织对员工的吸引力。

风险之五:对留下的员工产生负面影响。企业一旦发生员工离职,特别是具有知识或技能的员工离职,势必对未离职的员工产生负面影响,各种不正确的猜测与推断使留下的员工对企业失去信心,对在该企业的前途感到渺茫等等。

防范策略:就离职事件与员工进行积极的沟通,说明原因,鼓励未离职的员工努力工作,让他们对前景充满信心。

风险之六:有损公司在社会上的形象。关键岗位人才的流失,往往会引起媒体的关注,而媒体关注的结果很可能使公司在社会上的形象受到消极影响。

防范策略:启动危机公关计划,采取危机沟通策略。

资料来源:何花,人力资源流失:重在预防,经营与管理.2003年第5期.

## 第二节 资金控制

### 一、资金控制的内容及特点

资金是企业的血液,是企业为了保证生产经营活动正常进行所拥有或控制的各类经济资源的货币表现。任何一家企业都必须有一定数量的资金,没有一定数量的资金保证,企业资产就无法形成，企业的正常生产经营活动和发展就难以进行。为了保障企业资金的有序运行，必须对企业资金运行进行科学控制。

(一)资金控制的含义

资金控制就是对资金运动实行经常性的监督与检查，并及时纠正偏差，它包括四个方面的内容：

(1)控制企业的筹资与投资。企业要进行生产经营活动，需要拥有一定数量的资金，而企业要获得生存和进一步发展，则必须不断投入新的资金，运用新投入的资金建立各种生产经营条件和开展某种生产经营活动。要对企业进行投资，首先就必须筹集一定数量的资金，以满足企业再生产过程对新的资金的需求。筹资是属于积聚新财力的问题，投资则属于用财和生财问题。

(2)控制固定资本金、流动资本金和其他资本金的使用。企业经济活动中所占用的资金，具体表现为固定资产、流动资产和其他资产。这三项资金的使用是否合理，对保证企业生产经营过程顺利进行，对节省资金占用，加速资金周转和提高企业经济效益，对确保企业生存与发展，都有十分重要的作用。同时，企业的资金运动最主要的是通过这三项资本金的不断运动变化来实现的。

(3)控制企业盈利收入。企业资金运动具有增值性，获得盈利收入既是企业财务系统活动的动力和目的，又是资金运用效果的具体体现和资金分配的前提条件。盈利收入是否实现企业的预期目标，不仅影响到企业经营任务的完成，而且影响到企业的发展。若不对盈利收入严加控制，就难以确保资金运动的良性循环，实现企业既定经营成果，甚至还能危及企业的生存。

(4)资金分配。资金分配既包含销售收入中如何分配生产经营资金和企业盈利，又包括企业盈利内部的合理分配。对营业收入的分配，首先要提足生产经营过程中所开支的全部劳动耗费，使如数的生产经营资金重新继续参加生产周转，保证企业再生产的不断进行，其余部分才列作企业盈余，企业资金的分配是否合理，不仅关系到企业再生产的正常进行，而且还关系到企业发展的后续能力。

(二)资金控制的特点

企业资金在不断变化之中，企业经济活动中所占用的固定资产、流动资产和其他资产又有各自运动特点，这样也就决定了企业资金控制的特点。

(1)它以加速资金周转和实现资金增值为目标。及时地组织资金供应，保证资金周转畅通无阻，合理地节约使用资金，不断提高资金利用效果和资金增值幅度。

(2)它以资金计划和财务预算为控制准则。把资金运动的各个环节纳入计划和预算规定的许可范围，制定各种控制标准来进行控制，从而保证控制目标的实现。

(3)它以资金、物资相结合运行为控制对象资金使用同物资运动有密切的联系，只有把两者相结合，才能发挥财务系统的控制器的效应和作用。

(4)它以财务监督为基本手段。财务监督是以资金运动为对象，利用价值形式对企业生产经营活动进行控制和调节。

二、资金控制的常用指标

股东最关心的是自己的投资的获利能力和所投资公司的成长性。通俗地说，就是自己1

元钱的投资,经过企业经营之后,每年能带来多少收益,而影响企业获利能力和成长性的因素有很多。为了理清这些因素之间的内存关系,我们利用图13-4帮助理解和说明。

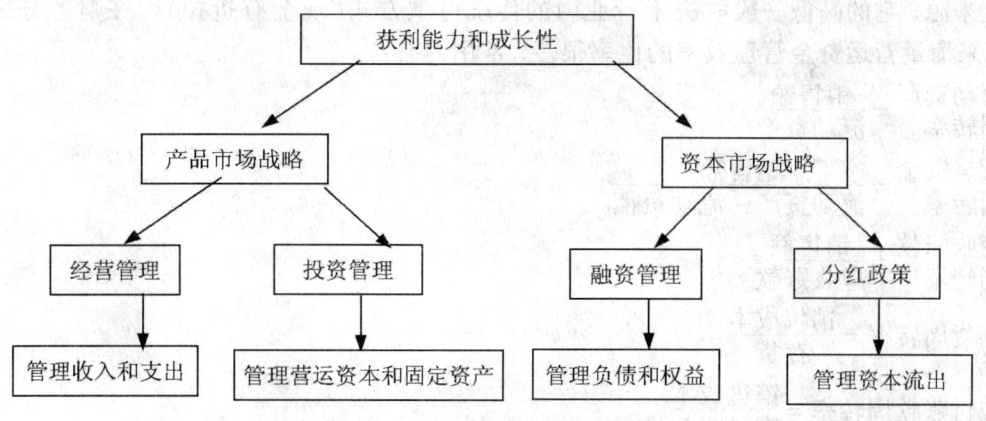

**图13-4 影响企业获利能力和成长性的因素**

(一)净资产收益率及其分解

投资者的投资在资产负债中形成所有者权益,收益在利润表中表现为净利润,二者的比率被定义为净资产收益率(ROE),可用公式表示为:

$$\text{净资产收益率} = \frac{\text{净利润}}{\text{所有者权益}} \tag{1}$$

企业净资产收益率的高低受两个因素制约:一是由经营总资产所产生的利润;二是资产相对于所有者权益的比例,由(1)式可得:

$$\text{净资产收益率} = \frac{\text{净利润}}{\text{所有者权益}} = \frac{\text{净利润}}{\text{总资产}} \times \frac{\text{总资产}}{\text{所有者权益}} \tag{2}$$

其中:净利润/总资产被称为总资产利润率(ROA);$\frac{\text{总资产}}{\text{所有者权益}}$为财务杠杆,这是两个非常重要的财务比率。ROA又可细分为两个部分:

$$\frac{\text{净利润}}{\text{总资产}} = \frac{\text{净利润}}{\text{销售额}} \times \frac{\text{销售额}}{\text{总资产}} \tag{3}$$

其中,净利润/销售额被称为销售利润率;销售额/总资产被称为总资产周转率。通过细分,净资产收益率可表示为:

$$\text{净资产收益率} = \text{销售利润率} \times \text{总资产周转率} \times \text{财务杠杆} \tag{4}$$

我们可以看到,企业获利能力的驱动器有三个发动机:销售利润率、总资产周转率和财务杠杆。销售利润率取决于公司的经营管理,是企业经理人员经营效率高低的指标;总资产周转率取决于投资管理,财务杠杆取决于融资政策。因此,我们可以通过对三个比率的分析来了解企业经理人员在何种程度上贯彻了公司的各项战略。从资金控制角度来看,总资产周转率和财务杠杆是我们研究的重点。

(二)反映投资管理效率的比率:总资产周转率

对企业资产的管理主要包括两个领域:一是营运资金的管理;二是长期资产的管理。

营运资金是公司的流动资产与流动负债之间的差额,对营运资金进行分析时主要注重资产负债中的三项内容,即应收账款,应付账款和存货。应收账款的合适比率取决于公司的赊销政策;产品的工艺过程和生产特点决定了企业最佳的存货水平;应付账款则是营运资金的一项资金来源,它的高低一般取决于行业内的传统付款方式(现金有折扣)。在财务分析工具中,用来衡量营运资金管理效率的比率很多,常用的有:

$$\text{流动资产周转率} = \frac{\text{销售额}}{\text{流动资产}} \tag{5}$$

$$\text{营运资金周转率} = \frac{\text{销售额}}{\text{流动资产} - \text{流动负债}} \tag{6}$$

$$\text{应收账款周转率} = \frac{\text{销售额}}{\text{应收账款}} \tag{7}$$

$$\text{存货周转率} = \frac{\text{销售成本}}{\text{存货}} \tag{8}$$

$$\text{应付账款周转率} = \frac{\text{销售成本}}{\text{应付账款}} \tag{9}$$

流动资产周转率和营运资金周转率用以说明公司每投入1元钱作为流动资产或营运资金将会产生多少钱的销售回报。类似地,应收账款,存货和应付账款周转率表明公司将钱投入到营运资金的这三个重要组成部分后,各自将会产生什么样的效果。

企业的长期资产中能对销售额直接做出贡献的土地、厂房和机器设备,构成了固定资产的主要组成部分。

同样地,固定资产周转率表明公司每投入1元钱在固定资产上,将会对销售额产生多大的影响。其公式为:

$$\text{固定资产周转率} = \frac{\text{销售额}}{\text{固定资产}} \tag{10}$$

这些比率综合反映了企业经理的存货管理水平和对客户授信的管理水平等资产管理的重要指标,通过对上述比率的分析可以对公司在资产管理方面的效率有较清晰的认识;

(三)反映融资战略的比率:财务杠杆率

财务杠杆使企业能够控制大于自己权益资本的资源。对于上市公司来说,财务杠杆是一把双刃剑,如果投资回报率高于负债成本,财务杠杆的增加就会提高企业的净资产收益率;但是,如果企业不能按时还本付息就可能面临财务危机的威胁。几个常用的比率可以用来衡量企业因使用财务杠杆而带来的风险程度:

1. 有关流动负债和短期流动性的比率

$$\text{流动比率} = \frac{\text{流动资产}}{\text{流动负债}} \tag{11}$$

$$\text{速动比率} = \frac{\text{流动资产} - \text{存货}}{\text{流动负债}} = \frac{\text{现金} + \text{短期投资} + \text{应收账款}}{\text{流动负债}} \tag{12}$$

$$\text{经营活动现金流比率} = \frac{\text{由经营活动所产生现金}}{\text{流动负债}} \tag{13}$$

流动资产和流动负债在期限结构上是相互匹配的,所以流动比率是反映企业资产流动性和短期偿债能力的主要指标。通常而言,大于1的流动比率对一个企业来说是必要的,它说明企业的短期流动资产在数值上大于流动负债。但是,由于流动资产中一个重要的组成部分是不易变现的存货,而流动负债下的会计科目大都必须在短期内由现金交纳,所以从流动资产中扣除存货因素的速动比率反映的流动性更为可靠。企业经营活动所产生的现金流是企业获得利润的源泉，但对处于高速成长期的企业在经营活动中难以产生大量的现金流量，所以经营活动现金流比率用来衡量处于成熟期的企业较为妥当。

2. 债务与长期偿还能力

公司的融资政策在很大程度上决定了其财务杠杆率的高低。公司在新项目上投资时，所需资金可以通过发行新股或债务融资两种渠道来解决。债务融资的方式对企业有几个潜在的好处：首先，债务融资支付的利息可以进入财务费用冲减税前收入，直接起到避税的作用；其次，债务是要到期还本付息的，能够对经理造成一定的压力，使他们更为谨慎有效地使用这笔资金；最后，通过举债方式融资，债务人的数目较少，管理部门要求的信息披露也不像对公开发行股票那么严格，资金需求方与供给方之间的沟通比较方便。鉴于上述原因，企业最佳的财务结构中总是应该包含一部分债务。然而，过度地依靠债务融资对公司的股东也是有害的。如果一个公司由经营活动所产生的现金流量变动很大，而且资本性支出也难以预测的话，它最好侧重于依靠股票融资的方式，否则它很有可能面临到期不能还本付息的财务危机。负债融资还有一个不利之处就是债权人会在借款时附加一定条款，对公司的资产流动性和净值方面加以限制。这种限制束缚了经理人员的行动自由，有可能降低公司资产的盈利能力，我们用以下比率来衡量企业的长期负债比率是否合适：

$$\text{负债／权益比率} = \frac{\text{总负债}}{\text{股东权益}} \tag{14}$$

$$\text{债务／权益比率} = \frac{\text{短期负债} + \text{长期负债}}{\text{股东权益}} \tag{15}$$

$$\text{付息能力比率} = \frac{\text{净收入} + \text{利息支出} + \text{税金支出}}{\text{股东权益}} \tag{16}$$

$$\text{或\quad 付息能力比率} = \frac{\text{经营性现金流量} + \text{利息支出} + \text{税金支出}}{\text{利息支出}} \tag{17}$$

负债／权益比率是与净资产收益率相关的三大比率之一，也就是财务杠杆率。债务／权益比率说明股东每投入 1 元钱能够控制多少元的债务融资。付息能力比率说明企业自身能产出多少收益用来支付每 1 元钱的利息支出。

到此为止，我们已经细分了影响净资产收益率的三大要素，并由此得到了十几个重要的财务比率，这些比率从不同角度反映了企业的经营管理、投资管理水平以及融资政策。

管理者通过对几个常用财务指标的计算，以保证有足够的资金支付发生的各种费用，保证债务负担不至于太重，并使所有的资产都得以有效利用。这正是资金控制如何降低成本并使资源得以充分利用例证。

（四）可持续成长率

$$\text{可持续成长率} = \text{净资产收益率} \times (1 - \text{红利支付率}) \tag{18}$$

$$\text{红利支付比率} = \frac{\text{支付给股东的现金红利}}{\text{净收益}} \tag{19}$$

红利支付比率用来衡量企业的红利支付政策。公司获得的利润在满足经营活动的需求之后，将剩余的现金作为红利分配给股东是公司对股东的一种现金报偿。由于企业与普通股东之间存在着对公司经营状况信息上的不对称，所以红利政策的变化可以作为经理对公司未来经营前景预期的一种信号。

可持续成长率是指公司保持现有的盈利能力和融资政策不变的前提下公司的成长比率，它可以作为公司成长性的一个基准比率。以上介绍的任何一种比率的变化都有可能导致可持续成长率的变化，我们可以通过分析可持续成长率变化的原因进一步找到造成这种变化的推动性根源。

---

**相关链接**　　　　　　　　　　透过财务报表的控制

一份财务报表，多则几千项数据，少的也有几十项主要数据。它们之间的关系如何，反映了什么，我们怎样来理解？如果我们能够一目了然地看懂上市公司经过审计的财务报表的含意，从而在投资对象间进行有意义的比较，那么投资决策时的盲目性便可减低。如果要想在很短的时间里（比如十分钟内）对企业经营有一个概念性的了解，则最好从比率着手。数据绝对金额值的意义只有相互的关系中才能体现出来。其中两个比率最为重要：资产回报率（ROA）和股本回报率（ROE）。

ROE = 净利润 ÷ 所有者权益（即股本）
　　　= （净利润 ÷ 总资产）×（总资产 ÷ 股本）
　　　= （净利润 ÷ 销售总收入）×（销售总收入 ÷ 总资产）×（总资产 ÷ 股本）

这样，投资者最为关心的投资回报率（ROE）是三项的乘积。第一项是销售利润率，第二项为每元钱的资产经营一年里能带来几元的销售额，它们的乘积是ROA。要提高ROA可以有两个途径：增加每件产品（或服务）的利润，即附加价值；也可以增加在一定资产额下的销售收入。但这两项又是互相制约的，如果加价，每件产品卖得过贵，就会影响销售额。怎样恰如其分地做到"薄利多销"，如何最大限度地达到两项之乘积，是企业要琢磨的问题。合理的定价政策、增强销售方法和渠道，以及严格控制成本，都是企业管理的重点工作。特别是成本的控制，需要花大力气。财务报表中的许多项目涉及到成本，大致分为几大类：制造成本、运输销售费用和行政管理开支，每个环节都有文章可做。

从表面上看，ROE既然是ROA和股本乘数的乘积，似乎除了提高ROA之外，还可以通过提高股本乘数来提高ROE。我们知道，总资产＝负债＋所有者权益（股本），假如负债为50%的话，股本乘数就是2，那么，ROA是10%的话，ROE就成了20%。这现实吗？负债率在90%时又怎样呢，岂不是股本乘数上升至10，ROE成了100%；再把负债率提高到99%，即自有资本仅为1%时，岂不是有高达1000%的ROE了吗？显见地，这是荒缪的。然而，这种荒缪的事却经常在我国发生。某些承包就是例子，承包者毫无自己的资本，承包经营的总资产几乎每一元钱都可看作是借贷来的，即股本乘数无穷大。对于他们，任何低于正常水平的ROA，都会换来极高的ROE。这时承包人在经营中过度地冒风险等短期行为就会大量涌现。这符合他个人的经济理性，但却全然不符合把企业给他承包的真正的所有者（全民？国家？集体？）的利益。这类承包在市场经济中是不可能出现的。

原因何在？从财务控制上来看，主要在于缺乏对企业经营安全性的评估与监控。评估一个企业安全性的所谓流动性指标有多种，较常用的有流动性比率，现金比率，以及速动比率等等。我们知道，总资产主要分为流动资产和固定资产。流动资产有现金、准现金、应收账款、库存等主要几项，它们多多少少可用来抵付企业的短期负债（其中只有现金是100%可用来偿债的，库存则会大打折扣），而固定资产虽有帐面价值，但难以即刻套现以应付市场的波动和债务的压力。流动性过低的企业往往会中途夭折或破产，虽然它还有相当的固定资产，包括土地厂房设备，这就好比一个人失血过多就会死亡，虽然他的肌肉骨胳却还很健全一样。因此总资产的组成，主要是流动资产和固定资产的比例，这是个主要着眼点。流动资金的管理和控制由此也就成了关键因素，对中小企业更是如此。

有了些会计常识,我们不难在五分钟内通过阅读一家企业的财务报对它了解个大概。不过,这些报表本身应该是不掺水份经过注册会计师公正审计过的。同时,投资者还应注意识破企业可能会玩弄的一些会计把戏。

资料来源:孙涤,管理琐话.学林出版社,1997年版第168-171页.

## 第三节 实物资产控制

### 一、实物资产的构成及特征

实物资产是企业从事生产经营活动的物质基础。实物资产越先进,管理得越好,人类认识自然和改造自然的能力就越强,生产力水平就越高。

企业实物资产按其在生产过程中的作用来看,是由劳动对象和劳动手段两部分构成。劳动对象是劳动者将劳动加于其上,用来生产出具有某种新使用价值的产品的那部分资源,如原材料、辅助材料、燃料等。劳动手段是作为劳动者发挥力量的手段,用来做用于其他物质,生产出社会需要的产品那部分资源,如厂房、机器设备、工具等。劳动对象和劳动手段在生产过程中所处的地位和作用不同,各自具有不同的特征。

从使用价值转换来看,原材料、辅助材料、燃料等劳动对象,一进入生产过程,就转换成产品的形成要素,包含在新产品中而脱离生产过程,进入流通领域。厂房、机器、设备、工具等劳动手段进入生产过程后,一直仍固定在其职能式上,较长时期地在生产过程中发挥作用,直到使用寿命结束被更换掉为止。

从价值的转移方式上看,原材料、辅助材料、燃料等劳动对象,其价值是一次性预付,一次性补偿的。劳动对象在新产品形成时全部被消费掉,其全部价值一次性转移到新产品中去,并通过产品的出售,原预付的价值一次性得到补偿。厂房、机器设备、工具等在生产过程中长期发挥作用,其价值逐渐转移到新产品中去,其余部分仍存在于原使用价值形态中。随着生产的进行,劳动手段的价值逐渐转移,不断减少,直到价值全部转移完毕时,才进行更换。

依据劳动对象和劳动手段在使用价值转换和价值转移上各自不同的特征,在实物资产的管理上,通常把它们区分为物资管理和厂房、设备管理,并分别采用相应的管理方法。尽管物资管理和厂房、设备管理具有各自的特征和规律,但都是为了高质量、低消耗地生产社会所需的产品,在管理上必须相互联系、相互适应。

### 二、物资定额控制

物资定额控制管理是企业物资管理的主要工作,它包括消耗定额控制和储备定额控制。

(一)物资消耗定额控制

物资消耗定额,是指在一定的生产技术组织条件下,生产单位或完成单位工作量所消耗的某种物资的数量标准。主要由三部分构成:①构成产品(或零件)净重的物资消耗,这是指经验收入库的合格品中,构成产品实体的物资净重。它是构成物资消耗定额的主要部分。②

工艺性物资消耗,这是指在加工准备和加工进行过程中不可避免的物资损耗。③非工艺性物资损耗,这是指工艺性以外的其他物资损耗。制定物资消耗定额的方法主要有三种:技术计算法、现场测定法和统计分析法。

1. 技术计算法

它是根据产品图纸和工艺资料进行计算来制定消耗定额的方法。其公式为:

$$H = G + \sum g$$

式中 $H$ 为物资消耗定额;$G$ 为产品(或工作量)有效消耗;$\sum g$ 为各种合理的消耗之和。

技术计算法是基于产品实体和当前可以应用的先进技术和工艺计算出来的,定额精确度高。但采用这种方法要求具备完整的大量的数据材料,因此它比较适合于生产稳定的大批量生产企业。

2. 现场测定法

它是根据现场实际生产条件和物资消耗情况,进行现场写实记录所测定的消耗定额。这种方法适于生产周期短、工艺比较简单、涉及加工工种和人员较小,组织工作比较容易的生产企业。但生产现场的选择必须具有典型性和代表性。

3. 统计分析法

它是根据物资的统计资料,经整理分析制定消耗定额的方法。其公式为:

$$H = K \frac{\sum g}{n}$$

式中 $H$ 为某种物资的消耗定额;$K$ 为修正系数;$\sum g$ 为统计期内某种物资总消耗量;$n$ 为统计期内与物资总消耗量相适应的完成任务总量。统计分析法简便易行,但采用这种分析方法,要求企业有完整的历史统计资料,并要对统计资料进行科学分析,结合实际情况确定修正值。否则,制定出消耗定额的准确度要差些。

根据以上方法制定物资消耗定额控制标准,必须遵循先进合理的原则。如果只注重定额的先进性,与实际消耗水平差距太大,成为可望而不可及的标准,就是挫伤生产者的积极性,影响生产任务的完成,这样的定额控制标准在实际中行不通。如果只注重现有平均消耗水平,企业轻而易举地就可以完成,定额也就失去了激励企业奋发进取的作用,失去定额控制的意义。另外,制定定额控制标准时必须充分考虑企业实际情况,如果现有的生产技术条件和经营管理水平以及生产者的技术熟练程度等。只有充分考虑这些因素,据以制定的物资消耗定额控制标准,才能起到应有作用。

(二)物资储备定额控制

企业的物资储备定额,是指在一定条件下,保证生产所必须的经济合理的储备量。企业要进行正常的生产经营活动,就必须有一定的物资储备,以防止供应中断;但物资储备过高,会占压大量资金,影响资金周转速度,而且大量、长期的库存,还会造成损耗,增加保管费用。因此,企业应本着保证生产、厉行节约的原则下,制定科学合理的储备定额控制标准。在确保生产正常进行的前提下,尽可能地减少企业的物资储备。

1. 经常储备定额

经常储备定额是指在前后两批物资进厂间隔期间,为满足日常生产需要建立的物资储备定额,经常性储备量取决于平均每日需要量、供应间隔天数、验收天数和生产前准备天数等几个因素,其计算公式为:

经常储备定额＝平均日需要量×(供应间隔天数＋平均验收天数＋生产前准备天数)

2. 保险储备定额

保险储备是一种后备性储备，是为防止由于交货拖期、运输延误及检验后不符合需要等意外原因造成供应中断而建立起来的储备定额。保险储备定额是用保险储备天数乘以日平均需要量求得。保险储备天数可依以前若干期的实际进货情况，求出平均进货间隔期，再据以找出各批物资的误期天数，最后用加权平均法求出平均误期天数，即为保险储备天数。

3. 季节储备定额

它是企业为适应生产的季节性或物资供应季节性特点，在一定时期建立的储备。

物资储备定额控制应综合考虑以上三方面内容。工业企业的物资流通费用一般约占产品成本的15％，企业如果加强对原材料供应的组织管理，合理控制原材料库存定额，节约原材料流通费用，可大大降低生产成本。许多工业发达国家十分重视降低原材料的流通费用，并把它看作是仅次于原材料、人工费的"第三利润源泉"而加以挖掘。

### 三、厂房、设备的控制

厂房、设备、机器、工具等均属于固定资产，由于固定资产的使用期限均在一年以上，需经过多次生产经营活动，才能完成其价值的转移，这就决定了对厂房、设备等固定资产的控制管理有别于前面分析的物资定额控制管理。这里我们主要介绍固定资产损耗的测定，固定资产计价与折旧。

(一)固定资产的特点

(1)固定资产在使用中不改变原来的实物形态，可连续多次地在生产经营过程中发挥作用，直至经过长期使用，清理报废以后，才需要更新。

(2)固定资产在使用中不断发生磨损(这种磨损分为有形磨损和无形磨损)，其价值逐渐转移，以折旧形式转化为管理费用，从销售收入中得到补偿。

(3)固定资产在周转中的价值双重存在，未磨损部分仍存在于固定资产物质实体之中，其价值逐渐减少；已磨损部分则脱离它的物质实体，计入管理费用。

(4)固定资产使用期限取决于固定资产经济寿命期，要经过多次的生产经营过程才能完成其全部价值的转移。

(二)固定资产的计价与折旧

1. 固定资产的计价

为了正确反映固定资产增减变动情况和实际占用额，正确地计算固定资产折旧，必须对固定资产按照一定标准进行计价。在固定资产的核算和管理中通常有四种计价标准：①原始价值，它是指企业购建某项固定资产达到可使用状态的一切合理的、必要的支出。②重置完全价值，它是指在某一时间重新购建该项固定资产，根据当时生产条件和市场状况所需的全部支出。③折余价值，它是指固定资产原始价值或重置完全价值减去已提折旧额后的余额。④已入账固定资产价值调整，固定资产的计价原则按原始价值和重置完全价值入账，对已入账的固定资产不得任意变动，只有以下情况才能对固定资产账面价值进行调整：根据规定对固定资产价值重新估价；增加补充设备或改良装置；将固定资产的一部分拆除；根据实际价值调整原来的暂估价值；发现原记固定资产价值有错误。

2. 固定资产折旧——损耗的测定

固定资产折旧是指固定资产在使用过程中由于损耗而使它的价值逐渐减少的现象。我国会计制度和财务制度的改革对固定资产折旧的变动之一就是取消提取大修理基金办法以及专户存储。分行业企业财务制度明确指出,企业按照规定提取的固定资产折旧,应计入成本费用,不得冲减资本金。

折旧的计算方法上主要有:

(1) 平均年限法,是指按照固定资产预计使用年限平均计算折旧的方法。这种方法比较适用于各个时期使用程度大致相同的固定资产项目,其计算公式如下:

$$年折旧率 = \frac{1 - 预计净残值率}{规定的折旧年}$$

$$月折旧率 = \frac{年折旧率}{12}$$

净残值率按原值的3%~5%确定,低于3%或高于5%的,由企业自主确定并报财政机关备案,外商投资企业或外国企业按照不低于10%确定。

(2) 工作量法,是指按照固定资产完成的工作量或工作时间计算折旧的方法。其计算公式如下:

①按照行驶里程计算:

$$单位里程折旧额定 = \frac{原值 - 预计净残值率}{总行驶里程}$$

②按照工作时间计算:

$$每小时的折旧额 = \frac{原值 - 预计净残值率}{总工作小时}$$

③按照台班计算:

$$每台班折旧额 = \frac{原值 - 预计残值率}{总工作台班数}$$

(3) 年限总和法,它是固定资产的原值减去残值后的净额乘以一个逐年递减的分数,这个分数的分子代表固定资产尚可使用的年数,分母代表使用逐年数字总和。其计算公式为:

$$年折旧率 = \frac{折旧年限 - 已使用年数}{折旧年限 \times (折旧年限 + 1) \div 2} \times 100\%$$

年折旧额 = (固定资产原值 - 预计净残值) × 年折旧率

(4) 双倍余额递减法,这种方法是在不考虑预计固定资产净残值的前提下,以直线方法计算折旧率的双倍作为定率计算折旧,用此折旧率乘每期固定资产的期初账面价值(固定资产原始成本 - 累计折旧额),求出该期应计提的折旧额。计算公式为:

$$年折旧率 = \frac{2}{折旧年限} \times 100\%$$

年折旧额 = 固定资产账面净值 × 年折旧率

= (固定资产原始成本 - 累计折旧额) × 后折旧率

年限总和法和双倍余额递减法属于快速折旧的方法。采用这类方法,可以在固定资产投入使用后的前几年就收回大部分投资,既避免无形损耗带来的损失,加速固定资产的再生产,又有利于及时采用新技术,增强企业的竞争能力,而且还可以推迟一部分所得税的交纳,等于取得国家的无息贷款,还可以抵消一部分通货膨胀影响带来的损失。

## 相关链接　　　　现场分析和改善的八大利器

现场诊断和分析,就像大夫看病一样,运用诊断的手段和其他各种管理工具和方法,对现场的现状进行多角度、多方位和多层次的调查分析,找出存在的问题及原因,设计切实可行的改进方案,并帮助实施,使其达到预定的管理目标。这种在纸上图上的分析和改进,只要运用得法,你会欣喜地发现:原来可以不花一分钱,不用人财物的投资,就可以向现代管理和分析技术要时间、要效益!

现场存在的八大浪费,绝大部分是可以通过现场改善和现场分析来解决的。现场诊断是开展定置管理工作的关键环节和主要技法,应组成三结合(管理者、专业人员、工人三结合)的现场诊断小组,用下列方法反复认真分析、测定、诊断:

1. 工艺流程查一查。即向工艺流程要效益。分析现有生产、工作的全过程,哪些工艺流程不合理,哪些地方出现了倒流,哪些地方出现了停放,包括储藏保管、停放状态、保管手段(如储存容器配备、货架配备、设施条件)、有无积压状态?哪些工艺路线和环节可以取消、合并、简化?寻找最佳停放条件,确定经济合理的工艺路线。

2. 平面图上找一找。即向平面布置要效益。仔细检查和分析工厂平面布置图、车间平面布置图和设备平面布置图,分析作业方式和设备、设施的配置,按生产流程的流动方向,有无重复路线和倒流情况,找出不合理的部分,调整和设计一种新的布局,使生产流程在新的布置图上路线最短,配置最合理。

3. 流水线上算一算。即向流水线要效益。研究流水线的节拍、每个工序的作业时间是否平衡,如果发现不平衡,就要通过裁并、简化、分解等等手法,平衡流水线。消除因个别工序缓慢而导致的窝工和堆积。

4. 动作分析测一测。即向动作分析要效益。研究工作者的动作,分析人与物的结合状态,消除多余的动作、无效动作或缓慢动作,如弯腰作业、站在凳子上作业、蹲着作业、作业场所不畅、没有适合的工位器具、人与物处于寻找状态等,通过对人的动作和环境状态的分析和测定,确定合理的操作或工作方法;探讨减少人的无效劳动,消除浪费,解决现场杂乱,实现人和物紧密结合,提高作业效率。

5. 搬运时空压一压。即向搬运时间和空间要效益。据统计,在产品生产中搬运和停顿时间约占70%~80%,搬运的费用约占加工费的25-40%,要通过对搬运次数、搬运方法、搬运手段、搬运条件、搬运时间和搬运距离等综合分析,尽量减少搬运时间和空间,寻找最佳方法、手段和条件。

6. 人机工程挤一挤。即向人机联合作业要效益。人和设备构成了人机工程,在分析时要分析作业者和机器在同一时间内的工作情况,有无窝工、等待、无效时间,通过调整工作顺序改进人机配合,寻求合理的方法,使人的操作和机器的运转协调配合,将等待时间减少到最大限度,充分发挥人和机器的效率。

7. 关键路线缩一缩。即向网络技术要效益。将现有的工序和作业流程绘制成网络图。从中找出关键路线,然后从非关键路线上抽调人财物,加强关键路线,或采用平行作业、交差作业等等形式,实现时间和费用的优化。

8. 场所环境变一变。分析生产、工作环境是否满足生产、工作需要和人的生理需要,分析现场还缺少什么物品和媒介物，针对不同类别场所的问题，分别提出改进建议，开展"整理、整顿、清扫、清洁、素养、安全"六项活动，做到永远保持 A 状态，不断改善 B 状态，随时清除 C 状态，使员工保持旺盛的斗志和良好的技能，所需物品随手可取，不需要之物随时得到清除，现场环境通畅、整洁、美化、安全、文明，使场所和环境在时间和空间上实现整体优化。

资料来源：徐明达，中国管理传播网. 2007年2月13日。

## 第四节 产权控制

为了解决现代公司大型化带来的产权问题，需要对复杂的产权关系有一个梳理，这就是要设计出的一套科学的产权关系。以产权关系为基础，设计必要的控制程序、组织结构及激励机制，使得在不同的当事人之间进行权力、责任和利益的配置，矫正（或弥补）公司制企业在产权安排和控制上的错位。

### 一、界定资产体系

产权是财产权利，是财产的归属性派生出来的，当财产投入公司变为公司资产的一部分后，公司资产的分解是产权体系复杂化的基础，因此，理顺现代公司中的内部产权体系首先是对资产体系的界定。

现代公司内部资产关系可以用图13-5表示。

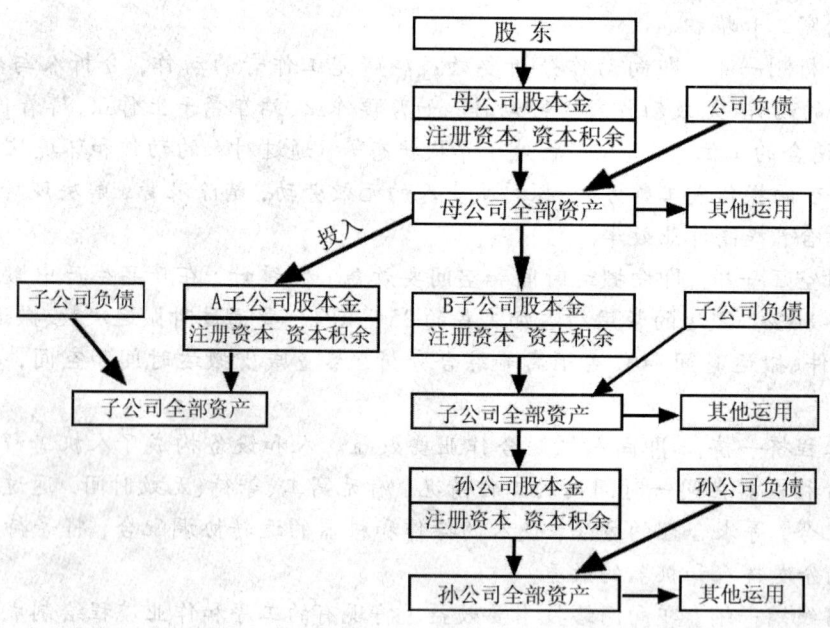

图13-5 公司内部资产关系

图中显示了三级资产关系:母公司、子公司和孙公司。这三级资产关系中有几个问题需要明确:

1. 股东对母公司的投资形成母公司的股本金

母公司不一定要将所有的股本金作为注册资金,如果只注册一部分,则还有一部分为资本积余,这部分积余不可以退还股东或作为盈余进行分配,而是公司营运资本的一部分。母公司的股本金加上它的负债就构成母公司的全部营运资产。母公司在营运其全部资产时,可以分离出一部分进行投资,成为子公司的股东,所拥有股权的大小视母公司对该子公司的具体考虑而定。如果子公司的股权全为母公司所有,那么子公司变为全资子公司,否则则为控股子公司(符合控股条件)。同样,子公司的股本金及其负债组成该子公司的全部营运资产,它也可以拨出部分资本对其他公司投资控股,这样就产生了在资产上有关联的孙公司。

2. 公司股本金是产生原始产权的基础,这些股本金成为公司的法人财产

公司的负债并非其财产,而是以承担还本付息为条件借用他人资本供自己营运之用,由此获得的收益只能充当公司总收益的一部分,作为法人的公司以及公司的管理人员等无权对此索取剩余收益。由于股东作为原始产权主体承担了投资失败的风险,因而它也享有取得母公司剩余收益的权利,管理人员的辛劳只反映在公司的分配政策和奖励政策(股东认可)的实施上。但是,母公司对子公司的投入,却享有与投入大小相应的子公司剩余收益的索取权。这是因为母公司对子公司的投入是以母公司的资本名义,母公司也要承担子公司失败的风险。因此,尽管母公司享有的子公司的股权是派生产权之一,但派生产权的再派生仍可以分享剩余收益。从这里我们可看到产权界定的重要性。

3. 各级公司可以其股本实行负债经营,但要考虑如何在风险和报酬之间进行平衡

负债是债权人出让的派生产权,其享有的收益是还本付息,其中主要是利息。一方面,通过使用较多的负债筹资,能使企业有效运营以获取较大杠杆收益;另一方面,使用过多的负债筹资同时又必然增大企业风险,从而使股价下跌。并且负债这一风险虽然与负债公司相关,但最终是由原始产权主体和派生的派生产权主体承担,因此负债比例高低成为现代企业内部值得重视的问题。从理论上讲,最合理的资本结构,必须是在企业风险和报酬得以平衡的基础上求得,这个资本结构当然要使企业股价最高,同时使整个企业资金成本最小,这是企业资本结构追求的目标。

4. 公司法并未限制孙公司对非其控股公司的持股

公司法并未限制孙公司对非其控股公司的持股。因此图13-5上,孙公司完全可以持有子公司A的股份,此时集团公司内部的资产关系就显得更为复杂,也难区分谁是真正的子公司,谁是真正的孙公司。然而,不管怎么样,有一点是十分清楚的,这就是谁出资谁承担风险,谁也就享有剩余收益索取权。根据产权延伸准则,在大公司内部应减少孙公司的设置,其目在于加强约束,减少复杂性;但此准则不排除子公司间的相互持股。

二、实施产权控制

母公司对下属各类子公司、关联公司以及孙公司的产权控制是建立在上述资产体系界定前提之上的。故产权控制与公司内部资产关系有很大的关系,作为产权控制主体的母公司,通常需要解决以下几个问题,以实施对下属各类子公司的产权控制。

1. 股权结构控制

所谓股权结构控制首先是指母公司对所有各类子公司投入股本比例的一个通盘考虑;其

次是指母公司对各类子公司为(控股)发展孙公司而投资孙公司的资本额的控制。

一般而言,母公司可根据子公司生产产品的特点、经营领域的不同,以及对母公司或对集团公司的重要程度来决定对各子公司的股权掌握。虽然对那些与母公司生产经营关联密切,对母公司或集团有重要影响的,可考虑全资控制;而关联程度相对低一些的可考虑控股或一般参股。此外,母公司需要根据自己的实力来通盘决定投入下属公司的整个投资额以及投资的分散程度。虽然理论上并没有说母公司只有将投资额集中于几个子公司实施控股效益才最佳,但如果过于分散,则由于是参股将丧失许多约束力,使集团公司资产一体化营运效果下降。

母公司对下属子公司发展各自子公司即孙公司的控制能力,首先取决于母公司本身对这些子公司是否控股,只有当母公司是这些子公司的控股公司时,母公司才有可能作为产权主体设定下属子公司对其他公司投资的资本额度限制。这种限制的出发点是控制子公司过分发展所属孙公司,以免失去有效控制,或投资下去却无力约束。

2. 资本金利润率和资产负债率控制

母公司对控股子公司的产权控制非常重要的一个方面,是下达或由子公司股东大会、董事会通过资本金利润率和资产负债率的具体数值。在现代大公司或企业集团中这两个指标有其特殊的功效。

$$资本金利润率 = \frac{资产利润率}{1-资产负债率} = \frac{利润}{资本金} \times 100\%$$

$$资产利润率 = \frac{利润}{资本+负债} \times 100\%$$

这里的资本金是指公司实有资本额,利润为公司年度赢利。一般而言,资本所有者或产权主体都希望用尽量少的资本去支配更多的公司资产,以获取最佳的资本收益,资本金利润率符合这一方面的标准。但是,负债愈大风险愈大,故母公司由于要承担投资风险,就要对子公司的负债比例作出限定。大公司对下属子公司的具体负债比率高低视各子公司生产经营特点而定,并没有一个固定的标准。但一般控制在该子公司自有资本的50%至70%,有的甚至更低些。

3. 产权控制层次

母公司与各类子公司、孙公司形成的产权层次体系是由母公司对子公司的投资控股、子公司对孙公司的投资控股形成的,这种产权层次体系从13-5来看结构如下:一级原始产权(母公司股东拥有)产生一级派生产权(母公司法人拥有),这级产权虽然仍是派生的,但其功效类似原始产权,故称之为二级原始产权;这二级原始产权将产生派生产权(子公司法人拥有);当子公司成为孙公司控股单位时,子公司以其资产的投入享有孙公司的股权,可称之为三级原始产权,尽管它仍是派生产权体系之中的一种;孙公司还拥有派生的产权。

在这样一个产权层次体系中,股东对公司的控制是通过母公司董事会直接进行的。母公司以其资产对子公司的投入来获得二级原始产权后,母公司可以通过子公司董事会直接进行对子公司的控制,但这一层次的控制对股东而言是间接的,控制力度必然大大减小。依此类推,母公司对孙公司的控制也是间接的,控制力度也将大大降低。这种间接性表现在,母公司无法对各孙公司的总体股本结构加以考虑,也无法直接下达或让孙公司董事会接受母公司要求的资本金利润率和负债比例控制。因此,母公司一般把孙公司委托给子公司进行管理,但是,子公司的产权投资活动事先必须得到母公司的批准。

# 第五节 作业过程控制

## 一、生产作业控制的主要内容

在编制了生产计划、生产作业计划后，进行实施时客观上总会有市场需求的变化、有物资供应的变化、人员和设备的变化以及预想不到的突发问题等，影响计划的执行。因此，必须随时掌握情况，作出相应调整，进行生产作业控制。按照物质对象存在方式的不同，生产作业控制可分为生产要素控制和生产流程控制。

(一) 生产要素的控制

生产要素的控制指以单个的生产要素及其运动为对象所开展的控制活动。它有简单与复杂之分：①简单要素，即人们通常所说的人类进行生产劳动必备的三种有形的物质因素：劳动者、劳动对象和劳动资料。②复杂要素，包括资本金、市场、现代科学技术、信息及传导系统、以机器体系或自动机器体系为主体的劳动对象，脑力、体力结合的专业化劳动者，现代管理等。

(二) 生产流程的控制

生产流程的控制是指对于多个生产要素相互匹配、相互作用所形成的生产转换过程实施的控制。

以上两类控制，各有不同的特点和要求。生产要素的控制，着重控制各单一要素投入的期、量、质及其内部结构；生产流程的控制，着重调节各要各要素的关系，制导要素共动过程中的稳定性和频率，节制输入的期量及质量。

## 二、生产作业控制的方法

(一) 成本控制

成本控制是生产操作系统中最主要的工作，努力降低成本历来是管理者致力追求的目标。毫无疑问，成本优势会给竞争带来巨大的好处。数十年前，那位曾执掌美国大公司帅印，后来又成为 MIT 商学院院长的斯隆先生在纵论天下商战时，以为最要紧的不过八个字——"与众不同，成本领先"。这里，"与众不同"的含义很清楚，人无我有之物，一旦受到市场欢迎，挡不住的财富滚滚而来。"成本领先"就是指人有我有之物竞争于市场，谁价廉，谁胜出。因此，我们应把成本控制放在战略的高度来把握，而不能仅将其当成由会计人员控制和发起的、偶尔的改革运动。会计师为每单位产品设计了成本标准，如果发生了偏差，管理者要追查原因：原材料涨价否？工人是否有效利用？雇员是否需要额外的培训？而不应狭义地理解为成本控制仅仅是会计人员的职责，成本控制必须在系统设计中处于一个中心的地位，这需要管理者不断地加以注意。

许多组织已采用了成本中心法去控制成本。工作区、部门或工厂都可以被当作为独立的成本中心，而且其主管人员对其产品的成本负责。任何单位产品的总成本都由两个部分构成：直接成本和间接成本。直接成本是指那些与产品的产出或服务的数量成比例关系的成本，劳动力成本和材料成本属此类中的典型。间接成本是指那些必须予以分摊或分配方可以计入成本的项目,保险费用和人事部职员的工资是典型的间接成本例子。直接成本与间接成本的区别是十分重要的。成本中心的经理对其单位所有直接成本负有责任,而间接成本则不必由他们控制。然而,由于组织中所有的成本在某种程度上都是可以控制的,高层管理者应确定在什么方面可以控制,并使基层管理者对其控制下的所有成本负责。

(二)采购控制

如果供货商不称职或违纪,生产物料供应不及时,就会造成企业停工停产,无法按时交货等经济损失。特别是加入WTO,进出口业务越来越多,在从事出口经营时如果供货商以次充好,弄虚作假,势必就会导致海外退货或验货等贸易纠纷。因此,管理者必须监控供货商交付输入品的性能、质量、数量和价格等。可以说,对供货商的控制是从企业的运营的源头上把关,能起到防微杜渐的作用。

目前比较流行的做法就是在全球范围内选择供货商,其原因是为了能够有保障地获得高质量、低价格的原材料,同时也可避免只选择少数几个供就商可以构成的威胁。大型公司多采用这种方法。

许多企业正在改变与供就商之间的竞争关系,试图建立一种长期的、稳定的、合作双赢的局势。传统的做法在十余家、甚至数十家供货商中进行选择,鼓励他们互相竞争,从中选取能够提供高质量、低价格产品的供货商。现在许多企业一般在更广范围内挑选供货商,但是,一旦选了二三家供货商,就和他们建立长远的、稳定的联系,并且帮助供就商提高原材料的质量,降低成本。这时企业和供货商就形成相互依赖、相互促进的新型关系,双方都降低了风险,提高了效益,真正做到双赢。

还有一种控制供货商的方法,就是持有供货商一部分或全部股份,或由本企业系统内部某个子企业供货。这常常是跨国公司为了保证货源而采用的做法。很多日本的大型企业采用这种方法控制供货商。通过对供货商的科学控制,可使得企业的原材料采购在质量、数量、时间和价格上能够得到保证。

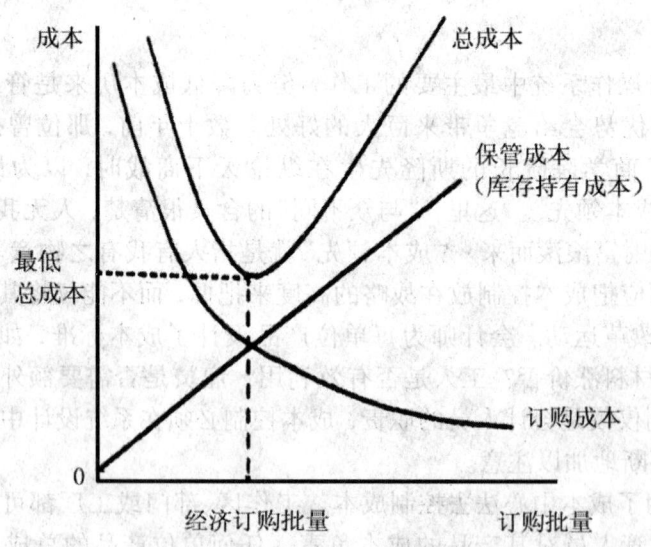

图13-6 经济计购示意图

### (三)库存订货系统控制

从某种意义上说,有了库存才可能有合理的生产系统,没有库存就不能有畅通的生产过程。对库存进行控制主要是为了减少库存、降低各种占用、提高经济效益。管理人员经常使用经济订购批量模型(Economic order Quantity,简称EOQ)计算出最优订购批量,使所有费用达到最小。这个模型考虑三种成本:一是订购成本,即每次订货所需的费用(包括通信、文件处理、差旅、行政管理费用等);二是保管成本,即储存原材料或零部件所需的费用(包括库存、利润、保险、折旧等费用);三是总成本,即订购成本和保管成本之和。当企业在一定期间内总需求量或订购量为一定时,如果每次订购的量越大,则所需订购的次数越少;如果每次订购的量越小,则所需订购的次数越多。对第一种情况而言,订购成本较低,但保管成本较高;对第二种情况而言,订购成本较高,但保管成本较低。通过经济订购批量模型,可以计算出订购量多大时,总成本(订购成本和保管成本之和)为最小。

假定企业在一定期间内总需求量为 $D$,每次订购所需的费用为 $O$,库存物品单价为 $P$,保管成本与全部库存物品价值之比为 $C$,则最优订购批量为

$$EOQ = \sqrt{\frac{2 \cdot D \cdot Q}{P \cdot C}}$$

现举一例具体解释最优订购批量模型。假设某企业一年对某种材料的总需求量为5000件,每件价格为20元,每次订购所需的费用为250元,保管成本与全部库存物品价值之比为12.5%,则最优订购批量为

$$EOQ = \sqrt{\frac{2 \cdot D \cdot Q}{P \cdot C}} = \sqrt{\frac{2 \times 5000 \times 250}{20 \times 0.125}} = 1000(件)$$

因此,一年最优订购批量为5次,每次1000件,此时,订购成本1250元,保管成本为1250元,总成本最低为2500元。

一般说来,企业除了最优订购批量外,为了预防万一,一般会保留一个额外的储存量,这个储存量被称为"安全库存"。

日本企业发明了一种被称为"准时制库存系统"(Just-in-time Inventory Systeme,简称JIT-IS),其目标是实现零库存。它的基本思路是企业不设储备原材料库存,一旦需要,立即向供货商提出,由供货商保质量按时送到,生产继续进行下去。

### (四)质量控制

与全面质量管理(TOM)强调的采取行动防止错误发生不同,质量控制强调的是识别也许已经发生的严重失误。质量控制指的是以监控质量来确保质量满足预先制定的标准,监控内容包括:质量、强度、密度、色泽、味道、可靠性、完整性或其他任何的特征。质量控制可能得从收到输入的加工之日就开始,它将持续地贯穿整个加工过程直到最终产品出来。在转换过程的中间阶段进行评估是质量控制典型的工作部分。早期就察觉有缺陷的部件或过程可以节省继续在它上面加工的成本。

在实施质量控制的过程中,管理者就应明确的是100%的检测产品还是采用抽样的方法。

如果连续检测的成本很低或者统计结果表明出错率很高，逐个检查每一件是十分有意义的。统计抽样通常花费较少，有时甚至是惟一可供选择的方法。例如，如果质量检测会破坏产品，如炸弹或闪光灯就不得不利用抽样的方法检查。

统计质量控制分为两类：接收抽样和过程控制。接收抽样，指的是对已经存在的或外购的材料或产品进行评估。通过抽取一定数量的样本，计算抽样风险，决定接受还是拒绝总体。过程控制，是指在转换过程中对物品抽样，观察转换过程是否被有效地控制。比如，可口可乐的一种通过过程控制以察觉出装瓶机是否需要调整，如果在26盎司的瓶中只装了23盎司的水，管理人员就会停产调整机器。

关于质量控制最后需要考虑的问题是检测是依据属性还是变量进行。将检测的结果只分为可接受和不可接受两类的抽样，称为属性抽样。对油漆的颜色和土豆片就可按这种方式抽样，检测员只要将样品的颜色与标准色进行对比就可以确定是接受还是不接受。相反，变量抽样是采用一种度量去判断物品偏离标准的程序，它涉及到一个范围而不是简单的接受还是拒绝。管理当局通常要确定标准和可接受的偏差范围。任何样本在一定的范围之内是可以接受的，在一定范围之外则是不可接受的，并要调查原因并纠正行动。

(五) 维护控制

要想以有效和高效率的方式提供产品或服务，就需要有一个高设备利用率和最低限度的停工时间的操作系统。因此管理者需要关心维护控制。但是，维护控制的重要性取决于处理过程所采用的技术。例如，如果一条标准化的装配生产线停产，它将影响到几百位员工。在一个汽车或洗碗机装配在线，因一台机器的严重故障而导致整个工厂停产的现象并不少见。相反，许多使用通用或有重复处理过程的系统，由于各种活动的相互关联性较小，因而一台设备的故障并没有很大的影响。无论如何，一台设备的故障，就像一种库存物资缺货一样，也许就意味着成本增加，交货延迟或损失销售。

维护控制也有三种方式：①预防维护，是指在故障发生前进行维护。②补救维护，是故障发生后对设备进行全部检修、替换或修复。③条件维护，是指对设备状态进行检查后进行全部检修或部分修复。

维护控制的类型取决于故障发生的成本。如果以资金、时间、可靠性、信誉等来衡量的成本越高，预防维护的效益也就越大。也就是说，效益可以用来衡量成本。

如果发生故障会造成极度的不便或极高的成本，那么应在设计时加进备用设备来提高可靠性。例如，在核动力发电站中，就有意建造了一套备用系统。与此类似，可以将设备设计成能够迅速地或以非常低的成本进行维护。部件越少的设备，出故障的机会就越少。高故障率的部件可以放置在那些容易接近的地方，或放在一个独立的模块中以便于快速移出替换。有线电视的经营者就遵循这个原则，故障容易使顾客恼怒，因而管理者希望故障发生后能够很快地修复。提高速度的办法是将设备集中在容易接近的地方，同时大量采用模块式零部件。如果一个部件失灵，就可以在几分钟内将装有失灵部件的模块拔出并换上一个新的，而拔下的模块可以带回车间修理，不用着急。

生产作业维护控制的作用很大，它是保证生产作业计划完成的有效手段，是调节生产、协调各项工作的有力武器，是保证产品质量、降低生产成本，提高经济效益的重要环节。

## 第六节 营销控制

### 一、营销控制的意义

在企业管理活动中,市场营销是企业整体活动的中心,市场营销部门是企业的重要管理部门,企业的市场营销业绩是评判企业生产经营活动成功与否的根本要素。

任何企业的营销活动都是在一定环境下进行的,它的营销行为既要受到自身条件的限制,又要受到外部条件的影响。营销计划在实施过程中,将面临诸多不确定因素,影响营销目标的实现,营销部门必须持续地监督和控制各项营销活动,营销控制是营销活动不可缺少的重要环节。

营销控制,就是营销管理者用以跟踪企业营销活动过程每一环节,确保其按期望目标运行而实施的一套工作程序或工作制度,以及为使实际效果与预期目标一致而采取的必要措施。通过营销控制,有助于及早发现问题,以避免可能的事故,从而能寻找更好的管理方法,充分挖掘出企业的潜力。例如,控制产品或地区市场的获利性,可使企业保持较高的获利水平。

尽管营销控制十分必要,但调查表明,大多数企业都没有一套适当的控制制度,或只是偶然地实行一下控制。有些企业很少有明确的营销目标,当然也就谈不上对营销活动进行控制;另一些企业对其经营的每种产品获利情况不了解,不能对广告效益进行评价,也不能评价其推销人员的工作;还有些企业不能分析自己的贮存成本、分销成本,不能分析商品被退回的原因等,致使企业在竞争中处于不利地位。

### 二、营销控制的几种基本方式

对营销进行控制的方式多种多样。年度计划控制、获利性控制、效率分析和战略控制是四种基本的控制方式。它们的区别如表 13-2 所示。

表 13-2 营销控制的四种基本的方式

| 控制种类 | 负责人 | 控制目的 | 方法 |
| --- | --- | --- | --- |
| 年度营销计划控制 | 最高主管、中层经理 | 检查计划目标是否达到 | 销售额分析、市场占有率分析、销售额与费用比顾客态度跟踪 |
| 获利性控制 | 营销控制人员 | 检查企业从哪里赚钱,在哪里赔钱 | 各产品、地区、细分市场、分销渠道等的获利性分析效率控制分析 |
| 营销控制人员审计人员 | 检查营销资源的利用效益 | 销售人员、广告、销售促进、分销等方面的成本-效益 | |
| 分析战略控制 | 最高主管、营销审计人员 | 检查企业是否最大限度最有效率地利用了它的营销机会 | 营销审计 |

## (一)年度营销计划控制

年度营销计划控制的主要目的有如下几点:①促使年度计划产生连续不断的推动力;②控制的结果可以作为年终绩效评价的依据;③发现企业潜在问题并给予解决;④控制工作是企业高层管理人员监督各部门工作的有效手段。

显然,年度计划控制的目的是确保企业年度计划中所拟订的销售额、利润及其他指标的实现。这种控制包括四个步骤,如图13-6所示。

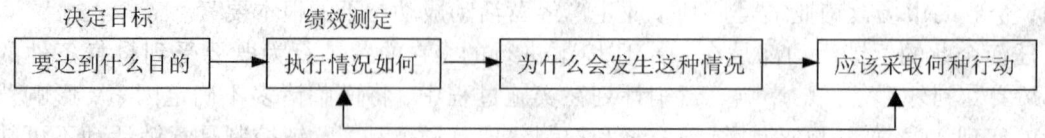

图13-6 年度计划控制程序图

第一步,管理部门必须在年度计划内规定每月每季的目标;第二步,管理部门必须衡量本企业在市场上的计划执行绩效;第三步,管理部门必须断定任何时候导致计划执行发生严重偏差的原因;第四步,管理部门必须采取措施,或改进实施方法或修正目标本身,弥补目标与实际执行结果之间的差距。

为了检查计划的执行情况,管理部门可采用五种主要的控制工具,即销售分析、市场占有率分析、营销费用占销售额比率分析、财务分析、顾客满意度追踪。

### 1. 销售分析

销售分析是指测量和评价实际销售额与目标销额的关系。这种关系的衡量和评估主要有两种方法:

(1)销售差异原因分析。销售差异分析用于决定各不相同的因素对销售绩效差额的作用。

(2)微观销售分析。微观销售分析是指分别从产品销售及其有关方面来考虑未能达到预期销售量的原因。

### 2. 市场占有率分析

企业销售额的高低并未反映出相对于其竞争者而言企业的经营状况如何。如果企业销售额增加了,可能是由于企业所处的整个经济体系的发展,或可能是因为其营销工作较之其竞争者有相对改善。市场占有率正是剔除了一般的环境影响来考察企业本身的经营工作状况。如果企业的市场占有率升高,表明它较其竞争者的情况更好;如果下降,说明相对于竞争者其绩效较差。

衡量市场占有率的第一个步骤是清楚地定义使用何种量度方法。一般说来,有四种不同的量度方法:总体市场份额;服务市场占有率;与最强的三个竞争对手相比较的相对市场占有率;与领先的竞争者相比较的相对市场占有率。

了解企业市场占有率以后,就要正确地解释市场占有率变动的原因。企业可从产品线、顾客类型、地区及其他方面来考察市场占有率的变化情况。

### 3. 营销费用与销售额的比率分析

年度计划控制需要检查与销售有关的营销费用,以确定企业在达到销售目标时的费用支出。营销费用对销售额的比率是一种主要的检查方法,如在某一家公司,这一比率为30%,它由五种费用对销售额比率构成:销售人员费用对销售额(6%);广告费用对销售额(5%);销售促销费用对销售额(6%);市场调查费用对销售额(10%);销售管理费用对销售额(3%)。

营销人员的工作,就是密切注意这些比率,以发现是否有任何比率失去控制。各种比率的期间变动如图13-7所示。图中广告费用对销售额的比率通常(100次中有90次)在8%到12%之间变动。然而在第15期这个比率超过控制限度的上限。如果发生这样的变动,就要查明原因,以决定企业是否调整其工作。

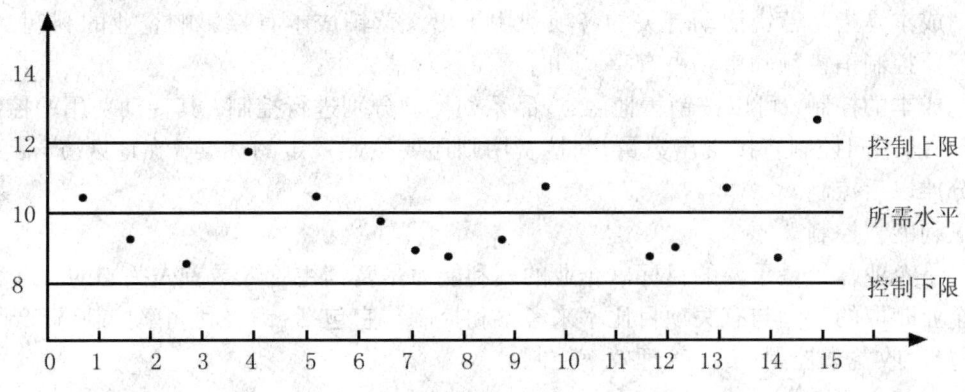

图13-7 控制模式图

当一项费用对销售额比率失去控制时,必须认真查找问题的原因。

4. 财务分析

费用与销售额的比率应在一个总的财务框架结构中分析,以确定公司在何处以及如何获得收益,营销人员应较好地运用财务分析来寻找盈利性策略,而不仅仅是加强销售策略。

5. 顾客满意度追踪

上述控制措施大多属于财务和定量性质的。定量分析虽然重要但并不完全,因为它们没有对营销的发展变化作质的分析和描述。

为此,企业要建立一套系统来追踪其顾客、经销商以及其他营销系统参与者的态度。如果发现顾客对本企业和产品的态度发生了变化,企业管理者就能较早地采取行动,争取主动。

企业一般主要利用以下系统来追踪顾客的情况。

(1)抱怨和建议系统,企业对顾客书面的或口头的抱怨应该进行记录、分析,并作出适当的反应。对不同的抱怨应该分析归类、做成卡片。对较严重的和经常发生的抱怨应及早予以注意。企业应鼓励顾客提出批评和建议,让顾客有经常的机会发表意见,企业才有可能收集到顾客对其产品和服务反映的完整数据。

(2)固定顾客样本。有些企业建立由有一定代表性的顾客组成的固定顾客样本,定期地由企业通过电话访问或邮寄问卷来了解其态度。这种做法有时比抱怨和建议系统更能代表顾客态度的变化及其分析范围。

(3)顾客调查系统。顾客调查系统是企业定期地让一组随机顾客回答一组标准化的调查问卷。问卷的问题可以包括职员的友好性、服务的质量等等。通过对这些问卷的分析,企业可及时发现并纠正存在的问题。

6. 改正行动

通过以上的分析，当发现实际的绩效同年度计划发生很大偏离时，企业便应当采取适当的措施来修改计划或改正自己的工作。企业可选择的补救措施有：①削减产量；②降低价格；③对销售人员施加更大的压力以完成定额；④削减杂项支出；⑤裁减员工；⑥削减投资；⑦出售企业财产；⑧出售整个企业。

（二）赢利能力控制

1. 营销成本控制

营销成本是指与营销活动有关的各项费用支出。营销成本直接影响企业的利润，因此，企业不仅要控制销售额和市场占有率，同时要控制营销成本。

营销成本的控制，可以按销售地区、产品系列类型分别进行控制，其变动费用的控制，按地区、产品的不同控制直接支出数量；间接费用则还要按照一定的标准，在地区、产品类别之间进行分摊以后控制。

2. 赢利能力控制

利润是企业营销最重要的目标。企业的赢利能力是营销主管人员首先关心的。赢利能力可以用企业赚取的利润与有关项目比率来考察和控制。它包括：销售利润率控制；资产收益率控制；净资产收益率控制；资产管理效率控制。

（三）效率控制

假设获利能力分析揭示出企业关于某一产品、地区或市场所得的利润很差，那么问题就在于是否有更有效的途径，来对这些经营不善的市场营销实体中的销售队伍、广告、销售促进及分销等活动进行管理。

1. 销售人员效率

公司各地区的销售经理要记录本地区内有关销售人员效率的几项主要指标，这些指标包括：①每个销售人员每天平均的销售访问次数；②每次接触的平均销售访问时间；③每次销售访问的平均收益；④每次销售访问的平均成本；⑤每次销售访问的招待成本；⑥每百次销售访问的订货百分比；⑦每个期间的新顾客人数；⑧每个期间丧失的顾客数；⑨销售人员费用对总销售额的百分比。

企业可以从以上分析中发现一些重要的问题。例如，销售代表每天的访问次数是否太少，每次访问所花时间是否太多，是否在招待上花费太多，每百次访问中是否签订了足够的订单，是否增加了足够的新顾客并且保留住原有的顾客。当企业开始正视销售人员效率的改善后，通常会取得很多实质性的改进。

2. 广告效率

企业应该至少做好如下统计：①每一媒介类、每一媒介工具接触每千名购买者所花费的广告成本；②顾客对每一媒介工具注意、联想和阅读的百分比；③顾客对广告内容和效果的意见；④广告前后顾客对产品态度的衡量；⑤受广告刺激而引起的询问次数；⑥每次访问的成本。

企业管理部门可以采取若干步骤来改进广告效率，包括进行较好的产品定位工作，确定广告目标；预先检测信息；利用计算机来指导广告媒介的选择；购买较佳的媒介以及进行广告效果测定等。

**相关链接　　　　　　爱立信广告效率**

爱立信手机的广告抢眼,销售业绩在短短时间内突飞猛进,该公司如何在风云变幻的市场中卓然胜出。这要归功于她的广告策划。

在众多产业中,品牌知名度的不足乃是产品销售最大障碍。消费者在购买科技性商品时,除商品本身的优势外,品牌是重要的决定因素。因为科技产品在消费者心中所涵盖的不仅是个形象口碑,更包括产品质量、信任、维修和售后服务等潜在价值。

爱立信手机是瑞典通信科技的优秀表征,但品牌知名度在台湾市场的积累不足,于是建立品牌的短期好感度和长期的知名度,就成为营销人员最需要克服的难题。在有限的市场上推广商品,就必须抢夺其他品牌的市场。爱立信的最大对手就是摩托罗拉和诺基亚。爱立信公司针对不同的使用者对摩托罗拉和诺基亚的用户进行消费行为研究。

调查发现,用户在购买手机时强调的因素为:收讯清楚、耐用、坚固。

根据分析结果,爱立信公司针对消费者所需,进行广告创意与营销策略规划。希望能对不同的用户群进行各个突破,达成以我之长攻敌之短的效果。

得知"收讯清楚"为消费者的首选需求,爱立信则据此大加发挥,配合爱立信手机360度全角收讯能力,设计发展第一个电视广告主要讯息点,亦即"在360度转轮上都收讯清楚"之转轮篇。对"耐用"而言,爱立信推出了"小孩玩不坏的免拉天线"电视广告小孩篇。有关"坚固"的消费需求,产生"连恶狗也咬不碎"的电视广告恶狗篇。

值得一提的是,爱立信一直使用中文译名,因而造成"本土名牌"的印象,广告中选定外国人担任,以建立"国际品牌"之形象。经后期的验证,这个策略是成功的。

为了迅速建立知名度,爱立信运用了多种媒体连手猛烈进攻。由于1996年上半年部分品牌一直停留在冬眠休战状况,使得手机产业中,爱立信的音量就相对极度扩大。广告投资提升之效应,也是立竿见影。结果就如企业设想时一样,在半年后即蚕食了摩托罗拉和诺基亚两大品牌的市场占有领域。4月份以30%的市场占有率首度超越诺基亚,直逼摩托罗拉的33%,7月到8月,爱立信的市场占有率已近60%,成了手机的新盟主。

资料来源:杜栋,管理控制.清华大学出版社,2002年版第108页.

**3. 销售促进效率**

为了改善销售促进效率,企业管理部门应该对每一销售促进的成本和对销售的影响作记录,注意做好如下统计:①由于优惠而销售的销售额百分比;②每一单位销售额的陈列成本;③赠券收回的百分比;④促销演示引起询问的次数。此外,企业还应观察不同销售促进手段的效果,并使用最有成本效果的促销手段。

**4. 分销效率**

分销效率有助于企业积极寻找经营的经济性。分销效率主要是对企业存货水平、仓库位置及运输方式进行分析和改进,以达到最佳配置并寻找最佳运输方式和途径。

**(四) 战略控制**

由于营销环境变化很快,往往会使企业制订的战略方案失去作用。因此,在企业营销战略实施过程中必然会出现战略控制问题。战略控制是指营销管理者采取一系列行为,使实际营销工作与战略方案尽可能一致，或在控制中通过不断评审和信息反馈，对战略不断修正。营销战略的控制既重要又难以准确。因为企业战略的成功是总体的、大局的、全局性的，战略控制是指控制未来，是还没有发生的事件。战略控制必须根据最新的情况重新估价计划和进展，因而难度也就比较大。

需要强调的是，任何企业必须经常对其整体营销效益作出回顾评价，以保证它与外部环境协调发展。因此，企业必须定期对整个营销活动进行审计。营销审计是对企业的营销环境、目标、战略和活动所作的全面的、系统的、独立的和定期的审查，其目的在于决定问题的范围和机会，提出行动计划，以提高企业的营销业绩，其实质是在一定时期对企业全部市场营销业务进行总的效果评价。

### 本章概念

人力资源控制　　　资金控制　　　　总资产利润率
物资消耗定额　　　物资储备定额　　　股权结构控制
生产要素控制　　　生产流程控制　　　安全库存
质量控制　　　　　维护控制　　　　　营销控制
经常储备定额　　　保险储备定额　　　季节储备定额
战略控制　　　　　现场测定法　　　　净资产收益率
财务杠杆　　　　　总资产周转率　　　生产流程控制
产权控制

### 问题与思考

1. 用企业家市场来推动企业经营者的成长和流动是否是一条可行之路？为什么？
2. 国外企业对人才开发的重视和对培训的投入说明了什么？
3. 简述资金控制的主要特点。
4. 分红对股价是否有影响？为什么？
5. 简述净资产收益的分解过程。
6. 企业资金控制的重点主要在哪些方面？
7. 成本控制是如何从会计师转移到管理者的？
8. 在国有控股的上市公司中，从产权规制角度看，存在哪些隐患？
9. 说明以提高市场占有率为主要经营目标的做法对企业长期发展有何利弊。
10. 结合实际论述实物资产控制工作的重要性。

### 案例分析　　　像李超人一样管控你的集团

多数人认为集团管控是一个虚实难辨的东西：既不知道它有多重要，也不想过多的去碰触它。但有些人却始终很在意集团管控的问题，后来他们的公司变成了和记黄埔，变成壳牌石油和 IBM."这些知名公司所处行业有着天壤之别，但它们的成功都少不了强有力的集团管控。"王吉鹏说。王吉鹏是北京任达方略管理咨询有限公司的董事长。这间公司一直专注于组织行为与组织变革的实证研究与咨询服务，主要从事发展战略、集团管控、企业文化、组织变革、人力资源等方面的管理咨询。

谈起集团管控，王吉鹏总有些话说不完。在他刚刚上市的新书《集团管控》中，王吉鹏按照集团集权程度的不同，将集团管控划分为3种经典的模式。

财务控制型——老超人的和记黄埔

这种模式可以形象地表述为"有头脑，没手脚"。老超人李嘉诚旗下的和记黄埔集团，员工超过18万人，在全球45个国家经营港口及相关服务、地产和酒店，零售、制造及能源与基建业务也在集团中占有相当大的比重。老超人甚至让和记黄埔在互联网和电讯服务领域也频频崭露头角。

如此庞杂的一个集团，李嘉诚选择了财务为主的管控模式。总的来说，和记黄埔的总部只是作为一个投资决策中心，李嘉诚将注意力更多地集中在财务管理、投资决策和实施监控上。他关注的只是下属单位的盈利情况和自身投资回报、资金的收益，而对子公司的生产经营不予过问——它们只要达到财务目标就可以。

战略控制型——大多数集团公司的选择

目前世界上大多数集团公司都采用或正在转向这种管控模式，壳牌石油是其中的最具代表性的集团之一。壳牌石油集团在2005年的世界500强中排名第四，年利润高达200多亿美元。

在壳牌石油集团中，为了保证下属单位目标的实现以及集团整体利益的最大化，对各下属单位业务的相关性要求很高。与大集团形象形成鲜明反差的是，壳牌石油的集团总部很小，主要集中在进行综合平衡、提高集团综合效益上做工作，如协调各下属单位之间的矛盾、平衡各企业间的资源需求、高级主管的培育、经验的分享等等。

运营控制型——随需应变的 *IBM*

采用运营控制型管控模式的企业集团，往往对集团资源采取高度的集中控制和管理，以追求企业经营活动的统一和优化。它们大多直接管理各种生产经营活动和具体业务，总部从战略规划制定到实施几乎什么都管。

*IBM* 公司可以说是这种管控方式的典型。为了保证其全球"随需应变式"战略的实施，各事业部都由 *IBM* 总部进行集权管理，计划均有总部制定，下属单位则只负责保障实施。

*GE* 公司在1984年以前采用的就是这种管控模式，导致总部职能人员多达2000多人。直到杰克·韦尔奇任 *CEO* 后才转变为战略管控模式，大大减少了总部参谋人员，并成就了 *GE* 的今天。

资料来源:*http://manage.org.cn*

## 参考文献

[1] 周健临:《管理学教程》,上海财经出版社,1996年版
[2] 张敏、陈传明:《战略性人力资源控制系统设计[J]》,中国人力资源开发,2005,6(85-88)
[3] 杜栋:《管理控制》,清华大学出版社,2002年版
[4] 芮明杰、袁安照:《现代公司理论与运行》,山东人民出版社,1998年版
[5] 孙涤:《管理琐话》,学林出版社,1997年版第168页
[6] 丁杰:《领导科学》,华中科技大学出版社,1999年版第65页
[7] 周其仁:《真实世界的经济学》,中国发展出版社,2002年版
[8] 斯蒂芬·P·罗宾斯:《管理学》,中国人民大学出版社,1997年版
[9] 菲利普·科特勒:《市场营销管理》,中国人民大学出版社,1997年版
[10] 李建设、李玉君:《西方领导理论演变综述》,领导科学,2005,2
[11] 前苏联 列尔涅尔:《控制论基础》,科学出版社1980年版第85页
[12] 郑晓明:《现代企业人力资源管理导论》,机械工业出版社,2002年版第61页
[13] 托马斯·贝特曼:《管理学-构建竞争优势》,北京大学出版社,2004年版第307~310页